Linda Goodman
Astrologie — sonnenklar

Linda Goodman

Astrologie-sonnenklar

Was die Sterne über unsere Männer,
Frauen, Liebsten, Kinder, Vorgesetzten,
Angestellten und über uns selbst
zum Vorschein bringen

Scherz

Einzig berechtigte Übertragung aus dem
Amerikanischen von Rosemarie Soenderop
Titel der Originals: «Sun-Signs»
Copyright © 1969 by Scherz Verlag
Bern München Wien

INHALT

Vorwort   9

WIDDER (21. März bis 20. April)   15
  Wie man den Widder erkennt   17
  Der Widder-Mann   24
  Die Widder-Frau   32
  Das Widder-Kind   39
  Der Widder-Chef   42
  Der Widder-Angestellte   46

STIER (21. April bis 21. Mai)   51
  Wie man den Stier erkennt   53
  Der Stier-Mann   58
  Die Stier-Frau   64
  Das Stier-Kind   69
  Der Stier-Chef   73
  Der Stier-Angestellte   77

ZWILLINGE (22. Mai bis 21. Juni)   83
  Wie man den Zwilling erkennt   85
  Der Zwillinge-Mann   91
  Die Zwillinge-Frau   99
  Das Zwillinge-Kind   104
  Der Zwillinge-Chef   109
  Der Zwillinge-Angestellte   112

KREBS (22. Juni bis 23. Juli)   117
  Wie man den Krebs erkennt   119
  Der Krebs-Mann   126
  Die Krebs-Frau   131
  Das Krebs-Kind   137
  Der Krebs-Chef   142
  Der Krebs-Angestellte   145

LÖWE (24. Juli bis 23. August)   151
  Wie man den Löwen erkennt   153
  Der Löwe-Mann   158
  Die Löwe-Frau   164
  Das Löwe-Kind   169
  Der Löwe-Chef   173
  Der Löwe-Angestellte   177

JUNGFRAU (24. August bis 23. September)   183
  Wie man die Jungfrau erkennt   185
  Der Jungfrau-Mann   191
  Die Jungfrau-Frau   198
  Das Jungfrau-Kind   203
  Der Jungfrau-Chef   207
  Der Jungfrau-Angestellte   211

WAAGE (24. September bis 23. Oktober)   215
  Wie man die Waage erkennt   217
  Der Waage-Mann   223
  Die Waage-Frau   230
  Das Waage-Kind   236
  Der Waage-Chef   242
  Der Waage-Angestellte   246

SKORPION (24. Oktober bis 22. November)   251
  Wie man den Skorpion erkennt   253
  Der Skorpion-Mann   259
  Die Skorpion-Frau   266
  Das Skorpion-Kind   274
  Der Skorpion-Chef   278
  Der Skorpion-Angestellte   283

SCHÜTZE (23. November bis 21. Dezember)   289
  Wie man den Schützen erkennt   291
  Der Schütze-Mann   297
  Die Schütze-Frau   305

Das Schütze-Kind 311
Der Schütze-Chef 316
Der Schütze-Angestellte 320

STEINBOCK (22. Dezember bis 20. Januar) 325
Wie man den Steinbock erkennt 327
Der Steinbock-Mann 333
Die Steinbock-Frau 340
Das Steinbock-Kind 345
Der Steinbock-Chef 349
Der Steinbock-Angestellte 352

WASSERMANN (21. Januar bis 19. Februar) 357
Wie man den Wassermann erkennt 359
Der Wassermann-Mann 367
Die Wassermann-Frau 375
Das Wassermann-Kind 381
Der Wassermann-Chef 385
Der Wassermann-Angestellte 389

FISCHE (20. Februar bis 20. März) 395
Wie man die Fische erkennt 397
Der Fische-Mann 405
Die Fische-Frau 412
Das Fische-Kind 417
Der Fische-Chef 421
Der Fische-Angestellte 425

VORWORT

Wie man die Sonnenzeichen verstehen soll

Eines Tages werden Sie zweifellos die vollständigen Einzelheiten Ihres Geburtshoroskops erfahren wollen. Bis dahin ist ein genaues Studium Ihres Sonnenzeichens ein wichtiger erster Schritt.

Die Sonne ist der mächtigste Himmelskörper. Sie beeinflußt die Persönlichkeit so stark, daß man ein erstaunlich genaues Bild des einzelnen Menschen geben kann, der geboren wurde, während sie ihre Kraft durch die bekannten und voraussagbaren Einflüsse eines bestimmten astrologischen Zeichens äußerte. Diese elektromagnetischen Schwingungen (es gibt beim augenblicklichen Stand der Forschung keinen besseren Ausdruck) bestimmen den Menschen auch im weiteren Verlauf seines Lebens durch die charakteristischen Eigenschaften seines Sonnenzeichens. Die Sonne ist zwar nicht der einzige Faktor, der bei der Analyse menschlichen Verhaltens eine Rolle spielt, aber man muß sie bei weitem am stärksten berücksichtigen.

Einige Astrologen glauben, daß ein Buch über die Sonnenzeichen eine ähnliche Verallgemeinerung darstellt, als würfe man alle Polen, Iren, Chinesen, Neger, Italiener und Juden in einen Topf. Obwohl ich diese Ansicht respektiere, kann ich ihr nicht zustimmen. Natürlich können die Sonnenzeichen irreführend sein, wenn man sie vom falschen Standpunkt aus betrachtet. Aber wenn kein Geburtshoroskop vorhanden ist, sind sie weit besser als alle anderen bekannten, schnellen, zuverlässigen Methoden, Menschen zu analysieren und die menschliche Natur verstehen zu lernen.

Die Beschreibung des Sonnenzeichens wird für den einzelnen Menschen mit ungefähr achtzig Prozent Genauigkeit zutreffen, manchmal bis zu neunzig Prozent. Und das ist immerhin besser, als gar nichts zu wissen.

Was ist ein Sonnenzeichen? Ein bestimmter Abschnitt des Tierkreises – Widder, Stier, Zwillinge usw. –, in dem sich die Sonne befand, als Sie Ihren ersten Atemzug taten. Die genaue Position entnimmt man den von Astronomen berechneten Gestirnständen, den Ephemeriden. Wenn Sie am ersten oder letzten Tag eines Sonnenzeichens geboren sind, müssen Sie Ihre genaue Geburtszeit sowie Längen- und Breitengrad Ihres Geburtsortes wissen, um feststellen zu können, in welchem Zeichen sich die Sonne zu dieser Stunde befand, denn der Wechsel findet nicht unbedingt, wie manche vielleicht glauben, um Mitternacht statt. Mit anderen Worten, die Anfangs- und Enddaten eines jeden Sonnenzeichens in diesem und jedem anderen Astrologiebuch gelten nur ungefähr, und es ist sehr wichtig, das nicht zu vergessen. Diese beiden Tage werden Übergang genannt, und manche Astrologen nehmen sogar einen noch längeren Zeitraum dafür an. Aber ganz gleich, was Sie gehört haben, wenn die Sonne bei Ihrer Geburt in den Zwillingen stand, so war sie in den Zwillingen, so nah sie auch der Spitze gewesen sein mag. Die Einflüsse des vorhergehenden oder folgenden Zeichens auf Ihre Persönlichkeit werden die Zwillinge-Eigenschaften niemals so weit auslöschen können, daß Sie zu einem Stier oder einem Krebs werden.

Was ist ein Geburtshoroskop? Sie können es sich wie das mathematisch genau berechnete Foto aller Planeten am Himmel im Augenblick Ihrer Geburt vorstellen. Außer Sonne und Mond gibt es acht Planeten, die Ihr Leben beeinflussen, je nach den Zeichen, in denen sie sich bei Ihrer Geburt befanden, ihrer Entfernung voneinander in Graden (Aspekten) und ihrem Standort.

Wenn Sie am 9. Juni geboren sind, sind Sie natürlich ein Zwilling, weil die Sonne zu dieser Zeit im Zeichen Zwillinge steht, und ungefähr acht von zehn Zwillinge-Eigenschaften werden sich in Ihrem Charakter finden. Der Mond, der über Ihre Gefühle herrscht, ist jedoch vielleicht im Widder gewesen und wird Ihre Gefühlshaltung mit Widder-Eigenschaften färben. Merkur, der den Verstand beherrscht, könnte im Krebs gewesen sein, so daß Ihr Denkvorgang von der Art des Zeichens Krebs wäre. Mars, der unter anderem Sprache und Bewegung beherrscht, war vielleicht im Stier, und so werden Sie ziemlich langsam sprechen. Venus mag im Löwen gewesen sein und Ihnen in der Liebe, auf künstlerischem und schöpferischem Gebiet die Kraft des Zeichens Löwe geben. Doch keine dieser Planeten-Positionen wird die Grundeigenschaften Ihrer Zwillinge-Sonne ganz auslöschen können. Sie verfeinern nur die einzelnen Züge Ihrer komplizierten Persönlichkeit.

Und noch weitere Faktoren müssen in Betracht gezogen werden, wenn Sie ganz korrekt analysiert werden sollen. So können die Aspekte, die zwischen den Planeten und Sonne und Mond bei Ihrer Geburt gebildet wurden, deren Stellung in den Zeichen beeinträchtigen. Von größter Wichtigkeit ist jedoch Ihr Aszendent – das Zeichen, das am östlichen Horizont aufging, als Sie das Licht der Welt erblickten – und sein genauer Grad. Ihr Aszendent bestimmt weitgehend Ihre äußere Erscheinung (obwohl auch Ihr Sonnenzeichen eine Menge dazu zu sagen hat) und Ihr wahres inneres Wesen, auf dem die Motivierungen Ihres Sonnenzeichens beruhen. Wenn Ihr Aszendent zum Beispiel Wassermann ist, haben Sie vielleicht starke Wassermann-Neigungen und wundern sich, warum die Beschreibung Ihres Zwillinge-Sonnenzeichens nicht alle Ihre Eigenarten und Bestrebungen enthält. Die beiden wichtigsten Positionen in einem Geburtshoroskop – nach dem Sonnenzeichen – sind Aszendent und Mondzeichen.

Als nächstes müssen die Häuser des Horoskops berücksichtigt werden. Das sind mathematisch errechnete Orte, die auf bestimmte Gebiete Ihres Lebens Einfluß haben. Es gibt zwölf, für jedes Zeichen eins. Das erste Haus wird immer vom Zeichen Ihres Aszendenten beherrscht, und so geht es weiter, in entgegengesetzter Uhrzeigerrichtung im Kreis herum, der Ihr Horoskop ausmacht. Der Astrologe, der Ihr Grundhoroskop nach Angabe Ihrer genauen Geburtszeit und Ihres Geburtsortes sorgfältig berechnet hat, muß den Einfluß der einzelnen Zeichen auf diese Häuser deuten und auch die Planeten, die in bestimmte Gebiete fallen, in Erwägung ziehen. Der Verschmelzung all dieser Faktoren bei der Analyse Ihres Charakters, Ihrer Möglichkeiten und der Hinweise auf Ihre Fehler und Ihre Entwicklung in Vergangenheit und Zukunft wird die Kunst der Synthese in der Astrologie genannt. Erst hier zeigt sich der gute Astrologe. Die Berechnung selbst ist eine verhältnismäßig einfache Aufgabe, wenn man die genauen Regeln zugrunde legt.

Aber zurück zu Ihrem Sonnenzeichen, denn schließlich handelt dieses Buch davon. Wenn Sie sagen, Sie seien ein Zwilling, so bedeutet das ungefähr genausoviel, als wenn Sie sagten, Sie seien aus Berlin oder Hamburg. Das ist nicht so verallgemeinernd, wie es sich anhört, denn wäre es nicht ziemlich einfach, einen Bayern in einer Berliner oder Hamburger Bar zu erkennen und umgekehrt? Man hat ein bestimmtes Bild von ihm. Man identifiziert ihn an «typischen» Merkmalen. Nun aber entdecken Sie, daß der Mann ursprünglich aus dem Rheinland stammt. Ein neues Bild ergibt sich. Er schreibt Stücke fürs Fernsehen. Ein drittes Bild. Er ist verheiratet, hat sechs Kinder – und wieder eine neue Seite kommt zum Vorschein. Daher (obwohl es sich hier um ein Gleichnis handelt und alle Gleichnisse unvollkommen sind) ist es das gleiche, wenn wir sagen, er ist aus Berlin oder Hamburg, als wenn wir sagen, er ist ein Zwilling, denn die weiteren Informationen können wir damit vergleichen, daß er zum Beispiel den Mond in der Jungfrau hat und sein Aszendent Skorpion ist.

Erst ein genaues Geburtshoroskop allerdings enthüllt untrüglich die feineren Schattierungen des Charakters. Es kann hinweisen auf Rauschgiftsucht, Leichtgläubigkeit, Frigidität, Homosexualität, zahlreiche Ehen, eine gestörte Kindheit, Entfremdung von oder neurotische Bindung an Verwandte, verborgene Talente, berufliche und finanzielle Möglichkeiten. Es zeigt eindeutig Tendenzen zu Ehrlichkeit oder Unehrlichkeit, Grausamkeit, Heftigkeit, Furcht, Angstzuständen, übersinnlichen Fähigkeiten und vielen anderen Eigenschaften, die jahrelang verborgen ruhen können und dann plötzlich zutage treten, wenn progressive oder transite Planeten auf die Planetenpositionen des Grundhoroskops einwirken. Anfälligkeit für Krankheiten und Unfälle lassen sich erkennen, Neigung zu Alkohol oder Drogen, die Einstellung zu Sex, Arbeit, Religion, Kindern, Romantik – man könnte die Liste beliebig fortsetzen. Kein Geheimnis bleibt im genau berechneten Geburtshoroskop verborgen. Es bleibt nur Ihre persönliche Entscheidung, wieweit Sie Ihren eigenen freien Willen einsetzen wollen.

Wenn jedoch keine solche vollständige Analyse vorhanden ist, ist das Studium der Sonnenzeichen für jeden nützlich, denn dieses Wissen macht uns toleranter gegenüber unseren Mitmenschen. Wenn man einmal erkannt hat, wie tief bestimmte Verhaltensweisen in der Natur des Menschen verwurzelt sind, wird man ihnen verständnisvoller begegnen. Die Kenntnis der Sonnenzeichen kann kühlen, gesetzten Skorpion-Eltern helfen, die Aufgewecktheit ihres Zwillinge-Kindes, die sie für nervöses Gezappel halten, geduldiger zu ertragen. Extrovertierte Schüler können introvertierte Lehrer besser verstehen und umgekehrt. Man vergibt dem Jungfrau-Menschen seine Nörgelei, wenn man weiß, daß er geboren wurde, um Probleme zu entwirren, indem er jede Einzelheit unter die Lupe nimmt. Die Nachlässigkeit des Schützen verzeiht man leichter, wenn man begreift, daß er viel zu sehr damit beschäftigt ist, einer guten Sache zu dienen und sie zu verteidigen, um ständig auf seine Umgebung zu achten und aufzupassen, ob er nicht gerade jemanden beleidigt. Seine Freimütigkeit wird weniger schneidend sein, sobald einem klar wird, daß er unter Zwang steht, die Wahrheit sagen zu müssen, koste es, was es wolle.

Sie werden weniger verletzt sein, wenn ein Steinbock über ein Geschenk, das Sie ihm gebracht haben, nicht in Verzückung gerät, denn Sie erinnern sich, daß er zwar sehr dankbar, aber unfähig ist, seiner Freude offen Ausdruck zu verleihen. Seine übertriebene Pflichterfüllung wird einen weniger ärgern, wenn man weiß, daß er von sich selbst die gleiche strenge Disziplin verlangt wie von anderen. Man findet sich leichter mit dem endlosen Argumentieren und Zögern des Waage-Menschen ab, wenn man erkennt, daß er nur versucht, gerecht zu sein und eine objektive Entscheidung zu treffen. Wenn sich der Wassermann taktlos in unser Privatleben einmischt, so sollten wir bedenken, daß er den unbezähmbaren Drang hat, die Beweggründe der Menschen zu erforschen.

Hin und wieder werden Sie vielleicht auf einen Löwen stoßen, der fünf oder sechs Planeten in den Fischen hat. Der Einfluß des Zeichens Fische wird sehr hervortreten, und es wird schwieriger sein, sein Sonnenzeichen zu erraten, da es stark gedämpft ist. Aber solche Fälle kommen selten vor, und wenn Sie mit allen zwölf Tierkreiszeichen im einzelnen vertraut sind, kann Ihnen niemand seine wahre Natur lange verbergen. So sehr der Fisch auch versuchen mag, den Löwen zu verstecken, das Sonnenzeichen Löwe wird niemals ganz in den Schatten gedrängt. Sie werden es in einem unbedachten Augenblick ertappen.

Machen Sie nie den Fehler, oberflächlich und flüchtig zu urteilen, wenn Sie die Sonnenzeichen zu erkennen versuchen. Nicht alle Steinböcke sind bescheiden, nicht alle Löwen herrschsüchtig, und nicht alle Jungfrau-Geborenen sind Jungfrauen. Gelegentlich findet man einen Widder mit einem Sparbuch, einen ruhigen Zwilling und sogar einen praktischen Fisch. Aber sehen Sie einmal von den ein oder zwei Eigenschaften ab, die Sie irregeführt haben. Sie werden entdecken, daß der schüchterne Löwe schmollt, weil seine Eitelkeit verletzt worden ist, Sie erwischen die ausnahmsweise kokette Jungfrau dabei, daß sie Insektenvertilgungsmittel kistenweise kauft, weil es so billiger ist, und der praktische Fisch schreibt heimlich Gedichte oder lädt sechs Waisenkinder zum Weihnachtsessen ein. Der ruhige Zwilling spricht vielleicht nicht schnell, aber sein Verstand arbeitet mit Blitzgeschwindigkeit. Niemand kann auf die Dauer sein Sonnenzeichen verleugnen, wenn Sie Augen und Ohren offenhalten. Sogar Ihr Haustier wird deutlich die Eigenschaften seines Sonnenzeichens verraten. Stellen Sie die Futterschüssel einer Jungfrau-Katze nicht an eine ungewohnte Stelle – und versuchen Sie niemals, einen Löwe-Hund zu übersehen.

Es ist sehr amüsant, berühmte Leute, Politiker und sogar Romanhelden und -heldinnen auf ihre Sonnenzeichen hin zu betrachten. Versuchen Sie, das Zeichen zu erraten, es schärft Ihren astrologischen Verstand. Und Sie werden dabei etwas sehr Nützliches lernen. Sie werden die verborgenen Träume, geheimen Hoffnungen und wahren Charaktere der Menschen erkennen, ihre Nöte verstehen, sie sympathischer finden und von ihnen sympathischer gefunden werden. Sie werden die Menschen, die Sie kennen, wirklich kennenlernen und feststellen, daß sie viel besser sind, als Sie denken – wenn Sie sich nur einmal die Mühe machen, ihre guten Eigenschaften zu suchen.

14

Der Widder

21. März – 20. April

Berühmte WIDDER-Persönlichkeiten:

Dean Acheson	Brigitte Horney
Johann Seb. Bach	Ernst Jünger
Otto v. Bismarck	Herbert v. Karajan
Wernher von Braun	Th. v. Konnersreuth
Wilhelm Busch	Alfred Kubin
Charlie Chaplin	W. I. Lenin
Julie Christie	Anna Magnani
Nik. Chruschtschow	Gregory Peck
Joan Crawford	W. C. Röntgen
Paul Dahlke	Simone Signoret
Bette Davis	Leopold Stokowski
Doris Day	Arturo Toscanini
Willi Forst	Peter Ustinov
Vincent van Gogh	Edgar Wallace
Joseph Haydn	Tennessee Williams
Sonja Henie	Emile Zola

Wie man den WIDDER erkennt

Haben Sie kürzlich einen außergewöhnlich freundlichen Menschen mit ungestümem Wesen, festem Händedruck und spontanem Lächeln kennengelernt? Dann hat wahrscheinlich ein Widder von Ihnen Besitz ergriffen. Besonders, wenn es Ihnen unmöglich war, die Unterhaltung an sich zu reißen.

Hat er sich einem Ideal verschrieben und verteidigt ärgerlich die Unterdrückten? Das paßt. Männlich oder weiblich, diese Menschen werden für das, was ihnen als Ungerechtigkeit erscheint, auf der Stelle kämpfen, und sie sind keineswegs schüchtern, wenn es darum geht, ihre Meinung zu behaupten. Der Widder kann auf einen Verkehrspolizisten und einen bewaffneten Banditen mit gleicher Heftigkeit reagieren, wenn einer von ihnen ihn gereizt haben sollte. Später bedauert er es vielleicht, aber in der Hitze des Gefechtes denkt er nicht an Vorsicht. Von Mars beherrschte Menschen kommen direkt zur Sache, ein Hin und Her gibt es nicht.

Widder ist das erste Zeichen im Tierkreis. Es versinnbildlicht die Geburt, so wie die Fische den Tod und das Bewußtwerden der Seele symbolisieren. Der Widder ist sich nur seiner selbst bewußt. Er ist das Kind des Tierkreises, das neugeborene Baby, vollkommen in Anspruch genommen von seinen eigenen Fingern und Zehen. *Seine* Bedürfnisse kommen zuerst. Ein Kind kümmert sich nicht darum, ob Eltern oder Nachbarn schlafen. Wenn es hungrig oder naß ist, schreit es. Es will seine Flasche oder frische Windeln haben, und zwar sofort. Wenn der Widder einen Einfall hat, den er loswerden möchte, ruft er Sie ohne Skrupel um vier Uhr morgens an. Warum sollen Sie nicht wach sein und ihm zuhören? Er ist es ja schließlich auch. Nur darauf kommt es an. Er will etwas. Er bekommt es. Wie das Kind. Den Widder interessiert die Welt nur in Beziehung zu ihm selbst. Aber wer würde ein kleines Kind wirklich selbstsüchtig nennen? Es ist doch durchaus bereit, sein Lächeln und seine Gunst an alle zu verschwenden, die seine Forderungen erfüllen. Es ist schwer, einem Baby böse zu sein, denn es ahnt ja nicht, daß es irgend jemandem auch nur die geringsten Unannehmlichkeiten bereitet. Das gleiche gilt für den Widder. Seine Unschuld nimmt seiner Angriffslust den Stachel, so wie die Unschuld des Neugeborenen seine Selbstsüchtigkeit mildert.

Die entwaffnende Naivität ist es auch, die die Widder-Menschen so furchtlos macht. Das kleine Kind fürchtet nichts und niemanden, bis es sich verbrennt. Und sogar dann wird es die Sache vertrauensvoll noch einmal versuchen, wenn es den Schmerz vergessen hat. Es ist keine Spur verschlagener Schlauheit im Widder, und so bleibt er sein ganzes Leben lang; er wird immer aus ganzem Herzen glauben, immer wieder hinfallen und es noch einmal versuchen. Alle Zweifel, die er vielleicht einmal im Laufe des Lebens hegen mag, werden sofort beiseitegeschoben, wenn ein Mensch ihm freundlich begegnet.

Der Widder hat eine großartige Phantasie und spinnt fabelhafte Träume, aber lügen kann er nicht. So wie man ihn vor sich sieht, so ist er auch. Es gibt nichts Verstecktes oder Kompliziertes an ihm. Er ist so verletzlich wie das kleine Kind und auch genauso hilflos. Wenn stärkere, reifere Menschen ihn zu etwas zwingen oder ihm etwas wegnehmen, reagiert er auf die einzige Art, die er kennt, er schreit und verursacht einen derartigen Aufruhr, daß man schon um des lieben Friedens willen nachgibt. Er braucht keine feine Strategie. Starke Lungen und eine Zielstrebigkeit, die ihn ganz in Anspruch nimmt, genügen vollauf.

Es ist ein Kinderspiel, den Widder nach der äußeren Erscheinung zu erkennen. Widder-Menschen haben prägnante Züge, meistens scharf, selten weich oder verwischt. Die gut gezeichneten Augenbrauen laufen häufig auf dem engen Nasenrücken zusammen und bilden damit das Zeichen des Widders (Υ). Das ist vielleicht eine Warnung für jeden, der ihn aufhalten oder überwältigen will. Und die symbolischen Hörner sind nicht nur zum Spaß da. Manchmal hat der Widder ein Muttermal oder eine Narbe auf dem Kopf oder im Gesicht; das Haar schimmert rötlich im Sonnenlicht, und die Gesichtsfarbe ist kräftiger als gewöhnlich. Seine Bewegungen sind schnell und zweckmäßig, der Verstand arbeitet ähnlich. Sowohl männliche als auch weibliche Widder haben im allgemeinen breite Schultern und gehen leicht nach vorn gebeugt, sozusagen mit dem Kopf voran, und sie sind fast immer in großer Eile. Der Widder zeigt wenig Anmut, abgesehen von seiner schwungvollen Art, mit jeder Krise fertigzuwerden (was die Leute, die ihn unterschätzen, immer wieder überrascht). Das Knochengerüst ist fein und stark, und wenige Widder-Menschen gehen krumm. Ihre Haltung spiegelt ihre starke Persönlichkeit und ihr Selbstvertrauen wider. Wenn Sie einen Widder mit hängenden Schultern sehen, ist er wahrscheinlich ein Schaftyp, und sein Ich wurde schwer verletzt, als er jung war. Es wird vielleicht einige Zeit dauern, bis er sich erholt, aber irgendwann wird er sich aufrappeln, davon können Sie überzeugt sein. Nichts beugt einen Widder für immer, Mißerfolge schon gar nicht.

Der von Mars beherrschte Mensch sieht einem direkt in die Augen, mit unerschrockener Ehrlichkeit und einem geradezu rührenden Glauben. Sie sind doch sein Freund, nicht wahr? Und Sie mögen ihn gern, oder? Nicht? Dann werden die Tränen fließen – allerdings nur innerlich. Wenn er es irgend vermeiden kann, wird der Widder seinen Schmerz nicht zeigen. Wenn Sie ihn öffentlich weinen sehen, können Sie sicher sein, daß er in tiefster Seele getroffen ist. Der Widder stirbt lieber, als daß er Schwäche zeigt, und manche riskieren tatsächlich das erstere, um das letztere zu vermeiden.

Selten wird der Widder nervös im Zimmer umherblicken. Wenn er es tut, dann interessiert ihn die Unterhaltung mit Ihnen nicht mehr. Irgend etwas anderes erregt seine Aufmerksamkeit, und für den Augenblick sind Sie vergessen. Desgleichen das, was Sie sagen. Seien Sie nicht beleidigt, denken Sie an das Baby mit seinen Fingern und Zehen.

Ganz sicher wird der Widder in dem von ihm gewählten Beruf bis nach oben kommen, oder er wird freiberuflich tätig sein. Wenn nicht, können Sie ihn leicht an der Unzufriedenheit erkennen, die er deutlich zeigt, weil er sich anderen unterordnen muß. Wenn es um Zeit oder materielle Dinge geht, so zeigt er eine liberale Haltung und verschwenderische Großzügigkeit. Er hat das starke Bestreben, überall die Führung zu übernehmen. Erwarten Sie jedoch keinesfalls Zartheit, Bescheidenheit und Takt. Der Durchschnitts-Widder war gerade nicht dabei, als diese Eigenschaften verteilt wurden. Mit der Geduld ist es auch nicht weit her. In einem Restaurant wird er schnell Kellnerin und Essen kritisieren, wenn erstere frech und das zweite kalt ist.

Aber er wird wahrscheinlich auch ein unnötig großes Trinkgeld geben, wenn die Bedienung gut war.

Der Widder ist, vorsichtig ausgedrückt, sehr direkt. Täuschung und Unaufrichtigkeit sind der Mars-Natur fremd. Offenheit und erfrischende Ehrlichkeit sind die Kennzeichen des Widders, aber er ist nicht sehr zuverlässig. Einigen fehlt Standhaftigkeit, und sie zeigen einen kindlichen Mangel an Verantwortungsbewußtsein. Sogar die, die erwachsen geworden sind, können Schulden in der Hast des Augenblicks vergessen. Letzten Endes zahlen sie ihre Rechnungen fröhlich und willig, aber man kann außer Atem geraten, bis man sie eingeholt hat.

Obwohl der Widder sich seinen Weg durchs Leben furchtlos, mit Unternehmungsgeist und Initiative erkämpft, gibt es einen seltsamen Gegensatz zu seiner Tapferkeit. Den größten Gefahren begegnet er ohne eine Spur von Furcht, aber körperliche Schmerzen kann er nicht ertragen. Den Zahnarzt schätzt er nicht sehr.

Jeder Widder wird sich irgendwann einmal durch seine Impulsivität eine Verletzung am Kopf oder im Gesicht zuziehen. Schnittwunden oder Verbrennungen kommen auch vor, ebenso heftige Kopfschmerzen oder Migräne, die auf Infektionen der Nieren zurückgehen können. Wenn der Widder klug ist, wird er sich aufraffen und den Zahnarzt regelmäßig aufsuchen, über sein Augenlicht wachen, in der Ernährung vorsichtig sein, Erkältungen nicht zu leicht nehmen und sich vom Alkohol fernhalten. (Er ist nicht nur schädlich für die Nieren, sondern auch ein gefährlicher Zündstoff, wenn er mit dem Mars-Temperament zusammentrifft!) Hautausschläge, schmerzende Kniescheiben und Magenleiden quälen die Ende März und im April Geborenen häufig. Der Widder hat eine kräftige und zähe Konstitution, solange er sie nicht mißbraucht, was er nur zu oft tut. Wenn er fest im Bett liegt und wenig zu sagen hat, ist er tatsächlich krank. Sogar dann muß man vielleicht Handschellen anwenden, um ihn ruhig zu halten. Er kann Fieberanfälle überstehen, die einen Durchschnittsmenschen umbringen würden, und meistens holt er sie sich, weil er in eigensinniger Mars-Neigung unter schwierigsten Umständen zur unrechten Zeit mit den unrechten Menschen ausharrt. Der Ärger über die Behinderung seiner Absichten ist der wahre Grund für die meisten seiner Krankheiten. Geduld und kluge Vorsicht würden den Arzt oft überflüssig machen. Aber der Widder nimmt solche Ratschläge nicht an. Er braucht jahrelang sowieso keinen Arzt, bis er entweder vor Erschöpfung zusammenbricht oder ein Alter erreicht, in dem er vernünftiger wird. Es besteht wenig Gefahr, daß der Widder rauschgiftsüchtig wird. Normalerweise schluckt er nicht einmal eine Schlaftablette. Er bleibt lieber hellwach (er könnte ja etwas versäumen).

Ebenso wie die beiden anderen Feuerzeichen Löwe und Schütze zeichnet den Widder ein so starker Optimismus aus, daß er selten ein Opfer chronischer Krankheiten werden wird, die – wie die Astrologie schon immer gelehrt hat und die Medizin nun erkennt – durch Melancholie und Pessimismus hervorgerufen werden. Die Feuerzeichen sind aber eher anfällig für wütendes Fieber, Infektionen, Schlaganfälle, hohen Blutdruck und plötzliche heftige Krankheiten. Man mag gegen seine Erregbarkeit sagen, was man will – trübsinnig ist der Widder selten. Sollte er doch einmal schwermütig sein, so wird dieser Zustand kaum lange anhalten. Seine Überzeugung jedoch, daß niemand eine Sache so wirksam erledigen kann wie er selbst, wird tausend Unannehmlichkeiten verursachen. Er wird sein Vorhaben mit Schneid und Zuversicht durchführen und selten einsehen, daß er sich übernimmt und auf Magengeschwüre und einen Nervenzusammenbruch hinarbeitet. Niemand hat ihn je der Faulheit bezichtigt.

Wer durch geduldige und harte Arbeit nach oben gekommen ist, wird sich mit Recht über einen aggressiven Widder ärgern, der glaubt, trotz geringerer Erfahrung bedeutend mehr zu wissen. Bescheidenheit und Demut lernt er erst nach vielen harten Enttäuschungen. Seltsamerweise schaffen die Widder häufiger Reichtum für andere als für sich selbst. Es scheint sie nicht zu stören, daß das Geld ihnen unter den Händen zerrinnt, vielleicht weil das, wonach sie streben, nicht unbedingt auf der Bank liegt.

Obwohl der Widder mit Selbstvertrauen vorwärts drängt, sich dabei wenig um die Gefühle anderer kümmert und besonders in der Jugend nach der Devise handelt «zuerst komme ich», kann er wärmer und großzügiger als die Vertreter aller anderen Sonnenzeichen sein. Er ist nicht grausam. Er trifft oft schnelle Entscheidungen, ohne von seinen Vorgesetzten dazu ermächtigt zu sein. Seine Ausdrucksweise kann satirisch und beißend bis zur Ausfälligkeit werden. Wutanfälle brechen in Windeseile aus, sind aber meist schon geschwunden, ehe das Opfer auch nur weiß, worum es ging, und das glückliche, kindliche Lächeln ist wieder da. Der Widder ist verletzt und überrascht, wenn man sich immer noch an die unbesonnenen Worte erinnert, die er gesagt, aber doch gar nicht so gemeint hat. Wenn ihm Gelegenheit gegeben wird, entschuldigt er sich bei seinem schlimmsten Feind, ungeachtet der schauderhaftesten Drohungen, die er in rasender Wut geäußert haben mag. Er sucht Anerkennung, auch wenn es äußerlich nicht so scheint. Selten sind Widder-Menschen böse auf eine bestimmte Person. Die Funken mögen fliegen, der Brand selbst jedoch ist gewöhnlich gegen eine Idee oder eine Situation gerichtet, die er für unerträglich hält.

Der Widder kann hier und da eine kleine Notlüge vorbringen, wenn sie ihm weiterhilft oder wenn er eine seiner geschätzten Ideen dadurch retten kann, aber normalerweise hat er keine Verwendung für Lügen. Das ist nur gut, denn er wird immer ertappt. Mit grober Offenheit geht es schneller, und da sein Hauptaugenmerk darauf gerichtet ist, ein bestimmtes Ziel eilig zu erreichen, zieht er es vor, die Wahrheit zu sagen. Er hat keine Zeit für Klatsch. Das hieße ja, sich über andere unterhalten, und der Widder ist viel zu sehr an sich selbst interessiert, um überschüssige Energien daran zu verschwenden, über die tiefsten Geheimnisse, das Benehmen oder die Motive anderer Leute nachzusinnen. Außerdem sind die Menschen für ihn entweder schwarz oder weiß. Mit den Grautönen gibt er sich nicht ab. Man halte das jedoch nicht für Vorurteil. Wenn die Planeten in seinem Geburtshoroskop sehr stark verletzt sind, kann sich die impulsive Mißachtung der tatsächlichen Gegebenheiten beim Widder wohl einmal in Grausamkeit oder Vorurteil äußern, aber das ist sehr selten. Der typische Widder behandelt König wie Bettler mit gleicher Ungezwungenheit und echter Zuneigung. Wenn man ihm Voreingenommenheit nachsagt, so liegt das an seiner Neigung, die Menschen in zwei Kategorien einzuteilen: Seine Freunde und seine Feinde. Und er erwartet, daß man es genauso hält, wenn man ihm nahesteht.

Trotz seiner verletzenden Aufrichtigkeit kann der Widder in Gesellschaft viel Charme entwickeln. Stundenlang kann er in anregender, interessanter Weise über Themen sprechen, von denen er keine Ahnung hat. Mit Einzelheiten belastet er sich nicht. Die kleinen, unwichtigen Statistiken überläßt er lieber anderen. Das ist vernünftig, denn andere leisten mehr darin. Dem Widder tut es um die Zeit leid, die er brauchte, um Tatsachen zu belegen. Er macht sich nichts aus dem, was es gestern gelernt hat, und morgen ist ein anderer Tag. Das Heute ist seine natürliche Heimat. Diese Stunde und diese Minute.

Der Widder ist Realist und doch entschiedener Idealist, und daher sind seine Gefühle schwer zu beschreiben. Keiner kann sich so ungestüm und flegelhaft benehmen. Kein anderer kann aber auch so gefühlsselig, so voll nachdenklicher Unschuld und voller Glauben an Wunder sein. Von Mars beherrschte Menschen sind unfähig, Niederlagen hinzunehmen. Sie erkennen sie nicht an – und wenn sie ihnen ins Gesicht starren. Sie sind unverbesserliche Optimisten, was den Ausgang einer Sache betrifft – von der Liebe bis zum Fußball. Sie sind sehr geschickte Nahkämpfer und kämpfen deshalb am besten mit dem Kopf, das heißt mit dem Verstand. Sie genießen den Widerstand, weil sie dadurch herausgefordert werden, und sie machen oft einen Umweg, um eine Hürde zu nehmen, lang bevor sie sich ihnen von selbst in den Weg gestellt hätte. Sie warten auch nicht darauf, daß der Erfolg ihnen in den Schoß fällt. Sie laufen ihm mit rasender Geschwindigkeit nach, und darum gibt es auch so wenige Widder, die von der Fürsorge unterstützt werden müssen.

Die meisten Leute sind schon erschöpft, wenn sie nur an die Energie des Widders denken. Und doch ist der Widder auch fähig, ruhig, weise und ernst zu sein – wenn er will. Leider will er es jedoch meist erst, wenn die Jugend vorbei ist und die Jahre seinen übereilten Idealismus und seine ungestüme Hast gemildert haben.

Der Widder genießt es, den Menschen seine Gunst zu erweisen, möglichst im großen Stil, aber er will auch, daß man ihn anerkennt. Wenn man ihm nicht dankt, wird ihn das allerdings nicht davon abhalten, erneut zu helfen. Seinem erstaunlichen Glauben an sich selbst entspricht sein naives Vertrauen zu anderen. Deshalb fühlt er sich auch ständig enttäuscht und beklagt sich darüber. Aber das hält nicht lange an. Er rappelt sich auf, schüttelt sich und ist nach einem typischen Anfall heftiger, aber kurzer Depression bereit, willens und in der Lage, wieder von vorn anzufangen.

Man hält den Widder für ehrlich, und doch ist es erschreckend zu beobachten, mit welch unverhohlener Frechheit er Dinge behauptet, von denen er weiß – oder wissen müßte –, daß sie unwahr sind. Beschuldigen Sie ihn jedoch der Unehrlichkeit, so wird er Sie erstaunt ansehen und die klaren Augen vor Entsetzen weit öffnen, weil Sie an ihm zweifeln können. Er kann Scheuklappen vor den Augen und Watte in den Ohren haben, wenn er etwas nicht glauben will. Sogar wenn seine Lage völlig unhaltbar geworden ist, wird er noch tapfer die Stellung halten und mit Überzeugung für die verlorene Sache kämpfen. Immerhin kann er jedoch seine Meinung, die man für unerschütterlich gehalten hat, in einem Augenblick blitzschneller Entscheidung umstoßen, und wenn er das tut, ist es ihm unmöglich, seine frühere Haltung wieder einzunehmen, ja, er kann sich nicht einmal mehr an sie erinnern. Sein Drang, die Vergangenheit über Bord zu werfen und mit Volldampf vorauszugehen (einer der Hauptgründe, warum er sich so schmerzlos einer neuen Umgebung und neuen Menschen anpaßt), läßt ihn glauben, daß diejenigen, die mit ihm vernünftig zu diskutieren versuchen, seinen Fortschritt hemmen wollen. Dann ist er fähig, das bißchen Takt, das er hat, zum Teufel zu schicken. Der Erzkonservative, der jedes Wort und jede Entscheidung abwägt, macht die von Mars beherrschten Menschen verrückt. Daher kann man leicht verstehen, daß sie sich oft so bittere Feinde unter den älteren, weiseren Köpfen schaffen.

Der WIDDER-Mann

Was ist das da drüben in der Telefonzelle? Ein elektrisch betriebener Dynamo? Eine lodernde Fackel? Ein Vogel, eine Explosion – oder ist das der Übermensch? Nun, beinahe. Es ist ein Widder-Mann, was dem ziemlich nahekommt. Hoffen wir, daß Sie wissen, was Sie suchen. Wenn es Aufregung ist, so wird der Widder sie

Ihnen in jeder Menge liefern, langweilige Momente wird es kaum geben. Wenn Sie aber auf Geborgenheit und Zufriedenheit einer tröstlichen Liebe aus sind, dann sind Sie in der falschen Telefonzelle.

Der Widder kann Sie mit leidenschaftlicher Glut überschütten und ist im nächsten Augenblick so kalt wie ein Eisbär. Verletzen Sie ihn oder verlieren Sie sein Interesse, so wird die warme, impulsive Mars-Natur augenblicklich zu Eis erstarren. Damit sie wieder entflammt, muß man unter Umständen beim 1. Akt, 1. Szene von vorn beginnen.

Widder-Männer bersten fast vor Ideen und schöpferischer Energie. Es mag ermüdend sein, mit ihnen Schritt zu halten, aber man richte sich besser darauf ein. Zumindest geistig. Der Widder hat die Angewohnheit, die Langsamen hinter sich zu lassen und nicht zurückzuschauen. Er wird wahrscheinlich jünger als der junge Frühling aussehen und sich genauso benehmen. Das ist erfreulich, aber seine jugendliche Art kann sich auch auf seine seelische und geistige Haltung übertragen, bis er erwachsen ist, und das kann sehr lange dauern. Der Widder-Mann ist ungeduldig mit Trödlern, kühn und selbstbewußt, anderen immer voraus und manchmal sogar sich selbst. Er kann eine Seele von Großzügigkeit sein und Zeit, Sympathie, Besitztümer und Geld gutgelaunt an Fremde verteilen. Er kann jedoch auch aufreizend unduldsam, gedankenlos, selbstsüchtig und fordernd sein, wenn sich die Erfüllung seiner Wünsche verzögert oder er gezwungen ist, mit ablehnenden Menschen zusammen zu sein.

Was die Liebe betrifft, so ist seine unbesonnene Haltung einzigartig. Er stürzt sich in jede Affäre mit der vollsten Überzeugung, daß dies die einzig wahre Liebe zwischen zwei Menschen seit undenklichen Zeiten ist, vielleicht mit Ausnahme von Romeo und Julia. Wenn alles zerbricht, sammelt er die Scherben auf und versucht zu retten, was zu retten ist. Wenn nichts mehr hilft, fängt er mit einer neuen Julia von vorn an, und es wird wie beim erstenmal sein. Ganz gleich, wie viele Irrtümer er begeht, der Widder ist sicher, daß seine wahre Liebe und seine echte Seelengefährtin ihm in allernächster Zeit begegnen wird. Wenn Sie nicht gerade ein weiblicher Skorpion sind, ist der Widder-Mann so leidenschaftlich, wie es sich eine Frau nur wünschen kann. Er ist so idealistisch und gefühlvoll, daß er alle nur mögliche Spannung, Verzückung und Poesie aus einer Beziehung herausholen wird. Für Halbheiten ist der Widder nicht zu haben.

Vielleicht aber haben Sie eines der ruhigeren Schafe erwischt? Lassen Sie sich nicht zum Narren halten. Er ist dennoch vom Mars beherrscht. Er redet nicht gleich drauflos? Er ist nicht überschwenglich und draufgängerisch? Aber haben Sie einmal nachgefragt, was er beruflich leistet? Und erkundigen Sie sich bei seinen früheren Freundinnen! Sie werden wahrscheinlich lachen. «Der? Scheu, schüchtern? Sie müssen jemand anders meinen.» Nach einer Weile werden Sie im Bilde sein. Das ruhige Auftreten ist die Maske für ein feuriges Herz und einen hartnäckigen Eifer im Beruf. Natürlich ist es weniger kompliziert, wenn Sie einen schlichten, einfachen Widder lieben, der keinen Hehl aus seinen Vorlieben macht, von Kartoffelchips über Mondschein bis zum Autofahren.

Kein Mensch eines anderen Sonnenzeichens kann so treu sein wie der Widder, wenn er seine große Liebe gefunden hat. Er ist im allgemeinen zu ehrlich, um Sie zu hintergehen, und zu idealistisch, um es überhaupt zu wollen. Wahllos intime Beziehungen oder auch nur leichte Flirts sind keine Widder-Angewohnheiten. Er sucht die Liebe, wie sie die meisten nur aus dem Roman kennen.

Natürlich muß man vor zukünftigen Ereignissen auf der Hut sein. So aufrichtig er auch in seiner augenblicklichen Ergebenheit und seinen Versprechungen völliger Treue sein mag, sein Bedürfnis nach Romantik ist so stark, daß er leicht seine Augen woandershin richtet, wenn man seine Illusionen zerstört. Wenn Sie es zulassen, daß Ihre gemeinsame Liebe den romantischen Zauber verliert, wird er vom rechten Pfad abweichen. Falls Sie es noch nicht wissen sollten: Dieser romantische Zauber verliert für ihn beträchtlich, wenn er Ihrer persönlichen Toilette zusehen muß (dem Lackieren der Nägel, Bleichen der Haare oder Ausrupfen der Härchen) oder wenn er Ihren stundenlangen Telefongesprächen mit Ihrer Mutter lauschen soll. Auch Lockenwickler im Haar oder Eukalyptussalbe auf der Brust gegen den Husten in der Nacht sollten Sie ihm nicht zumuten. Märchenprinzessinen benehmen sich nicht so. Und Julia hätte ganz bestimmt nicht mit hochgelegten Beinen und Kaugummi kauend vor dem Fernsehapparat gesessen. Benutzen Sie Parfum, wenn er da ist, und kichern Sie mit Ihren Freundinnen, wenn er fort ist. Es fällt ihm schwer, sich als Märchenprinz zu fühlen, wenn er Sie wachküßt und Sie entweder schnarchen oder ihm unfreundlich zurufen: «Um Himmels willen, laß mich schlafen, ja?» Hätte Dornröschen sich so benommen, als es erwachte? Bereiten Sie sich darauf vor, ihn jeden Morgen atemlos und mit feuchten Augen zu begrüßen, erfrischt von Ihren Träumen und entzückt, sein hübsches Gesicht so nah zu sehen. Und lassen Sie es ihn wissen.

Den Widder-Männern, deren Liebste die Romantik mißachtet, bricht das Herz. Dann aber werden sie wütend. Und bald suchen sie nach einer Prinzessin, die nicht schnarcht oder sich auf andere Weise gehenläßt. Das ist nicht unfair, soweit es ihn betrifft. Er hat das Versprechen nicht gebrochen, Sie haben es getan. Sie haben ihn in den Glauben versetzt, Sie seien eine schöne Nachtigall, die im Mondschein singt. Jetzt entdeckt er, daß Sie ein plappernder Papagei oder eine nörgelnde Klatschbase sind, und mit einem Ruck wird er aus seinen Träumen gerissen. Wie kann er Engelschöre hören, wenn Sie ihm keifend vorhalten, daß er nun schon zwei Nächte erst nach Mitternacht nach Hause gekommen ist? (Das mag den Tatsachen entsprechen, aber wer sind Sie, daß Sie glauben, ihm jeden Schritt vorschreiben zu können? Die Ehe ist kein Gefängnis, und Sie sind nicht sein Hüter – das ist seine Einstellung.)

Wenn Sie es lernen, ihn mit weit geöffneten Augen verschwommen anzusehen und manches andere, wird er glücklich bei Ihnen bleiben und jede Frau auf Erden ignorieren. Es ist höchst unwahrscheinlich, daß sich ein Widder-Mann an mehr als eine Frau gleichzeitig bindet (es sei denn, er hat einen Zwillinge-Aszendenten, oder die Venus im Geburtshoroskop ist verletzt). Es paßt einfach nicht in seine Vorstellung von wahrer und dauerhafter Liebe. Die Entscheidung, eine Bindung zu lösen, wird bereits getroffen, bevor er sich in eine neue eingelassen hat. Sie werden deutlich genug gewarnt. Ein Widder-Mann kann selten eine Leidenschaft vortäuschen, die er nicht empfindet. Das allein verhindert schon Betrug.

27

Scien Sie nicht langweilig, ablehnend oder schüchtern. Um einen Widder-Mann zu halten, müssen Sie eine Mischung aus Grace Kelly, Ursula Andress und Queen Victoria sein. Es gehört allerhand dazu, ihn davon zu überzeugen, daß Sie allen anderen Frauen überlegen sind, aber wenn es Ihnen gelingt, wird er treu bei Ihnen bleiben. Der Versuch lohnt sich, denn wenn sich der Widder kopfüber in eine Liebesaffäre stürzt, so kann er sie genauso rücksichtslos abbrechen. Er ist sowohl Idealist als auch Egoist, und das bedeutet, daß er es haßt, sein Unrecht einzugestehen oder gelten zu lassen, daß die Liebe, die er selbst gewählt hat, sterben könnte. Immerhin soll man stets daran denken, daß er Situationen für untragbar halten kann, mit denen andere sich abfinden. Lassen Sie sich schwer erobern, denn er liebt die Herausforderung. Damit es Ihnen leichter fällt, ihm zu verzeihen, falls es jemals Unannehmlichkeiten geben sollte, denken Sie daran, daß er nur darum vom Wege abkam, weil seine Nachtigall aufgehört hatte, im Mondlicht zu singen.

Falls Sie auf die Idee kommen sollten, ihn durch Flirts zu reizen – geben Sie es auf. Ihre erste Unbesonnenheit wird wahrscheinlich auch Ihre letzte sein. Sie können ihn verlieren, wenn Sie nur einem anderen Mann etwas zuflüstern oder einen verheißungsvollen Blick zuwerfen, ganz zu schweigen von tatsächlicher Untreue. Er besteht darauf, überall der Erste zu sein – vor allem aber in Ihrem Herzen. Der Widder ist besitzgierig und eifersüchtig bis zum äußersten. Nur ein Löwe-Mann kann noch wilder werden bei dem Gedanken an ein Vergehen seiner Geliebten. Was noch schlimmer ist, der Widder wird Ihnen niemals den blinden Glauben entgegenbringen, den er von Ihnen in dieser Beziehung erwartet. Sie haben einfach zu verstehen, daß seine angeregten Unterhaltungen mit anderen Frauen harmlos sind, weil er alle Freiheit des gesellschaftlichen Umgangs verlangt, die er Ihnen verweigert. Ihr Mars-Liebhaber wird Sie auf ein Podest stellen und von Ihnen erwarten, daß Sie oben bleiben. Bewegen Sie keinen einzigen Zeh. Sehen Sie nicht einmal so aus, als ob Sie Lust dazu hätten.

Der männliche Widder ist ein geborener Rebell. Er liebt es, sich gegen die Autorität aufzulehnen, und hält sich für klüger als alle anderen. Vielleicht ist er es, aber die meisten Leute schätzen es

wenig, wenn man ihnen das sagt. Wegen seiner unbesonnenen Art
wird er mehr als einmal auf die Nase fallen. Da er stets führen
will und es ablehnt, sich unterzuordnen, werden die Mächtigeren
ihm ständig Lektionen erteilen. Zu diesen Zeiten stehen Sie ganz
groß da, denn er wird zu Ihnen gelaufen kommen und Trost und
Zuversicht suchen, wenn sein Ich verletzt ist. Dann werden Sie erfahren, daß unter seiner selbstsicheren, angriffslustigen Außenseite
ein Minderwertigkeitskomplex verborgen ist. Er würde lieber sterben, als das zugeben. Die Frau, die es versteht, sein angeschlagenes
Selbstvertrauen mit sanfter Hand wieder aufzurichten, hat die
besten Chancen, sein Herz für immer zu gewinnen. Machen Sie nie
den Fehler, seinem augenblicklichen Feind beizustimmen oder ob-
jektiv zu sein und auch die andere Seite sehen zu wollen. Sie müssen
das lieben, was er liebt, und das hassen, was er haßt. Er verlangt
von Ihnen die gleiche bedingungslose Treue, zu der er selbst bereit ist,
sowohl in der Liebe als auch in der Freundschaft. Das ist sein Kodex.
Wenn Sie ihn nicht respektieren können, suchen Sie sich einen anderen Mann.

Es gibt keine spitzfindigen Widder. Man merkt es sofort, wenn
eine Beziehung für sie zu Ende ist. Kälte und Gleichgültigkeit in
Stimme und Benehmen sind unverkennbar, im allgemeinen werden
sie auch von einer offenen Erklärung begleitet. Ein heftiger Wutanfall dagegen kann ganz harmlos sein. Er zeigt an, daß sein Miß-
vergnügen wahrscheinlich nur vorübergehender Natur ist. Sie haben
mehr Grund, seine Eiseskälte zu fürchten als sein Feuer.

Der Widder-Mann spielt nicht herum. Er wird immer direkt sein,
in der Liebe wie im Beruf. Er wird keine Sekunde verschwenden,
sobald die Liebe einmal erklärt ist, aber lassen Sie ihn denjenigen
sein, der sie erklärt. Rufen Sie ihn nicht ständig an, werden Sie
nicht romantisch und sprechen Sie nicht über Ihre Gefühle, bevor
Sie nicht völlig sicher sind, daß sie auf Gegenseitigkeit beruhen. Er
muß der Führer sein, hier wie überall. Wenn Sie sich jedoch einmal
gebunden haben, seien Sie nicht zu kühl oder zu uninteressiert, sonst
sucht er woanders nach Aufmerksamkeiten. Die Liebe zu einem
Widder gleicht einem Seiltanz zwischen liebevollem Interesse und
zurückhaltender Gleichgültigkeit. Sie müssen fast ein Trapezkünstler

sein. Lernen Sie so zu leben – oder lernen Sie, ohne den Widder-Mann auszukommen.

Der Widder ist immer der erste, und so wird er sich, was höchst angenehm ist, nach einem Streit auch als erster entschuldigen. Er wird auch als erster zur Stelle sein, wenn Sie ihn brauchen. Er wird großzügig und bereitwillig Geld für Sie ausgeben. Er wird Ihnen Komplimente machen, Ihre Fähigkeiten zu würdigen wissen und ein geistig anregender Gefährte sein. Obwohl er herrschsüchtig ist und wegen einer Bagatelle in größte Wut geraten kann, wird er selten die Sonne untergehen lassen, ohne alles wieder eingerenkt zu haben. Sie mögen das Wichtigste in seinem Leben sein, aber er hofft, daß Sie das wissen und auf Liebe und Aufmerksamkeit verzichten können, wenn er gerade anderweitig beschäftigt ist. Er möchte Ihre ganze Welt sein, aber, was andere Männer nicht tun, er teilt seine Welt mit Ihnen, wenn Sie ihm ebenbürtig sind.

Der männliche Widder träumt davon, daß seine Herzensdame höchst feminin und gleichzeitig ein Lausbub ist. Er verlangt, daß Sie völlig unabhängig, aber dennoch bereit sind, ein paar Schritte hinter ihm zu bleiben. Er erwartet, daß Sie ihn loben und ihm ergeben sind, aber spielen Sie niemals die Rolle einer Sklavin. Folgen Sie mir noch? Gut. Es geht noch weiter. Er ist fähig, grausame und sarkastische Dinge zu Ihnen zu sagen, wenn sein Ich verletzt worden ist, Dinge, die er überhaupt nicht meint, die Ihnen aber das Herz brechen können. Dann wünscht er, daß Sie ebenso bereitwillig vergeben und vergessen wie er. Sie müssen alle seine Freunde gern haben, während er sich das Recht vorbehält, von Ihren gelangweilt zu sein. Nun, Sie wollten ja einen *Mann* haben, nicht wahr? Mit ihrem Widder-Gefährten haben Sie ganz sicher einen erhalten.

Nach der Hochzeit wird der Widder im Hause herrschen oder es verlassen. Er wird weder in der Öffentlichkeit noch daheim an sich herumnörgeln lassen, ganz besonders nicht an seiner Art, das Geld auszugeben. Schließlich hat *er* es verdient. Es ist *sein* Geld, oder? (Manchmal schließt dieses besitzanzeigende Fürwort natürlich auch das ein, was Sie verdient haben.) Er wird die Finanzen nicht sehr gut verwalten – und das ist noch milde ausgedrückt –, aber übernehmen Sie es nicht selbst, auch wenn Sie immer eine Eins im Rechnen hatten. Kritisieren Sie ihn nie in Geldangelegenheiten. Er wird Ihnen alles geben, was Sie brauchen. Sie können gern die Schlangenledertasche haben, nachdem er sich die Kroko-Aktentasche gekauft hat – falls noch etwas übriggeblieben ist (er ist vielleicht ein bißchen egoistisch, aber niemals geizig).

Obwohl ein Widder häufig die Stellung wechselt, bis er sein eigener Herr ist, läßt er Sie nie hungern. Er wird immer einen Weg finden, um zu Geld zu kommen, wenn er es auch genauso schnell wieder ausgibt. Stecken Sie lieber heimlich etwas ins Sparschwein und überraschen Sie ihn damit, wenn er es am dringendsten braucht. Er selbst wird wahrscheinlich kaum etwas auf die hohe Kante legen.

Bei jedem neuen Kind wird er sich als hingebungsvoller, stolzer Vater zeigen. Später wird er etwas herrschsüchtig sein und versuchen, den Kindern ihre Berufslaufbahn vorzuschreiben. Er wird herrlichen Unsinn mit ihnen treiben, aber man muß ihn daran erinnern, daß Kinder genausoviel Unabhängigkeit brauchen wie er selbst. Lassen Sie ihn jedoch nie fühlen, daß der kleine Peter oder die kleine Erika wichtiger für Sie sind als er, denn dann wird er schnell den Spaß an seinen Sprößlingen verlieren.

Üben Sie nach Ihrer Heirat Ihren Beruf ruhig weiter aus, wenn es Ihnen Spaß macht. Er wird es Ihnen wahrscheinlich nicht verübeln, solange Sie ihn nicht überflügeln. Eher verzeiht er ein Abendessen aus der Büchse als mangelnden Glauben an seine Ideen.

Bestärken Sie ihn in seinem Unabhängigkeitsdrang, aber versuchen Sie seine Impulsivität zu zügeln – taktvoll. Sein großer, sprudelnder Enthusiasmus kann eines traurigen Todes sterben, wenn man ihn unterdrückt oder seine positive Energie durch negative Einstellung lähmt. In dem Moment, da er beruflich oder privat die Autorität verliert, verwandelt sich sein erfrischender Optimismus in niedergeschlagene Unzufriedenheit und schließlich in vollkommene Interesselosigkeit. Es ist nicht seine Natur, sich zu unterwerfen. Er ist ein männlicher Mann. Zerstören Sie seine Männlichkeit nicht, aber geben Sie auch niemals Ihre Individualität auf. Versuchen Sie nicht, ihn herumzukommandieren, aber tanzen Sie auch nicht nach seiner Pfeife. Ein Widder-Ehemann verträgt keine Frau, die jeden Abend zu Vereinssitzungen läuft. Genausowenig duldet er eine Frau, die den ganzen

Tag zu Hause sitzt und Decken häkelt. Sie müssen irgendwie die Mitte finden. Wenn Sie Erfolg haben, werden Sie eines Tages die einzige weißhaarige Julia in Ihrem Freundeskreis sein, deren Mann selbst am Tag der goldenen Hochzeit noch gefühlvoll ist. Ist das nicht ein lohnendes Ziel, wenn Sie romantisch sind? Und natürlich sind Sie das, denn sonst hätten Sie sich erst gar nicht mit einem Widder-Mann eingelassen.

Die *WIDDER-Frau*

Sie sind also in ein Widder-Mädchen verliebt. Ich weiß nicht, ob ich Ihnen gratulieren oder mein Beileid aussprechen soll. Als Byron schrieb: «Beim Mann ist die Liebe ein Teil seines Lebens, bei der Frau macht sie das ganze Dasein aus», vergaß er die Widder-Frau. Vielleicht glaubt sie, daß die Liebe ihr ganzes Dasein ausmacht, aber sie ist viel zu sehr von der Umwelt in Anspruch genommen, ganz zu schweigen von sich selbst, um von der Liebe allein leben zu können. Sie kann leichter ohne Mann auskommen als jede andere Frau.

Natürlich heißt ohne Mann auskommen nicht, ohne Liebesaffären auskommen. Sie braucht immer den Helden ihrer Träume, nach dem sie sich in ihrem Herzen sehnen kann. Er kann aus ihrer Vergangenheit stammen und weit fort sein – oder sich nur ein paar Schritte entfernt im Nebel der Zukunft verbergen –, aber sie wird in einer blauen Stunde an ihn denken. Er wird sie verfolgen, wenn der erste Schnee fällt, wenn sie ein bestimmtes Lied hört oder Blitze zucken sieht. Und wenn während all der Träume kein Mann aus Fleisch und Blut in der Nähe ist, so wird sie ihn auch nicht zu schmerzlich vermissen. Alles, was er kann, kann sie ja viel besser – denkt sie. Sie ist auf keine Hilfe angewiesen.

Das Widder-Mädchen öffnet selbst die Tür. Sie zieht den Mantel allein an, trägt ihre Kämpfe allein aus, ruft sich ein Taxi und zündet sich ihre Zigarette ohne männliche Hilfe an. Wenn sie es selbst tut, bedeutet das für sie, daß es dadurch am schnellsten erledigt wird. Natürlich verträgt sich das nicht sehr gut mit dem verletzlichen Selbstgefühl. Das Mars-Mädchen hat es sich jedoch in den Kopf gesetzt, die Führung zu übernehmen, den ersten Schritt zu tun, und damit ist auch gemeint, daß sie die ersten Annäherungsversuche macht. Bei den weiblichen Widdern kann man von allen Tierkreiszeichen am ehesten damit rechnen, daß sie den Heiratsantrag machen, besonders, wenn der Mann sehr lange damit zögert. Und das ist auch der früheste Zeitpunkt, zu dem Sie Ihre Gefühle zeigen dürfen. Vorher gehen Sie ein Risiko ein. Seien Sie ganz sicher, daß Sie ihr Herz in der Tasche haben, bevor Sie versuchen, sie um die Taille zu fassen und ihr einen Gutenachtkuß zu geben. Sonst kann es passieren, daß sie Ihnen eine herunterhaut und wie ein verängstigtes Reh davonläuft.

Lassen Sie sich nicht täuschen. Sie läuft nicht aus mädchenhafter Scheu davon. Sie hat keine Angst vor Ihrer Leidenschaft. Mit der wird sie fertig. Ihre Flucht beruht auf der Furcht, daß sie sich entweder mit einem anbetenden Sklaven oder einem liebestollen Grünschnabel eingelassen hat, und beide langweilen sie zu Tode. Seien Sie gleichgültig, geben Sie ihr Rätsel auf, und es steht zehn zu eins, daß sie Ihnen nachlaufen wird. Ein Mann, der ihrer Wirkung widersteht, wird einen weiblichen Widder immer fesseln. Sie kann nicht verstehen, warum er ihren offenkundigen Reizen nicht erliegt. Deshalb wird sie nichts unversucht lassen, um zu beweisen, daß sie begehrenswert ist, sogar wenn sie kein dauerndes Interesse an ihm hat.

Scarlett O'Hara ist das typische Beispiel für den von Mars beherrschten weiblichen Widder. Wie Scarlett wird das Widder-Mädchen alle verfügbaren Männer im Umkreis von hundert Kilometern zu ihren Füßen versammeln, während sich ihr eigensinniges Herz nach dem einen Mann sehnt, den sie aus diesem oder jenem Grund nicht haben kann. Wie Scarlett kann sich das Widder-Mädchen den härtesten Anforderungen schnell anpassen, wenn es zu überleben gilt. Beide trotzen der gesellschaftlichen Konvention, können sich einer anrückenden Armee entgegenstellen oder sogar einem Mann durch den Kopf schießen, wenn ihre Lieben bedroht sind. Nirgends verkörpert Scarlett überzeugender die Widder-Frau, als dort, wo sie hungernd, allein, ohne Freunde und ohne Hoffnung auf die Hilfe eines Mannes die Faust gen Himmel schüttelt und ruft: «Ich werde das überleben ... und wenn ich es tue, dann werde ich nie wieder hungern! Und wenn ich lügen, betrügen, stehlen oder töten muß – Gott ist mein Zeuge, ich werde niemals wieder hungern!» Viel später, als ihre Gefühle zerbrochen sind, ihr geliebtes Kind tot ist und der eine Mann, den sie wirklich liebt, aus ihrem Leben verschwinden will, ist diese typische Widder-Frau immer noch fähig zu sagen: «Ich werde einen Weg finden, um ihn zurückzugewinnen. Es hat noch keinen Mann gegeben, den ich nicht haben konnte, wenn ich es mir in den Kopf gesetzt hatte ... Schließlich, morgen ist auch noch ein Tag.»

Scarlett O'Hara besitzt alle Kraft des Mars und die Fähigkeit, nach der Tragödie wieder weiterzumachen. Sie kann die weibliche Rolle mit klappernden Wimpern und Tränen in den Augen bis zur Vollkommenheit spielen, ebenso aber ist sie in der Lage, die Arbeit eines Mannes zu übernehmen, wenn die Männer gerade nicht da sind. Studieren Sie Scarletts Charakter sorgfältig, und Sie werden ausgezeichnet verstehen, worauf Sie sich mit einer Widder-Frau einlassen. Sie werden dann auch wissen, welcher Lohn Sie erwartet, wenn Sie kühn genug waren, sie für sich zu beanspruchen. Ihre angriffslustige Energie mag manchmal schwer zu ertragen sein, ihr strahlender Optimismus jedoch und ihr Glaube an morgen sind ungeheuer bezwingend.

Das Widder-Mädchen ist recht empfänglich für Schmeichelei, wenn ein ehrlicher Grundton vorhanden ist. Zeigen Sie Ihre Bewunderung, aber übertreiben Sie nicht. Ihre Treue ist grenzenlos, solange sie Ihre Liebe spürt, denn sie ist sehr gefühlvoll. Der typische Widder-Widerspruch sieht so aus: Sie will nicht, daß Sie Ihr zu offensichtlich nachlaufen, andererseits verliert sie aber schnell das Interesse, wenn Sie zu gleichgültig sind. Sie will keinen herrschsüchtigen Mann, sie kann sich aber auch für keinen begeistern, der bewundernd zu ihren Füßen sitzt. Mit diesem Widerspruch muß sie fertig werden, bevor die Liebe ihr Glück bringen kann. Sie ist unglaublich idealistisch und sucht manchmal vergebens nach dem tapferen Ritter in der glänzenden Rüstung, der sie mitreißt, die Welt erobert, sie ihr ehrerbietig zu Füßen legt und doch niemals seine Männlichkeit opfert.

Da er nur im Märchen existiert, ist die Widder-Frau oft allein. Ihre Tage sind hell und voller Aufregung, ihre Nächte manchmal dunkel und voller Sehnsucht. Wenn jedoch alle Träume zerschlagen sind, wenn das Feuer zu verlöschen droht, springt der Widder auf und facht ein neues an.

Die Widder-Frau muß stolz auf Sie sein können, um Sie zu lieben. Aber seien Sie nicht so erhaben, daß Sie *ihre* Fähigkeiten und Begabungen übersehen. Ein Widder-Mädchen kann Zeit und Interesse verschwenden, Besitztümer und Geld freudig teilen, wenn es aber um die Liebe geht, ist sie ausgesprochen geizig, und es bedarf nur eines kleinen Anlasses, um einen heftigen Eifersuchtsanfall auszulösen. Ist sie wirklich verletzt worden, wird sie von Feuer zu Eis. Ihr Feuer lodert heiß und erlischt schnell. Das Eis kann ewig halten. Merken Sie sich das, wenn Sie wirklich tief für sie empfinden – und es ist zweifelhaft, ob sie Sie überhaupt akzeptiert, wenn Ihre Empfindung von anderer Art ist. Der Widder geht aufs Ganze, für immer.

Da die Widder-Frau männliche Gesellschaft bevorzugt und sich um die Bewunderung jedes Mannes bemüht, haben Sie genügend Gelegenheit, die Stacheln der Eifersucht zu fühlen. Lassen Sie sich nicht davon überwältigen. So herrschsüchtig sie selbst auch sein mag, so wird sie sich Ihre Besitzansprüche keine Minute lang gefallen lassen. Das Widder-Mädchen besteht auf restloser Freiheit, vor und nach der Ehe. Was auch immer sie tut und wohin sie geht, Sie müssen ihr vertrauen, auch wenn sie keineswegs das gleiche Vertrauen in Sie setzen wird. Es ist nicht so schlimm, wie es sich anhört, denn sie wird treu sein, wenn sie erst einmal die Ihre geworden ist. Ein Widder-Mädchen ist selten fähig, zwei Männer zu gleicher Zeit zu lieben. Sie ist einfach zu ehrlich für eine solche Täuschung. Wenn es sich nicht um ungewöhnliche Umstände handelt, wird sie kein Hehl daraus machen, daß die Liebe erkaltet ist, bevor sie sich an einen anderen bindet.

Mars-Frauen sind häufig Karrierefrauen. Sie fühlen sich in fast jedem Beruf zu Hause, den ein Mann ausüben kann, vom Effekten- bis zum Immobilienhandel. Aber auch in Berufen, die typisch weibliche Eigenschaften verlangen, leistet sie Erstaunliches. Manchmal ist es vielleicht schwierig, sie dazu zu bewegen, ihren Beruf aufzugeben, wenn es sich um eine wirkliche Karriere oder Berufung handelt. Im Zauber der jungen Liebe findet sie sich vielleicht für kurze Zeit damit ab, aber wenn der erste Begeisterungstaumel verflogen ist, wird sie sich nach ihrer Arbeit zurücksehnen. Lassen Sie sie gehen. Sie wird viel glücklicher, sogar viel liebevoller sein, wenn man ihr erlaubt, sich mit etwas zu beschäftigen, das sie interessiert.

Machen Sie sich keine Sorgen, daß Ihr Widder-Mädchen dem Charme eines Schürzenjägers erliegen könnte. Gegen Schürzenjäger und Playboys ist sie gefeit. Es besteht viel größere Gefahr, daß sie von einem Idealisten, der eine gute Sache verficht (vorzugsweise eine verlorene Sache), verleitet wird.

Verletzt man ihren Stolz oder dämpft man ihren Enthusiasmus, so wird es ihr fast das Herz brechen. Das tun andere ohnehin schon ständig. Die Welt verübelt es einer Frau, wenn sie sich zur Wehr setzt und glaubt, sie sei klüger als andere. Wenn die Widder-Frau entdeckt, daß sie doch nicht der Mittelpunkt der Welt ist, kommt sie weinend in Ihre Arme gelaufen, und ihr Leben wird dunkel und trostlos sein. Dann haben Sie Gelegenheit, sie so zu sehen, wie sie wirklich ist, hilflos und verletzlich bis zum äußersten, trotz all ihres Selbstvertrauens. Sie ist gar nicht so robust, wie sie aussieht. Sie möchte es nur gern sein. Sie bewundert Stärke und versucht, sie nachzuahmen. Der Idealismus und der optimistische Glaube des Widders werden oft genug von der rauhen Wirklichkeit zerstört. Trösten Sie die Mars-Frau zu solchen Zeiten zärtlich, und Sie werden sie wahrscheinlich nie verlieren. Verteidigen Sie sie immer gegen ihre Feinde. Sie wird Ihnen nie verzeihen, wenn Sie nicht für sie kämpfen oder ihre Partei ergreifen. Schließlich würde sie im entscheidenden Augenblick ebenfalls zu Ihnen stehen. Eine Widder-Frau setzt Glück und Ruhm aufs Spiel, wenn einem ihrer Freunde Unrecht geschieht. Wenn sie Sie liebt, wird ihre Empörung grenzenlos sein.

Als Ehefrau kann sie einem sehr zu schaffen machen. Sie wird wahrscheinlich Interessen haben, die außerhalb des Hauses liegen, denn das Heim wird selten ausreichen für ihre schöpferische Energie. Erwarten Sie kein Heimchen, daß stillvergnügt am Herd dahinzirpt. Sie wird eine gute Köchin sein und das Haus pieksauber halten –

wenigstens da, wo man es sehen kann. Sie wird auch Knöpfe annähen und Hemden bügeln, aber nicht gern. Immerhin wird sie es tun, wenn es nötig ist. (Eine Widder-Frau kann fast alles, wenn es nötig ist.) Ihr Feuer gleicht mehr dem Diamanten als dem warmen, tröstenden Herdfeuer. Es wird Sie häufiger erregen als beruhigen – langweilig ist es nie. Die von Mars beherrschte Frau wird sich sehr intelligent und viel unterhalten. Verstecken Sie sich beim Frühstück nicht hinter der Zeitung. Sie erwartet Gesellschaft von Ihnen, oder Sie können sich Ihr Rührei selber machen.

Selten wird sie über Krankheit oder Ermüdung klagen. Wenn sie aber Schmerzen hat, erwartet sie sehr viel Mitgefühl. Obwohl Sie sie vielleicht nur mit Gewalt dazu bringen werden, sich bei hohem Fieber ins Bett zu legen, müssen Sie sie vielleicht von vorn und hinten bedienen, wenn sie Zahnschmerzen hat.

Diese Frauen ruft man besser nicht an und erklärt ihnen, man müsse länger im Büro arbeiten, wenn man nicht einen Sturm entfachen will. Es macht Ihrer Mars-Frau nichts aus, das Essen warmzuhalten, aber sie will wissen, wo Sie wirklich sind und was Sie wirklich treiben, und sie wird keine Mühe scheuen, um es herauszufinden. Die Widder-Ehefrau wird wahrscheinlich einen ausgezeichneten Eindruck auf Ihren Chef machen, solange Sie sie davon abhalten können, ihm zu erklären, wie er sein Geschäft führen soll. Sie wird nichts dagegen haben, einmal selbst für die Brötchen zu sorgen, wenn Sie vorübergehend ohne Stellung sind, aber sie könnte niemals einen Mann respektieren, der weniger verdient als sie (obwohl sie ihn aus diesem Grunde nie verlassen würde, sie wäre eher dazu geneigt, nach Entschuldigungen für ihn zu suchen). Sollte sie sich wirklich einmal gehenlassen, so wird sie auf das erste mißbilligende Wort von Ihnen zum Spiegel fliegen (in dieser Beziehung ist sie ganz Eva). Eine anerkennende Bemerkung über die neue Frisur Ihrer Sekretärin wird den gleichen Effekt haben, aber sie ist gefährlicher.

Halten Sie Leidenschaft und Romantik in Ihrer Ehe lebendig, oder Ihre Frau wird schrecklich unglücklich sein. Der Widder verliert keine Zeit, eine Situation zu ändern, die unhaltbar geworden ist, und das kann zu einer hastigen Trennung oder einer plötzlichen Scheidung führen. In den meisten Fällen wird es unklug sein, sie das

Familienkonto führen zu lassen, aber Sie können es ja versuchen, wenn die Bank mitmacht.

Als Mutter wird sie darauf achten, daß das Baby sauber, glücklich, gesund und geliebt ist. Sie wird es vielleicht nicht jedesmal hochnehmen, wenn es schreit, und es nicht übermäßig verwöhnen, aber sie wird ihren Kindern eine Welt voller Zauber und Phantasie schaffen. Es ist das Reich, in dem sie selbst lebt. Sie wird keine nachgiebige Mutter sein, sondern auf strenger Disziplin bestehen, aber sie wird ihre Sprößlinge zu unabhängigen Erwachsenen erziehen.

Die Widder-Frau kann äußerst reizbar sein und große Szenen machen. Ihre Wutanfälle werden jedoch schnell verfliegen. Niemals wird sie nachtragend sein, auf Rache sinnen oder sich in Selbstmitleid und Bitterkeit verlieren. Nach einem Gefühlsausbruch gewinnt ihre optimistische Natur schnell wieder die Oberhand. Manche Leute werden Ihnen erzählen, die Widder-Frau sei zu männlich, aber glauben Sie ihnen nicht. Sie ist ganz Frau unter ihrem ungestümen Wesen, vielleicht zu sehr Frau für den Durchschnittsmann. Aber natürlich, ein Ritter in schimmernder Rüstung ist auch kein Durchschnittsmann.

Vergessen Sie nicht, daß sie leicht gekränkt ist, trotz ihres strahlenden, tapferen Lächelns (das ist ja gerade ihr Schutz gegen Verletzungen). Wenn es Ihnen gelingt, den Widder in ein Lamm zu verwandeln, haben Sie die Frau, die ehrlich und leidenschaftlich, treu und anregend ist – wenn auch ein bißchen impulsiv, herrschsüchtig und selbständig. Aber man kann nicht alles haben. Die Widder-Frau wird Ihnen helfen, Ihre verlorenen Illusionen wiederzufinden, und sie wird verbissen an Ihre Träume glauben. Sie haben keine? Dann borgen Sie sich welche bei ihr aus, sie hat genug. Wenn sie nur halb so viel an sie glauben wie umgekehrt, können Sie zusammen Wunder vollbringen.

Das WIDDER-Kind

Während Papa die Zigarren herumreicht, wird das krebsrote kleine Widder-Baby in seinem Bettchen brüllend die Aufmerksamkeit für sich beanspruchen. Wie kann man es links liegenlassen! Wer ist hier der Herr im Haus?

Es besteht kein Zweifel darüber, daß es Ihr Mars-Kind ist. Wenn es erst in dem hohen Stuhl sitzt und mit dem Löffel auf dem Tisch herumhaut, weil Sie es zu lange allein gelassen haben, wissen Sie es ganz bestimmt. Man wird stets ohne Schwierigkeiten feststellen können, was es am liebsten ißt. Der Widder-Knirps wird das Gemüse ausspucken und die Schüssel mit dem Brei über seinem kahlen Kopf ausleeren, um es vollkommen klarzumachen, daß dies ganz bestimmt nicht das Essen ist, das Baby schmeckt. Die Mädchen sind nicht weniger direkt als die Jungen. Vielleicht sogar noch mehr, obwohl man kaum eine so heftige Entschiedenheit von einer zarten kleinen Dame erwartet.

Das Widder-Kind wird vermutlich eher laufen können als andere Kinder und bestimmt wird es früher sprechen. Es wird nicht leicht im Zaum zu halten sein. Wenn man zu einem Widder-Kind «Nein, nein» sagt, so wird es einem trotzig seinen dicken kleinen Finger entgegenstrecken. Mit der Disziplin sollte schon sehr früh begonnen werden. Passen Sie auf bei Verletzungen am Kopf und im Gesicht. Zu Unfällen kommt es schnell bei einem Widder-Kind. Scharfe Messer sollten nicht in seiner Reichweite liegen. Vorsicht bei Verbrennungen und Verbrühungen. Wenn sich irgendwo etwas Heißes und Verbotenes findet, so wird das Widder-Kind bestimmt die Hand hineinstecken. Sie glauben, das wird ihm eine gute Lehre sein? Nicht diesem Kind. Es wird versuchen, seinen eigenen Rekord zu brechen. Das Zahnen wird fieberhaft und schwer sein. Das Baby wird diese Zeit gut überstehen, aber Sie?

Ist das Kind etwas größer, wird es seine Zuneigung gern und oft zeigen, mit Ausnahme der wenigen Widder-Kinder, deren frühe Erfahrungen ihre normalerweise warmen Herzen verhärten ließen. Das sind die traurigen, ruhigen kleinen Schäfchen, aber ihre Hörner sind genauso gefährlich.

Wenn der kleine Widder älter und kräftiger wird und sich durch Masern, Mumps, Windpocken und Scharlach hindurchgekämpft hat (eine Schlacht mit Bazillen ist keine Angelegenheit für ihn), so wird er sich immer häufiger gereizt zeigen. Sie werden entdecken, daß er sehr unvernünftig sein kann, wenn er seinen Willen nicht bekommt, aber der Trotz wird nicht lange anhalten. Nach wenigen Augenblicken wird Sie der Widder-Junge oder das Widder-Mädchen wieder strahlend anlächeln.

Das Mars-Kind kann sein Spielzeug mit erstaunlicher Großzügigkeit an die halbe Welt verteilen. Diese Großzügigkeit wird allerdings schnell ein Ende haben, wenn jemand seine Gefühle verletzt oder sich seinem Vorhaben in den Weg stellt. Dann fliegen die Funken.

Widder-Kinder können sich schnell angewöhnen, die Hausaufgaben zu vernachlässigen. Es wird sie schwerlich sehr beeindrucken, wenn man ihnen die gehorsameren Steinbock-, Krebs-, Jungfrau- oder Fische-Kinder als Beispiel vorhält. Fordern Sie das Mars-Kind lieber heraus. Darauf springt es an. Sagen Sie ihm einfach, daß es langsam sei, weniger intelligent als die anderen Schüler und ihnen auf irgendeine Weise unterlegen. Das mache Ihnen aber nichts aus. Sie würden es trotzdem liebhaben. Sie werden staunen, wie schnell sich der kleine Widder an die Arbeit macht, um zu beweisen, was für eine alberne Idee das ist. Jemand, der besser ist als er? Lächerlich!

Nachdem Sie zu Hause beobachtet haben, welche Wunder diese Strategie wirkt, geben Sie auch der Lehrerin einen Tip. Wenn sie mehr als einen Widder-Schüler in der Klasse hat, wird sie Ihnen auf ewig dankbar sein. In Wirklichkeit können Mars-Kinder alles im Handumdrehen lernen und vergessen es auch nicht, wenn sie es sich vornehmen. Nicht alle Eltern wissen, wie sie das erreichen können, und wundern sich, wieso der kleine Fritz oder die kleine Gabi bei ihrer Intelligenz zweimal dieselbe Klasse durchmachen müssen. Aber keine Angst. Sobald Fritz oder Gabi im Leben stehen und sehen, daß andere Leute tüchtiger sind als sie, werden sie die verlorene Zeit wieder einholen.

Ihr Widder-Kind wird eine lebhafte Phantasie haben und verträumt und gefühlvoll sein, andererseits weiß es aber sehr genau, wie es zu seinem Vorteil kommt. Wenn es so etwas Widersprüchliches wie einen harten, praktischen, idealistischen Träumer gibt, so ist es Ihr kleiner Widder. Er ist naiv und zäh, sanft und rücksichtslos. Sie werden staunen und sich darüber wundern, und nach Ihnen Ihre Freunde, seine Freunde, ganz zu schweigen von seinem Chef, seinen zukünftigen Feinden und der nichtsahnenden Seele, die er heiraten wird.

Widder-Kinder werden die Führung bei ihren Spielgefährten übernehmen, neue Spiele erfinden und neue Ideen für die ganze Bande ersinnen. Sie bestehen darauf, ihren Kopf durchzusetzen, oder sie werden mit den Autoritäten aneinandergeraten. Darum ist es gut, schon frühzeitig auf Disziplin zu achten. Sonst werden sie als Erwachsene manche harte Lektion erhalten. Denken Sie aber daran, daß das Herz des Widders weich ist und daß hinter der rauhen Schale die Angst steckt, nicht geliebt zu werden. Wenn seine strahlenden Träume in sich zusammenstürzen, wird er weinend zu Ihnen nach Hause gelaufen kommen. Halten Sie ihn ganz fest, wenn das geschieht. Trotz seiner unbesonnenen, herrschsüchtigen Art ist der Widder-Idealist sehr empfindlich und wird beim geringsten Schlag verletzt. Er wird während seines Lebens noch viele Stöße einstecken müssen, und er braucht mehr Schutz dagegen, als Sie vielleicht glauben.

Verstecken Sie die Geburtstagsgeschenke gut. Das Widder-Kind ist ungeduldig und will nicht auf Überraschungen warten. Zerstören Sie seinen Glauben an den Weihnachtsmann und das Christkind nicht zu früh. Es wird seine Gefühle stärken, wenn es erst aus vollem Herzen glaubt und dann lernt, nicht zu glauben. Sein Taschengeld wird im Nu ausgegeben sein, aber es gibt Ihnen mit lachender Miene seinen letzten Pfennig für den Milchmann. Wenn ein Widder-Kind in den Jahren, in denen es für Eindrücke am empfänglichsten ist, zu hart angepackt wird, kann es zu seiner Verteidigung einen grausamen Zug entwickeln. Wenn man es jedoch klug und geschickt leitet, wird es mit weniger Nachdruck auf seinem Recht bestehen und großzügig und mitfühlend gegenüber seinen Mitmenschen sein. Befehlen Sie ihm nichts, sondern bitten Sie es immer mit freundlichem Lächeln. Dann wird es stets gern gehorchen. Zerstören Sie nie sein Vertrauen. Es ist so wichtig für den kleinen Widder, wie die Luft zum Atmen. Vielleicht läuft er von zu Hause fort, die Mars-Unabhängigkeit zeigt sich früh, aber er kommt klüger zurück. Bringen Sie ihm bei, daß es herzlos ist, schwächere Kinder zu unterdrücken. Er will bestimmt nicht herzlos sein.

Wahrscheinlich wird er mit Begeisterung lesen und verrückt nach Büchern sein, zu einem Studium auf der Universität wird er sich jedoch nicht so schnell entschließen. Der Widder ist zu sehr Tatmensch. Geben Sie aber nicht gleich auf. Die zusätzliche Disziplin des Studiums wird ihm guttun.

Er muß lernen, Verantwortungsbewußtsein zu entwickeln. Sie bringen ihm dies und anderes aber besser im guten bei. Eltern und Lehrer sollten nie vergessen, daß Widder-Kinder bei Lob aufblühen und ihre Anstrengungen verdoppeln, während sie bei ständiger Kritik alles Interesse verlieren. Sie erfüllen genau die Erwartungen, die man in sie setzt. Diese Kinder müssen immer beschäftigt werden, oder sie stellen Unfug an. Müßiggang bedeutet Gefahr. Sie brauchen viel Schlaf, um all die verbrauchte Energie wieder ersetzen zu können.

Wenn Sie Ihr Mars-Kind mit gleichbleibender Liebe behutsam leiten, so wird es mit der wunderbaren Gabe aufwachsen, die unmöglichsten Träume zu träumen – und sie sogar zu verwirklichen.

Der WIDDER-Chef

Der Widder-Chef wird bei faulen Angestellten nicht beliebt sein. Wenn Sie einen vorübergehenden Drückebergerposten suchen oder eine Beschäftigung, mit der Sie während einer Flaute in Ihrem Leben ein wenig Taschengeld verdienen wollen, so kann man Ihnen nur raten, nicht für einen Widder zu arbeiten. Dieser Mann kann schlampige Arbeit oder mangelnde Begeisterung nicht vertragen. Er erwartet, daß Sie sich genauso für die Firma einsetzen wie er und ebenso an ihrer Zukunft interessiert sind. Er wird Sie wahrscheinlich ohne große Umschweife einstellen, Sie schnell befördern – und Sie ebenso schnell auf Ihre Fehler aufmerksam machen.

Wenn er den Verdacht hat, daß Sie bummeln, wird er Sie rücksichtslos herunterputzen, aber Sie werden eine zweite, vielleicht sogar eine dritte und vierte Chance erhalten, wenn Sie zugeben, daß Sie im Unrecht sind, und versprechen, sich zu bessern. Stellen Sie sich lieber gleich darauf ein, daß Sie für den Widder-Chef häufig Überstunden machen müssen. Er erwartet das. Andererseits wird er als typischer Widder auch nicht stirnrunzelnd auf die Uhr blicken, wenn Sie sich morgens einmal verspäten oder mittags eine halbe Stunde länger ausbleiben. Er selbst lebt ja auch nicht nach der Uhr. Da er eine sehr ausgeprägte Persönlichkeit hat, wird er es verstehen, daß Sie Ihre schöpferische Energie nicht wie einen Lichtschalter um acht Uhr früh andrehen und um fünf Uhr nachmittags wieder ausdrehen können. Er ist der Chef, der Sie oft bitten wird, auch am Samstag zu arbeiten, aber vermutlich wird er die Entschuldigung hinnehmen, daß Sie zur Beerdigung Ihrer Großmutter gehen müssen. Allerdings werden Sie dasselbe erreichen, wenn Sie die Wahrheit sagen.

Obwohl er im allgemeinen großzügig mit Urlaub, Gehalt, Lohnerhöhungen und ähnlichen Dingen ist, erwartet er, daß Sie alles – Ihre eigenen Pläne, Bindungen, Reisen oder Feste – fallenlassen, wenn etwas Wichtiges im Büro vorliegt. Ich kenne einen Widder-Chef, der während einer Geschäftskrise die ständige Anwesenheit einer besonders geschätzten Angestellten forderte. Die Tatsache, daß die betreffende Dame zu diesem Zeitpunkt als Braut vor dem Traualtar erscheinen sollte, war nebensächlich. Der Widder-Chef konnte nicht verstehen, warum man das alles, einschließlich der Flitterwochen, nicht einfach verschieben wollte. Schließlich stand eine dringende Konferenz wegen eines Millionen-Geschäftes auf dem Spiel. In einer so kritischen Situation würde er seine eigene Hochzeit absagen, warum also nicht auch Ihre? Zugegeben, das ist ein krasser Fall, aber Sie sind gewarnt.

Es wird selten vorkommen, daß ein Widder-Chef zu Weihnachten nicht großzügiger ist als andere Arbeitgeber. Vielleicht bringt er Ihnen sogar ein selbstausgesuchtes Geschenk, das Sie sich schon seit Jahren gewünscht haben (es sei denn, sein Mond oder Aszendent stünden in Zeichen, die dem widersprechen).

Er ist nicht so empfänglich für Schmeichelei wie Menschen anderer Tierkreiszeichen, aber es wird nichts schaden, wenn Sie ihm hin und wieder ein echtes Kompliment machen. Sagen Sie jedoch nur, was Sie auch ehrlich meinen. Der Widder ist zwar kein guter Menschenkenner, aber er spürt so genau, was andere von ihm denken, daß er ziemlich gut beurteilen kann, ob seine Mitarbeiter ihn mögen oder nicht. Natürlich möchte er geliebt werden. Man wird es seiner selbstbewußten Art und seinem unerschrockenen Verhalten nicht anmerken, aber unter all seiner Großtuerei bedarf er verzweifelt der Anerkennung durch seine Mitmenschen. Das schließt Sie ein, seine Frau, seinen Hund – sogar den Fremden im Aufzug. Darum macht ihn nichts glücklicher, als wenn man zu ihm aufsieht und seine Tüchtigkeit bewundert. Und er ist deprimiert, reizbar, ja sogar kleinlich, wenn er den Verdacht hat, daß die Angestellten seine Methoden nicht billigen und seinen Wert und seine Fähigkeiten nicht erkennen.

Wenn Sie das Gerücht hören, die Firma stehe vor dem Konkurs, dann suchen Sie nicht zu schnell nach einer neuen Stellung. Vielleicht brauchen Sie gar keine. Wenn überhaupt jemand die Firma aus dem Dreck ziehen und sie in letzter Minute vor einer finanziellen Katastrophe retten kann, so ist es Ihr Widder-Chef. Er handelt selbständig, ist wagemutig und verwegen. Seine Energie (im Gegensatz zur mehr gefühlsgebundenen Energie des Skorpions) ist lebendig, geistreich und fast immer idealistisch. (Es kann sein, daß er gegen den ebenso entschlossenen Skorpion verliert und der unerschütterlichen Rücksichtslosigkeit Plutos nicht gewachsen ist, aber er wird sich nach der Niederlage wieder aufrappeln und woanders gewinnen.)

Der Widder hat Initiative. Wenn Sie genug schöpferische Ideen haben, die auch durchführbar sind, werden Sie bestimmt schnell vorwärtskommen. Er schätzt solche Angestellten – solange er davon überzeugt ist, daß sie ihn nicht ausstechen wollen.

Willensstärke ist einer der hervorragendsten Züge des Widder-Mannes. Er schüttelt alle kleineren Übel ab und gibt auch im Falle ernsterer Krankheit nicht ohne weiteres auf. Manchmal kann er eine Krankheit hinausschieben oder völlig abwehren, indem er sie einfach ignoriert. Der Mars-Wille ist so stark, daß Ihr Widder-Chef (der wahrscheinlich ziemlich viel Glück im Spiel haben wird) auf die Renn-

bahn gehen und sein Pferd praktisch ins Ziel lotsen kann. Ihr Arbeits-
tag wird selten ereignislos verlaufen. Irgend etwas ist immer los.

Lethargie kennt dieser Mann nicht, und es ist besser, wenn es mit
Ihnen genauso steht. Ihr Widder-Arbeitgeber wird vermutlich wenig
Interesse an schlechten Zeugnissen haben oder wissen wollen, warum
Ihr früherer Chef Sie hinausgeworfen hat. In solchen Situationen
wendet man sich am besten an ihn. Da er der Meinung ist, daß er
die Zukunft nach seinem Willen bestimmen kann, ist er selten an
der Vergangenheit interessiert. An Ihrer so wenig wie an seiner.

Der vom Mars beherrschte leitende Angestellte ist zu stolz, um
andere spüren zu lassen, daß sie ihn verletzt haben. Trotz plötzlicher
Wutausbrüche wird er das, was ihn wirklich trifft, nicht zeigen. Der
Widder gibt nicht zu, daß er von irgend jemandem (außer sich selbst)
abhängig ist. Er braucht die anderen, aber seine Kraft kommt aus
dem Inneren, und wenn es sein muß, geht er seinen Weg auch allein.

Wenn Sie seine Energie und seinen Mut bewundern können, wenn
Sie seine impulsive, ungestüme Art ausgleichen und stillschweigend
die Kleinigkeiten erledigen, die er in der Hast übersehen hat, wird
er Ihnen wahrscheinlich mehr bezahlen als irgendein anderer Chef,
und Sie werden ein Leben lang bei ihm sein. Versuchen Sie taktvoll,
ihn davor zu bewahren, Dinge zu sagen oder zu tun, die er später
bereuen könnte.

Denken Sie immer daran: Wenn seine sprühende Begeisterung
ihn mitreißt, dann braucht Ihr Widder-Chef trotz seiner Selbständigkeit Ihre Hilfe, Ihren Glauben und Ihre Treue. Geben Sie sie ihm,
und er wird Sie nie entlassen. Sie brauchen sich keine Sorgen zu
machen, daß er Sie durch einen jüngeren, tüchtigeren Mitarbeiter er-
setzt. Mehr als alle anderen Arbeitgeber belohnt er Treue mit Treue.
Lassen Sie Ihren Vorrat an Aspirin in der Schublade nie ausgehen,
lächeln Sie ihn immer freundlich an, nehmen Sie seine Wutanfälle
nicht ernst – und Sie können die Stellenanzeigen wegwerfen. Sie
wollten doch dort sein, wo etwas los ist!

Eine erste Unterhaltung mit einem künftigen Widder-Angestellten würde, wenn er ein typischer Vertreter seines Sonnenzeichens ist, ungefähr so verlaufen:

Arbeitgeber: «Aus Ihren Zeugnissen und Ihrem Lebenslauf ersehe ich, daß Sie innerhalb der letzten beiden Jahre bei sechs verschiedenen Firmen gewesen sind, Herr Künzel.»

Widder: «Ja, ich bin immer für Weiterentwicklung. Wenn man über eine Stellung hinausgewachsen ist, hat es doch keinen Sinn zu bleiben. Man kann nichts mehr lernen und ist auch für die Firma kein Gewinn mehr.»

Arbeitgeber: «Gerade das gibt mir zu denken, Herr Künzel. Ich befürchte, daß Sie auch über uns in kurzer Zeit hinauswachsen werden, nachdem wir das Geld ausgegeben haben, Sie anzulernen.»

Widder: «Ich habe mir schon gedacht, daß Sie das beunruhigt. Aber Sie brauchen sich keine Sorgen zu machen. Ich habe mich über Ihre Firma genau erkundigt und bin überzeugt, daß ich nicht unzufrieden sein werde, denn ich kann sehen, daß es bei Ihnen genug Möglichkeiten gibt. Ich habe schon immer in einem wirklich großen, fortschrittlichen Unternehmen arbeiten wollen. Das gibt es so selten, daß ich lieber warte, bis hier eine Stelle frei wird, ehe ich woanders hingehe.»

Unnötig zu sagen, daß der Chef, der den anfänglichen Schock übersteht, diesen Widder auf der Stelle engagiert. Eine so ehrliche Begeisterung für die Firma findet man in der heutigen Zeit nicht oft.

Es kann sehr klug oder sehr problematisch sein, einen Widder anzustellen, je nachdem, wie Sie dieses hochexplosive Geschoß einsetzen. Ihn in einen Acht-bis-fünf-Routineposten zu pressen, wäre falsch. Am Anfang wird er vielleicht glänzen, um Sie zu beeindrucken, aber schon bald wird er unruhig und unglücklich sein. Und er wird es Ihnen auch unverkennbar zeigen. Indem er zum Beispiel jeden Tag etwas später kommt, mittags länger ausbleibt und Privatbriefe an seinem Schreibtisch schreibt. Das alles sind Warnsignale dafür, daß Ihr Widder-Angestellter nicht zufrieden ist. Er wird immer noch wertvoll für die Firma, aber gelangweilt sein, und Langeweile verwandelt Vorzüge schnell in Nachteile.

Setzen Sie Ihren Widder-Angestellten so ein, daß er volle Entscheidungsfreiheit hat und, wenn möglich, nur Ihnen Rechenschaft schuldet. Wenn Sie dadurch nicht die allgemeine Arbeitsmoral verletzen, so gestatten Sie ihm, zu ungewöhnlichen Stunden zur Arbeit zu kommen. Nach kurzer Zeit werden Sie feststellen, daß er zwar morgens später kommt und mittags zwei Stunden Pause macht, abends jedoch der allerletzte ist. Zusätzliche Arbeit wird er eher als Ihre anderen Angestellten als Herausforderung an seine Kräfte betrachten und sich nicht beschweren.

Der Widder vermeidet es, Arbeiten aus der Hand zu geben, in denen er nicht sein Bestes geleistet hat. Er will Erfolg haben, und da dies offensichtlich Ihrer Firma zugute kommt, können Sie Nutzen daraus ziehen, wenn Sie klug und geduldig sind, ihn richtig einzusetzen.

Er arbeitet nicht hauptsächlich für Geld, wird sich jedoch häufig Geld leihen, denn er lebt gewöhnlich über seine Verhältnisse. Oft wird es ihn jedoch mehr anfeuern, wenn Sie ihm freundschaftlich auf die Schulter klopfen, statt sein Gehalt zu erhöhen. Es kann sein, daß Sie seinen angeborenen Drang, sämtliche Abteilungen zu übernehmen, eindämmen müssen, denn er platzt vor Ideen und möchte allen zeigen, wie sie am schnellsten zum Ziel kommen können. Wenn Sie lernen, seine häufigen, oft etwas aufdringlichen Vorschläge nicht als Beleidigung aufzufassen, werden Sie viele originelle und nützliche Gedanken darunter finden.

Stecken Sie den Widder immer dahin, wo etwas los ist, wo er für die Firma werben und unter Menschen kommen kann. Setzen Sie ihn niemals an einen Schreibtisch, wo er Tag für Tag die gleiche Arbeit unter Aufsicht eines anderen tun muß. Der Widder wird nur von sehr wenigen Menschen Befehle entgegennehmen, denn er ist der Ansicht, daß nur sehr wenige Menschen ihm überlegen sind. Zweifellos zählt er Sie dazu, sonst hätte er sich gar nicht erst mit Ihnen eingelassen. Sobald er einmal sicher ist, daß Sie seine Anstrengungen würdigen und schätzen, wird er der treueste, arbeitsamste und tüchtigste Angestellte Ihrer Firma sein.

Natürlich kann er nicht immer oben beginnen, obwohl er es gern täte. Wenn er unten anfangen oder einen neuen Beruf lernen muß, so versuchen Sie, ihm irgendeine wichtig erscheinende Verantwortung zu übertragen, so daß er wenigstens glaubt, er habe etwas zu sagen. Auf diese Weise kann er vor sich selbst das Gesicht wahren. Der Widder ist der geborene Werbefachmann. Er wird bei Hinz und Kunz zu allen Stunden für Ihre Firma Reklame machen. Wenige Menschen (außer Löwen) haben wie er die Fähigkeit, neue Verbindungen zu schaffen, Kunden, die Sie für hoffnungslos verloren hielten, wiederzugewinnen und die größten, ehrgeizigsten Projekte durchzubringen. Das gilt ganz besonders, wenn Sie ihm das Gefühl geben, alles hänge von ihm ab.

Wenn es einmal finanzielle Schwierigkeiten geben sollte, so wird der Widder das sinkende Schiff nicht verlassen. Er wird während der Krise zu Ihnen halten und sicher mit eigenen Ideen zur Lösung beitragen. Der Widder sieht einfach nicht ein, daß etwas, an das er glaubt, scheitern kann.

Bitten Sie diesen Angestellten, am Wochenende oder an Feiertagen zu arbeiten, in einer Notzeit auf einen Teil seines Gehaltes zu verzichten oder im Falle von Krankheit oder Urlaub die Arbeit eines Kollegen zu übernehmen, so wird er sich selten beschweren. Sie müssen ihm nur herzlich danken und ihm sagen, wie sehr Ihnen seine Haltung imponiert. Es gibt wenig, das er nicht tun würde, um sich Ihren Beifall zu verdienen. Loben Sie nie jemand anders für eine Arbeit, die er getan hat, setzen Sie ihn nicht ins Unrecht, bewundern Sie die anderen nicht zuviel, wenn er in der Nähe ist, reiten Sie nicht auf seinen Fehlern herum und erwecken Sie nie den Eindruck, als wünschten Sie, er möge sich mehr zurückhalten. Sonst ist er reizbar, enttäuscht und faul. Sie werden ihn kaum entlassen müssen. Er wird wahrscheinlich gehen, bevor Sie dazu kommen. Im allgemeinen ist es auch nicht nötig, den Widder zu ermahnen. Er wird der erste sein, der sich für Fehler entschuldigt, die durch seine Hast und Impulsivität entstanden sind. Er wird sich ernsthaft bemühen, sie nicht zu wiederholen, und seine Vorsätze zumindest sind bewundernswert.

Sobald Sie können, geben Sie ihm eine Gehaltserhöhung oder einen besonderen Rang, damit er weiß, daß seine Leistungen gut und Sie mit ihm zufrieden sind. Vor allem aber, lassen Sie ihn so schnell wie möglich allein arbeiten oder andere führen. Er muß spüren, daß er Ihr persönlicher Mitarbeiter ist.

Von Natur aus zum Erneuerer und Führer bestimmt, ist der Widder in fast jedem Beruf zu Hause. Ob es nun in einem Gewächshaus oder in einem Polizeirevier ist – ob er den Helm eines Feuerwehrmannes oder die Maske des Chirurgen trägt – er will Verantwortung haben. Die Werbung reizt ihn, und Verkaufen ist sein Naturtalent. Aber man kann ihn in jede Stellung stecken, wenn der Rahmen groß genug ist für seine überschüssige Energie und sein Selbstbewußtsein.

Manchmal wird Ihnen ein Widder begegnen, der seinen Schwung hinter einem ruhigeren, beherrschten Wesen verbirgt. Täuschen Sie sich jedoch nicht bei dem Gedanken, daß Sie ihn zur Seite drängen können. Das mag für jeden anderen gelten, aber nicht für ihn. Sein Platz ist vorn. Lenken Sie seine Fähigkeiten in eine bestimmte Richtung, und Sie werden von ihm profitieren. Dann wird er Ihnen seine unerschütterliche, bedingungslose Treue erweisen, besonders, wenn die Zeiten einmal nicht so gut sind. Wenn Sie darüber nachdenken, werden sie feststellen, daß Sie diese Tugenden billig eingehandelt haben.

Der Stier

21. April – 21. Mai

Berühmte STIER-Persönlichkeiten:

Fred Astaire
Honoré de Balzac
Johannes Brahms
Gary Cooper
Oliver Cromwell
Bing Crosby
Salvador Dali
Danielle Darrieux
Werner Egk
Königin Elisabeth II.
Fernandel
Werner Finck
Ella Fitzgerald
Margot Fonteyn
Sigmund Freud
Max Frisch
Bernhard Grzimek
Giovanni Guareschi

Audrey Hepburn
Adolf Hitler
Paul Hörbiger
Immanuel Kant
Fritz Kortner
Alfred Krupp
H.-J. Kulenkampff
Ruth Leuwerik
Karl Marx
Yehudi Menuhin
Maria Theresia
Chr. Morgenstern
Vladimir Nabokov
Hans Pfitzner
Bertrand Russell
W. Shakespeare
Axel Springer

Wie man den STIER erkennt

Einer meiner Freunde, der die ganze Welt bereist hat, erzählte mir einmal, daß er niemals seine erste Fahrt nach Südspanien vergessen werde. Eines Tages, als er an Deck des Frachters stand und die Aussicht bewunderte, ragte ein riesiger Felsen in der Ferne auf. Jemand rief: «Seht! Der Felsen von Gibraltar!» Beeindruckt knipste mein Freund ein Foto für die Familie daheim, wandte sich an einen gelangweilten Halbwüchsigen im nächsten Liegestuhl und wurde poetisch. «Ist er nicht majestätisch?» fragte er. «Die Brandung schlägt seit Jahrhunderten dagegen, Stürme haben ihn gepeitscht, Armeen haben ihn bestürmt, Zivilisationen sind gekommen und gegangen, und er steht einfach da. Nichts kann ihn erschüttern, und nichts kann ihn bewegen.» Der Halbwüchsige gähnte. «Ja. Erinnert mich sehr an meinen alten Herrn.»

Sein Vater war im Mai geboren. Und so erkennt man den Stier. Am ehesten wird man ihn auf Bauernhöfen, in einer Bank oder im Immobiliengeschäft finden können, aber er grast auch auf anderen Weiden. Es gibt unter den Stieren Ingenieure, Filmschauspieler, Büroangestellte, Gärtner, Könige und Königinnen, Schornsteinfeger und auch sonst alles mögliche. Man kann den Stier jedoch immer an seiner standhaften, schweigsamen Haltung erkennen. Bis man vertrauter mit ihm ist, werden seine längsten Monologe wahrscheinlich «ja», «nein», «danke», «wiedersehen» und häufig «hmm» sein. Wenn er einen starken Zwillinge-, Widder- oder Schütze-Einfluß hat, wird er vielleicht etwas gesprächiger sein und mit mehr Schwung ausschreiten. Aber der typische Stier geht lieber bedächtig und redet wenig.

Er ist, wie der Felsen von Gibraltar, fest, unbewegt, und nichts kann seine Ruhe stören. Man kann ihn mit Wasser begießen oder Feuer zwischen seinen Zehen anzünden. Man kann mit geballten Fäusten auf seiner Brust herumtrommeln, ihn hypnotisierend anstarren oder ihn aus voller Kehle anschreien, der Stier wird keinen Zentimeter weichen. Wenn er einmal eine Meinung gefaßt hat, bleibt er dabei.

Er stürmt selten vorwärts, um einem auf die Füße zu treten. Er möchte einfach seine Ruhe haben. Stören Sie ihn nicht, und er wird zufrieden sein. Drängen Sie ihn, und er wird störrisch. Treiben Sie ihn zu sehr an oder hänseln Sie ihn zu viel, so können Sie mit heftiger Wut rechnen. Jahrelang kann er völlig beherrscht und ausgeglichen sein. Und dann kommt eines Tages ein rücksichtsloser Mensch und bringt das Faß zum Überlaufen. Der Stier wird schnauben, die Erde stampfen, die Augen zusammenkneifen – und angreifen. Machen Sie sich aus dem Staub und laufen Sie um Ihr Leben! Die Wut des Stiers wird selten spontan ausbrechen, wenn er aber rasend wird, kann er alles zerstören, was sich ihm in den Weg stellt, sogar Skorpione. Zerstören ist eigentlich nicht das richtige Wort. Vernichten ist besser. Es kann einige Zeit dauern, bis der Staub sich legt und wieder Frieden herrscht. Manche Stiere können sich so beherrschen, daß sie nur ein- oder zweimal im Leben angreifen, und sogar die leicht erregbaren haben gewöhnlich nur ein oder zwei Ausbrüche pro Jahr. Immerhin ist es besser, daran zu denken, daß der Stier nie einfach verärgert oder böse ist. Wenn ein Vorfall so ungeheuerlich ist, daß er seine normalerweise friedlichen Gefühle ins Wanken bringt, dann muß man auf blinde Raserei gefaßt sein.

Viele Menschen, die im Mai oder Ende April geboren sind, gleichen tatsächlich einem Stier, das heißt die Männer. Die Frauen haben auf eine undefinierbare Art etwas Kuhähnliches an sich. Ihr Blick ist heiter und klar, aber fest. Sie bewegen sich anmutig, träge, doch mit einer Ahnung von verborgener Kraft. Bei den Männern ist der Hals oft fleischig oder muskulös, Schultern, Brust und Rücken sind breit und kräftig. Der ganze Körper, ob groß oder klein, ist gut proportioniert. Die Ohren sind meist klein und liegen eng an. Wenn die Stiere essen, kauen sie langsam, und meist haben sie eine ausgezeichnete Verdauung. Vielleicht entdecken Sie eine in die Stirn hängende Locke oder Haarsträhne (ähnlich der Stirnlocke des Stiers). Nicht alle, aber viele Stiere haben lockiges oder welliges Haar. Oft ist es dunkel wie auch die Augen.

Der Stier wird stark vom anderen Geschlecht angezogen, aber es liegt ihm nicht, sich intensiv für irgend etwas einzusetzen. Ihm ist es lieber, wenn die Leute sich zu ihm hingezogen fühlen. Warum soll er seine Energie verschwenden und ihnen ständig nachlaufen? Sowohl in der Liebe als auch in der Freundschaft verhält sich der typische Stier eher passiv. Lieber bietet er Gastfreundschaft zu Hause, als daß er sich den Strapazen unterwirft, die ein Besuch kosten würde. Den Anstrengungen, die eine strahlende Beliebtheit erfordert, wird sich der Stier schon gar nicht unterwerfen. Wenn Sie ihn brauchen, können Sie ihn rufen. Er wird immer da sein.

Selten macht der Stier sich Sorgen, quält sich oder kaut an den Fingernägeln. Er kann schmollen oder grübeln, wenn ihm etwas nicht paßt, aber er ist nicht der nervöse, zappelige Typ. Statt dessen gibt er sich gelassen und nimmt die Dinge, wie sie kommen, und diese Grundtendenz kann eigentlich durch nichts erschüttert werden.

Stier-Menschen lieben ihr Heim. Es gibt kaum einen unter ihnen, der nicht gern unter seinem eigenen Dach schwelgt und es sich inmitten der gemütlichen, vertrauten Umgebung bequem macht. Veränderungen regen sie auf (wenn nicht ein Zwillinge-, Schütze- oder Wassermann-Einfluß im Spiel ist). Wenn der Stier, den Sie kennen, kein eigenes Haus besitzt, so träumt er davon, und eines Tages wird er eins haben. Er ist erdverbunden, und früher oder später wird die Liebe zum Land ihn packen, auf diese oder jene Art. Wenn ihm der Lärm der Stadt unerträglich scheint, wird er entschlossen die Angel nehmen und sich an einen ruhigen, ländlichen Ort begeben. Wenn er weder Angel noch Blumenfenster haben kann, so ist er vielleicht Grundstücksmakler und kommt auf diese Weise aus der Stadt heraus. Immer ist eine Verbindung zum Land vorhanden, so weitläufig sie auch sein mag. Vielleicht verbringt er seine freie Zeit auf der Rennbahn oder macht am Sonntag einen Spaziergang durch den Park.

Der durchschnittliche Stier ist sehr gesund und hat eine kräftige Konstitution. Es braucht viel, um ihn umzuwerfen, aber wenn er einmal liegt, so erholt er sich nur langsam, was nicht selten auf seine eigensinnige Weigerung zurückzuführen ist, dem Arzt zu folgen. Er neigt dazu, pessimistisch zu sein, und auch das trägt nicht gerade zur schnellen Wiederherstellung bei. Für Unfälle und Infektionen sind Rachen, Hals, Beine, Knöchel, Fortpflanzungsorgane, Rücken und Wirbelsäule empfänglich. Übergewicht, durch die legendäre Vorliebe des Stiers für gutes Essen und Trinken verursacht, kann das Herz beeinträchtigen und verschiedene chronische Leiden auslösen. Auch Gicht kommt häufig vor. Die meisten Stiere sind jedoch gesünder als wir anderen, wenn sie Fettleibigkeit, Trägheit und Niereninfektionen vermeiden. Sagen wir es klar und deutlich: Wenn der Stier zuviel trinkt oder fett und faul wird, verliert er seine glänzende Konstitution und seine robuste Gesundheit. Zu den Hauptursachen für seine Krankheiten zählen Mangel an Landluft und Bewegung. Er braucht beides, auch wenn sein halsstarriger Wille es ableugnen mag.

Da wir gerade von Halsstarrigkeit sprechen: Es hat keinen Zweck, dem Stier zu sagen, er (oder sie) sei halsstarrig. Nach seiner eigenen Überzeugung ist er es ganz und gar nicht. Er ist geduldig. Er ist kein Dickschädel, er ist nur vernünftig und standhaft. Und er kann einfach nicht verstehen, warum die Menschen ihn so ungerecht beurteilen.

Die Wahrheit ist, daß der Stier so störrisch ist, wie ein Mensch nur sein kann, ohne sich direkt in einen Stein zu verwandeln. Stier-Männer und -Frauen scheinen sowohl an ihren Plätzen als auch an ihren Meinungen zu kleben. Die Tugend der Geduld können sie jedoch sehr wohl für sich beanspruchen. Oft tragen sie jahrelang, ohne zu klagen, seelische oder körperliche Bürde. Je mehr Schwierigkeiten auftreten, desto mehr Kräfte entwickelt der Stier, um ihnen gewachsen zu sein. Seine Treue und Ergebenheit gegenüber Familie und Freunden ist manchmal unbegreiflich. Viele Stier-Menschen verdienten Goldmedaillen für das Erdulden von Schicksalsschlägen, die Menschen anderer Tierkreiszeichen längst das Rückgrat gebrochen hätten. *Aber trotzdem sind sie störrisch.*

Der Stier lacht gern über derbe Scherze. Er hat nicht viel Sinn für feinere Satire, aber er brüllt vor Lachen, wenn jemand auf einer Bananenschale ausrutscht oder eine Torte ins Gesicht bekommt. Sein Humor ist warm, erdhaft, spielerisch und erinnert ein wenig an Falstaff. Diese Menschen sind selten grausam oder rachsüchtig. Es ist eine seltsame Tatsache, daß grausame Stiere oft viele Planeten im Widder haben. Die beiden Zeichen scheinen sich im selben Horoskop nicht zu vertragen. Hitler ist ein gutes Beispiel dafür.

Um auf das Geld zu kommen: Der Stier und sein Geld trennen sich selten. Sie sind nicht alle Millionäre, aber man wird nicht viele finden, die sich bei der Volksküche zur Suppenausgabe anstellen. Der Stier baut seine Imperien langsam und sicher auf. Merkwürdigerweise häuft er neben dem Vermögen auch Macht an, aber nur, weil er sich freut, sie zu besitzen. Die Ausübung überläßt er oft den Untergebenen. Es scheint sein Verlangen nach Sicherheit zu befriedigen, wenn er weiß, daß außer dem Geld auch Macht vorhanden ist. Warum soll er sich damit abgeben, die Fäden zu ziehen? Es gibt Steinböcke und Krebse, die das gern tun, während er ein Nickerchen macht, an einer Blume riecht oder den Mädchen nachschaut. Es genügt, wenn jeder weiß, daß ihm alles gehört. Früher oder später kommt das Geld zum Stier, und wenn es kommt, klebt es im allgemeinen wie Leim. Er schätzt sein Geld und seinen Besitz wie seine Familie, aber er ist nicht geizig. Er hält großzügig Herz und Taschen offen für echte Freunde in wirklicher Not.

Größe imponiert ihm. Je größer ein Gebäude, desto mehr beeindruckt es ihn, und im Zoo wird er an den Affen vorbeigehen, um fasziniert die mächtigen Elefanten zu betrachten. Er wird riesigen Tieren mit ungeheurem Mut entgegentreten, aber er hat Angst vor einer Maus.

In jedem Stier steckt etwas von der Vorliebe der Venus für Malerei und Musik, und wenn es sich nur um die Schwäche für eine alte Carusoplatte oder eine Kunstpostkarte handelt. Stier-Menschen haben schöne Stimmen. Einige sind Berufssänger, andere trällern in der Badewanne und träumen von der goldenen Sicherheit. Die Musik wird in ihrem Leben immer einen besonderen Platz einnehmen, und Zeichnen und Malen sind entweder Steckenpferd oder Beruf.

Eines Tages wird das Leben des Stiers von Erfolg gekrönt, und er wird darauf bestens vorbereitet sein. Weil Venus ihm die Vorliebe zum Wohlleben vererbt hat, bezahlt er seinen Besitz teuer und schätzt ihn ein Leben lang, er ist jedoch der geschworene Feind von Verschwendung und Zügellosigkeit. Sein Heim ist seine Burg – und niemand soll den Frieden des Stiers stören. Er ist so geduldig wie die Zeit selbst, so tief wie der See, und seine Kraft kann Berge versetzen. *Aber er ist störrisch.*

Vielleicht stellen Sie sich den typischen Stier-Mann ruhig und praktisch, vernünftig und nützlich wie ein Paar alte Schuhe vor. Es stimmt,
so ungefähr ist er. Sie werden außerdem feststellen, daß er sich nur
langsam zum Handeln entschließt, bedächtig und vorsichtig ist. Auch
das ist richtig. Daher, meinen Sie, sei es nur logisch, wenn der Stier
nicht sehr romantisch wäre. Weit gefehlt!

Wie kommen Sie auf die Idee, die Stier-Natur mit reiner Logik
zu analysieren? Logik hilft hier nicht viel. Bedenken Sie, ein starkes
männliches Symbol, wie der Stier es ist, das von dem liebevollen,
friedlichen Planeten Venus beherrscht wird!

Der Stier wird vielleicht viel Zeit für die Entscheidung brauchen,
daß Sie die Frau für ihn sind. Er stürzt sich nicht kopfüber in ein
Abenteuer. Aber wenn er einmal weiß, daß Sie die Eine sind, und
sich vorgenommen hat, Sie zu gewinnen, dann stellt er andere Männer in den Schatten, sogar den entflammten Löwen und den leidenschaftlichen Skorpion. Dieser vernünftige, praktische, langsame, entschlossene Stier-Mann ist fähig, Ihnen Tag für Tag eine rosa Rose
zu schicken, bis Sie seinen Antrag annehmen. Er kann sogar ein
stimmungsvolles Lied oder ein Gedicht schreiben und es Ihnen ohne
Angabe des Absenders zuschicken. Er weiß, daß Sie erraten werden,
von wem es kommt.

Der Stier kann ein zärtlicher, sanfter und beschützender Liebhaber
sein. Seine Sinnennatur macht ihn empfänglich für Ihr exotisches Parfum, Ihre glatte Haut und Ihr seidiges Haar. Er wird es vielleicht
nicht in blumiger Rede ausdrücken, aber er wird einen Weg finden, um
es Ihnen zu sagen.

Der Stier ist voller Widersprüche in der Liebe. Es wird ihm gefallen, wenn Sie sich in luxuriöse Pelze und kräftige Farben kleiden.
Vielleicht kauft er Ihnen ein Sträußchen frischer Veilchen bei der
alten Frau an der Ecke und gibt ihr ein großes Trinkgeld, weil sie
ihn an seine Mutter erinnert. (*Sie* werden ihn jedoch ganz bestimmt
nicht an seine Mutter oder Schwester erinnern – es sei denn, er muß
Sie vor den frechen Blicken der anderen Stiere schützen, die sich
aufdrängen wollen.) Musik wird ihn erregen und ihn in zärtliche

Stimmung versetzen. Sicher hat er auch ein Lieblingslied, das ihn jedesmal, wenn er es hört, an Sie erinnert.

Falls Sie noch mehr Beweise für seine romantische Seele brauchen: Der typische Stier-Mann wird zu Weihnachten wie der Weihnachtsmann selbst erscheinen, beladen mit geheimnisvollen Paketen und sentimentalem Kram. Er wird gelegentlich ein Bad im Mondschein vorschlagen, Picknicks im kühlen, einsamen Wald und Spaziergänge auf Dorfstraßen unter dem Sternenhimmel. Wenn ein Stier-Mann Ihnen den Hof macht, dann tut er es gründlich. Er vertrödelt keine Zeit. Er wird Sie in herrliche Restaurants führen und den Tag, an dem Sie sich kennengelernt haben (oder andere wichtige Jahrestage), niemals vergessen.

Es stimmt zwar, daß der Stier keine großartigen Träume träumt wie der Wassermann. Niemals wird er Sie mitreißen wie der Löwe oder Ihnen versprechen, daß Sie von nun an in einem Märchenschloß leben und auf rosa Wolken dahinsegeln werden. Es ist viel wahrscheinlicher, daß er eines Samstagabends zu Fuß vorbeikommt und die Pläne des Architekten für das Haus mitbringt, das er Ihnen bauen will. Die Anzahlung für das Grundstück hat er vermutlich schon geleistet, bevor Sie sich verlobt haben. Dieser Mann meint es ernst. Wenn der Stier Sie über die Schwelle hebt und Sie in Ihrem zukünftigen Heim niedersetzt, das nicht die geringste Ähnlichkeit mit einem Märchenschloß haben wird, können Sie überzeugt sein, daß die Hypothek sicher auf der Bank liegt. Darüber kann man sich schwerlich beklagen. Sie werden sich fragen, warum Sie jemals Sehnsucht nach rosa Wolken hatten, wenn Sie erst einmal merken, wie warm und gemütlich es bei dem Stier ist. Sie werden sich viel zu sehr über Ihre neuen Möbel und Ihr Bankkonto freuen (oder über die Gewißheit, daß Sie beides bald haben werden), als daß Sie nebligen Träumen nachweinen könnten, die wahrscheinlich sowieso nicht in Erfüllung gegangen wären. Das heißt, wenn Sie eine Frau sind, die solide, gediegene Werte schätzt. Leider tut's nicht jede. Aber vernünftige Mädchen von acht bis achtzig lieben die friedliche, gemächliche Art des Stiers und seine ruhige, standhafte Natur. Seine gefühlvollen Gesten und seine liebevolle Werbung können mindestens so befriedigend sein wie die seelenvollen, romantischen Seufzer stürmischerer Liebhaber.

Fragen Sie alle Frauen, die vernünftig genug waren, sich von einem starken Stier lieben zu lassen.

Ein Stier-Mann plant sorgfältig für morgen. Die flüchtigen Vergnügungen eines sonnigen Nachmittags werden ihn niemals davon abhalten, sich auf die Tage vorzubereiten, an denen der Schnee hoch am Straßenrand liegt.

Natürlich gibt es auch Schattenseiten bei einer romantischen Eskapade mit einem Stier – nicht alles ist eitel Wonne. Vor allem müssen Sie auf damenhaftes Benehmen achten. Kein Stier-Mann wird sich mit einer dominierenden Frau abfinden, die wie ein Dompteur mit der Peitsche knallt. Wenn Sie sehr entschiedene Ansichten haben, dann drängen Sie sie ihm nicht auf, und prahlen Sie nicht öffentlich mit Ihrer Intelligenz. Privat schätzt er eine gescheite Frau (obwohl er gesunden Menschenverstand vorzieht), aber es ist besser, wenn er den Eindruck hat, er sei der klügere Partner von beiden. Wenn Sie sich vor seinen Freunden als die emanzipierte Frau aufspielen, so gibt es zwei Möglichkeiten. Falls er ein unkomplizierter Stier ist, wird er Ihnen vielleicht einen kräftigen Klaps auf den entsprechenden Körperteil geben, wenn Sie zu Hause sind – oder schlimmer, bevor Sie zu Hause sind. Ist er ein intellektueller Typ, wird er plötzlich verstummen, wie ein kalter Stein dasitzen und sich weigern, für den Rest des Abends noch ein einziges Wort zu sagen. Sie werden schließlich so außer Fassung geraten, daß Sie wünschten, der Erdboden möge Sie verschlingen.

Dann wird ihr erster Impuls sein, den Schaden wiedergutzumachen. Es ist jedoch hoffnungslos, den Stier aus dieser Stimmung zu befreien, bevor sie nicht von selbst schwindet. Ebensowenig können Sie den Felsen von Gibraltar bewegen. Bald werden Sie merken, daß es besser gewesen wäre, ihn maulen zu lassen. Gehen Sie zu weit, so wird er sich von einer schweigsamen Sphinx in einen wütenden Stier verwandeln, der durchaus fähig ist, mit Worten um sich zu werfen, die Ihre Wangen noch röter färben.

Wenn Sie sehen, daß er nach einer solchen Szene nach seinem Mantel greift, so hindern Sie ihn nicht daran, ihn anzuziehen. Ein Stier wird seine Frau nicht allein bei den Schürzenjägern zurücklassen, so sehr er sich auch über sie geärgert haben mag. Also machen Sie sich keine Illusionen, daß Sie zurückbleiben und sich an dem Mitgefühl der anderen laben dürfen. Wenn er geht, gehen Sie auch. Und ich würde Ihnen dringend raten, sich zu entschuldigen, bevor Sie zu Hause sind. *Er* wird es nicht tun. Es hat auch keinen Zweck, in Mutters Arme zu laufen. Sie teilen mit ihm Tisch und Bett, solange er die Miete zahlt. Weise Reden der Schwiegermutter sind ungefähr das letzte, was ein Stier ertragen kann.

Er ist sehr geduldig, aber er wird sich keinen Ring durch die Nase ziehen lassen. Er will auch keine Klette haben. Er ist zu praktisch und liebt seine Freiheit zu sehr, als daß er eine Frau mag, die wie Gummi an ihm klebt und bei der geringsten Gelegenheit weint. Er hat nichts gegen eine Frau, die etwas Feuer und Schwung hat. Sie fasziniert ihn und ist ein guter Ausgleich für seine eigene schwerfällige Bedächtigkeit. Mit unverhohlenem Vergnügen schaut er freundlich lächelnd zu, wenn sie auf typisch weibliche Art herumspielt, so wie man einem geliebten Kätzchen zusieht, wenn es mit einem bunten Wollknäuel spielt. Nur muß das Kätzchen wissen, daß es Zeit ist, mit Spiel und Spaß aufzuhören, wenn der Stier fest am Garn zieht. Keiner kann gütiger, sanfter und nachsichtiger sein als der Stier-Mann, solange seine Männlichkeit unangetastet bleibt. Er tut alles für die Frau, die er liebt, aber sie muß seine Autorität anerkennen. Der Stier benimmt sich vielleicht manchmal wie ein tapsiger Zirkusbär, doch wird er nie die Rolle des Narren spielen.

Er schaut sich gern im Lande um und wird sich selten kopfüber in ernstere Affären stürzen. Das verwirrte Mädchen, mit dem er seit einem Jahr jeden Samstagabend ins Kino geht, mag sich fragen, ob er jemals Feuer fangen wird. Er braucht Zeit, um genug Antrieb zu entwickeln. Sobald er sein Augenmerk jedoch auf ein bestimmtes weibliches Wesen gerichtet hat, wird ihn niemand mehr davon abbringen. Jetzt kann er sogar leichtsinnig sein. Der typische Stier-Mann ist allen Warnungen gegenüber taub, wenn Amors Pfeil ihn getroffen hat. Je mehr seine Freunde auf ihn einreden, desto störrischer wird er, und Sie wissen, was das heißt. Daher macht er häufig den Fehler, sich mit Feuer- und Luftzeichen einzulassen, während er meistens viel besser mit Wasser und Erde harmoniert. Manchmal geht es gut. Gegensätze können sich anziehen, auch auf die Dauer. Wenn es aber schiefgeht, dann braucht der Stier lange Zeit, um die Wunden der Trennung zu überwinden.

Finanziell sind Sie mit einem Stier im allgemeinen ausgezeichnet dran. Die meisten von ihnen werden ihr gutes Auskommen haben, wenn nicht sogar reich sein. Sowohl Geld als auch Grundbesitz erobern sie sich leicht.

Wahrscheinlich liebt Ihr Stier das Land, Fußball, Angeln, Camping, Blumen und Bäume. Zumindest schwärmt er von Gartenarbeit und langen Spaziergängen. Er liest lieber Bücher über die verwegenen Helden der guten alten Zeit oder Biographien über die Gründer großer Reiche als intellektuelle Romane oder tiefgründige Philosophie.

Er ist der männlichste Mann, den man sich vorstellen kann, also servieren Sie ihm keine Cocktail-Sandwiches, von denen Sie die Rinde abgeschnitten haben. Er liebt die kräftige Hausmannskost mit viel Kartoffeln und Soße und den guten Napfkuchen, wie ihn Mutter immer gebacken hat. Kaufen Sie sich ein gutes Kochbuch. Er wird aber auch gern mit Ihnen essen gehen. Der Stier erwartet nicht, daß seine Frau ein Küchensklave wird. (Aber es kann passieren, daß er alle Ihre Töpfe und Pfannen besudelt, wenn er mal sonntags kocht und Sie den Küchenjungen spielen müssen.)

Als Vater ist er wunderbar. Er hält es für wichtig, einen Sohn zu haben, damit der Familienname nicht ausstirbt, aber er wird die kleinen Mädchen mit besonderer Zärtlichkeit lieben. Der Stier-Mann ist ein liebevoller, gütiger, warmer und verständnisvoller Vater. Er verlangt viel von den Kindern und erwartet, daß sie Eigentum und Besitz achten. Er ist geduldig. Es macht ihm nichts aus, wenn die Kinder langsam lernen, Hauptsache, daß sie es richtig begreifen. Er ist der Meinung, daß junge Menschen allmählich zur Reife erzogen werden sollen. Vielleicht finden Sie, daß er zuviel Wert auf materielle Dinge legt und die Sprößlinge mit teuren Geschenken verwöhnt. Aber er wird ihnen auch seine Zeit und seine Zuneigung schenken, und wenn es nötig ist, wird er auch für Disziplin sorgen. In den meisten Fällen wird das Leben mit einem Vater, der im Mai geboren ist, eine gesicherte Existenz bedeuten und eine Kindheit voller Liebe – bis auf die wenigen Gelegenheiten, bei denen der Stier in blinde Wut gerät und die ganze Familie sich unter dem Klavier verstecken muß.

Der typische Stier-Ehemann ist fast zu großzügig zu seiner Frau. Er wird Ihnen schöne Kleider, Parfums und Schmuck schenken, hübsche, aber praktische Möbel kaufen und auf eine volle Speisekammer Wert legen. Er liebt den Luxus, aber er verlangt auch Gediegenheit, und er wird darauf achten, daß er für sein Geld den entsprechenden Gegenwert erhält.

Dieser Mann wird schwer arbeiten und viel Ruhe brauchen. Achten Sie darauf, daß er sie bekommt, denn er kann ein griesgrämiger Brummbär sein, wenn er müde und krank ist. Nörgeln Sie nicht an ihm herum und werfen Sie ihm nie Faulheit vor. Das ist das rote Tuch für ihn. Er lebt nach seinem eigenen, gemächlichen Rhythmus und läßt sich nicht hetzen oder drängen. Sein Kilometerzähler ist nur auf eine Geschwindigkeit eingestellt – bedächtig. Wenn Sie mit ihm ein turbulentes gesellschaftliches Leben führen wollen, so ist schon der Versuch dazu zum Scheitern verurteilt. Er wird gerne zu Hause Gäste empfangen, aber er hat lieber nur wenige Menschen um sich, die dafür seine Interessen teilen. Laden Sie alte Freunde ein oder Leute, die nicht oberflächlich sind, dann wird er liebenswürdig und gastfrei sein. Wenn Sie es nicht lassen können, sein Heim mit frivolen Hohlköpfen zu bevölkern, wird er vielleicht von der Bildfläche verschwinden – manchmal für immer.

Kaufen Sie ihm einen bequemen Sessel. Keinen Lärm, keine plärrenden Radios und Fernsehgeräte, bitte. Auch kein Durcheinander und herumliegendes Spielzeug. Umgeben Sie ihn mit Schönheit und Frieden. Denken Sie daran, daß die Hosen ihm besser passen als Ihnen. Gehören Sie ganz ihm, und Sie können sich keinen besseren Mann wünschen. Kein anderer Mensch wird Sie jemals mit soviel Rücksichtnahme behandeln. Er verdient es wirklich, daß man ihn dafür achtet. Die Liebe des Stiers ist unkompliziert und ehrlich. Sein zärtliches Wesen und seine schmeichelhafte Aufmerksamkeit werden Ihnen die Gewißheit geben, daß Sie geliebt werden, trotz aller Ihrer kleinen Fehler und Mängel, die andere Männer ständig kritisieren würden. Der Stier schenkt Ihnen bleibende Treue und Ergebenheit aus aufrichtigem Herzen. So können Sie sich gefühlsmäßig sicher und geborgen fühlen. Wenn Sie die finanzielle Sicherheit und die Romantik noch hinzuzählen, bleibt wenig zu wünschen übrig. Nun gut, er ist eigensinnig, aber denken Sie immer daran, daß die Kehrseite des Eigensinns die Geduld ist, und die ist eine seltene Tugend.

Kaufen Sie ihm eine hübsche, flauschige Decke (der Stier liebt Dinge, die sich weich anfühlen), decken Sie ihn damit zu, wenn er in seinem Lehnsessel sitzt, und lesen Sie ihm den Börsenbericht vor. Vergessen Sie nicht, ihm sein heißes Bad mit duftendem Öl und viel parfümierter Seife zu bereiten. Setzen Sie ihm gutes Essen vor. Dann können Sie sicher sein, einen starken, zartfühlenden Mann zu haben, der Sie vor allen Stürmen bewahren wird. Zufriedenheit ist Trumpf. Hört es sich nicht gemütlich an?

Die STIER-Frau

Ich erinnere mich an eine Unterhaltung mit einer Schriftstellerin, deren Mutter im Mai geboren war. Als wir Gewohnheiten und Charaktere der Eltern besprachen, erwähnte sie: «Mutter war eine große Frau.» – «Dann kommen Sie wohl nach Ihrem Vater», bemerkte ich, denn sie selbst war nur von durchschnittlicher Größe. Sie lächelte. Ich werde nie vergessen, was sie antwortete. «Ich meine nicht in Zentimetern. Mutter war kleiner als ich. Es war in anderer Hinsicht gemeint.» Das Mädchen war ein Fisch, das Zeichen, das den anderen Menschen tief in die Seele sieht.

Sie hatte recht. Eine Stier-Frau ist eine große Frau. Sogar wenn sie unter ein Meter fünfzig ist, kann sie hoch genug hinaufreichen, um jeder Notlage, in die das Leben sie bringen mag, gewachsen zu sein. In vielen Beziehungen ist die Stier-Frau das Salz der Erde. Sie hat die gediegenen Eigenschaften, nach denen jeder Mann sucht, die er aber selten findet. Sie neigt vielleicht zu gefährlichen Wutausbrüchen, die selbst einen starken Mann vertreiben können (oder ihn wenigstens dazu bringen, sich unter der Tischdecke zu verstecken), aber sie gerät nicht ohne Grund in flammenden Zorn. Wenn Sie sie nicht über die menschliche Leidensfähigkeit hinaus quälen und wenn es das Schicksal nicht besonders schlecht mit ihr meint, wird sie ihr Leben ehrlich meistern, mit kühler, bewundernswerter Ruhe. Ihre

Offenheit und grundsätzliche Ehrlichkeit sind frei von den üblichen weiblichen Tricks und Tränen. Das Stier-Mädchen hat mehr moralischen und seelischen Mut, als mancher starke Mann, aber sie hat genug Vertrauen in ihr eigenes Geschlecht, um Sie den Herrn sein zu lassen. Wenn Sie es nicht sind, ergreift sie vielleicht die Herrschaft und nimmt die Dinge selbst in die Hand, aber umgekehrt ist es ihr lieber. Sie sucht einen richtigen Mann, denn sie weiß, daß sie eine richtige Frau ist, und sie ist stolz darauf. Das bedeutet nicht unbedingt, daß sie ein geistiges Federgewicht oder ein miauendes Kätzchen sein muß, das Schwäche vortäuscht, um seinen Willen durchzusetzen. Es wird nicht lange dauern, bis Sie bemerken, daß sie ihre eigene Meinung hat. Sie hat es nicht nötig, Schliche anzuwenden, um ihr Ziel zu erreichen.

Die Stier-Frau ist sehr starker Selbstbeherrschung fähig. Mit einem Widder- oder Löwe-Aszendenten oder -Mond kann sie gelegentlich grausam sein oder heftige Gefühlsausbrüche zeigen, und mit starkem Fische- oder Zwillinge-Einfluß im Geburtshoroskop wird sie ruheloser und unschlüssiger sein, aber die typische Stier-Frau beherrscht sich überall und zu jeder Zeit. Das ist auch gut so, denn ihr normalerweise gelassenes Wesen verbirgt eine Sinnennatur, die ein wenig Kontrolle vertragen kann.

Die Männer schätzen es sehr, daß diese Frau die Menschen, ohne an ihnen herumzunörgeln, so nimmt, wie sie sind. Sie fühlt sich mit einem Wissenschaftler, der das Leben der Tsetsefliege im Kongo studiert, genauso wohl, wie mit einem Schwertschlucker auf dem Jahrmarkt. Sie tun das, was zu ihnen paßt, es sind keine windigen Existenzen, und das ist ihr wichtig. Ihre Freunde können sowohl seltsame Gestalten aus der Welt eines Toulouse-Lautrec sein, aber auch zu den oberen Zehntausend gehören. Auf jeden Fall werden sie echte Menschen sein, keine aufgeblasenen Nullen. Wenn die Stier-Frau an jemanden gerät, den sie nicht mag, so wird sie ihn weder bekämpfen, noch seine Ideale und Motive kritisieren. Sie geht ihm einfach aus dem Weg. Sie kann ihren Feinden gegenüber eisige Gleichgültigkeit zeigen, wenn Sie aber zu ihren Freunden zählen, so wird sie durch dick und dünn mit Ihnen gehen. Nur eine kleine Falle ist dabei. Sie wird hartnäckig von Ihnen erwarten, daß Sie ihre blinde

Ergebenheit und unerschütterliche Treue erwidern. Tun Sie es nicht, kann sie finster schmollen.

Das ist jedoch keine Eifersucht. Die durchschnittliche Stier-Frau nimmt es als gegeben hin, daß die Männer den Mädchen nachschauen. Im Gegensatz zu der Widder- und Löwe-Frau wird sie nicht jedesmal gleich vor Wut rot anlaufen, wenn Sie offen ein hübsches Mädchen bewundern. Es braucht mehr als einen gelegentlichen Flirt oder einen Abschiedskuß auf die Wange einer Freundin, um den Stier-Ärger auszulösen. Wenn Sie die von ihr gezogene Grenze überschreiten, kann sie entsetzlich sein, aber der Rahmen ist sehr weit gesteckt. Sie muß schon wirklich an die Wand gedrückt worden sein, um in die berüchtigte Stier-Wut auszubrechen. Sie können der attraktiven Kellnerin zuzwinkern, aber stellen Sie die Geduld Ihrer Stier-Frau nicht zu lange auf die Probe. Wenn Sie sie noch niemals außer sich gesehen haben, sollten Sie lieber keinen Staub aufwirbeln.

Diese Frauen haben keine rein geistigen Interessen. Das heißt nicht, daß die Stier-Frau nicht aufgeweckt und klug ist. Ihr Verstand kann sich mit dem der intelligentesten Männer und Frauen messen, aber sie ist nicht brennend daran interessiert, die Relativitätstheorie zu verstehen oder sich in Abstraktionen zu versenken. Sie hat gesunden Menschenverstand und die Fähigkeit, die Grundbegriffe zu verstehen. Das typische Stier-Mädchen jedoch ist keine Intellektuelle, die die Philosophen zum Vergnügen liest. Ausgeklügelte Ideologien sind nicht ihre Stärke. Sie ist eine gediegene, praktische Denkerin und treibt keine auffällige geistige Gymnastik. Ihre Füße stehen fest auf dem Boden der Wirklichkeit, und an ihren kompakten Absätzen befinden sich ganz bestimmt keine Flügel. Die Stier-Frau ist selten ruhelos, sie behält einen kühlen Kopf und ihr Gleichgewicht (obwohl ein Mond in den Zwillingen sie etwas herumwirbeln kann).

Sie ist ein ausgesprochen sinnliches Wesen. Das wird *Sie* zweifellos interessieren, für die Stier-Frau bedeutet es jedoch, daß ein Gegenstand oder eine Idee auf ihre feingestimmten Sinne wirken muß. Sie will nicht hören, daß etwas «gut für sie ist», daß «alle es tun» oder daß sie «davon geistig angeregt wird». Solche Überredungskünste bringen sie zum Gähnen. Sie muß aus allem, was sie tut, eine sinnliche Befriedigung ziehen können.

Selten werden Sie sehen, daß eine Stier-Frau künstliche Blumen in eine Vase stopft. Ihre Blumen müssen echt sein und wirklichen Duft haben. Ihr Parfum wird meist exotisch sein, obwohl sie manchmal ins andere Extrem verfällt und den Duft frischgewaschenen Haares und reiner Haut vorzieht.

Ihr Essen muß genau den richtigen Geschmack haben, und im allgemeinen wird sie reichlich würzen (wenn sie nicht einen Jungfrau- oder Steinbock-Aszendenten hat). Gehen Sie mit ihr in die besten Restaurants, denn Würstchen an der Ecke oder eine einfache Erbsensuppe lassen sie kalt. Wenn Sie Glück haben, lädt sie Sie zu einem selbstgekochten Essen ein, und Sie werden ihr wahrscheinlich einen Antrag machen, bevor der Nachtisch serviert ist. Wenn dieses Mädchen eine Schürze umbindet, so macht sie nicht nur Toast. Es ist immer ein guter Gedanke, mit leerem Magen zu ihr zu kommen. Eine echte Stier-Frau kann sich den Weg direkt in Ihr Herz kochen, und ihre Küche ist eine gefährliche Männerfalle.

Die meisten Stier-Frauen haben ausgesprochenes Verständnis für Musik und Malerei. Konzerte und Kunstausstellungen sind ein guter Treffpunkt für Verabredungen.

Das Stier-Mädchen liebt die Natur. Es wird selten vorkommen, daß sie nicht gern auf dem Land ist, lange Spaziergänge macht, schwimmt, fischt oder reitet.

Sie wird sich überwiegend einfach und geschmackvoll kleiden. Für übertrieben elegante Kleidung hat sie nicht viel übrig (wenn sie nicht den Aszendenten oder Mond im Löwen oder in den Fischen hat). Sie zieht möglichst bequeme Sportkleidung vor, wobei ihre praktische Natur den Ausschlag gibt. Wenn sie einen starken Wassermann-Einfluß im Grundhoroskop hat, kann sie sich gelegentlich allerdings etwas verrückt anziehen.

Wenn Sie sie näher kennenlernen, werden Sie feststellen, daß diese Frau große innere Stärke besitzt. Selten wird sie fordern, außer in der Treue, und ihr Charakter ist normalerweise ausgeglichen, prosaisch und freundlich. Man muß ihre direkte, unbekümmerte Art gern haben – sie ist so beruhigend wie ein warmes Bad. Wahrscheinlich liebt sie selbst warme Bäder mit vielen Essenzen, Ölen und Schaum. Die Badezimmer der Stier-Frau sehen oft wie Kleopatras

Privatgemächer aus. Man erwartet jeden Moment, daß ein Sklave erscheint und ein Palmblatt schwenkt.

Eine Stier-Frau liebt es nicht, wenn man ihr, besonders in der Öffentlichkeit, widerspricht. Das werden Sie vielleicht nur nach einer unangenehmen Erfahrung begreifen. Aber warum sollte es soweit kommen, wo Sie sich doch nur mit ihrem Sonnenzeichen zu beschäftigen brauchen? Denken Sie daran, daß sie alles gern langsam tut. Wenn Sie sie hetzen oder drängen, wird sie ärgerlich, und es ist nicht sehr ratsam, eine Stier-Frau zu verärgern. Selten wird sie impulsiv sein, aber sie kann heftig werden, wenn sie zu sehr gereizt wird.

Die Mutterschaft paßt ausgezeichnet zu ihrem heiteren Wesen. Sie hätschelt die Babys und betet die Kleinkinder an. Wenn sie jedoch älter werden, kann sie zu streng und anspruchsvoll sein. Ihr unbeugsamer Eigensinn erschwert es ihr, sich mit den vielfältigen Veränderungen, die mit ihren Kindern während der Pubertätszeit vor sich gehen, leicht abzufinden. Die Stier-Mutter wird böse, wenn man sich ihrer Autorität widersetzt. Sie läßt Ungehorsam und Trotz nicht durchgehen. Alle Wut des Stiers kann dann geweckt werden. Sie wird auch Faulheit und Schlamperei nicht dulden, und die Kinder werden klugerweise ihr Zimmer in Ordnung halten – oder es setzt etwas. Sonst wird sie wahrscheinlich eine gute Mutter sein und im Laufe der Jahre fast zur Freundin ihrer Kinder werden. Sie wird sie heftig und treu gegen die Außenwelt verteidigen und ihnen ihren eigenen aufrichtigen Mut als Vorbild hinstellen.

Stier-Frauen sind niemals feige. Selten jammern oder klagen sie. Diese Frau wird stillschweigend Geld verdienen gehen, wenn ihr Mann sein Studium beenden will oder die Familie von einer vorübergehenden finanziellen Krise bedroht ist. Faulheit kennt sie nicht, trotz ihrer oft langsamen, bedächtigen Bewegungen und ihrem Bedürfnis nach häufigen Ruhepausen. Stier-Frauen arbeiten schwer. Sie können auf die Leiter steigen und selbst die Decke weißen, aber sie brauchen das Mittagsschläfchen. Sie gehen stolz neben ihrem Mann und werden kaum versuchen, ihn zu überholen oder in den Schatten zu stellen. Viele Stier-Frauen helfen ihren Männern. Niemals erwarten sie, daß der Mann für sie aufkommt, ohne daß sie selbst ihren Teil dazu beitragen. Sie verabscheuen Schwäche in jeder Form.

Schmerz und seelischen Druck können sie in einem Ausmaß ertragen, der ans Wunderbare grenzt. Hier übertreffen sie oft noch die Skorpion-Frauen.

Ein unerwartetes Glück ohne solide Grundlage entspricht nicht ihrem Sinn für Beständigkeit und Bedachtsamkeit. Sie haben es lieber, wenn man sorgfältig für die Zukunft plant. Der gute Eindruck ist ihnen sehr wichtig, und oft. werden die Stier-Frauen ihren Männern helfen, indem sie einflußreiche Leute einladen. Eine Stier-Frau ist sehr gastfreundlich.

Sie wird Nacht für Nacht bei einem kranken Kind wachen, und ihr fester Glaube wird helfen, es gesund zu machen – sie kann die enttäuschte Hoffnung eines Mannes liebevoll wieder aufrichten und ihm ihr eigenes tapferes, furchtloses Wesen vor Augen halten. Sie ist so zuverlässig wie eine Großvateruhr, sie kann ebensogut eine Pfeife reparieren wie eine durchgebrannte Sicherung ersetzen, eine Kirschtorte backen oder einen Knopf annähen. Ihr Herz ist groß und hat stets genug Liebe, um Freunde und Verwandte an ihrem Herd willkommen zu heißen. Ihr Haus wird Sie wärmen, wenn Sie aus der Kälte kommen. Wie meine Freundin sagte, eine Stier-Frau ist eine «große» Frau.

Das STIER-Kind

Vielleicht entdecken Sie bereits, daß Ihr Neugeborenes ein Stier ist, wenn Sie versuchen, es zur Heimfahrt aus dem Entbindungsheim anzuziehen. «Komm, steck deine Ärmchen in das hübsche Jäckchen, das Oma für dich gestrickt hat», werden Sie zärtlich murmeln. «Warum ballst du die Fäustchen und hältst die Ärmchen so steif? Komm, sei brav, laß dich anziehen.»

«Laß mich versuchen», sagt Ihr Mann. «Komm jetzt, Kleiner. Stecken wir die Arme in die Ärmel. Gib mir die Arme, los jetzt!»

Die Schwester kommt. «Regen Sie sich nicht auf», sagt sie. «Es ist immer schwierig, sie anzuziehen, wenn sie klein sind. Nein, was für ein braves Kind. Hellwach und gibt keinen Laut von sich.»

«Ja, er ist ruhig», sagt Ihr Mann. «Aber er hat die Arme über der

Brust verschränkt, und ich bekomme sie nicht auseinander. Er ist so stark, daß ich sie nicht einmal auseinanderstemmen kann.»

«Ich glaube, er will das Jäckchen nicht anziehen», bemerken Sie mit plötzlichem mütterlichem Instinkt.

Die Schwester nähert sich Ihrem kleinen Stier mit berufsmäßiger Tüchtigkeit. «Lassen Sie mich mal. Brav jetzt, in die Ärmel – erste Faust – so!»

Sie zwängt den winzigen Arm in den Ärmel. Plötzlich wird das Gesicht Ihres kleinen Stiers blau-lila-rot, und ein Geschrei ertönt, das sämtliche Schwestern der Station ins Zimmer hetzt. (Es ist mehr ein Gebrüll als ein Geschrei. Der Internist am anderen Ende des Ganges hat gemeint, der Boiler wäre explodiert!) Ihr Stier-Baby hat gerade angekündigt, daß es sich nicht gern zwingen läßt. Es ist eine Warnung. Und sie wird wiederholt werden.

Wenn wir einmal von Dickschädlichkeit absehen, ist es doch eine reine Wonne, dieses Kind aufzuziehen. Die Eltern von Stier-Jungen und -Mädchen werden ihre Kinder anschmiegsam und liebevoll finden. Die Kinder lassen sich gern verhätscheln. Der kleine Stier mit der Stirnlocke wird auf Ihren Schoß springen, um einen Kuß zu bekommen. Das winzige Stier-Fräulein wird wahrscheinlich mehr Vatis Kind sein und schon vom hohen Kinderstuhl aus flirten, wenn es noch einmal Pudding haben will. Die Kinder werden kräftig, gesund und muskulös sein. Die Buben sind echte Jungen, manchmal kleine Teufel, sie haben lauter Unfug im Kopf und sind robust und zäh. Die Mädchen werden kleine Evas sein, sie sind gute Puppenmütter und sehr ordentlich. Manche sind Wildfänge und klettern mit den Buben auf Bäume, aber im Grunde können sie alle den weiblichen Charme spielen lassen, wenn sie wollen, und sie wollen es oft.

Stier-Kinder scheinen schon als Kleinkinder tüchtiger zu sein als andere. Sie sind gefühlsmäßig ausgeglichen. Selten haben sie Launen oder sind niedergeschlagen, selten sind sie übererregt oder geben an. Sie können ablehnend und eigensinnig und manchmal auch scheu und schüchtern sein, aber die übliche Unausgeglichenheit in den Übergangsjahren gibt es kaum. Falls sie nicht aufbegehren, weil man sie zu sehr drängt, sind sie ruhig, friedlich und heiter. Sie zeigen eine Reife, die Kinder anderer Sonnenzeichen (außer Steinbock und Skorpion) nicht haben. Sogar der sehr junge Stier benimmt sich meist ausgezeichnet in Gesellschaft. Zwingt man ihn jedoch, im Mittelpunkt zu stehen, so kann er tun, als hätte er die Sprache verloren. Lassen Sie ihn allein in der Ecke spielen, und der Besuch wird wahrscheinlich höchst beeindruckt davon sein, wie gut erzogen er ist.

Ein Stier-Kind kümmert sich um seine eigenen Angelegenheiten und wird Sie kaum durch Frechheit oder naseweises Betragen in Verlegenheit bringen. Wenn Sie es jedoch herausfordern und nekken (was es nicht leiden kann), ständigen Druck ausüben oder etwas verlangen, wogegen es sich mit Händen und Füßen sträubt, dann kann es angriffslustig werden. Diesem Trotz können Sie nur mit Liebe begegnen, niemals mit Strenge. Sonst kann das Stier-Kind zu einem schweigsamen, launischen, grausamen Erwachsenen werden. Denken Sie immer daran, daß das Kind nicht in seinem Eigensinn verharrt, wenn man ihm Liebe zeigt. Sprechen Sie sanft und seien Sie logisch. Wenn Sie mit greller Stimme befehlen, wird es nur Augen und Ohren schließen. Der Liebe aber kann dieses Kind keine Minute widerstehen.

Auch wenn es sehr jung ist, wird das Stier-Kind auf gesunden Menschenverstand reagieren. Wenn etwas vernünftig klingt, so wird es ihm einleuchten. Kommen Sie ihm nur mit der einfachen, ehrlichen, ungeschminkten Wahrheit. Nichts Kompliziertes, bitte. «Du mußt jetzt ins Bett, weil ich es sage», wird nicht viel Erfolg haben. Wenn Sie jedoch leise sagen: «Du mußt jetzt ins Bett, weil wir das Licht ausdrehen. Und wenn du nicht schläfst, kannst du morgen nicht hinaus zum Spielen, denn dann wirst du zu müde sein», so wird es wahrscheinlich in kürzester Zeit im Schlafanzug vor Ihnen stehen. Es hilft auch, wenn man sagt: «Jetzt klettere in dein warmes Bettchen, zwischen deine schönen, sauberen Laken, und dann werde ich dich in deine weiche Kätzchendecke einmummeln. Wenn du brav bist, lese ich dir noch eine Geschichte vor.» Wenn der kleine Stier auch noch so störrisch gewesen ist, bei solchen Worten wird er zu einem fügsamen Engel werden.

Farben und Töne beeindrucken ihn tief. Es ist ein guter Gedanke, einem Stier-Kind so früh wie möglich Musik- oder Gesangstunden geben zu lassen. Fast alle Stiere haben eine tiefe, weiche, melodiöse

Stimme, und eine ganze Anzahl zeigt erstaunliches musikalisches Talent. Vermutlich zeichnet oder malt Ihr Kind auch gern, und vielleicht hat es wirklich Begabung. Geben Sie Ihrem kleinen Stier genug Papier und Buntstifte. So drückt er seine Gedanken am liebsten aus.

Die Lehrer finden gewöhnlich, daß das Stier-Kind ein Gewinn für die Klasse ist. Wenn keine verletzten Planeten im Geburtshoroskop vorhanden sind, werden die Kinder fleißig sein, ihre Aufgaben gründlich lernen und ausgezeichnete Konzentrationskraft haben. Sie sind keine so hellen Köpfe wie die Zwillinge, Wassermänner oder Widder, aber sie werden sicher nicht unpünktlich sein oder mit Papierkügelchen in der Klasse herumwerfen. Normalerweise ist das Stier-Kind recht gehorsam. Es nimmt langsam auf, aber wenn es einmal begriffen hat, vergißt es das Gelernte nie. In Prüfungen zeichnen sich diese Jungen und Mädchen oft aus, denn sie bereiten sich sorgfältig vor. Häufig werden sie zu Anführern einer Gruppe gewählt, denn sie sind sehr gerecht, haben gesunden Menschenverstand und gute Urteilskraft.

Manchmal haben die Eltern Kummer mit dem Eigensinn ihres Stier-Kindes, doch das kommt nur selten vor. Die Mutter eines jungen Stiers, eine Bekannte von mir, ging eines Tages mit ihrem Sohn zur Schule und bereute hinterher, daß sie sich nicht aus der Sache herausgehalten hatte. Der kleine Stier hatte seine Lehrerin beleidigt und erklärt, sie hätte falsche Angaben gemacht. Der Verfasser des Lehrbuches natürlich auch. Am nächsten Tag ging die Mutter mit ihm zur Lehrerin und sagte streng: «Entschuldige dich bei Fräulein Wiesner, Peter.» Das war ungefähr um neun Uhr vormittags. Gegen Mittag hörte man die Mutter im Büro des Rektors erschöpft wiederholen: «Entschuldige dich bei Fräulein Wiesner, Peter.» Später am Tag, als die Schüler nach Hause gegangen waren, sammelte der Hausmeister die Papierkörbe ein. Als er am Büro vorbeikam, klang eine seltsam entrückte, zitternde, fast geisterhafte Stimme aus dem Allerheiligsten. «Entschuldige dich bei Fräulein Wiesner, Peter», sagte sie. «Zum letzten Mal, entschuldige dich.» Durch die geschlossene Tür hörte man das Sausen des Rohrstocks. Dann Stille. Am nächsten Tag saß der kleine Junge wieder auf seinem Platz. Er war stärker als die Lehrerin, die Mutter und der Rektor gewesen. Er entschuldigte sich niemals. Aber er hatte ein glänzendes Zeugnis.

Haben Sie sich einmal damit abgefunden, daß nichts – außer einem Kran vielleicht – Ihr Stier-Kind bewegen kann, wenn es einmal seine kräftigen kleinen Beine fest gegen die Erde gestemmt hat, werden Sie viel Freude an ihm haben. Wahrscheinlich wird es tonnenweise Schmutz vom Spielen mit heimbringen, aber sein Zeugnis oder seine Murmeln wird es nicht verlieren. Der junge Stier wird Vaters Wagen nicht zu schnell fahren und nicht im Straßengraben landen, wenn er älter ist. Vielleicht räumt er den Kühlschrank aus und vertilgt das gebratene Huhn, das Sie für das Abendessen aufgehoben hatten, oder er behandelt die neuen Möbel recht unsanft. Dafür wird er aber Ihren Geburtstag nie vergessen. Ihr kleines Stier-Mädchen zerreißt sich vielleicht das Kleid, wenn sie in ihr Baumhaus klettert, oder bekommt einen Wutanfall, wenn jemand ihr etwas zerbricht. Aber sie wird Ihnen beim Kuchenbacken helfen, und Sie werden in ihrem hübschen Heim immer willkommen sein, wenn sie später einmal eine eigene Familie hat. Auf jeden Fall werden Ihre Enkel gut erzogen sein.

Ziehen Sie Ihren kleinen Stier in einer gemütlichen, anheimelnden Atmosphäre groß. Umgeben Sie ihn mit Liebe und nicht mit unsichtbarem Stacheldraht. Zerren Sie nicht zu fest an seinen Hörnern und lassen Sie ihn in seinem eigenen ruhigen Tempo grasen. Eines Tages wird er Ihrem Herzen dann Frieden geben. Sogar Fräulein Wiesner wird ihm dann verzeihen.

Der STIER-Chef

Sie meinen, Sie hätten einen reizenden Stier-Chef, der niemals nörgelt oder sich aufregt, und Sie brauchen keine Tips und Ratschläge, wie Sie diesen lieben, angenehmen Menschen behandeln müssen? Er frißt Ihnen aus der Hand? Dann lesen Sie die Sonnenzeichen gerade noch rechtzeitig, um ein Unheil zu vermeiden. Bevor es zu spät ist, lernen Sie besser die eine wichtige Regel auswendig, die Sie bei einem Stier-Vorgesetzten immer beachten müssen: *Stellen Sie seine Geduld nicht auf eine zu harte Probe.*

Die Regel ist komplizierter, als sie sich anhört. Wenn Ihr Chef ein typischer Stier ist, hat er soviel Geduld, daß man direkt versucht ist, sie auf die Probe zu stellen. Sein Verhalten ist so friedlich und ausgeglichen, daß Sie ihn nur zu leicht als «den guten alten Herrn Schmidt» ansehen. Und dann behandeln Sie ihn wie einen netten, struppigen Bären, der vielleicht ein bißchen dickköpfig ist, aber freundlich und vollkommen harmlos. Aber Stiere sind keine Bären. Bären leben im Wald und sind manchmal hinter Honig her. Stiere leben auf dem Bauernhof und sind manchmal hinter unverschämten Leuten her. Bären können Fremde zum Spaß hart anfassen, aber sie meinen es nicht so. Stiere können unbefugte Eindringlinge in blinder Wut umbringen, und zwar absichtlich. Sie sind gefährlich! Ende der Zoologiestunde.

Heute sind Sie sicher. Aber wer weiß, was morgen sein wird? Vielleicht werden Sie es morgen bereuen, daß Sie ihren Stier-Chef unnötig gereizt haben. Mag sein, daß Sie wünschen, Sie hätten seine Gutmütigkeit nicht über Gebühr strapaziert. Man kann leicht erkennen, wie Sie auf den falschen Weg geraten sind. Es kommt bei Leuten, die für einen Stier arbeiten, immer wieder vor. Er ist so mild und verständnisvoll, wenn Sie ihm einen schlampig getippten Brief vorlegen, daß Sie sich bald nicht mehr sehr viel Mühe mit Ihrer Rechtschreibung geben. Er ist so rücksichtsvoll, wenn Sie mit den Zahlen in Ihrem Halbjahresbericht herumschludern, daß Sie auch bei anderen Berechnungen lässig werden. Da er Sie nicht zur Rede stellt oder Sie eisig anstarrt, wenn Sie die Mittagspause eine halbe Stunde verlängern, werden Sie nächste Woche vielleicht eine ganze Stunde länger fortbleiben, und allmählich werden es zwei. Lassen Sie sich so gehen, weil Ihr Stier-Chef so ruhig und gelassen ist? Stellen Sie sich lieber ein Schild auf Ihren Schreibtisch «Achtung – wilder Stier». Es könnte Ihnen bald das Leben retten oder mindestens Ihre Stellung, und manchmal hängt das eine ziemlich von dem anderen ab. Sie können schließlich nicht zu Ihrem Hauswirt sagen: «Es tut mir leid, daß ich drei Monate mit der Miete in Rückstand bin, aber ich habe noch keine neue Stellung gefunden. Ich bin aus der letzten fristlos entlassen worden, denn wissen Sie, ich hatte einen Chef, der im Mai geboren ist, und ich hatte keine Ahnung von dem Stier-Temperament, weil es von der Venus beherrscht wird. Diese verdammte Venus hat mich irregeführt.»

Es ist viel einfacher, wenn Sie sich Ihre Kenntnis der Sonnenzeichen gleich von Anfang an zunutze machen. Ihr Chef war nicht so nett und gelassen, als Sie jenen Brief tippten, den Halbjahresbericht abgaben und Ihre Mittagspause in die Länge zogen, weil er ein lieber Zottelbär ist, mit dem man machen kann, was man will. Er war auch nicht zu schüchtern und scheu, um seine Wünsche auszudrücken oder seine Autorität zu zeigen. Er sah einfach nicht ein, warum er Sie in Verlegenheit bringen und wegen eines oder zwei oder sogar mehrerer Fehler ein großes Geschrei machen sollte. Er glaubte, Sie hätten genügend gesunden Menschenverstand (denken Sie an diesen Ausdruck), um sich nicht wie eine beschädigte Schallplatte ständig zu wiederholen. Er entschloß sich, Sie geduldig zu beobachten, um zu sehen, ob Sie vernünftig genug wären, aus Ihren eigenen Fehlern zu lernen. Da liegt der Haken! Seine Geduld war sorgfältig kalkuliert und hatte einen bestimmten Zweck – Sie zu prüfen und Ihnen die Chance zu geben, Ihren Wert zu beweisen. Er bewundert Menschen, denen es gelingt, sich zusammenzunehmen. Er ist ein Selfmade-Mann. Warum nicht auch Sie?

Er ist bereit, jedem Gerechtigkeit widerfahren zu lassen. Er wird nicht vorschnell urteilen. Er wird keine Wunder über Nacht erwarten, und er wird auch nichts dagegen haben, wenn Sie sich erst langsam an seine Methoden und seine ganz bestimmte Arbeitsweise gewöhnen. Sie werden Gelegenheit haben, sich einzuarbeiten, und er wird mehr als einmal ein Auge zudrücken, wenn etwas schiefgeht. Aber seien Sie nicht naiv, und täuschen Sie sich nicht in dem, was er vorhat. Er möchte, daß alles so gemacht wird, wie er es will. Das kann ganz altmodisch sein, aber für ihn ist es die erprobte und wahre Methode. Solange er auf diese Art Geld verdient, bleibt er dabei. Er ist durchaus bereit, lange und geduldig nach Angestellten zu suchen, die zu ihm passen. Wenn Sie jedoch seine Geduld zu sehr in Anspruch genommen haben, wird er zuerst störrisch werden, dann vor Wut schnauben und schließlich brüllen: «Sie sind entlassen!» Die einzige Warnung, die Sie erhalten, wird vielleicht sein, daß er Ihr freundliches «Guten Morgen» am Tag zuvor nicht erwidert. Sie können sicher sein, daß er seine Entscheidung nicht rückgängig macht. Nichts ändert die Meinung eines Stiers. Wahrscheinlich gibt er Ihnen ein großzügiges Trennungsgeld, denn er will nicht, daß der böse Hauswirt Sie, Ihre Großmutter und die zwölf Kinder in den kalten Schnee hinaussetzt. Aber er wird Ihnen keine Chance mehr geben, wenn er einmal davon überzeugt ist, daß Sie Ballast für die Firma sind, der sein Herz fast genauso gehört wie seiner Frau. Er ist nicht böse. Sie haben ein schlechtes Gedächtnis, falls Sie das glauben. Wenn Sie in den Stellenanzeigen nach einer neuen Arbeit suchen, denken Sie daran, wie freundlich er all die Monate war, als Sie sein Vertrauen ausgenutzt haben.

Der Stier-Chef ist durch und durch praktisch. Obwohl er das Gefühl haben muß, sich schöpferisch zu betätigen, braucht er den materiellen Erfolg fast noch mehr. Stier-Männer sind mit einem kleinen Geschäft nicht zufrieden. Sie wollen es zu einem Reich ausbauen. Es wird keine dramatischen, durchschlagenden Veränderungen geben, sondern der Fortschritt wird langsam vor sich gehen. Dieser Mann wird allmählich aufbauen, ohne Scheinwerfer und Fanfaren, aber er wird aufbauen. Er führt alles durch, was er beginnt, und bleibt bei allem, was er anfängt. Und er erwartet von Ihnen, daß Sie das gleiche tun.

Kommen Sie ihm nicht mit zu vielen Schnellverfahren. Er wünscht unkomplizierte Situationen und keine phantastischen Ideen. Herumrederei liebt der Stier-Chef genausowenig wie der Steinbock. Einer seiner Lieblingssprüche könnte sein: «Kommen Sie zur Sache», aber er wird es ohne Böswilligkeit oder Sarkasmus sagen. Lange Vorreden machen ihn nervös, obwohl er es sich nicht anmerken läßt.

Sie werden enttäuscht sein, wenn er sich weigert, das neue System auszuprobieren, von dem Sie irgendwo gelesen haben. Zugegeben, manchmal hat er unrecht und Sie triumphieren, wenn eine andere Firma mit diesem neuen System Erfolg hat. Aber letzten Endes sprechen die Tatsachen doch für ihn. Der neue Apparat, den er eigensinnig als «hirnverbrannte Fehlgeburt aus dem Tagtraum eines Irren» abgelehnt und der der anderen Firma zuerst so viele neue Aufträge einbrachte, hat plötzlich einen Haken. Die andere Firma macht Bankrott, weil sich das Projekt zum Nachteil ausgewirkt hat, und Sie kommen sich lächerlich vor. Schließlich werden Sie den manchmal mürrischen, oft eigensinnigen, aber gütigen und verständnisvollen Stier-Chef achten, der einen so klaren Kopf auf seinen stämmigen Schultern trägt.

Der Stier-Vorgesetzte liebt Friedfertigkeit und wird heftige Szenen möglichst vermeiden. Denken Sie daran: gesunder Menschenverstand ist sein Motto. Das bedeutet jedoch nicht, daß er keine Phantasie hat oder die angenehmen Dinge des Lebens nicht zu schätzen weiß. Es macht bestimmt einen guten Eindruck auf ihn, wenn Sie ein dezentes Parfum benutzen oder die Fingernägel rosig lackieren (das heißt, wenn Sie ein Mädchen sind). Männer, die mit einem Stier-Chef arbeiten, sollten Krawatten in ruhigen Farben und vernünftige Schuhe tragen.

Sie werden sich vielleicht mindestens einmal in der Woche über seine eigensinnige, dickköpfige Art ärgern, aber denken Sie dabei auch daran, daß er ebenfalls eigensinnig an den Leuten festhält, die ihn nicht enttäuschen. Wenn Sie dazugehören, brauchen Sie den gefährlichen Stier nicht zu fürchten. Er ist wirklich ganz sanft, wenn man ihm keinen Widerstand entgegensetzt. Das allerdings ist das rote Tuch für ihn. Helfen Sie ihm, sein Reich aufzubauen. Er wird es gern mit Ihnen teilen, wenn Sie es verdienen. Er ist stark und zuverlässig. Er sagt, was er meint, und er meint, was er sagt. Sie brauchen keinen Dolmetscher. Wenn er sagt, daß Sie ein Dummkopf sind, gehen Sie schnell und ruhig, und machen Sie keine Ausflüchte. Wenn er sagt: «Es geht ganz gut mit Ihnen», dann ist Ihnen Ihre Stellung sicher. Es bedeutet, daß Sie seine Prüfung mit Auszeichnung bestanden haben. Gratuliere! Wenn Sie es sich nicht zu Kopfe steigen lassen, haben Sie eine vielversprechende Zukunft vor sich.

Der STIER-Angestellte

Ich hoffe sehr, daß Ihr Stier-Angestellter nicht als Vertreter für Sie arbeitet. Wenn ja, lassen Sie unbedingt sein Horoskop begutachten. Vielleicht hat er ein paar Planeten in den Zwillingen, im Widder, Löwen oder in den Fischen. In diesem Fall können Sie ihn ruhig weiter Ihre Waren anpreisen lassen. Andernfalls wäre es für beide Teile besser, wenn Sie ihn sanft (um Gottes willen, drängen Sie ihn nicht) auf einen anderen Posten in Ihrer Firma versetzten.

Als Vertreter oder Werbefachmann macht er wahrscheinlich nicht den besten Eindruck auf Ihre Kunden. Nicht, daß er nicht viele tadellose Eigenschaften hätte. Nur sind es im allgemeinen nicht solche, die die Leute bewegen könnten, auf der punktierten Linie zu unterschreiben. Es ist wahrscheinlicher, daß er ihnen erklärt, warum sie sich auf nichts einlassen sollen.

Der Stier braucht vor allem Sicherheit in seiner Arbeit, oder seine Erfolgschancen – die beträchtlich sein können – sinken rapide. Ganz gleich, wie hoch der Verdienst sein mag, wenn er schwankend ist, wird der Stier-Angestellte ein festes Monatsgehalt immer vorziehen. Ein Stier, der nur auf Provision arbeitet, ist gewöhnlich einer der unglücklichsten Menschen.

Es gibt natürlich ein paar Ausnahmen, abgesehen von den erwähnten Planeteneinflüssen. Die meisten Stiere können bestimmte Verkäufe, wenn sie nicht unter Druck geschehen müssen, ausgezeichnet durchführen – falls die Produkte solide und wertbeständig sind. Landwirtschaftliche Geräte, Traktoren, Lastwagen und Mähmaschinen gehören dazu. Mit Geld kann dieser Angestellte ebenfalls umgehen, und Krediterteilung kann sogar seine Spezialität sein. Aber seien wir ehrlich, wieviel Überredungskunst braucht man schon, um einem zahlungsunfähigen Mann zu erklären, er brauche Geld?

Vielleicht gibt es noch einige andere Gebiete, auf denen er sich als Verkäufer eignet. Immobilienhandel zum Beispiel. Ein Stier ist in seinem Element, wenn er den Leuten Häuser zeigt oder sie vom Wert eines Grundstückes überzeugen kann. Selbst wenn er dabei kaum redet, würden seine Ehrlichkeit und offensichtliche Zuverlässigkeit die Kunden beeindrucken. Auch im Erziehungswesen könnte er seinen Einfluß ausüben. Ein Stier glaubt mit solcher Inbrunst an solide Grundlagen und Tatsachen, daß er ein Mädchen dazu überreden könnte, einen Ingenieurkursus zu besuchen. Er würde es ganz und gar nicht albern finden, daß ein weibliches Wesen Ingenieur werden will.

Es ist auch möglich, daß ein Stier mit Aszendent oder Mars in den Zwillingen einen ausgezeichneten Radio- oder Fernsehansager für Werbesendungen abgibt. Der melodische Klang der Stier-Stimme, verbunden mit dem Charme und der Zungenfertigkeit der Zwillinge vermag Wunder zu wirken. Und wenn die richtigen Planeten bei der Geburt im Widder standen, könnte sich ihr Einfluß mit der Stier-Sonne vereinen und außergewöhnliche Fähigkeiten auf dem Gebiet der Public Relations hervorbringen. Ich fürchte, damit sind aber auch schon die Möglichkeiten erschöpft, wenn wir vom Stier als Verkäufer sprechen. Ansonsten ist es besser, wenn er Dinge tut, die ihm mehr liegen.

Dazu gehört zum Beispiel die Gabe, sich ganz für eine Sache einzusetzen. An welchen Platz man ihn auch stellt, er wird fest Wurzel fassen und entschlossen sein, Erfolg zu haben. Er arbeitet langsam auf sein Ziel hin und kann es auch verwirklichen, wenn man ihn in Ruhe läßt. Geben Sie ihm Verantwortung und einen leitenden Posten. Sie werden selten einen verläßlicheren, vertrauenswürdigeren und ehrlicheren Angestellten haben. Ihm liegt die Entwicklung der Firma am Herzen, nicht die seines Ichs. Und das gilt für einen erfolgreichen Stier genauso wie für einen Anfänger.

So sehr er auch Veränderungen haßt, wenn er ein außergewöhnlicher Stier ist, werden Sie ihn nicht für immer haben können. Er wird nicht gehen, weil er unbeständig ist. Sobald er jedoch sicher ist, daß Ihre Firma sich auf dem Weg nach oben befindet, ist er nicht der Typ, der bleibt, um sie für Sie zu verwalten. Der Stier ist mehr daran interessiert, Macht und Reichtum aufzubauen. Er liebt seine Freiheit zu sehr, als daß er sich mit den ständigen Manipulationen einer komplizierten Geschäftsführung belasten möchte, und das unsichtbare Rädchen im Getriebe will er auch nicht sein. Wenn er nicht mehr mit Ihrer Firma wachsen kann, wird er sein eigenes Reich gründen wollen, und sei es noch so klein.

Ein Stier-Angestellter, ob nun durchschnittlich oder überragend, wird immer ein ausgezeichneter Arbeiter sein. Eine der Eigenschaften, die ihn am sympathischsten machen, ist seine Bereitwilligkeit, Anordnungen widerspruchslos zu akzeptieren. Dafür gibt es einen guten Grund. Er ist der Überzeugung, daß man am besten dann Chef wird und Befehle erteilen kann, wenn man zuvor als Angestellter gelernt hat, Befehle entgegenzunehmen. Er respektiert die Autorität, weil er erwartet, daß seine Angestellten später auch einmal seine Autorität respektieren werden. Als Vorgesetzter wird er einmal ganz bestimmte Ideen und Methoden haben. Darum findet er es nicht seltsam oder unverständlich, wenn Sie auf einer bestimmten Arbeitsweise bestehen. Soweit es ihn betrifft, sind Sie der Chef.

Eine solche Haltung ist natürlich sehr angenehm. Aber lassen Sie sich nicht durch sein freundliches Wesen und seine vernünftige Fügsamkeit zu der Annahme verleiten, daß man ihn herumstoßen könne. Diejenigen, die das glauben, behandelt er mit Gleichgültigkeit, ruhigem Takt und Diplomatie. Wenn Sie jedoch näher hinschauen, werden Sie feststellen, daß er ihnen mit Ironie begegnet. Zum Schluß wird der Stier doch tun, was er will. Er wartet nur so lange, bis er die Oberhand über seine rücksichtslosen Kollegen gewinnt. Wenn man hingegen seine persönlichen Gefühle oder seinen Stolz verletzt, kann seine kühle Gleichgültigkeit verschwinden und einer kindischen Dickköpfigkeit weichen. Denken Sie daran: Wenn er schmollt, so ist er auch gleichzeitig erregbar, und es ist durchaus möglich, daß es schließlich zu einem heftigen Wutanfall kommt. Er wird nicht lange dauern, und der Stier wird nach solch einem «Angriff» unheilvoll ruhig sein, aber wenn der Fall nicht sofort bereinigt wird, wird er einfach gehen, ohne zurückzuschauen. Wenn ein Stier zur Tür hinausgeht, ist er fort. Er kommt nicht zurück, um es noch einmal zu versuchen. Das letzte, was Sie von ihm sehen, werden seine breiten Schultern sein. Der Stier bildet sich sein Urteil langsam, und deshalb hat er es nicht nötig, die Angelegenheit noch einmal zu erwägen. Da er ein so liebevoller Sinnenmensch ist, werden Sie sicher genug Exfreundinnen finden, die Ihnen erzählen können, daß der Abschied bei ihm endgültig ist. Sowohl in der Liebe wie im Beruf machen die Leute oft den Fehler und denken, die Geduld des Stiers sei unerschöpflich, weil es so lange dauert, bis er sie verliert.

Die weibliche Stier-Angestellte ist meist ein wirkliches Juwel. Wenn sie eine typische Stier-Frau ist, wird sie eine ruhige, tiefe Stimme und ein besänftigendes Wesen haben. Diese Frauen sind meist großartige Direktionssekretärinnen. Unvorhergesehene Ereignisse bringen sie nicht aus dem Gleichgewicht. Erst in einer Krise kommt ihr Bestes zum Vorschein, und ihr Bestes ist beträchtlich. Beim Tippen und in der Stenographie ist die Stier-Dame vielleicht etwas langsamer als die anderen. Sie ist nicht gerade eine Rakete, und sie wird auch kaum auf einem Motorrad ins Büro kommen, aber ihre Arbeit wird sie machen. Genau wie die Stier-Männer hat auch sie das Gefühl, daß eine Arbeit gut gemacht sein muß, wenn sie es wert ist, überhaupt getan zu werden. Dieses Mädchen wird nicht gähnen, wenn Sie ihr Ihre Lieblingstheorien erklären. Wenn Ihre Ideen praktisch sind, wird sie sich wahrscheinlich mit Ihnen darüber unterhalten wie ein Mann. Ihre Ansicht wird vernünftig und logisch sein, und man sollte sie sich unbedingt anhören. Aber glauben Sie nicht, daß Sie deshalb keine richtige Frau ist.

Seien Sie vorsichtig. Sie ist keine Frau, die sich in beiläufige Büroflirts einläßt. Sie kann sehr lustig sein und viel lachen, aber hinter ihrem warmen Humor verbirgt sich ein Sinn, der fest auf Heirat gerichtet ist. Wenn sie zweimal eine Einladung zum Essen annimmt, sieht sie in Ihnen wahrscheinlich schon den Versorger auf Lebenszeit und nicht nur einen gleichgültigen Begleiter an einem regnerischen Donnerstag. Die Stier-Frauen nehmen jede Liebesgeschichte ernst. Wenn Sie ihren Vorstellungen von einem Ehemann entsprechen, sind Sie nicht mehr irgendein Mann. Den Mann, der auf einer Gesellschaft die Aufmerksamkeit einer Stier-Frau erregt, muß man im Auge behalten. Er wird seinen Weg machen. Wenn Sie es selbst sind, so werden Sie bald eine großartige Sekretärin verlieren, aber Sie werden eine Frau unter Millionen bekommen, die Ihnen vorwärtshilft.

Es ist angenehm, mit weiblichen Stier-Angestellten zusammenzuarbeiten, denn sie duften gut, sehen nett aus, sind anmutig und rauchen unter anderem keine Zigarren.

Stier-Menschen beiderlei Geschlechts schätzen es gar nicht, wenn sie in fremden Betten schlafen müssen. Darum ziehen sie es meistens vor, ihren Urlaub zu Hause zu verbringen. Wenn sie nicht einen Zwillinge-Mond oder einen Schütze-Aszendenten haben, wird das Gras im eigenen Garten immer grüner und dichter sein als woanders. Wenn Ihr Stier-Angestellter Urlaub hat, können Sie ihn ruhig in einem Notfall ins Büro rufen. Er wird Ihrem Wunsch wahrscheinlich mit einem gutmütigen Lachen nachkommen und sogar der Meinung sein, es sei seine Pflicht, auszuhelfen. Aber tun Sie es nicht zu oft. Seine Geduld hat Grenzen, und man riskiert es lieber nicht, diese Grenzen zu entdecken.

Die Stiere arbeiten gern in Blumengeschäften, bei Vieh und Geflügel, in Supermärkten und im Nahrungsmittelgroßhandel. Sie sind auch gute Ärzte und Ingenieure. Eine künstlerische Laufbahn kann sie sehr befriedigen, denn der Stier ist gern schöpferisch tätig. Allerdings muß die finanzielle Seite auch klappen. Der Stier erträgt es nicht, wenn er auf unsicherem Posten stehen und auf eine günstige Gelegenheit warten muß. Hat er aber einmal eine Stellung gefunden, die ihm viele Möglichkeiten bietet, wird er selten nach Veränderungen oder neu zu erobernden Gebieten suchen. In jahrelanger Hingabe wird er sich seinem Beruf widmen, und er kann viel aushalten, wenn er davon überzeugt ist, daß er eine Zukunft hat.

Der Zwilling

22. Mai – 21. Juni

Berühmte ZWILLINGE-Persönlichkeiten:

Josephine Baker

Martin Bormann

Dante

Albrecht Dürer

Königin Fabiola

Ian Fleming

Errol Flynn

Judy Garland

Paul Gauguin

Juliette Greco

John F. Kennedy

Otto v. Lilienthal

Theo Lingen

Graf Luckner

Thomas Mann

Marilyn Monroe

Joseph Neckermann

Lilli Palmer

Prinz Philipp v. England

Cole Porter

Françoise Sagan

Jean-Paul Sartre

Wallis Simpson

Oswald Spengler

Bertha v. Suttner

Joseph Tito

Michael Todd

Richard Wagner

Wie man den ZWILLING erkennt

Wenn es einmal vorkommt, daß Sie mit einem Zwillinge-Menschen zusammen sind und glauben, Sie sähen doppelt, so laufen Sie nicht gleich hinaus und suchen die andere Brille. Denken Sie an sein Sonnenzeichen und daran, daß es zwei Seiten seiner veränderlichen Persönlichkeit gibt. Jetzt sehen Sie etwas, und schon ist es wieder verschwunden. War es Liebe, was Sie flüchtig auf diesen beweglichen Zügen zu entdecken meinten? Haß? Ekstase? Intelligenz? Idealismus? Sorge? Freude? Die merkurischen Veränderungen im Ausdruck eines Zwillings sind faszinierend zu beobachten. Man kann schwer sagen, wo die Wirklichkeit aufhört und die Illusion beginnt. Sie vereinen sich – und trennen sich dann wieder.

Man muß ein wenig nachdenken, wenn man sich fragt, wo man diese quicklebendigen Wesen suchen soll. Sie können heute hier und morgen dort sein. Oder sie verschwinden ganz plötzlich. Ein Zwilling kann seine Kleidung, seine Stellung, sein Liebesleben und seinen Wohnort so schnell wechseln wie seine Ansicht, und das ist ziemlich schnell. Sie können außer Atem geraten, wenn Sie ein gutes Exemplar suchen, das Sie studieren wollen. Vielleicht versuchen Sie es in einer Buchhandlung. Er stöbert gern in Büchern herum, denn er kann schon das Wesentliche erfassen, wenn er nur kurz die Seiten überfliegt. (Es ist kein Zufall, daß John F. Kennedy ein Schnelleser war.) Merkur-Menschen haben außerdem die widerliche Angewohnheit, die letzte Seite zuerst zu lesen. Wenn Sie einen Zwilling kennen, der je ein Buch von Anfang bis zu Ende durchgelesen hat, ohne schon in der Mitte gelangweilt zu sein, so hat er Seltenheitswert (oder prüfen Sie sein Horoskop, ob er nicht Stier oder Steinbock als Aszendenten hat).

Ganz bestimmt finden Sie einen oder zwei Zwillinge bei einem Rundfunksender, in einer Werbefirma, einem Verlag, einem Autoverkaufssalon oder einer Public-Relations-Firma – falls Sie ihn zwischen seinen Verabredungen erwischen. Wenn Sie diesen quecksilbrigen Menschen gefunden haben, studieren Sie ihn gründlich, auch wenn es etwas ermüdend ist, ihm nachzulaufen. Als erstes werden Sie eine nervöse Energie feststellen, die förmlich in der Luft knistert. Wenn er einen Skorpion-, Waage-, Krebs- oder Steinbock-Mond hat, vibriert er vielleicht nicht ganz so sehr, aber das Knistern ist latent vorhanden, und man spürt es auch unter dem Einfluß der anderen Planeten. Gelegentlich wird ein Zwilling langsam sprechen, aber die meisten reden schnell.

Ob Mann oder Frau, die Zwillinge haben keine Geduld mit konservativen Schlafmützen oder mit Menschen, die sich auf bestimmten Gebieten keine Meinung bilden können. Die Zwillinge wissen immer, wo sie stehen, wenigstens für den Augenblick.

Wenn der Aszendent nicht etwas anderes anzeigt, sind die Zwillinge meist schlank, beweglich und größer als der Durchschnitt. Viele haben feine, scharfe Gesichtszüge. Sie werden natürlich einige mit braunen Augen finden, aber die Mehrzahl der von Merkur Beherrschten hat schöne, kristallklare blaue, grüne oder graue Augen, die zwinkern und hin- und herhuschen. Die Zwillinge lassen ihre Augen nie länger als ein paar Sekunden auf einem Gegenstand ruhen. An ihrem lebhaften, flinken Blick kann man sie am besten erkennen. Die Haut ist meist blaß, aber sie bräunt schnell und daran erkennt man die Merkur-Menschen im Sommer. (Im Winter haben sie oft entzündete Haut, wenn sie Skifahrer sind.)

Diese Menschen sind eifrig und von einer spontanen, einfühlsamen Freundlichkeit. Ihre Bewegungen sind ungewöhnlich rasch, aber anmutig. Das Haar kann hell oder dunkel oder beides zugleich sein, meliert. Zwillinge! Die Nase ist lang und gerade oder zierlich – in jedem Fall wahrscheinlich gut geformt. Die Männer haben häufig eine Stirnglatze (sicher von der vielen Gehirntätigkeit), und beide Geschlechter haben gewöhnlich eine ziemlich hohe Stirn.

Im allgemeinen ist es ein Fehler, Zwillinge auf eine Meinung festzunageln. Und es ist immer ein Fehler, sich geistig mit ihnen zu messen, denn sie können sich mit größter Leichtigkeit aus jeder Situation herausreden. Sie denken schnell, können sehr ironisch sein und sind gescheiter als fast alle anderen.

Ein Zwilling wird manchmal wie ein wißbegieriger Vogel vor Ihnen erscheinen, die Szene mit aufgeregter Neugier überblicken, und dann in der entgegensesetzten Richtung davonflattern, ehe Sie ihn auch nur begrüßen konnten. Ich treffe mich oft mit einem Zwillinge-Freund zum Essen. Er ist fünfunddreißig oder vierzig Jahre alt, aber er sieht aus wie ein Student. Das ist typisch für die nicht alternde Erscheinung dieses Sonnenzeichens. Eine Zeitlang unterhalten wir uns angenehm, unterbrechen einander und springen von einem Thema zum anderen. Dann suche ich in meiner Tasche nach der Puderdose oder einem Bleistift, sehe auf – und wie die verschwindende Jungfrau bei einem Zauberer hat sich mein Zwillinge-Freund in Luft aufgelöst und die Rechnung mitgenommen. (Die weniger entwickelten Typen benutzen diese Behendigkeit, um Sie mit der Rechnung sitzenzulassen.) Wenn ich mich ängstlich im Raum umsehe, entdecke ich ihn plötzlich – er telefoniert oder winkt mir vergnügt zu, während er zur Tür hinaus und Gott weiß wohin eilt.

Die Zwillinge tun zwei Dinge gleichzeitig mit weniger Anstrengung als normale Sterbliche eine Sache. Manche Leute schwören, daß Zwillinge mit einem Telefon in jeder Hand geboren werden.

Jede Art Routine deprimiert den typischen Zwilling so, daß er sich wie ein Vogel im Käfig fühlt, dem man die Flügel gestutzt hat. Diese Menschen verabscheuen Schufterei und Eintönigkeit. Sie sind nicht gerade pünktlich (es sei denn, sie haben einen Jungfrau-Aszendenten, dann werden sie zu menschlichen Weckern) und kommen fast immer zu spät, nicht weil sie ihre Zeit vergessen, sondern weil unterwegs irgend etwas ihr Interesse erregt und sie abgelenkt hat.

Wenn Sie einen Merkur-Freund haben, ist Ihnen wahrscheinlich eine verbreitete Zwillinge-Angewohnheit vertraut, die so ärgerlich ist, daß man Magengeschwüre davon bekommen könnte. Er schlägt zum Beispiel vor, daß Sie in seine Wohnung kommen (es wird selten ein Haus sein – zu dauerhaft), einen alten Film ansehen, Minigolf spielen oder was es sonst sein mag. Sie sind müde und auf dem Weg nach Hause. Sie danken ihm, bitten aber, die Verabredung auf einen anderen Tag zu verschieben. Der Zwilling argumentiert mit Ihnen. Überzeugend. Er schaut Sie tief mit den babyblauen (oder grünen oder grauen) Augen an und läßt seinen ganzen Charme spielen. Er spricht so schnell, und sein Lächeln ist so gewinnend, daß Sie schließlich nachgeben. Sie werden mitkommen. Er hat noch einiges zu erledigen, also sagt er, er werde Sie in einer Stunde an der Ecke treffen. Damit haben Sie nicht gerechnet, und Sie versuchen, alles rückgängig zu machen. Er fängt jedoch das ganze Theater von neuem an, und letzten Endes versprechen Sie, daß Sie dort sein werden. Es ist scheußlich langweilig, die Stunde totzuschlagen, außerdem schmerzen Ihre Füße, aber Sie bringen es irgendwie fertig und sind zur vereinbarten Zeit zur Stelle. Der gute Freund kommt eine halbe Stunde zu spät und ist etwas außer Atem. Und was geschieht? Er hat seine Meinung geändert. Er ist völlig erschlagen und hat beschlossen, daß er für heute genug hat und in die Koje kriechen möchte. Das Programm würde morgen abend durchgeführt. Sie haben doch nichts dagegen, oder? Nur ein Zwilling kann in einer solchen Situation einem Schlag ins Auge entgehen. Aber er schafft es. Sie verzeihen ihm, und was wirklich lächerlich ist, Sie treffen sich tatsächlich am nächsten Abend mit ihm, als hätten Sie allen Verstand verloren. Es ist ihre eigene Schuld, wenn Sie dem unwiderstehlichen Redestrom des Zwillings erliegen. Wenn er Sie am nächsten Abend wieder versetzt, geschieht es Ihnen nur recht.

Alle Juni-Menschen haben das Bedürfnis, ihre wahren Motive zu verbergen. Wie die Fische-Menschen spüren sie den Drang, sich genau entgegengesetzt zu ihren tatsächlichen Wünschen zu verhalten. Aber diese erstaunliche Wandlungsfähigkeit und ihre Sprachgewandtheit machen sie zu großartigen Politikern und zu Experten auf dem Gebiet der menschlichen Beziehungen. Ein Zwilling weiß, wie er Sie von Ihrer hartnäckigsten Überzeugung abbringen kann. Er kann Sie geistig so manipulieren, daß Sie zum Schluß mit ihm übereinstimmen und ihm sogar noch dankbar sind. Wenn es jedoch Ungelegenheiten gibt, so weiß der Zwilling instinktiv, wo das dunkle Geheimnis Ihres Lebens verborgen ist, und er kann seinen flinken Verstand und seine schlaue Zunge gebrauchen, um gefährlich Staub aufzuwirbeln.

Fast jeder Zwilling schreibt einen netten Stil und kann die Worte hübsch setzen. Viele von ihnen schreiben Reden, Werbetexte, Aufzeichnungen, Stücke und Bücher. Die Bücher werden Romane, Sachbücher, Textbücher oder Biographien sein. Sehr selten schreibt ein Zwilling seine eigene Lebensgeschichte. Noch seltener schreibt er persönliche Briefe.

Das mag paradox klingen, aber der Grund liegt auf der Hand, wenn man bedenkt, wie ungern Merkur-Menschen an einer Meinung festhalten. Sie zögern, ihre Gedanken auf Papier zu bringen, weil sie spüren, daß das, was sie heute glauben, ihnen morgen vielleicht nichts mehr bedeutet. Wenige Zwillinge müssen von ihren Anwälten gewarnt werden: «Sagen Sie es, aber schreiben Sie es nicht.» Dieser Abwehrmechanismus ist ihnen angeboren. Viele Zwillinge-Schriftsteller haben sich ein Pseudonym zugelegt – und sogar die Durchschnitts-Zwillinge finden am Ende irgendeinen Grund, um ihren wirklichen Namen zu verschweigen.

Fast jeder Zwilling spricht, versteht und liest mehr als eine Sprache. Auf die eine oder andere Art wird er mit Worten triumphieren. Er hat im Großen Brockhaus lesen gelernt. Er kann Eiswürfel an die Eskimos verkaufen oder Tränen an einen Pessimisten. Wenn Sie ihm auf die Schliche kommen, kann er das Thema so schnell wechseln und das Gespräch so schnell von sich ablenken, daß zum Schluß Sie als der Schwindler dastehen und nicht er. Manchmal kann die Neigung Merkurs, die Leute zum Narren zu halten, zu Unehrlichkeit und Kriminalität führen, aber dies ist viel seltener der Fall, als oft behauptet wird. Obwohl ein Zwilling gelegentlich, verführt durch seine Talente, in einem Gewebe aus Lügen und Täuschungen lebt, sind die meisten doch viel zu idealistisch, um zum Verbrecher zu werden. Immerhin muß man zugeben, daß Merkur ihnen ausgezeichnetes geistiges Rüstzeug zu dieser Laufbahn mitgegeben hat – und sie können glänzende Betrüger sein, wenn sie wollen. Aber wenn sie schon mit ihren geschickten Händen einen Taschendiebstahl begehen, einen Scheck oder Geld fälschen, so machen sie es wenigstens gut und werden selten erwischt.

Wenn Ihnen ein glattzüngiger Gebrauchtwagenhändler, der im Juni geboren wurde, erzählt, daß der blaue Opel nur *einen* früheren Besitzer hatte, eine kleine alte Dame, die nur jeden Sonntag damit zur Kirche fuhr – so ist es klug, nach dem Namen der Kirche und dem der alten Dame zu fragen (falls sie nicht auch ein Zwilling ist). Aber Spaß beiseite, wenn nicht die Verletzungen und die Positionen der Planeten im Geburtshoroskop markant sind, sind die meisten Zwillinge ehrlich -- und manche sogar übertrieben ehrlich. Sie scheinen von einem Extrem ins andere zu fallen. Aber alle – der kleine Dieb, der Betrüger und der aufrichtige Bürger – werden gelegentlich nicht widerstehen können, eine Geschichte etwas auszumalen. Das ist natürlich keine Lüge. Das ist nur Phantasie.

Als Vertreter sind alle Zwillinge großartig. In der Werbung reicht keiner an sie heran, nicht einmal der Widder. Nur wenige Menschen sind stark genug, um der Kombination von Charme und Intellekt zu widerstehen, die der Zwilling auf sie losläßt. Nehmen Sie zwei völlig voneinander abweichende Beispiele. Der Zwilling John F. Kennedy begeisterte die ganze Welt für ein leuchtendes Ideal, und der Zwilling Michael Todd machte dem Broadway ein oder zwei Träume schmackhaft. Sowohl die Welt als auch der Broadway sind notorisch abgebrüht und schwer zu begeistern.

Zwillinge brauchen zur Beruhigung ihres regen Geistes doppelt soviel Schlaf wie andere Menschen. Leider bekommen sie selten genug, da sie sehr oft unter Schlaflosigkeit leiden. Trotzdem sollten sie versuchen, sich Ruhe, Ruhe und nochmals Ruhe zu gönnen, damit die überspannten Nerven sich erholen und die überaktiven Gehirnzellen sich erneuern können. Nervöse Erschöpfung ist eine ständige Drohung für die Zwillinge. Sie brauchen auch viel frische Luft und Sonnenschein, damit sie gesund bleiben. Wenn das fehlt und ihre Betriebsamkeit unterdrückt wird, neigen sie zu Unfällen an Schultern, Armen, Händen und Fingern. Lungen und Därme können gefährdet sein. Schwierigkeiten mit Füßen, Rücken, Ausscheidungsorganen, auch Arthritis, Rheumatismus und Migräne treten oft bei Merkur-Menschen auf, die ihre Gesundheit vernachlässigen. Das merkwürdige ist, daß Zwillinge eher einen Nervenzusammenbruch aus Langeweile als aus Überanstrengung erleiden können.

Tief in seinem Inneren sucht der Zwilling nach einem Ideal, und sein Hauptproblem besteht darin, es zu erkennen. Es kann alles sein, denn seine Phantasie kennt keine Grenzen. Geld, Ruhm, Reichtum, Liebe und Karriere sind niemals genug. Der Zwilling möchte höher und höher, immer weiter hinauf und darüber hinaus. Das Gras ist auf der anderen Seite der Straße stets noch grüner. Der Himmel ist blauer über einem anderen Ozean. Die Sterne strahlen heller an einem anderen Ort. Was sucht er? Vielleicht einen verborgenen unentdeckten Kontinent in sich selbst? Der Zwilling ist ein geistiger Entdecker.

Seine Augen sind scharf, und er hat viele Talente. Er hat ausgezeichneten Humor und Takt, ist diplomatisch und gewandt – doch fehlen ihm Ausdauer und Geduld. Er wirft das bewährte Alte zugunsten des unerprobten Neuen zu leicht fort und bedauert dann, so vorschnell gehandelt zu haben. Trotz der vielen Menschen, die ständig um ihn sind, teilt er seine tiefen Gefühle nur mit einem ständigen Begleiter, seinem zweiten Zwillings-Ich. Die Luft ist sein Element und seine wahre Heimat. Er ist ein Fremdling auf Erden.

Der ZWILLINGE-Mann

Verliebtsein gibt einem ein herrliches Gefühl angenehmer Geborgenheit. Man weiß, es ist immer jemand da, wenn man ihn braucht. Man muß nicht mehr allein spazierengehen. Alle Zweifel schwinden. Das heißt, wenn man nicht eine Liebesaffäre mit einem Zwillinge-Mann hat. In diesem Fall gibt es keine angenehme Geborgenheit. Man paßt sich einem Zwilling viel besser an, wenn man ihn am Montag bittet, ein Brot zu holen, und ihn nicht vor Donnerstag zurückerwartet. Halten Sie nie Ausschau nach ihm, ehe Sie ihn nicht tatsächlich kommen sehen, und hängen Sie sich nicht an seine Rockschöße, wenn er gehen will.

Wenn Sie sich damit abgefunden haben, daß dieser Mann unberechenbar und ruhelos ist, haben Sie eine gute Chance, ihn zu gewinnen. Nicht aber, wenn Sie darauf bestehen, daß er immer für Sie da ist. Sie werden wahrscheinlich niemals ganz genau wissen, wann er sich wo aufhält, und dann können gewisse Zweifel auftreten, die durch die Liebe eigentlich hätten verdrängt werden sollen. Aber eines ist richtig, wenn Sie einen Zwilling lieben, werden Sie nicht mehr allein spazierengehen. Ganz bestimmt nicht. Sie werden mit mindestens zwei Personen spazierengehen, und beide werden er sein. Er wurde ja unter dem Zeichen Zwillinge geboren. In seinem Fall sind es niemals eineiige Zwillinge. Die zweifache Natur der Zwillinge vereinigt zwei vollkommen verschiedene Persönlichkeiten. Vielleicht haben Sie sogar mit einem zu tun, der ein Drilling oder ein Fünfling ist, und dann haben Sie eine ganz schöne Versammlung, auch wenn Sie mit ihm allein sind.

Der typische Zwilling ist der Liebling jeder Gastgeberin. Er liebt Menschen. Je mehr, desto besser. Es kommt selten vor, daß ein Zwilling nicht ein großartiger Gesprächspartner ist. Er hat ausgezeichneten Geschmack, quillt über vor witzigen Bemerkungen, und seine Komplimente sind wahre Meisterstücke, weil sie warm und echt klingen. Im allgemeinen hat er untadelige Manieren, ist gewandt und in mehr als einem Sinne die Seele der Gesellschaft.

Wenn Sie ihn das erstemal auf einer Party treffen, wo er alle Seiten seiner schillernden Persönlichkeit zeigen kann, haben Sie gar keine Chance. Sie sind überzeugt, daß er der aufregendste, interessanteste, intelligenteste Mann ist, dem Sie je begegnet sind. Keiner würde dem widersprechen. Wahrscheinlich stimmt es. Es ist kein Wunder, daß Sie erregt und beeindruckt sind. Bevor Sie jedoch seinetwegen Ihren Namen ändern, überlegen Sie sich, ob Sie in der Lage sind, mit einer unsicheren Zukunft an der Seite eines Mannes fertigzuwerden, dessen Launen wechseln wie der Wind und dessen Lebensziele sich drastisch ändern können, bevor noch die Flitterwochen vorüber sind. Der Zwilling Walt Whitman schrieb einmal die Zeilen: «Widerspreche ich mir selbst? ... In mir trage ich eine Unzahl von Wesen.» Ob er es wußte oder nicht, er umriß die Merkur-Natur.

Eines Tages wird Ihr Zwillinge-Freund mit einem schnatternden Äffchen auf der Schulter erscheinen und Ihnen vorschlagen, einen Flohzirkus zu besuchen. Er wird Ihnen Blumen, Parfum, eine Schallplatte und ein paar Bücher bringen, vielleicht sogar eins, das er selbst geschrieben hat. Die Stunden verfliegen nur so, während Sie sich an seinem heiteren Wesen erfreuen, über seine glänzenden, gescheiten Witze lachen und seinem frohen, galanten Charme erliegen. Er wird «ich liebe dich» auf hundert verschiedene Arten sagen, wie es niemand sonst in der Welt könnte.

Am nächsten Tag wird er Sie anrufen und eine Verabredung ohne jeden ersichtlichen Grund absagen. Sie werden die unmöglichsten Dinge vermuten. Hat er nur Spaß gemacht, als er sagte, er liebe Sie?

Trifft er eine andere? Hat er Sorgen? Ihre Befürchtungen mögen zutreffen. Aber sie können auch falsch sein. Eine Woche später erscheint er wieder, macht spöttische Bemerkungen, ist launisch und gereizt. Er hat etwas an Ihren Schuhen, Ihrem Lippenstift oder Ihrem literarischen Geschmack auszusetzen und äußert schneidende Zweifel an der Möglichkeit Ihres gemeinsamen Glücks. Und tut er dies nicht, dann ist er mürrisch und beunruhigt, weit fort mit den Gedanken, reserviert und abweisend. Es hat keinen Sinn, nach dem Grund zu fragen, Sie erhalten doch keine vernünftige Antwort.

Wenn Sie diese Erfahrung überleben, werden Sie ein paar Tage später mit Ihrem Zwillinge-Mann eine Kunstgalerie, ein Theater, ein Museum, eine Bücherei oder die Oper besuchen. Sie werden vollkommen hingerissen sein von seinem Wissen und seinen weitreichenden Interessen. Er wird ungewöhnlich weich sein und zarte, unrealistische Träume und phantastische Hoffnungen für die Zukunft spinnen. Dann wird er Ihnen einen Antrag machen. Einfach so, unverhofft wie der Blitz. Sie vergessen alles, was vorher war, sagen ja, bevor er seine Meinung wieder ändert, und dann stehen Sie da, verlobt mit einem Rätsel.

Ja, ich habe Rätsel gesagt. Haben Sie etwas anderes erwartet? Zum Beispiel einen Mann, der standhaft und geduldig ist und den zärtlichen Liebhaber spielt, während Leben und Liebe ruhig vorbeirauschen wie eine Gondel auf einem romantischen Kanal in Venedig? Dann geht es Ihnen wie dem Karussell. Sie drehen sich im Kreise. Steigen Sie schnell ab, solange es noch geht. Lassen Sie sich nicht von der fröhlichen, leichten Musik dazu verführen, den ständig wechselnden Bildern der Kulisse zu folgen, die trostloses Grau ebenso aufweist wie sonniges Gelb und kühles Blau. Wenn Sie eine unverbesserliche Romantikerin sind, die vollkommene Harmonie erstrebt, sind Sie in mehr als nur geringer Gefahr.

Ganz gleich, wie das Geburtshoroskop sonst aussieht, wenn die Sonne in den Zwillingen war, als der Mann geboren wurde, wird er morgen nicht sein, was er heute ist, und er wird auch keine bleibende Erinnerung an gestern haben. Irgendwie wird er sich ändern. Zugegeben, es ist durchaus möglich, daß die Veränderungen von Vorteil sind, daß er seine Ziele immer höher stecken wird. Aber wissen kann man es nie. Wenn Sie eine Spielernatur sind, mag es sein, daß Sie mit ihm das Große Los ziehen und die goldene Hochzeit in wunderbarer geistiger und seelischer Übereinstimmung begehen können. Aber alle guten Spieler kennen ihre Gewinnchancen, bevor sie den Einsatz wagen.

Als gutes Beispiel für die Dualität der Zwillinge hier das Bekenntnis einer Frau, die darunter leiden mußte. Der von Merkur beherrschte Mann war ein Produzent und die Frau eine berühmte, dunkelhaarige Schauspielerin, geboren im Zeichen Fische. Nach einer Wochenend-Party auf der Yacht des Zwillings, während der er abwechselnd beleidigend, unverschämt und reserviert zu ihr war, war die Schauspielerin entsetzt und verwirrt. Später bemerkte sie: «Ich weiß nicht, was mit ihm los war. Ich habe ihm niemals etwas getan, und doch hat er die ganze Zeit kaum ein Wort mit mir gesprochen.» Aber sie hatte ihm doch etwas angetan. Sie hatte es fertiggebracht, daß er sich in sie verliebte. Das Gefühl war so stark, daß er sie bald darauf heiratete. Aber wie reagierte er, als er sich seiner zärtlichen Gefühle zum erstenmal bewußt wurde? Als wäre sie Lukretia Borgia!

Diese Erfahrung wird Sie wahrscheinlich kaum davon abhalten, sich in eine Liebesaffäre mit einem Zwilling zu stürzen. Immerhin aber können vielleicht dadurch die Schmerzen etwas gemildert werden, die einige Mädchen durch die kalte Art eines Zwillings erleiden mußten, der wahrscheinlich hoffnungslos in sie verliebt ist und es, aus nur ihm bekannten, unbegreiflichen Gründen, geschickt verbirgt. Zwillinge haben einen unbewußten Drang, ihre wahren Absichten nicht zu zeigen, sich mit anderen in Wortgefechte einzulassen und ihre Motive hinter irreführenden Handlungen zu verstecken. Und dann drehen sie sich um hundertachtzig Grad und sind so offen, daß es einem fast den Atem raubt.

Die Liebe zu einem Zwilling ist einfach und macht Spaß, wenn man ihm nicht zu nahe zu kommen versucht. Seine tiefsten Gefühle gehören nur ihm, und er wird sie niemals mit einem menschlichen Wesen teilen, auch nicht mit Ihnen. Behandeln Sie alles kühl und leicht, seien Sie niemals übertrieben leidenschaftlich oder dramatisch. Langweilen Sie ihn nicht, sondern regen Sie ihn an, und Ihre Liebesaffäre kann etwas ganz Besonderes sein. Lehnen Sie sich nicht gegen seine Veränderlichkeit auf. Ändern Sie sich mit ihm. Seien Sie so lebhaft und am Leben interessiert wie er. Sonst wird die Liebesgeschichte alltäglich. Er sucht vor allem eine geistige Gefährtin. Eine, die sich verstandesmäßig mit ihm messen kann, ihn sogar hin und wieder überflügelt, denn er ist kein Egoist. Er ist Realist und blüht bei jeder Herausforderung auf. Das letzte, was er sich wünscht, ist eine Fußmatte oder eine graue Maus. Lassen Sie ihn spüren, daß Sie trotz Ihrer Weiblichkeit Verstand haben. Das wird ihn nicht verjagen, wie so manche anderen Männer. Es wird ihn auf den richtigen Weg weisen – zu Ihnen.

Zwillinge neigen dazu, alte Freunde für neue aufzugeben, aber nicht, weil sie herzlos sind. Ihre eigene Persönlichkeit ist so veränderlich und geht so unbarmherzig ihren Weg, daß es nur natürlich für sie ist, wenn sie die Menschen suchen, die ihren augenblicklichen Interessen entsprechen. Wo immer der Zwilling sich befindet, ist er zu Hause. Selten gibt es tiefe, dauernde Anhänglichkeit an alte Erinnerungen, Gegenden, Menschen und Dinge. Ist er einmal längere Zeit allein, kann er ein paar sentimentale Tränen vergießen, aber die Einsamkeit ist hier ausschlaggebender als die Sehnsucht nach dem Gestern. Er ist gesellig und haßte es – fürchtet es sogar – allein zu sein. Wenn Sie ihn davon überzeugen können, daß Sie eine Partnerin sind, die stets für ihn da ist, sich aber nicht auf ihn verläßt und auch von ihm nicht erwartet, daß er sich auf Sie verläßt, dann wird er einen Vertrag auf Lebenszeit vielleicht in Erwägung ziehen. Aber denken Sie an die Gewinnchancen. Viele Zwillinge heiraten mehr als einmal. Natürlich hat nicht jeder Zwilling zwei Frauen, aber er hat von fast allen anderen Dingen zwei – vielleicht zwei Wagen, zwei Wohnungen, zwei akademische Titel, zwei Berufe, zwei Träume, zwei Haustiere, zwei Hobbies.

Auch auf dem Gebiet der Finanzen herrscht die Dualität. Ein Zwilling kann einmal unglaublich großzügig sein und dann plötzlich geizig werden. Ich würde sagen, daß im Durchschnitt die Großzügigkeit überwiegt. Der Zwilling hat wenig Neigung, Geld oder Wissen anzuhäufen. In beiden Fällen zieht er es vor, zuerst alles aufzunehmen, dann zu sortieren und es vorteilhaft weiterzugeben. Er ist der Vermittler, dessen Aufgabe es ist, immer neue, originelle Ideen zu haben, und der anderen durch die Wandlungsfähigkeit seines schnellen, hervorragenden Verstandes dient.

Wird er Ihnen treu sein? Auf seine Art, ja. Es gibt tausend Antworten auf diese Frage, wenn Merkur im Spiel ist. Er unterhält sich gern und ist gern unter Menschen. Außerdem wirkt er seltsam anziehend auf Frauen, so daß es Gelegenheiten geben mag für Geflüster und Argwohn. Sie können jedoch damit rechnen, daß der angeborene Sinn für Gerechtigkeit es einem Zwillinge-Mann selten erlaubt, in seinen Handlungen unehrlich zu sein, wenn Sie an ihn glauben. Man sollte jedoch nicht von ihm erwarten, daß er allen weiblichen Wesen die kalte Schulter zeigt, nur weil er einen Ehering trägt. Weibliche Wesen gehören zum Leben, und der Zwilling steht mitten im Leben. Wenn sie da sind, wird er mit ihnen reden – vielleicht sogar mit ihnen lachen oder trinken. Es ist nur natürlich für den Merkur, Gedanken auszutauschen; das Geschlecht des Gesprächspartners spielt dabei keine Rolle, und es muß durchaus nicht gleich zu einer Liebesaffäre kommen.

Allerdings gibt es viele Zwillinge, die wahllose Geschlechtsbeziehungen haben, aber was man Ihnen auch erzählt haben mag – es ist immer ein Grund dafür vorhanden. Wenn man ihm nicht vertraut oder ihn nicht versteht, so kann das einen Zwilling tief bekümmern. Und ein unglücklicher, enttäuschter und deprimierter Zwillinge-Mann eilt hierhin und dorthin, um Trost zu suchen. Hat er das Gefühl der geistigen Isolation überwunden und muß er niemand mehr etwas beweisen, dann fühlt er auch keinen Zwang mehr herumzuexperimentieren. Eine Frau, die in völliger geistiger Harmonie mit einem Zwillinge-Mann lebt, hat niemals seelische oder körperliche Untreue zu befürchten. Aber der Zwillinge-Mann läßt sich nicht unvernünftig an die Kette legen. Sie können von ihm nicht erwarten, daß er nicht zurücklächelt, wenn jemand ihn anstrahlt, sei es nun ein Kind oder ein Erwachsener, Mann oder Frau. Ebenso könnten Sie von der Sonne erwarten, daß sie nicht scheint. Seine heitere, freundliche Natur sucht ständig Gesellschaft. Versuchen Sie nicht, ihn einzuengen. Er kann dann unzuverlässig und unberechenbar wie der Wind werden.

Den Kindern wird er ein guter Kamerad sein, aber kein strenges Regiment führen. Er wird ihnen eine Menge beibringen, noch bevor sie in den Kindergarten gehen. Sie werden ihm wahrscheinlich begeistert alles anvertrauen, denn selten wird er entrüstet oder verständnislos sein. Er kann lieben, ohne den anderen mit seiner Liebe zu ersticken. Er wird nicht darauf bestehen, daß die Kinder gewisse Regeln einhalten, da er selbst Regeln so sehr verabscheut. Er hat überdies die Angewohnheit, ihr Benehmen heute zu kritisieren und morgen zu loben. Das verwirrt die Kinder natürlich. Obwohl er sicher hin und wieder eine Strafpredigt hält, sollten Sie sich klar darüber sein, daß die eigentliche Erziehung in Ihr Ressort fällt. Zwillinge-Väter neigen dazu, ihre Kinder zu verwöhnen.

Es kann sein, daß seine Phantasie mit ihm durchgeht und er gelegentlich etwas behauptet, was er nicht beweisen kann. Sie müssen ihm beibringen, wie wichtig es ist, sein Wort zu halten. Trotz aller guten Vorsätze können ein paar seiner impulsiven Versprechen gebrochen werden. Wenn die Kinder ihn nicht zu sehr für sich beanspruchen oder ihn von seinen zahlreichen Tätigkeiten abhalten, wird er große Freude an ihnen haben. Ein Wort der Warnung: Er wird die Kinder zwar selten körperlich strafen, aber der Hang des Zwillings zu plötzlichen scharfen, zynischen Bemerkungen kann ebenfalls tiefe Wunden in kleine Herzen schlagen und Verletzungen verursachen, die ein Leben lang nicht vergessen werden. Es wird ihm auch schwerfallen, seiner Zuneigung sichtbaren Ausdruck zu geben, wenn er sich nicht sehr bemüht, seine natürliche Kühle zu überwinden. Es gibt jedoch Zwillinge, die die Wärme, die sie Erwachsenen gegenüber nicht zeigen können, ihren Kindern im Überfluß schenken. Achten Sie darauf, daß die Kleinen ihn nicht unnötig in seiner Bewegungsfreiheit behindern, bitten Sie ihn nicht, auf die Kinder aufzupassen, wenn er es nicht ausdrücklich will, und er wird ein guter Vater sein, bei einem Kind oder einem Dutzend.

Über Eifersucht werden Sie sich bei einem Zwillinge-Ehemann niemals zu beklagen haben, denn Besitzgier gehört nicht zu seinen typischen Eigenschaften. Über einen gelegentlichen Argwohn setzt er sich hinweg (wenn nicht eine Planetenverletzung im Geburtshoroskop etwas anderes anzeigt). Ein gewisses Maß an Eifersucht kennt natürlich jeder, aber normalerweise ist sie nicht übertrieben beim Zwilling. Liebe ist keine rein körperliche Beziehung für diesen Mann. Er hört mehr, sieht mehr und fühlt mehr mit seinen Sinnen als andere, und Merkur hilft ihm, die zartesten Eindrücke lebhaft im Gedächtnis zu behalten. Seine Liebe ist so ätherisch und schwer definierbar, daß ihr die irdische Leidenschaft anderer Sonnenzeichen fehlen mag. Wenn Sie jedoch nicht gerade einen Steinzeitmenschen suchen, der Sie an den Haaren in den Wald schleift, wird er ein mehr als zufriedenstellender Liebhaber sein. Er wird seine Gefühle in romantischer, phantasievoller Weise äußern, und etwas von seinem Idealismus wird auch auf Sie überspringen.

Denken Sie daran, daß die typische Gefühlskälte Merkurs beträchtlich erwärmt werden kann, wenn Sie beide dieselbe Musik hören und dieselben Träume träumen. Erst müssen Geist und Verstand übereinstimmen, ehe die körperlichen Leidenschaften ebenso stark werden können. Das mag sich verdreht anhören, aber es ist der einzige Weg zu seinem Herzen.

Sie werden sich an das Wort «wenn» gewöhnen müssen. Er wird sagen: «Wenn ich dich liebte, könnte...» und den Satz manchmal gar nicht beenden. Löschen Sie das Wort «wenn» aus. Er benutzt es nur als Tarnung und zur Sicherheit. Hartes, kritisches Nörgeln und ständige heftige Szenen werden die zarte, empfindliche Zwillinge-Liebe bestimmt abstumpfen lassen. Versuchen Sie, ein wenig Quecksilber in der Hand zu zerdrücken. Was geschieht? Es wird sich sofort in viele hundert kleine Silberkügelchen auflösen, die durch Ihre festgeschlossenen Finger entkommen. Ein Zwillinge-Mann, dessen Frau glaubte, sie kenne ihn sehr gut, schrieb die folgenden Zeilen, kurz bevor er sie verließ, und sie fand sie nach der Scheidung unter seinen Papieren:

«Du kamst in meinen Traum
und gingst über den weichen Teppich meiner Träumereien mit Nagelschuhen...»

Oft werden Sie lesen oder hören, daß der Zwilling stets zwei Lieben gleichzeitig hat. Diese Zweispurigkeit, die den Hang zur Täuschung andeuten soll, wird so häufig erwähnt, daß sie unbegründete Angst hervorrufen mag. Darf ich sie einschränken? Ein Zwilling braucht zwei Lieben. Aber nicht unbedingt zwei Frauen. Wenn Sie ihn wirklich verstehen, können Sie dieses Rätsel lösen.

Haben Sie die östlichen Potentaten schon einmal um ihren Harem beneidet? Sie brauchen sich nicht auf romantische Träume zu beschränken. Heiraten Sie einfach ein Zwillinge-Mädchen. Auf diese Art haben Sie mindestens zwei verschiedene Frauen und bei gelegentlichen Wochenenden sogar drei oder vier.

Natürlich hat die Sache einen kleinen Haken. Der Unterschied zwischen einem Harem und einem Zwillinge-Mädchen besteht in ihrem offensichtlichen Mangel an Interesse für irdische Leidenschaften. Man kann sie überhaupt schwer dazu bewegen, irgend etwas sehr ernst zu nehmen. Ihre Gedanken wandern immer, und gleichzeitig macht sie ihre Kommentare dazu. Aber sehen Sie ein wenig tiefer. Irgendwo, versteckt unter den vielen Frauen, die einen weiblichen Zwilling ergeben, existiert eine Romantikerin – die zu heftiger Leidenschaft fähig ist, wenn Sie es fertigbringen, geistige, seelische und körperliche Übereinstimmung herzustellen. Es ist natürlich kein Problem, die romantische Seite in ihr zur Entfaltung zu bringen und sich dann trotzdem an all den anderen Frauen, die sich in der Zwillinge-Persönlichkeit verbergen, zu erfreuen. Ich fürchte, Sie müssen sich damit befassen, sie alle auseinanderzusortieren. Jeder Fall liegt anders.

Ihr Alter gibt Ihnen schon einen wichtigen Hinweis darauf, was Sie erwarten können, denn bevor sie erwachsen wird, ist eine Liebesgeschichte für die Zwillinge-Frau nur ein Spiel. Sie kann unglaublich wankelmütig und unberechenbar sein. Zuerst wird sie von Ihrem Lächeln, Ihrer Stimme oder sogar von Ihrem Gang hingerissen sein. Dann wird sie ins Gegenteil verfallen und alles, von Ihren Socken bis zum Haarschnitt, kritisieren. Und das geschieht mit einer so beißenden Ironie, daß Sie vielleicht Jod für Ihre Wunden brauchen. Aber lassen Sie sich nicht abschrecken. Bedenken Sie, mit einer Zwillinge-Frau bekommen Sie mindestens zwei für eine, und das ist doch immerhin ein Sonderangebot.

Von Merkur beherrschte Frauen sind nicht so herzlos, wie sie manchmal scheinen. Ihre lebhafte Einbildungskraft äußert sich in vielen Phantasien. In der Liebe kommt sie am stärksten zum Ausdruck, und Zwillinge haben mindestens doppelt soviel auszudrücken wie andere Frauen. Ein Zwillinge-Mann kann Produzent, Sänger, Seemann, Anwalt, Schauspieler, Verkäufer und Vorsitzender verschiedener Aufsichtsräte in einer Person sein und seine Gefühle unbegrenzt äußern. Bei einer Frau ist das nicht so einfach. Man würde sie wohl für etwas wunderlich halten. Nicht, daß Zwillinge-Mädchen keinen Beruf ausüben. Das tun sie fast alle. Aber unter der bestehenden Gesellschaftsordnung bietet ihnen ein Beruf längst nicht so viele Möglichkeiten, Theorien auszuprobieren und Gefühlsakrobatik zu treiben wie eine Liebesgeschichte.

Das Zwillinge-Mädchen braucht Ihr Mitleid, nicht Ihren Unwillen. Es ist entsetzlich schwierig für sie, sich ganz auf einen Menschen einzustellen. Während sie von der geistigen Fähigkeit eines Mannes beeindruckt ist, bemerkt sie gleichzeitig seine Abneigung gegen die Kunst oder sein mangelndes Verständnis für Musik und Dichtung. Und wenn sie jemanden findet, der beim Ballett oder in der literarischen Welt zu Hause ist, kommt ihre Dualität wieder zum Vorschein. Bei einem Gang durch ein Museum wird ihr anderes Ich zu überlegen beginnen, ob er auch praktisch genug ist, den Lebensunterhalt zu verdienen und ob er genug gesunden Menschenverstand hat, um zu wissen, was sein Ziel ist. Ich bin überzeugt, daß Sie inzwischen mehr mitfühlendes Verständnis für die Konflikte der Juni-Geborenen haben.

Vertrauen Sie ihr. Meist wird sie es fertigbringen, ihre Bestürzung über ihren komplizierten Charakter für sich zu behalten und Sie nicht damit belasten. Sie ist eine fröhliche und lebhafte Gefährtin. Oft (wenn sie in gehobener Stimmung ist) wird sie vor Lebenslust sprühen, Sie mit ihren gescheiten, witzigen Bemerkungen amüsieren und sich intelligent über nahezu alle Themen unterhalten. Sie genießt die gefühlvolle Seite einer Liebesaffäre sehr und hat keine Schwierigkeiten, Eroberungen zu machen. Keine andere Frau wird Sie auf phantasievollere Arbeit lieben und keine mit so hinreißendem Charme. Sie kann auf höchst weibliche Art mit den Wimpern klappern, aber sie ist keineswegs hilflos, wenn es darum geht, sich den Lebensunterhalt zu verdienen. Eine Zwillinge-Frau kann das leichtsinnige, nur am Gesellschaftsleben interessierte Mädchen bis zur Vollendung spielen und einen armseligen, in die Falle gegangenen Mann um Verstand und Scheckbuch bringen. Aber sie kann sich auch ohne Schwierigkeit in eine gesetzte, innig liebende Hausfrau verwandeln oder zur ernsthaften Intellektuellen werden, die die großen Philosophen studiert und hervorragend über Politik oder Dichtkunst spricht. Und dann wird sie plötzlich zu einem empfindsamen Nervenbündel, das nur aus Tränen und Ängsten besteht. Sie ist ganz bestimmt nicht spießig oder langweilig.

Ihr vom Merkur beherrschtes Mädchen sehnt sich nach der großen Liebe, aber selten findet sie das große Glück. Sie verlangt nach Mutterschaft, aber auch diese Erfüllung wird ihr oft versagt. Jeder Mann, den sie trifft, hat andere Vorzüge, und sie sucht ruhelos nach dem einen, der alle Eigenschaften in sich vereinigt, die sie zum Glück braucht.

Sie ist eine großartige Kameradin. Das Zwillinge-Mädchen wird alle Ihre Hobbys teilen, vom Tiefseetauchen bis zum Rennfahren, vom Radfahren bis zum Federball. Sie wird an allen Freiluftsportarten interessiert sein und es doch fertigbringen, weich und weiblich auszusehen und ihren scharfen Verstand nicht zu verleugnen. Solange Sie nicht Beständigkeit von ihr verlangen, wird sie sehr faszinierend sein.

Das Merkur-Mädchen ist fest davon überzeugt, daß sie Sie liebt, aber sie kann trotzdem andere Männer anziehend finden. Wenn sie Ihnen nicht ständig nahe ist, kann sie schneller vergessen als die Frauen aller anderen Sonnenzeichen. Es gehört zu ihrer Natur, Veränderungen zu akzeptieren, ja, sie zu suchen. Solange sie ihren Hang zu reger Betriebsamkeit nicht beherrscht und Geduld und Ausdauer übt, kann die Zwillinge-Frau ihr Leben glatt verpfuschen – und Ihres auch. Aber zum Glück für die Männer, die sie lieben, gelangen die meisten Zwillinge-Frauen zu tieferer Einsicht ihres eigenen Wesens, bevor es zu spät ist.

Wenn Sie der Merkur-Frau einmal einen Antrag gemacht haben und sie ihn angenommen hat, können Sie alle jene Männer nur noch bedauern, die zu einem monogamen Leben mit nur einer einzigen Frau verurteilt sind. Sie haben mehrere, wenn Sie Ihren Zwilling heiraten.

Frau Nummer Eins wird fähig sein, sich all Ihren Wünschen anzupassen. Wenn Sie Treue fordern, wird sie treu sein, vorausgesetzt, Sie haben ihre wahre Liebe gewonnen. Denken Sie an die Mischung aus geistigem, seelischem und körperlichem Verständnis, wobei der körperliche Anteil, wie Paprika, zuletzt hinzugefügt wird. Diese Frau wird niemals schmollen, wenn Sie eine neue Stellung außerhalb der Stadt annehmen. Mit ihrer Geschicklichkeit, ihrem Geschmack und ihrem Farbensinn bringt sie es fertig, das neue Heim im Handumdrehen in ein kleines Schloß zu verwandeln. Außerdem liebt sie das Abenteuer. Von ihr bekommen Sie ganz bestimmt keine nörgelnden Vorwürfe zu hören, weil Sie die Sicherheit der Zukunft aufs Spiel setzen. Vielleicht hat sie ein überraschendes Talent für das Geschäftliche. Sie können damit rechnen, daß sie arbeiten geht, wenn es nötig ist, und sie wird gut mit dem Geld umgehen können. Obwohl sie äußerlich den Eindruck von Flüchtigkeit erweckt, ist sie es durchaus nicht immer. Unter all dem glänzenden, belanglosen Geplauder verbirgt sich eine kluge Denkerin.

Frau Nummer Zwei wird launisch sein. Es wird Zeiten geben, in denen sie abwechselnd zynisch und frivol ist. Gleichzeitig wird sie geistig recht anspruchsvoll sein. Aber ein Mann braucht schließlich Anregung, nicht wahr? Also los, schlagen Sie sie in einer brillanten Debatte (heimlich wünscht sie sich das sowieso). Diese Frau läßt sich nicht leicht schockieren und hat keinerlei Vorurteile. Vielleicht nimmt sie an einem Protestmarsch teil und vergißt bis Mitternacht, nach Hause zu kommen. Was macht es, daß Sie Ihren Herrenabend haben, während sie irgendwo eine Rede hält oder einen Abendkurs besucht? Wenigstens wird sie Sie nicht mit argwöhnischen Fragen bombardieren. Stellen Sie auch ihr keine Fragen. Sie ist eine unabhängige Individualistin.

Frau Nummer Drei fühlt sich durch die Hausarbeit gelangweilt und deprimiert. Die Betten sind nicht gemacht und das Geschirr steht im Abwaschtisch herum, während sie ihren Träumen nachhängt, liest oder den Entwurf für ein Stück schreibt. Sie kann Ihnen eine Büchse Bohnen zum Abendessen vorsetzen, ohne sich auch nur die Mühe zu machen, sie zu öffnen. Aber Sie können bis in die frühen Morgenstunden die interessantesten Unterhaltungen mit ihr führen. Alles, was Sie seelisch und geistig von einer Frau erwarten, wird sie Ihnen geben. Es wird sie interessieren, was Sie vom Buddhismus halten, und sie erregen, wenn Sie versuchen, ein Lied zu schreiben. Kurz und gut, sie ist eine wunderbare Gefährtin. Sie wird auch sehr liebevoll sein, denn Sie haben ihr ja wegen des Staubwischens und Kochens keine Vorwürfe gemacht. Hin und wieder richtet sie vielleicht ein Durcheinander im Scheckbuch an. Wenn Sie aber plötzlich einen Camping-Ausflug an die Riviera vorschlagen, wird sie begeistert ihre Koffer packen. Alberne Fragen, wie zum Beispiel, ob Sie sich das auch leisten können, wer die siamesische Katze füttern soll und was passiert, wenn die Badewanne während Ihrer Abwesenheit überläuft, werden Sie von ihr nicht hören.

Frau Nummer Vier wird eine fröhliche, lachende Mutter sein. Sie wird sich durch die Kinder nicht in ihrer Freiheit einschränken lassen, denn wahrscheinlich wird sie viel zu viele Pläne haben, um sie mit übermäßiger Fürsorge zu überschütten. Die Kinder werden Nutzen daraus ziehen und genauso unabhängig sein. Wenn jemand sie fragt, wieviel Zeit sie mit ihnen verbringt, so wird sie wahrscheinlich antworten: «Bei uns geht es nicht darum, wieviel Zeit man aufbringt, sondern wieviel Liebe.» Und sie wird recht haben. Die Kinder werden ihr nicht immer gehorchen, denn sie neigt dazu, an einem Tag streng und am nächsten nachgiebig zu sein. Aber sie werden begeistert sein von den langen Gesprächen, die sie mit ihnen führt. Ihre Phantasie wird der der Kinder nicht nachstehen, und sie werden sich herrlich miteinander amüsieren. Mag sie ihnen auch viel durchgehen lassen, auf gute Leistungen in der Schule legt sie großen Wert.

Frau Nummer Fünf wird eine bezaubernde Gastgeberin und Expertin in allen Fragen des Gesellschaftslebens sein. Sie können zum Essen mitbringen, wen Sie wollen, von Ihrem Chef bis zum Minister, sie wird immer so charmant sein, daß keiner gehen möchte. Sie wird ihr Leben mühelos einteilen, sich wie ein Mannequin anziehen und das Theater lieben. Sie können mit ihr Kunstausstellungen und Konzerte besuchen – sie wird überall zu Hause sein. Alle werden Sie beneiden und überlegen, wer die reizende Frau ist, die dort an Ihrem Arm geht. Sie wird romantisch sein und vielleicht sogar ein Gedicht zu Ihrem Geburtstag verfassen. Sie werden den Wunsch haben, ihr Morgenröcke aus Samt und teures Parfum zu schenken, denn durch ihre anmutige Art werden Sie sich wie ein Landedelmann vorkommen. Wenn Sie eine weite Reise erwähnen, werden ihre Augen funkeln. Sie ist eine Dame von Welt.

Vielleicht habe ich ein paar Frauen in Ihrem Zwillinge-Harem vergessen. Jeder Mann in der Stadt wird grün vor Neid werden, wenn Sie jeden Tag mit einer anderen Frau erscheinen. Wenn man Sie fragt, wie Sie das anstellen, behalten Sie einen kühlen Kopf. Vielweiberei ist gesetzwidrig, wie Sie wissen.

Ihre Zwillinge-Frau wird niemals einen Zug nehmen, wenn sie fliegen, und nie schweigen, wenn sie sprechen kann. Sie wird sich nie abwenden, wenn man Hilfe von ihr verlangt. Und sie wird nie gehen, wenn sie laufen kann. Sie hat den Kopf voller Gedanken und das Herz voller Hoffnungen und scheint einen Computer zu brauchen, der ihr alles sortiert. Oder braucht sie jemanden, der neben ihr herläuft und ihre Träume mitträumt – wie sie auch immer sein mögen? Wenn Sie dieser Mann sind, so mag sie sich davor scheuen, über die Schulter zu blicken, um zu sehen, ob Sie auch mitkommen. Eine tiefe, unerklärliche Furcht hält sie davon ab, jemals zurückzublicken. Wenn Sie sich schließlich ihrer Geschwindigkeit angepaßt haben, versuchen Sie auf sie einzuwirken, damit sie ihr Tempo verlangsamt. Sie können es, wenn Sie ihre Hand festhalten und nie mehr loslassen. Wenn sie auch ständig vorwärts eilt, mag sie sich insgeheim mehr nach Ruhe sehnen, als Sie ahnen. Eilen Sie, damit Sie sie einholen. Sie braucht Sie.

Das ZWILLINGE-Kind

Wenn der Storch Ihnen gerade ein Zwillinge-Kind ins Haus gebracht hat, schmieren Sie Ihre Rollschuhe und schütteln Sie den Staub aus dem Gehirn. In den nächsten fünfzehn bis zwanzig Jahren müssen Sie schnell und umsichtig handeln, und Sie fangen am besten gleich damit an, solange Ihr Merkur-Bündel noch an sein Körbchen gefesselt ist. Es wird nicht lange dauern, bis es sprechen und gehen kann.

Die Statistik hat bewiesen, daß während des Zeitraums, in dem

sich die Sonne im Zeichen der Zwillinge befindet, häufiger Mehrfach-
geburten vorkommen, als zu allen anderen Jahreszeiten. Daher kann
Ihr Juni-Geschenk ein Zwillingspärchen sein – oder mehr. Nein?
Seien Sie nicht zu sicher. Vielleicht können Sie nur zehn Finger und
zehn Zehen zählen, was in den meisten Fällen auf *ein* Kind hindeutet
aber nicht unbedingt bei einem Zwillinge-Baby. Vielleicht müssen Sie
Ihre Meinung über die Mathematik ändern. Sie werden schnell genug
merken, was ich meine, wenn das Kleine zu krabbeln beginnt. Sie können schwören, daß Sie es eben noch in der Speisekammer gesehen
haben. Aber wie kann das sein? Es sitzt doch draußen auf der Veranda und kaut vergnügt an den Petunien. Kann es an zwei Orten
gleichzeitig sein? Denken Sie daran, daß Ihr Nachkomme von Merkur beherrscht wird. Das ist der griechische Gott, der in den Büchern
immer mit Flügeln an den Füßen abgebildet wird. Meistens trägt er
einen glänzenden Silberhelm. Setzen Sie Ihrem kleinen Zwilling einen
Kochtopf auf den Kopf und denken Sie sich die Flügel an seinen
kleinen rosigen Füßchen. Sehen Sie die Ähnlichkeit?

Ihr erster Gedanke wird sein: Wenn das Kleine so lebhaft ist,
muß ein stabiler Laufstall her. Ich kann Sie verstehen, sogar mitfühlen mit Ihnen, aber ich bin nicht so sicher, ob Laufställe und Zwillinge-Kinder gut zusammenpassen. Beschränkung auf engen Raum
kann Grausamkeit bedeuten für einen Zwilling. Er will suchen, entdecken lernen. Darum sollte das Kind nur immer kurze Zeit im Laufstall verbringen. Zuviel Einengung könnte zu Depressionen führen.
Das Zeichen Zwillinge ist ein Luftzeichen, und die Luft muß sich
bewegen. Geben Sie dem Kind genug Spielzeug und farbenprächtige
Bücher, wenn Sie es einsperren müssen.

Natürlich, lange wird es, wie gesagt, sowieso nicht im Laufstall
bleiben. Merkur beherrscht die Stimmbänder, und wenn Ihr kleiner
Zwilling es sich vornimmt, sein Talent auf diesem Gebiet zu üben,
so werden Sie sich wundern, wieviel Lärm aus so einem kleinen Mund
kommen kann. Ich wette, Sie nehmen ihn schnell aus dem Laufstall
heraus. Es sei denn, Sie haben verständnisvolle Nachbarn, die etwas
schwerhörig sind.

Zwillinge-Kinder machen ältere, ruhigere Menschen oft nervös mit
ihren ruckartigen, schnellen Bewegungen. Die Erwachsenen ermahnen

die kleinen Zwillinge ständig, nicht so herumzuzappeln, geduldig zu sein und nur eine Sache auf einmal zu machen. Aber es ist die Natur dieser Kinder, zwei Sachen auf einmal zu tun. Was für schwerfällige und gesetzte Menschen zappelig zu sein scheint, ist für den Zwilling einfach normal. Man sollte ihm vielleicht zu seinem eigenen Vorteil beibringen, sein Tempo etwas zu mäßigen, aber seine ganze Natur kann man nicht ändern, ohne sein eigentliches Wesen zu zerstören.

Lieben Sie Ihr Zwillinge-Kind so, wie es ist – ein freundliches, lebhaftes, wissensdurstiges und frühreifes kleines Wesen. Sie können aus einem Schmetterling keine Schnecke machen und aus der Schnecke keinen Schmetterling. Keiner kann aus seiner Haut heraus, und wenn man es versucht, wird man nur unglücklich.

Lassen Sie Ihrem Zwillinge-Kind auch die Zweigleisigkeit. Eines Tages werden Sie stolz auf Ihren Sprößling sein, weil er ein Gebäude entworfen und gleichzeitig einen Literaturpreis gewonnen hat. Wenn er herumhüpft, als wäre er von einem Floh gebissen, übt er nur die schnellen Reflexe, mit denen er geboren wurde. Sein Schmetterlingsgeist mag Sie vielleicht verwirren, aber bedenken Sie, daß er tausend Einfällen nachgeht, sie einordnet und dann entscheidet, welche er fallenlassen und welche er bewahren soll.

Die Lehrer werden meist feststellen, daß diese Jungen und Mädchen keine Schwierigkeiten haben, lesen zu lernen. Der Zwilling hat die Wörter fast erfunden. Es macht ihm nichts aus, wenn er aufgerufen wird, um etwas vorzutragen, und er lächelt vielleicht, während die anderen Schüler seufzen, wenn ihnen ein Thema gestellt wird. Zwillinge-Kinder haben das größte Vergnügen daran, sich mit anderen zu unterhalten und ihr Wissen mündlich oder schriftlich mitzuteilen. Viele sind technisch und handwerklich begabt. Es ist nicht ungewöhnlich, daß ein Zwillinge-Kind mit der rechten Hand schreibt und mit der linken Hand zeichnet. Es knabbert vielleicht an den Nägeln, aber seine Finger sind normalerweise schlank und beweglich, so daß es geschickt beim Vorführen von Zauberkunststücken und beim Musizieren ist. Eines Tages könnte dieses Kind ein guter Chirurg, Zahnarzt oder Uhrmacher werden. Die Zwillinge-Hände sind einfühlsam, ausdrucksvoll und leistungsfähig.

Häufig können Merkur-Kinder andere Menschen großartig nachahmen. Der Sinn des Zwillings für beißenden Witz und Satire tritt früh zutage. Sowohl zu Hause als auch in der Schule lebt das Zwillinge-Kind gleichzeitig in einer Phantasiewelt und der realen Welt. Es bringt beide ständig durcheinander und gibt Wahrheit oft für Einbildung und Einbildung für Wahrheit aus. Vielleicht hat es manchmal den Anschein, als übertreibe das Kind oder lüge sogar. Aber es kann einfach nicht anders, es muß alle Vorfälle etwas ausmalen, wenn es sie weitererzählt, und oft ist es selbst überzeugt, daß es so und nicht anders geschehen ist. Zu solchen Zeiten sollte das Kind sanft angefaßt werden. Statt in ihm Schuldgefühle auszulösen, sollte man es lieber anhalten, stets die Wahrheit zu sagen, dafür aber die Phantasiegeschichte aufzuschreiben. Sobald es das einmal akzeptiert, wird es den Unterschied zwischen Traum und Wirklichkeit erkennen und sich nicht irgendwo zwischen beiden Welten verlieren. Zwillinge-Kinder, denen man es verbietet, sich auf natürliche Weise zu äußern, können sich aus Selbstschutz in eine Halbwelt der Illusionen zurückziehen. Es ist ein guter Gedanke, sie frühzeitig fremde Sprachen lernen zu lassen – was ihnen wahrscheinlich keine Schwierigkeiten bereiten wird. Wie dem Schütze-Kind wird auch dem Zwillinge-Kind Zweisprachigkeit sehr zustatten kommen, denn es wird später einmal viel sprechen und viel reisen.

Wenn das Zwillinge-Kind behauptet, es könne seine Hausaufgaben machen und gleichzeitig Radio hören, so spricht es wahrscheinlich die Wahrheit. Und wenn seine Zeugnisse gut sind, warum nicht? Zwillinge geben sich niemals damit zufrieden, nur jeweils eine Beschäftigung auszuüben. Es ist, als müßten sie zwei Leben in einem leben. Daher wollen sie alles so schnell wie möglich aufnehmen. Die größten Gefahren sind Mangel an Geduld und fehlende Ausdauer. Man muß bei diesen Kindern aufpassen, daß ihr rascher Intellekt und ihr gewandter Verstand den Stoff nicht nur hastig überfliegt, ohne ihn richtig verstanden zu haben.

Pünktlichkeit wird Ihrem Zwillinge-Kind vielleicht schwerfallen, denn es macht auf all seinen Wegen ständig neue Entdeckungen. Es wird auch nicht leicht zuhören können, ohne zu unterbrechen, denn es erfaßt das Wesentliche blitzschnell und hat keine Lust, sich mit den Einzelheiten zu befassen. Es kann die Neigung haben, sich oft zu

wiederholen, die gleiche Angewohnheit aber bei anderen kritisieren –
was die Leute zu Recht verärgert. Im Schulzimmer kann es durch eine
Fliege, ein Stück buntes Papier oder eine Rauchfahne vor dem Fenster abgelenkt werden. Es ist niemals einfach, die Aufmerksamkeit
des Zwillings zu gewinnen, hat man sie aber einmal, wird man reich
belohnt durch ernsthafte Wißbegierde und echtes Interesse.

Ihr halbwüchsiger Zwillinge-Sohn wird ständig den Telefonhörer
in der Hand halten, jede Woche ein anderes Mädchen anhimmeln,
seine Zukunftspläne hundertmal ändern, den Wagen etwas zu schnell
fahren, am Motor herumbasteln und die Waschmaschine reparieren. Die Mädchen werden beliebt sein und ein Lächeln oder einen
Tränenstrom erzeugen, wie andere Leute den Lichtschalter anknip-
sen. Bei solchen Kindern werden Sie außer Atem geraten, aber jung
bleiben.

Wenn Ihr Zwillinge-Kind schließlich erwachsen ist, werden viele
Leute mißbilligend feststellen, daß es sich mit zu vielen Dingen abgibt. Dann werden Sie lächeln, und die anderen werden sich vielleicht
ärgern. Sie aber werden sich an einen Tag erinnern, als der kleine
Zwilling sieben Jahre alt war. Er steckte seine Finger in die Schoko-
ladentorte, die Rasiercreme seines Vaters, das Aquarium, den Mülleimer, einen Topf heiße Suppe und den elektrischen Stecker. Sie
waren wütend. Später, in der Dämmerung, beobachteten Sie, wie er
im Garten hinter Glühwürmchen herjagte. Nach einer Weile seufzten
Sie und sagten laut zu sich selbst: «Warum muß er immer so herum-
jagen? Warum muß er alles anfassen? Was in aller Welt sucht er
bloß?» Er hörte Sie, und es beunruhigte ihn. Niemals werden Sie den
Ausdruck in seinen strahlenden, klaren Augen vergessen, als er
Ihnen antwortete: «Wirklich, Mami ... ich weiß es nicht. Aber keine
Angst, ich werde es schon finden.»

Der ZWILLINGE-Chef

Ihr Zwillinge-Chef wird manchmal eine wandelnde Uhr sein, deren Kameraauge jede Sekunde festhält, die Sie zu spät von der Kaffeepause zurückkommen. Am nächsten Tag wird er es nicht einmal merken, wenn Sie Ihre Mittagspause um drei Stunden ausdehnen. Sie könnten eine Münze werfen, um festzustellen, wie er am nächsten Tag sein wird.

Aber der Zwillinge-Vorgesetzte weiß selbst nicht, mit welchem Bein er am nächsten Tag zuerst aufstehen wird, und daher kann auch ich es Ihnen nicht verraten. Am sichersten ist es, wenn man annimmt, daß er heute nicht so sein wird wie gestern.

Dieser Mann kann ein glänzender, wenn auch unruhiger leitender Angestellter sein. Er ist mehr auf dem Direktorenstuhl zu Hause als die anderen veränderlichen Zeichen Jungfrau, Fische und Schütze, aber er ist nicht dazu bestimmt, ein Leben lang anderen zu befehlen oder sie zu führen. Ein Zwilling, der glaubt, daß er eine große Firma mit ruhiger Selbstsicherheit leiten kann, macht sich einfach etwas vor (wobei man stets die Ausnahme zur Regel im Auge behalten soll, zum Beispiel einen Zwilling mit einem Löwe-Aszendenten und einem Waage-Mond). Es fällt ihm schon schwer, länger als eine Stunde reglos hinter dem Schreibtisch zu sitzen. Präsident Kennedy, einer der wenigen Zwillinge, die in der Lage waren, die Lasten der Führung zu tragen, löste dieses Problem geschickt. Er befreite sich von seiner nervösen Energie, indem er seinen Schaukelstuhl wippen ließ.

Ihr von Merkur beherrschter Chef muß sich bewegen können. Das Zeichen Zwillinge gehört zu den Luftzeichen, und haben Sie jemals erlebt, daß Luft stillsteht? Es mag an einem schwülen Tag so scheinen (und es kann auch bei einem Zwilling in einem seltenen Augenblick vorkommen), aber in beiden Fällen ist es eine Illusion. Der typische Zwillinge-Chef wird ein Loch in den Teppich laufen, wenn er zu lange im Büro eingesperrt ist. Er ist glücklicher als Assistent der Geschäftsleitung, Wirtschaftsberater oder zweiter Direktor. Ein Posten, auf dem er von neun bis fünf ausharren muß, ganz gleich, wie phantasievoll der Titel auch sein mag, ist nichts für ihn. Er befaßt sich mit Ideen, Prinzipien und Theorien. Eintönigkeit und finanzielle Verantwortung, denen der durchschnittliche leitende Angestellte ausgesetzt ist, lähmen seinen hochfliegenden Geist. Deshalb wird ein zu Amt und Würden gelangter Zwilling die Ausübung der Autorität lieber anderen überlassen. Sorgfältig ausgewählte Fachleute werden das Geschäft besser leiten und ihm Zeit für fortschrittliche Projekte und originelle Pläne lassen, die den Gewinn der Firma verdoppeln und die Unkosten herabsetzen werden. Für langweilige Einzelheiten hat er keine Zeit.

Wenn Ihre Firma gerade einen Zwilling als Abteilungsleiter angestellt hat, können Sie in Kürze mit einigen Veränderungen rechnen. Er wird wahrscheinlich nur noch per Fernschreiber mit den Geschäftspartnern in Verbindung treten wollen und auch ein paar Knöpfe mehr an seinem Telefon haben als sein Vorgänger. Schon nach wenigen Wochen wird er seine Nase bereits in alle Abteilungen des Hauses gesteckt haben. Sobald er weiß, was getan wird, wird er wissen wollen, warum man es so macht. Bei der Antwort: «Das haben wir schon immer so gemacht», werden seine glänzenden Augen eisig werden. Tradition beeindruckt den Zwilling in keiner Weise. Im Gegenteil, sie ist ein Grund für ihn, alles zu ändern. Der typische Merkur-Chef wird die Möbel häufig umstellen lassen, seine Sekretärin einmal wöchentlich zur Verzweiflung bringen, weil er wieder eine neue Idee für das Ablagesystem hat, und die Arbeitspläne wird er so lange ändern, bis er einen gefunden hat, der ihm vorübergehend zusagt.

Bei einem Zwilling können Sie nur mit einem rechnen: Er wird niemals langweilig sein. Er wird auch selten dogmatisch sein. Er paßt sich an. Sie können ihn nicht irreführen oder verwirren. Er erkennt sofort den Kern eines Problems und betrachtet es von allen Seiten. Das bedeutet, daß er auch Intrigen im Büro ohne Schwierigkeiten durchschauen wird. Manchmal könnte man schwören, daß er auch im Hinterkopf Augen hat, und ein zweites Paar Ohren dazu. Vielleicht hat er auch mehr als zwei Füße, denn sieht es nicht manchmal so aus, als könne er an zwei Orten gleichzeitig sein?

Sie brauchen nicht zu befürchten, daß Ihr Zwillinge-Chef Sie hassen oder Ihr Feind werden könnte. Wenige Menschen interessieren ihn lange genug, um so tiefgreifende Gefühle in ihm zu wecken. Seine Gedanken werden kaum länger als eine Stunde bei Ihnen verweilen. Und das ist nicht lange genug, um sich zu engagieren, sei es nun positiv oder negativ. Außerdem weiß er ziemlich genau, was Sie empfinden.

Es mag Ihnen seltsam erscheinen, daß Ihr Zwillinge-Arbeitgeber Sie nicht als Individualist behandelt, obwohl er selbst einer ist. Aber das Zeichen Zwillinge ist nun einmal ein doppelkörperliches Zeichen mit mehr als einer Überraschung. Ihr Chef wird sicher Ihre individuellen Meinungen achten, aber er wird Sie nicht immer als individuelle Person sehen. Der Zwilling denkt so abstrakt, daß er oft nur das Typische sieht. Menschen faszinieren ihn, aber er hat die Neigung, sie in Kategorien einzuteilen. Obwohl er also mehr verstandes- als gefühlsmäßig reagiert, hat er die Menschen so gern, daß man auch ihn einfach gern haben muß. Er braucht den ständigen menschlichen Kontakt, sonst würde er innerlich vertrocknen und sich treiben lassen. Er muß gesellig und als Vermittler leben, oder er wird tief unglücklich sein. Selten werden Sie ihn allein sehen.

Ihr Zwillinge-Chef wird wahrscheinlich beträchtliche Überredungskraft besitzen. Mit seinem Charme und Witz kann er fast alles bei Ihnen erreichen. Aber es ist eine Gabe, die ihm als Ausgleich verliehen wurde, denn sie verbirgt eine im Grunde kalte Natur. Der Zwilling lebt in unbestimmten, luftigen Gefilden, die der Durchschnittsmensch nicht erreichen kann. Trotz seiner oberflächlichen Wärme ist er im Inneren kühl, reserviert und einsam. Er sucht die Antwort auf seine Fragen in sich selbst und nicht bei anderen, ganz gleich, wie sehr er auch nach ihrer Gesellschaft verlangt. Und doch ist er nicht ohne Mitgefühl. Er kann taktvoll und mitleidig sein, aber er bietet Mitgefühl und Verständnis in der gleichen Weise wie Liebe und Freundschaft – mit Zurückhaltung.

Er hat einen glänzenden Sinn für Humor, und Sie können ihn leichter durch einen Witz gewinnen als durch Tränen. Er ist nicht sentimental, denn er sieht bei allem auch die Lächerlichkeit. Sinn für Humor setzt immer Intelligenz voraus, daher ist es nicht verwunderlich, daß wir ihn bei den Zwillingen finden, wenn er auch manchmal etwas ironisch gefärbt ist. In einem von einem Zwilling geleiteten

Büro wird immer ein leichtes Durcheinander herrschen, und ständig wird etwas los sein. Er allerdings wird nicht durcheinander sein. Der Zwilling beseitigt alle Schwierigkeiten. Sein rasches Auge und sein blitzschneller Verstand arbeiten in vollkommener Übereinstimmung. Er wird der beste Verkäufer der Firma sein, Reden halten und viele Gesellschaften geben. Und er wird wahrscheinlich so viel reisen, daß ein Koffer für dringende Fälle ständig gepackt ist. Wenn er mit der hübschen neuen Sekretärin flirtet, sagen Sie ihr lieber, daß er es keineswegs ernst meint, sondern nur seinen Charme ein wenig spielen läßt.

Genießen Sie diesen Chef, solange er noch da ist. Zwillinge können sich plötzlich zu langweilen beginnen, wenn sie genügend finanzielle oder geschäftliche Erfolge hatten. Dann stürzen sie lange vor der Pensionierung davon und widmen sich einer neuen Aufgabe. Bevor Ihr Vorgesetzter geht, versuchen Sie noch soviel wie möglich von ihm zu lernen. Er kann so geschickt argumentieren und ausweichen wie sonst keiner. Bevor Sie überhaupt merken, was passiert ist, hat er Sie für sich gewonnen. Und doch, so geschickt er auch bei solchen Gelegenheiten sein mag, im Herzen ist er ein unheilbarer Träumer und ein großartiger Geschichtenerzähler.

Der ZWILLINGE-Angestellte

Haben Sie Angestellte im Büro, die schnell sprechen, sich schnell bewegen und schnell denken? Sehen sie jung aus und benehmen sie sich wie junge Menschen? Sind sie unberechenbar, ruhelos, originell und ungeduldig? Dann haben Sie ein paar Zwillinge angestellt.

Es ist leicht erklärlich, wie es dazu kam. Bei all dem Charme und der List, vom blitzschnellen Verstand und der schöpferischen Phantasie ganz zu schweigen, konnten Sie gar nicht anders. Inzwischen hatten Sie Gelegenheit, diese von Merkur beherrschten Leute näher zu beobachten, und Sie werden festgestellt haben, daß sie Theorien besser in die Praxis umsetzen können als jeder andere im Büro. Ihre Wassermann-Angestellten können in abstrakten Begriffen denken, Ihr

Widder-Angestellter hat glänzende Ideen, und die Jungfrauen können die Einzelheiten bis ins kleinste organisieren. Aber der Zwilling hat alle drei Fähigkeiten.

Bevor Sie jedoch die anderen hinauswerfen, denken Sie daran, daß dem Zwilling die starke Energie des Widders fehlt und auch seine Bereitschaft, Überstunden zu machen. Ihm mangelt es an dem bestimmten und ausdauernden Zielbewußtsein des Wassermannes, und die unbegrenzte, aufopfernde Hingabe der Jungfrau begreift er überhaupt nicht.

Die Zwillinge haben wie die Jungfrauen, Widder, Löwen und Skorpione die angeborene Fähigkeit, mit Krisen fertigzuwerden. Der typische Zwilling trifft Entscheidungen sofort und handelt bereits, wenn die anderen noch ihre Schuhe anziehen. Die Eintönigkeit der Routinearbeit bekommt er schnell über, und am glücklichsten fühlt er sich, wenn er frei ist. Also ketten Sie ihn nicht an seinen Schreibtisch. Eher wird er noch eine Zeit im Zuchthaus absitzen, als daß er für einen Uhrmacher arbeitet. Ich möchte hier ernsthaft darauf hinweisen, daß der Zwilling hinter Gittern ein einsamer Mensch ist, der seine Talente in einer überorganisierten, den Gegebenheiten angeglichenen Gesellschaft nicht richtig einsetzen konnte. Viele Betrüger oder kleine Diebe, die unter dem Zeichen Zwillinge geboren wurden, sind im Grunde so ehrlich wie der Richter, der sie verurteilt, und doppelt so idealistisch. Wenn dem Zwilling in der Kindheit wegen seiner lebhaften Phantasie und ruhelosen Energie ein Schuldgefühl eingeimpft wird und man ihn später im Berufsleben kritisiert, weil er zu fortschrittlich ist und nicht in die üblichen Schablonen paßt, werden sich sein Moralgefühl und seine ethischen Grundsätze verzerren. Dann schlägt er den einzigen Weg ein, der ihm, wie er glaubt, geblieben ist.

Die meisten Zwillinge sind so zungengewandt und zeigen eine so große Überredungskunst, daß sie den Leuten Dinge verkaufen, die diese absolut nicht brauchen. Es ist niemals falsch, sie als Verkäufer oder Vertreter einzusetzen. Wenn ein Zwilling beginnt, Ihre Firma in den Himmel zu heben, werden Sie sie selbst nicht mehr wiedererkennen. Im Büro ist es ausschlaggebend, wo Sie den Zwillinge-Angestellten hinsetzen. Er sträubt sich nicht so heftig gegen autoritäre Beaufsichtigung wie Widder und Löwe, aber er wird nervös und kommt sich minderwertig vor, wenn er eingeengt wird und sich nicht auf seine natürliche Art äußern kann. Wenn das geschieht, wird er seine Fesseln durchbrechen und ohne lange Überlegungen gehen, und er bereut es keine Minute. Jetzt laufen Sie nicht gleich, um nachzusehen, ob er noch an seinem Schreibtisch sitzt. Er wird nicht davonfliegen oder sich in Luft auflösen, bevor er nicht Gelegenheit hatte, Ihnen seine Gründe darzulegen und zu versuchen, Sie von seinem Standpunkt zu überzeugen. Wenn Sie nichts Gegenteiliges von ihm hören, ist er wahrscheinlich so glücklich, wie ein geflügelter Bote der Götter hier auf Erden sein kann, und beschäftigt sich mit der Aufgabe, die Sie seinem behenden Geist gestellt haben.

Während bestimmter Sportereignisse glänzt Ihr Zwillinge-Angestellter vielleicht durch körperliche oder geistige Abwesenheit (was auf dasselbe herauskommt) im Büro. Viele Zwillinge lieben Ballspiele, und eine ganze Reihe ist aktiv an diesem Sport beteiligt. Es gibt wenig, was der intelligente Zwilling mit seinen geschickten Händen nicht tun könnte. Sport begeistert ihn oft, weil er auf diese Weise seine nervöse Energie abreagieren kann. Letzten Endes zieht er es jedoch vor, sich geistig zu betätigen. Man sollte ihn aber unbedingt zu körperlicher Aktivität anhalten, denn dadurch ermüdet er und kann schlafen. Alle Zwillinge neigen zu Schlaflosigkeit. Man kann die Zwillinge-Angestellten, die in Firmen arbeiten, wo sehr früh begonnen wird, oft an den dunklen Ringen unter den Augen erkennen.

Die Zwillinge bringen emsige Betriebsamkeit und Heiterkeit ins Büro, aber die Arbeit wird trotzdem getan. Die von Merkur beherrschte Sekretärin ist wahrscheinlich die schnellste auf der Schreibmaschine und in Stenographie. Wenn sie ein typischer Zwilling ist, wird sie einen intelligenten, klaren Brief nur auf ein Stichwort von Ihnen schreiben können. Trotz ihrer Talente als Sekretärin sollten Sie sie vielleicht lieber als Empfangsdame einsetzen, wo sie die Kunden bezaubern und gleichzeitig die Telefonzentrale bedienen kann. (Es ist kein Problem für ein Zwillinge-Mädchen, zwei Dinge auf einmal zu tun.) Sie werden weniger Anrufe von verärgerten Leuten bekommen. Sie wird Fremde nicht nur geschickt behandeln, sie wird auch die Telefonleitungen nicht verwechseln und Sie mitten in einem

Gespräch mit Tokio unterbrechen, um Sie mit New York zu verbinden.

Lassen Sie sich mit einem Zwilling lieber nicht in Unterhaltungen über Gehaltserhöhungen, Gratifikationen, Provisionen und ähnliches ein. Schieben Sie einen Steinbock, einen entschiedenen Stier oder eine Jungfrau, die keinen Unfug durchgehen läßt, als Mittelsmann vor. Sonst kann es sein, daß der Zwilling Sie dazu überredet, ihm eine höhere Stellung in der Firma einzuräumen, als Sie verfügbar haben, und ihm doppelt soviel Geld zu geben, wie Sie selbst verdienen.

Sicher gibt es einige gebrochene Herzen im Büro, wenn Sie Zwillinge-Angestellte haben. Ein oder zwei Flirts im Monat und ziemlich wankelmütiges Verhalten ist Durchschnitt, bevor die Zwillinge reifer und weiser werden. Viele Zwillinge zeigen eine jugendliche Verantwortungslosigkeit (wenn im Geburtshoroskop nicht etwas anderes angezeigt wird). Der Geist des Zwillings ist eine Million Jahre alt, aber seine Gefühle sind oft die eines Halbwüchsigen.

In Wahrheit will der Zwilling nicht erwachsen werden. Er braucht ein Mädchen, das so gescheit wie er selbst ist und ihn kommen und gehen läßt, wie er will. Wenn Sie ein Chef sind, der gern Amor im Büro spielt, stellen Sie ihm kein anderes Mädchen vor. Sonst kann es sein, daß Sie ihm Geld leihen müssen, damit er seine Alimente bezahlen kann.

Wollen Sie, daß Ihre Firma richtig in Schwung kommt? Dann setzen Sie Ihren Widder- und Ihren Zwillinge-Angestellten zusammen in ein Zimmer, wo sie ein neues Projekt besprechen sollen. Stopfen Sie sich Watte in die Ohren, denn es wird sehr laut werden. Aber nehmen Sie alle Ideen, die dabei herauskommen, sorgfältig unter die Lupe. Eine davon könnte eine Million wert sein.

Der Krebs

22. Juni – 23. Juli

Berühmte KREBS-Persönlichkeiten:

Peter Alexander
Roald Amundsen
Louis Armstrong
Ingmar Bergmann
Yul Brynner
Julius Cäsar
Marc Chagall
Jean Cocteau
Oscar Hammerstein
O. E. Hasse
Heinrich VIII.
Ernest Hemingway
Hermann Hesse
Paul Hubschmid
Helen Keller
Gustav Knuth
Käthe Kollwitz
Charles Laughton
Gertrude Lawrence
Gina Lollobrigida

Peter Lorre
Raymond Pompidou
Marcel Proust
Grigory Rasputin
Erich Maria Remarque
Rembrandt
John D. Rockefeller
Nelson Rockefeller
Richard Rogers
P. P. Rubens
George Sand
E. Ferd. Sauerbruch
Vittorio de Sica
Soraya
Barbara Stanwyck
Ringo Starr
Walter Ulbricht
Herzog v. Windsor
Graf Zeppelin

Wie man den KREBS erkennt

Menschliche Krebse finden Sie am ehesten bei Mondschein. Der Mond paßt zu ihren vielen Stimmungen und ihren veränderlichen Gefühlen.

Beobachten Sie, wie der Mond seine Form und Erscheinung verändert. Er wächst langsam zu einem vollen, runden Ball und nimmt dann allmählich ab, bis nur noch ein dünner Lichtstrahl mit einem schwachen, silbrigen Schimmer zu sehen ist.

Die flüchtigen Stimmungen der Krebs-Menschen entsprechen den Veränderungen des Mondes und reagieren auf denselben geheimnisvollen Einfluß wie Ebbe und Flut. Und doch ändert sich der Mond in Wirklichkeit gar nicht. Es sieht nur so aus. Ebenso bleibt auch der Krebs-Mensch trotz all seiner gehobenen und niedergeschlagenen Stimmungen derselbe. An dieser stetigen Wiederkehr in bestimmten Zeitabschnitten – beständig in ihrer Unbeständigkeit – läßt sich der Krebs leicht erkennen, wenn man einmal weiß, in welcher Phase er sich gerade befindet.

Vielleicht lacht er gerade das «verrückte Lachen», wenn Sie ihn zum erstenmal sehen. Es ist unweigerlich ansteckend. Es läuft die Tonleiter hinauf und hinunter und hat einen tiefen, heiseren Unterton. Es kichert und gluckst und bricht zum Schluß in ein lautes Gakkern aus, das sich anhört, als legten zweihundert Hühner zweihundert Eier. Wenn er in seiner geselligen Phase ist, werden Sie den Krebs leicht finden. Er wird der lustigste von allen sein, ein Lachen pro Minute. Wenn er sich nicht selbst produziert, wird er über die Possen eines anderen lachen. Keiner liebt den Spaß mehr als der Krebs, und seine komische Seite ist um so bestürzender, weil sie so ungereimt aus einem so ruhigen, sanften Wesen hervorbricht. Der Mond-Humor ist tiefsinnig. Er ist niemals seicht oder oberflächlich, weil er auf die feinfühlige Beobachtung menschlichen Verhaltens zurückgeht. Der Krebs wird nicht jeden Tag lachen, aber er kann sein Lachen immer hervorzaubern, wenn ihm danach zumute ist.

Diese Menschen sehnen sich nicht nach dem Rampenlicht wie die extrovertierten Löwen oder die närrischen Schützen, aber die Krebse haben einen ausgeprägten Sinn für Publicity, wenn sie beachtet werden wollen. Lassen Sie sich nicht durch ihre bescheidene Art täuschen. Insgeheim genießen sie die Aufmerksamkeit, die auf sie gerichtet ist. Sie werden keinen Krebs finden, der leidenschaftlich nach Ruhm strebt (er strebt nach nichts mit wahrer Leidenschaft), aber er wird auch bestimmt nicht davor zurückschrecken. Er wird sich weit eher im Beifall sonnen, als das Mauerblümchen spielen. Der Krebs versteckt sich vielleicht vor manchen Dingen, Anerkennung gehört jedoch bestimmt nicht dazu.

Wenn Sie sehr empfindsam sind, dann nehmen Sie sich vor dem Krebs in acht. Er kann Ihnen eine kalte Dusche versetzen, daß sie nur so zittern. Er kann aber auch in Depressionen versinken, die tiefer sind als der tiefste Ozean. Seine Ängste verbirgt er hinter seinem verrückten Humor, aber sie begleiten ihn immer und quälen seine Tage und Nächte mit einem unbestimmten Gefühl namenloser Gefahr, die im Verborgenen lauert. Er gibt sich immer leicht seinem Pessimismus hin und zerstört damit seine herrliche Phantasie. Ein Krebs kann sich zu den Sternen aufschwingen, wenn er es lernt, nicht auf die innere Stimme zu hören, die ständig mahnt, er könne sich im Weltraum verlieren. Solange er nicht seine Ängste überwindet, sind sie ein wunder Punkt, und jedesmal, wenn er zu hoch fliegt, wird er sie spüren.

Seine Tränen sind niemals Krokodilstränen. Sie kommen direkt aus seinem empfindsamen und verwundbaren Herzen. Sie können seine Gefühle mit einem scharfen Blick oder dem rauhen Ton Ihrer Stimme verletzen. Grausamkeit kann Tränen auslösen und ihn zum totalen Rückzug veranlassen. Es ist nicht einfach, einen Krebs in dieser Stimmung zu erkennen, denn wenn er verletzt ist, versinkt er in vorwurfsvolles Schweigen. Manchmal kann er einem die Kränkung mit beinahe skorpionischer Rache heimzahlen, aber meistens wird er es verstohlen tun. Wenn man ihn einmal verwundet hat, kann man tagelang mit einem spitzen Stock nach ihm stoßen und ihn doch nicht erreichen. Er geht nicht ans Telefon und macht weder Tür noch Briefe auf. Unsicher, verzweifelt und traurig ziehen sich die Krebs-Menschen in die Einsamkeit zurück. Genau wie die echten Krebse.

Auch brummig können sie sein. Der Mann, der Ihnen eine gereizte
Antwort gab, als Sie nach der Zeit fragten, und der, der Ihnen beinahe den Kopf abgerissen hätte, als Sie ihn um das Salz baten – sie
waren wahrscheinlich Krebse, die gerade mit sich und der Welt zer-
fallen waren. Sie meinen es nicht persönlich, sie sind vom Leben enttäuscht. Sie werden darüber hinwegkommen und wieder ihr freundliches, sanftes und verständnisvolles Wesen zeigen, wenn der Mond
wechselt.

Es gibt zwei Grundtypen unter dem Zeichen Krebs. Die erste Art
hat ein hübsches, rundes Gesicht, weiche Haut, einen breiten, lachen-
den Mund und fast kreisrunde Augen in einem Babygesicht. Denken
Sie an den Mann im Mond. Das genaue Abbild. Der zweite Typ
kommt häufiger vor. Der unverkennbare «Krebs-Ausdruck» ist deutlich zu erkennen. Man findet einen ziemlich hohen Schädel, buschige
Augenbrauen und hohe Backenknochen. Die Brauen scheinen in einer
Art ständigem Stirnrunzeln zusammengezogen zu sein, was seltsamerweise nicht drohend, sondern interessant aussieht. Der Unterkiefer ist
betont, und die Zähne stehen entweder vor oder sind unregelmäßig.
Die Augen sind klein und liegen weit auseinander. Manchmal sieht
man einen Krebs-Menschen, der beide Typen in sich vereinigt, aber
jeder ist so kennzeichnend, daß man sie leicht als Mond-Typen erkennt. Einige sind unbestreitbar rundlich, aber die große Mehrzahl
hat einen auffallend knochigen Körperbau. Arme und Beine können
im Verhältnis zum Körper zu lang sein. Die Schultern sind breiter
als beim Durchschnitt, und Hände und Füße sind entweder ungewöhnlich klein oder groß. Der Oberkörper hat leichtes Übergewicht, und die Krebse watscheln ein wenig, wenn sie schnell gehen.
Ob der Körper nun rundlich oder drahtig ist, die Frauen werden
häufig eine große Oberweite haben. Oder sie sind ausgesprochen flach-
brüstig. In beiden Fällen ist die Charakteristik auffallend. Es gibt
keinen Mittelweg bei weiblichen Krebsen.

Alle vom Mond beherrschten Menschen haben sehr ausdrucksvolle
Züge. Tausend Stimmungen spiegeln sich während einer Unterhaltung
auf ihrem Gesicht. Kennen Sie jemanden, der manchmal wild lacht,
dann verzweifelt weint – der Sie gelegentlich gereizt anfährt und
Ihnen aus dem Weg geht, wenn Sie ihn verletzt haben? Behandelt

er sie gewöhnlich mit zarter Rücksichtnahme? Wenn er mürrisch, doch gütig und ein faszinierender Gesprächspartner mit schöpferischer Phantasie ist, dann ist er gewiß Ende Juni oder im Juli geboren.

Die Krebse leben so stark in der Welt der Phantasie und haben so intensive Stimmungen, daß man sie fast mitfühlen kann. Jedes Gefühl behalten sie in ihrem zähen Gedächtnis. Wie ein Spiegel oder eine Kamera nehmen sie Gesichter auf und spiegeln sie getreulich wider. Jede Erfahrung wird tief ins Herz eingeprägt. Sie vergessen keine Lehre, die ihnen das Leben erteilt, und sie vergessen auch die Lehren nicht, die die Geschichte der Menschheit erteilt hat. Ein Krebs ehrt die Geschichte und ist nicht selten zutiefst patriotisch. Historische Persönlichkeiten fesseln ihn genauso wie seine eigenen Vorfahren. Oft sammelt er Antiquitäten, denn die Vergangenheit übt einen unbezwingbaren Reiz auf ihn aus. Der Krebs ist eine Art geistiger Archäologe, der nach faszinierenden Tatsachen gräbt.

Er ist außerdem die Verschwiegenheit in Person. Die Menschen vertrauen ihm leicht Geheimnisse an, und mit der ihm eigenen Empfindsamkeit ahnt er bereits, was sie auf dem Herzen haben. Das Mitleid des Krebses ist echt und sehr intuitiv. Es gibt kaum ein Rätsel, das er nicht lösen könnte. Wir befinden uns hier jedoch in einer Einbahnstraße. Er wird schließlich alles wissen, was es über Sie zu wissen gibt, aber Sie werden seine Gedanken niemals erraten. Er schützt seine innersten Gefühle sorgfältig vor neugierigen Augen. Der typische Krebs spricht nicht gern über sein eigenes Leben, aber er hört Ihnen gern zu, und seine lunare Phantasie errät sogar das, was Sie auslassen. Selten fällt er jedoch sein Urteil. Er sammelt nur, nimmt in sich auf und spiegelt wider.

Obwohl der Krebs also Gefühle wie ein Spiegel zurückwirft, gibt er greifbare Dinge nicht ohne Kampf auf. Beobachten Sie einmal am Strand einen richtigen Krebs. Wenn er etwas ergreift (passen Sie auf, daß es nicht Ihr großer Zeh ist), so hält er daran fest, als ginge es ums liebe Leben. Er verliert eher eine Schere, als daß er losließe. Wenn er sie einbüßt, wächst ihm eine neue. Lassen Sie sich das eine Lehre sein, falls Sie einen Krebs dazu bringen wollen, etwas aufzugeben, das ihm am Herzen liegt. Niemals wird er auf etwas für ihn Wertvolles verzichten, und das kann von einem geliebten Freund oder

Verwandten über einen Titel oder eine Stellung bis zu einem Paar alter Hausschuhe reichen.

Betrachten wir die Angewohnheiten des wirklichen Krebses noch genauer. Seinen Gang, zum Beispiel. Wenn er die Augen auf Ihren großen Zeh gerichtet hat, wird er keineswegs direkt auf sein Ziel losmarschieren. Zuerst geht er ein paar Schritte zurück. Dann bewegt er sich seitwärts. Plötzlich, ohne Warnung, krabbelt er auf die andere Seite. Es sieht immer so aus, als bewege er sich in die entgegengesetzte Richtung. Aber er läßt sein Ziel keine Sekunde lang aus den Augen. Erst wenn der wundervolle Zeh sich von ihm wegbegeben sollte, wird er ihn verfolgen, und es wäre besser, Sie liefen schnell fort. Er meint es ernst. Der menschliche Krebs ahmt diese Taktik nach. Auch Krebs-Menschen gehen nie direkt auf ihr Ziel los. Sie schlagen jede andere Richtung ein. Erst wenn es scheint, als schnappe ihm jemand anders die Beute weg, stößt der Krebs vor, greift fest zu und läßt nicht mehr los.

Wenn es um Großzügigkeit und Hilfe geht, benimmt er sich ähnlich. Sein Herz ist zu weich, als daß er nicht gerührt wäre, wenn jemand in Not ist. Er nimmt echten Anteil und möchte helfen. Aber er ist vorsichtig und wartet erst einmal ab, ob nicht ein anderer früher hilft. Warum sollte er Zeit und Geld unnötig verschwenden? Wenn alle Hoffnungen fehlschlagen und sich keine andere Hilfe zeigt, rettet der Krebs den Ertrinkenden in letzter Minute. Er läßt ihn zweimal untergehen, aber er packt zu, bevor er zum drittenmal versinkt. Das ist Selbsterhaltungstrieb, nicht Egoismus oder Unfreundlichkeit. Der Krebs hat ein weiches Herz unter einer rauhen Schale. Aber er muß soviel von seiner Zeit, seinem Geld und seinen Gefühlen hergeben, daß er sie lieber klug verteilt. Letzten Endes wird er oft großzügig und großmütig sein. Doch ist es seiner Meinung nach nur vernünftig, wenn man wartet und beobachtet, bevor man sich ins Wasser stürzt. Keiner kann ihm vorwerfen, daß er zu impulsiv ist.

Wenn er handelt, legt der Krebs Erfahrungen zugrunde, entweder seine eigenen oder die anderer Leute. Ohne ausreichende Sicherheit tut er selten etwas, und deshalb hat er auch meist Erfolg. Wenn der Mond oder Aszendent in einem Feuerzeichen steht, ist er vielleicht etwas kühner, aber wenn seine Pläne fehlschlagen, wird er unglücklich sein, weil er gegen sein besseres Wissen gehandelt hat. Krebse grübeln über Mißerfolge nach, anstatt sich zu schütteln und es noch einmal zu probieren. Es kann sehr lange dauern, bis sie eine neue Gelegenheit wahrnehmen.

Ob Männlein oder Weiblein, der Krebs liebt sein Heim so sehr, daß es beinahe an Verehrung grenzt. Hier spielt, wohnt, liebt und träumt er – und fühlt sich geborgen. Obwohl er beruflich um die halbe Erde reisen kann, ist er ohne eigenen Herd nie ganz glücklich.

Ganz gleich, wieviel Geld er gespart haben mag, der Krebs fühlt sich niemals sicher, und ganz gleich, wieviel Liebe er bekommt, er möchte immer noch mehr haben. Nie ist sein Selbstvertrauen so stark, daß er sich völlig entspannen könnte. Stets spart er für Notzeiten. Manche Krebse bewahren sogar riesige Kartons mit Lebensmitteln unter ihren Betten auf. Und wenn Sie die Konserven dort nicht finden, schauen Sie in den Regalen nach!

Man wird den Krebs oft am Wasser finden. Wenn er nicht schwimmt, so läuft er Wasserski. Wenn keine ausdrückliche Verletzung der Planeten im Grundhoroskop vorliegt, wird er seine Freizeit gern beim Wassersport verbringen. Viele Krebse haben eigene Boote. Das bedeutet ihnen mehr als ein Dutzend Fernsehapparate oder fünfzig Straßenkreuzer.

Die Gefühle der Krebse können stärker sein als ihr Körper. Sorgen und Befürchtungen können sie krank machen, und Heiterkeit macht sie wieder gesund. Oft befürchten sie finanziellen Zusammenbruch oder den Verlust eines geliebten Menschen. Dann kann der Krebs in Depressionen versinken, die zu Unfällen oder Krankheiten führen. Seine lebhafte Einbildungskraft vermag eine harmlose Krankheit in eine schwere oder chronische zu verwandeln. Wenn er schwermütig wird, reagiert er schlecht auf ermunternden Zuspruch. Er hält Sie für unfreundlich, weil Sie kein Mitgefühl zeigen. Aber Mitleid ist das letzte, was der Krebs braucht, wenn er krank ist. Wenn er aus übertriebener Furcht melancholisch wird, beschwört er Komplikationen herauf, und es dauert doppelt solange, bis er sich erholt.

Die empfindlichen Stellen des Körpers sind Brust, Knie, Nieren, Blase und Haut. Kopf und Gesicht sind anfällig, ebenso der Magen und das Verdauungssystem. Die Krebse müssen die Magengeschwüre erfunden haben. Wenn sie aber ruhig bleiben und mit Humor ihre trübseligen Stimmungen überwinden, können sie leicht bis ins hohe Alter gesund bleiben. Was der Krebs sich einbildet, das fühlt er auch. Unter keinem anderen Zeichen verursachen trübe Gedanken so leicht Krankheit, aber auch kein anderes Zeichen kann solche Wunder an Selbstheilung vollbringen. Das ist ein seltsamer Widerspruch, und es wäre sehr nützlich für alle Krebse, wenn sie einmal darüber nachdächten.

Viele Krebse haben eine glückliche Hand als Gärtner. Sie haben herrliche Gärten, die mit liebevollem Eifer gepflegt werden. Oft haben sie auch ansehnliche Bankkonten, denen sie sich mit der gleichen Sorgfalt widmen. Geld klebt an den Krebsen, und da sie das Geld lieben, haben sie nichts dagegen. Auch wenn im Geburtshoroskop impulsive Einflüsse mitsprechen, wird der Krebs immer ein paar Geldscheine für schlechtere Zeiten beiseitelegen. Wenn er Ihnen sagt, er sei pleite, dann ist er vermutlich bei den letzten Tausendern angelangt. Für ihn ist das eine tragische Situation. Keiner kann ein Vermögen besser verwalten als der Krebs (obwohl Stier, Steinbock und Jungfrau ihm sehr nahekommen). Bei ihm wird sich das Geld ansammeln und vermehren, und selten wird man es erleben, daß er es mit beiden Händen zum Fenster hinauswirft. Immerhin wird er alles, was er hat, teilen, wenn ein Mensch, den er liebt, in Not ist.

Beide Geschlechter haben einen starken mütterlichen Instinkt. Die Krebse bemuttern nicht nur ihre Kinder, sondern auch Freunde oder Bekannte. Man kann schwer sagen, was ihre Gemüter mehr bewegt – Kinder, Essen oder Geld.

Die empfindsame Natur des Krebses ist von einer harten Schale umgeben, und er ist klug genug, die stürmische See zu meiden. Er lebt auf dem trockenen Land oder in stillen Gewässern.

Der KREBS-Mann

Er ist auf wortkarge Art weitschweifig. Ein Plappermaul und Wirrkopf ist er nicht. Erwarten Sie von diesem Mann nicht, daß er gleich beim ersten Treffen seine Seele bloßlegt. Fremden vertrauen sich Krebse selten an, und es gibt bestimmte Dinge, die selbst ihre besten Freunde nicht wissen. Es wird lange dauern, und Sie werden viel Geduld brauchen, bis Sie ihn richtig kennenlernen. Wenn Sie ihn in einer seiner mürrischen Launen antreffen, werden Sie vielleicht gar keine Lust dazu haben, aber versuchen Sie es trotzdem. Geben Sie nicht so schnell auf.

Er kann flirten und wankelmütig sein, aber auch einfühlsam und treu. Ohne ersichtlichen Grund kann das Stirnrunzeln in ein sanftes Lächeln übergehen. Seine gereizten Klagen und sein schroffes Benehmen können sich langsam in ein liebevolles Verhalten verwandeln, bevor er in ein stillvergnügtes Schmunzeln, ein gedämpftes Kichern oder ein lautes Gelächter ausbricht. Wenn er traurig und wehmütig ist, werden Sie die Arme um ihn legen wollen, um die Melancholie zu vertreiben. Wenn er seinen scharfen, intuitiven Verstand spielen läßt, werden Sie ihn bewundernd betrachten. Seine Vorsicht wird Sie beeindrucken. Sein Pessimismus wird Sie deprimieren.

Er kann höflich, verbindlich und rücksichtsvoll sein. Es besteht kein Zweifel, daß er ein romantischer Träumer ist, und doch ist er gleichzeitig vernünftig und praktisch. Was macht man mit einem solchen Mann?

Sie versuchen, ihn zu verstehen. Das alles bedeutet nicht, daß er seine Persönlichkeit ändert. Es sind einfach Stimmungen – vom Mond beeinflußt –, die sein Bewußtsein bewegen, heute da, morgen verschwunden. Und doch bleibt sich der Krebs-Mann immer treu. Im Wesen ändert er sich nicht, trotz des veränderlichen Mienenspiels. Denken Sie immer daran, daß das Benehmen des Krebses zwar grob und zurückhaltend sein kann, sein Herz jedoch stets weich und liebevoll ist und so empfindsam, daß es leicht verletzt werden kann. Dann zieht er sich in sich selbst zurück und ist für den Augenblick vor den eigenen Gefühlen sicher. Wenn er gekränkt schweigt, dann geben Sie auf. Wenn er aber beim nächstenmal wieder vorsichtig aus seiner Höhle kriecht und hinausspäht, um nachzusehen, ob die Sonne wieder scheint, werden Sie erneut versucht sein, sich ihm zu nähern. Leider kann ein Krebs-Mann von einem Extrem ins andere fallen, so daß Sie nicht wissen, ob Sie ihm die kalte Schulter zeigen oder ihn warmherzig umarmen sollen. Seine Launen sind am niederträchtigsten, wenn er fürchtet, jemanden zu verlieren. Vielleicht sind Sie es. Machen Sie ihm klar, daß Sie sein sind für alle Zeiten. Liebesworte sind Musik in seinen Ohren.

Wenn Sie eine Frau sind, die gern die Miete pünktlich bezahlt, lieben Sie genau den richtigen Mann. Sicherheit ist ihm fast so wichtig wie Ihre Liebe. Sie können das Geld ohne weiteres als Ihren gefährlichsten Nebenbuhler betrachten. Er wird ihm tagsüber mit Hingabe und einer Art religiöser Inbrunst nachjagen (in den Nächten jagt er vielleicht nach anderen Dingen). Finanzangelegenheiten faszinieren ihn von Kindheit an, und er wird zweifellos lieber sparen als ausgeben. Er ist nicht eigentlich geizig, aber er wird kaum seine Pfeife mit einer Banknote anzünden, um Aufsehen zu erregen. Sein Sinn für Humor erstreckt sich selten auch auf das Geld. Sie brauchen sich nicht zu wundern, wenn er immer noch sein erstes Sparschwein besitzt, ungeöffnet natürlich. Er häuft das Geld nicht aus Geltungsdrang an. Er sammelt es um seiner selbst willen und wird nie Aufhebens davon machen. Im Gegenteil. Er ist «ein armer Mann, der sich seinen Lebensunterhalt schwer verdienen muß und von der Hand in den Mund lebt». Er wird Ihnen vielleicht leid tun, und möglicherweise bieten Sie ihm an, ihm einen Kredit bei der Bank zu verschaffen. Tun Sie's bloß nicht. Wahrscheinlich gehört ihm die halbe Bank.

Ein Feuerzeichen im Aszendenten gibt dem Krebs hin und wieder einen Drang zur Verschwendung, dem er aber mit bewundernswertem Mut widersteht. Wenn er doch einmal nachgibt, so wird es kaum zur Gewohnheit werden. Der Krebs hat seine eigenen Vorstellungen von Sparsamkeit. Er führt Sie eher ins beste Restaurant, wo er etwas für sein Geld bekommt, als daß er seinen empfindlichen Geschmackssinn in einem zweitklassigen Lokal beleidigen läßt. Er hält es für Unsinn, gutes Geld für einen Stoffmantel zu verschwenden, wenn ein Pelzmantel sich mit der Zeit besser bezahlt macht.

Sogar die verträumtesten und künstlerisch begabten Krebse, die ganz in Musik oder Malerei aufgehen, haben einen ausgeprägten Sinn für den Wert des Geldes. Ein Krebs-Maler malt vielleicht auf dem Dachboden, aber man braucht ihm keine Unterstützung anzubieten. Wahrscheinlich hat er irgendwo Aktien liegen. Seine Bilder wird er auch kaum verschenken. Er wird sie für einen guten Preis verkaufen, wenn er Berufsmaler ist. Aber sie werden es auch wert sein. Was der Krebs anpackt, wird erstklassig.

Wenn er ein echter Krebs ist, wird er nicht viel für sportliche Kleidung übrighaben, sondern sich lieber konventionell anziehen. Auch wenn er noch nicht viel Geld hat, wird er Wert auf ein gepflegtes Äußeres legen. Muß er einmal eine Periode finanzieller Unsicherheit durchmachen (sie wird bestimmt nur vorübergehend sein), so gleicht sein Verhalten dem eines Mannes, der bessere Tage gesehen hat. Wer das für unangemessen hält – die besseren Tage werden bestimmt noch kommen. Wenn ihm das Geld nicht auf andere Weise zufällt, wird er zumindest große Summen verdienen. Ein arbeitsloser Krebs ist so selten wie eine Palme in Sibirien.

Hoffen wir, daß Sie seine Mutter sympathisch finden. Es ist ziemlich sicher, daß er häufig Bemerkungen macht wie: «Meine Mutter benutzt niemals Make-up, und sie ist eine schöne Frau. Findest du nicht, daß du deine Augenschatten etwas zu stark aufgetragen hast, Liebling?» oder «Du nimmst tiefgekühlten Kuchenteig und Kartoffelbreiflocken? Meine Mutter hat sogar das Brot selbst gebacken, als ich klein war.» Dieses Musterbeispiel in Tüchtigkeit wird auch persönlich auftreten, besonders dann, wenn Sie es am wenigsten erwarten. «Liebes, ich kann heute nicht mit ins Theater kommen, ich bringe Mutter für ein paar Tage aufs Land.» Um es vorsichtig auszudrücken, der Krebs-Mann wird sich Zeit damit lassen, Mama von ihrem Thron zu vertreiben und Sie als seine Herzenskönigin einzusetzen. Er ist ein sehr häuslicher Mann, trotz seiner gelegentlichen Reiselust, und wenn ihm die Mutter ein gemütliches Heim bietet, wird er keine Eile haben, es zu verlassen. Krebse haben entweder ein sehr enges Verhältnis zu ihrer Mutter, oder sie sind ihr völlig entfremdet. Bedeutungslos ist die Beziehung nie.

Wenn Sie einen typischen Krebs lieben, müssen Sie freundschaftlichen Verkehr mit seiner Mutter pflegen, und Sie müssen ihre Rivalin sein, während Sie ihr gleichzeitig Komplimente machen. Das wird nicht einfach sein, aber es gibt keinen anderen Weg. Lassen Sie sich von ihr in Haushalt und Küche nicht beiseite drängen. Lassen Sie sich zeigen, wie sie diese wunderbare Apfeltorte bäckt. Es wird ihm gefallen, wenn Sie beide gut miteinander auskommen. Und dann stellen Sie einen herrlichen Braten vor ihn hin. Verwöhnen Sie ihn mindestens ebenso wie sie, und das will etwas heißen. Er ist daran gewöhnt, Mutters Augapfel zu sein. Wenn Sie sich sehr um ihn bemühen, ihm sein Essen pünktlich vorsetzen, ihn umsorgen und umhegen, wenn er krank ist, und ihm abends einen zärtlichen Gutenachtkuß geben, kann er ein reizender Krebs sein. Die Krebs-Männer werden es nie zugeben, aber sie schätzen es sehr, von den Frauen verwöhnt zu werden.

Es gibt aber auch einen Ausgleich. Vielleicht ist er selbst ein recht guter Koch und überrascht Sie mit einem Feinschmeckermahl. Wenn dieser Mann Sie in seine Wohnung zum Essen einlädt, meint er es im allgemeinen ganz wörtlich. Sogar wenn er Sie bittet, sich seine Radierungen anzusehen, hat er wahrscheinlich keine Hintergedanken. Der echte Krebs-Mann ist den schönen Dingen des Lebens sehr zugetan. Sie brauchen nichts zu befürchten, wenn Sie ihn allein in seiner Höhle besuchen, denn Frauen gegenüber ist er die Ritterlichkeit in Person. Er benimmt sich solange als Herr, wie Sie sich als Dame benehmen. Fragen Sie ihn nach seinem Stammbaum. Die meisten Krebse schwelgen in Familie und Tradition. Er liebt alles Alte, angefangen von Großmama bis zu dem Kirschholztisch aus dem achtzehnten Jahrhundert, den er auf einer Auktion erstanden hat.

Wenn er Sie fotografieren möchte, laufen Sie nicht gleich davon. Fotografieren ist ein verbreitetes Steckenpferd der Krebse. Natürlich kann es einige Zeit dauern, bis er Sie knipsen oder Ihnen die Radierungen zeigen will. Obwohl er viel flirtet, können Jahre vergehen, bis er ernsthaft gefesselt ist. Es ist nicht leicht für ihn, eine Frau zu finden, die seiner Vorstellung entspricht. Hat er sie aber einmal gefunden, wird er herrlich gefühlvoll sein und sie mit Geschenken und Komplimenten überschütten. Aber sein Niveau ist recht hoch. Die meisten Krebse haben Angst, sich zu verbrennen, und das nicht ohne

Grund. Eine unpassende Verbindung, über die ein Durchschnittsmann in ein paar Wochen hinwegkommt, kann für den Krebs eine
Katastrophe sein. Wenn er von dem Partner, der ihm nahegestanden
hat, aus irgendeinem Grunde getrennt wird, kann er jahrelang darunter leiden.

Er hat eine natürliche Scheu davor, sich aufzudrängen, aber wenn
er seiner Sache einmal sicher ist, läßt er sich nicht zurückweisen.
Die Krebse können die Rolle des romantischen Liebhabers vollendet
spielen. Wenn Ihr Krebs-Mann sich erklärt hat und einigermaßen
sicher ist, daß er Sie gewinnen kann, wird sich seine Schüchternheit
in Zähigkeit verwandeln. Dann werden Sie von einem ernsten, ziel-
bewußten Mann umworben, der kein Nein hinnehmen will. Er wird
Ihren Briefkasten, Ihr Telefon und Ihre Türschwelle belagern. Es
ist schwierig, der Schere des Krebses zu entkommen. Sie werden es
natürlich gar nicht wollen. Viele Mädchen suchen eine Mondschein-
Welt wie die seine, um darin träumen zu können, eine Welt, in
der jemand sie fest in die Arme nimmt und sie vor dem großen,
bösen Wolf da draußen beschützt.

Und wie ist er als Vater? Das ist eigentlich seine beste Rolle.
Alle Krebse sind im Grunde Mütter, auch die Männer. Er wird
ein guter Vater sein, denn hier zeigt er das gleiche sorgende, zart-
fühlende, mitleidige und verständnisvolle Wesen, in das Sie sich
selbst verliebt haben. Er wird unbegrenzte Geduld mit den Kindern
haben und sich um jeden gequetschten Zeh, jedes zerbrochene Spielzeug und jedes Zahnweh kümmern. Krebs-Väter sind stolz auf ihre
Söhne und beschützen ihre Töchter leidenschaftlich. Solange die Kinder klein sind, ist dieser Mann der großartigste Vati, den man sich
vorstellen kann. Mit den Halbwüchsigen wird es etwas schwieriger
werden. Er möchte seine Lieben für immer um sich haben, und wenn
sie Anzeichen von Unabhängigkeit zeigen, kann er zeitweise wieder
ein reizbarer Krebs werden und sich gegen ihre Verbindung mit der
Außenwelt auflehnen.

Doch das liegt alles in der Zukunft. Ihr erstes Problem ist es,
Ihren Krebs dazu zu bringen, Ihnen einen Antrag zu machen, anstatt
wie die Katze um den heißen Brei herumzugehen. Sie können so
tun, als wollten Sie einem kühneren Mann den Vorzug geben. Dann

wird der Krebs seinen Rückwärtsgang aufgeben, da das Objekt – also Sie – Anstalten macht, zu verschwinden. Aber es ist nicht so einfach, nach einem anderen Mann Ausschau zu halten, wenn man von einem Krebs bewacht wird.

Am leichtesten können Sie ihn auf dem Weg über seine Gefühle aus der Reserve locken, die immer gleich unter der Oberfläche seines Rechenmaschinen-Verstandes liegen. Musik, Gedichte, Blumen, schöne Kleider, sparsam verwendetes teures Parfum, weiche Worte und Zärtlichkeiten werden seinen schwachen Widerstand besiegen. Übersehen Sie auch nicht, daß seine Liebe durch den Magen geht. Eines Abends wird er Sie plötzlich fragen, ob Sie nicht seine Mutter kennenlernen wollen. Am nächsten Tag können Sie unbesorgt die Anzeigen für die Hochzeit und Ihre Aussteuer bestellen. Sie haben das Herz eines launischen Krebs-Mannes, der tausend geheime Träume hat, gewonnen – und den Beifall seiner Mutter, seines besten Stücks. Werfen Sie niemals seinen abgeschabten alten Hut fort, seine zerrissenen Tennisschuhe, seine Briefmarkensammlung oder seine alten Schulzeugnisse. Es sind seine Schätze. Bringen Sie Ihren Regenschirm mit, es wird Nächte geben, in denen es nicht heiter zugeht. Darf ich Ihnen sagen, daß Sie wunderschön in Ihrem Pelzmantel aussehen? Aber natürlich. Eine Frau ist nur schön, wenn sie geliebt wird, und geliebt werden Sie.

Die KREBS-Frau

Wenn ihre Stimmung den Tiefpunkt erreicht hat, wird sie Sie in ihren Sorgen ertränken. Wenn die Sonne wieder scheint, wird sie Sie mitreißen mit ihrem Lachen und Sie mit ihrer Zärtlichkeit rühren. Sie erinnert an die Begleitmusik in einem Stummfilm, manchmal ist die Melodie lebhaft und heiter, dann wieder melancholisch und schwermütig. Die Musik ist abwechslungsreich, niemals ist sie eintönig. Ebenso ist das Krebs-Mädchen. Sie ist ein ganz klein wenig verrückt, etwas traurig und hat sehr viel Phantasie. Außerdem kann sie sparen.

Natürlich können Sie nicht unter ihrer Matratze nachsehen, bevor

Sie mit ihr verheiratet sind. Sie legt Wert auf Sittsamkeit. Aber sicher hat sie einen Sparstrumpf dort versteckt. Sogar wenn sie den Mond oder Aszendenten in einem verschwenderischen Zeichen hat, wird sie irgendwo einen Heckpfennig haben. Krebs-Frauen können wohl einmal extravagant sein, wenn sie verletzt worden sind und Balsam für ihr verwundetes Selbstgefühl brauchen, aber im allgemeinen wird ihr Einkommen beträchtlich über ihren Ausgaben liegen. Vielleicht interessiert sich Ihre Krebs-Dame übertrieben für Ihr Sparbuch und spricht gern über Geld. Sie wird nicht auf Sie herabsehen, wenn Sie keins haben, solange Sie der Mann sind, der sich darum bemüht. Sie wird Ihnen verdienen und sparen helfen, wenn es jedoch ums Verschwenden geht, macht sie nicht mit. Treiben Sie es nicht zu weit, sonst wird sie um Ihre gemeinsame Zukunft fürchten. Wenn Sie diesem Mädchen ein teures Geschenk machen und sie sagt: «Das hättest du nicht tun sollen», so meint sie es ernst.

Um ihre Gedanken von Versicherung, Hypotheken, Miete, Rechnungen und Beiträgen abzulenken, machen Sie einen mitternächtlichen Spaziergang bei Vollmond mit ihr, am besten am Meer oder irgendwelchen anderen Gewässern. Hier ist sie in ihrem Element. Der Mond wird ihre geheimen Träume herauslocken und das Wasser ihre vielen Hemmungen lösen. Innerhalb einer Stunde können Sie die ganze Reichweite ihrer Gefühle kennenlernen. Eine seltsame Verwandlung wird mit Ihrem Krebs-Mädchen bei Vollmond am Meer vor sich gehen. Die kühle und reservierte junge Dame, die Sie tagsüber sehen, und das kichernde, unverschämt flirtende Wesen, das Sie manchmal abends ins Theater oder Restaurant führen, wird zu einem Geschöpf aus einer anderen Welt. Bei abnehmendem Mond wird sie süß und scheu sein, aber der Vollmond wird all ihre verborgenen Talente ans Licht bringen. Unter seinem Zauber kann sie ein Gedicht oder ein Lied schreiben oder Geheimnisse ahnen, an denen Philosophen seit Jahrhunderten rätseln.

Sie sollten wissen, daß Krebs-Mädchen sich auf zwei verschiedene Arten verhalten können, wenn sie verliebt sind. Die erste ist sanft und weiblich, scheu und bescheiden. Die zweite ist ziemlich unangenehm. Dieser Typ wird jeden Trick der Eva anwenden, um in der Loge so dicht wie möglich neben Ihnen zu sitzen. Wenn Sie wirklich an ihr interessiert sind, kann das natürlich sehr aufregend sein. Aber wenn Sie nur freundlich sind und sie gerade dann Ihre Hand hält oder Ihnen ein Küßchen auf die Wange drückt, wenn das Mädchen Ihrer Träume vorübergeht, kann das Spiel etwas von seinem Reiz verlieren. Diese Krebs-Frau kann eine wirkliche Gefahr für wahre Liebe und zufriedene Familien sein. Zum Glück ist sie in der Minderzahl. Immerhin kann auch schon eine viel Unheil anrichten.

Wie Sie von den anderen Sonnenzeichen wissen, sind wenige Frauen vollkommen. Das Widder-Mädchen ist zu selbständig und will mit dem Kopf durch die Wand, das Schütze-Mädchen ist erschreckend offen, das Skorpion-Mädchen kann einem Angst einjagen, der Zwilling kann wankelmütig sein, der Löwe zu stolz. Die Krebs-Frauen haben keinen dieser Fehler.

Doch muß man auch bei ihnen einige Dinge beachten. Die Krebs-Frau läßt sich nicht gerne kritisieren, sie ist tief verletzt, wenn man sie lächerlich macht, und sie kann es einfach nicht ertragen, zurückgewiesen zu werden. Das sind drei grundlegende Charakterzüge. Der typische Krebs ist selten angriffslustig, er zögert viel zu sehr. Sie müssen den ersten Zug tun. Wenn Ihr Krebs-Mädchen überhaupt einen Zug macht, dann rückwärts oder zur Seite. Mit ihrer im Grund scheuen Art verhält sie sich wie der Mann desselben Zeichens.

Seien Sie freundlich zu ihrer Mutter, oder sie wird Ihnen nie verzeihen. Ihr Sinn für Humor erstreckt sich nicht auf Schwiegermutter-Witze. Und versuchen Sie keinen Blick in ihr Tagebuch zu tun. Es ist wahrscheinlich sowieso verschlossen. Krebse lieben Geheimnisse. Sie halten nicht viel von Beichten, es sei denn, Sie sind es, der die Beichte ablegt.

Die Ängste Ihrer Krebs-Schönen können auch Ihnen zusetzen. Sie befürchtet, daß sie nicht hübsch oder elegant genug ist, zu jung oder zu alt. Es spielt keine Rolle, ob sie eine Figur wie die Venus von Milo, ein Gesicht wie die schöne Helena und einen Verstand wie Aristoteles hat, sie kommt sich dennoch unzulänglich vor. Erklären Sie ihr, daß sie jung und schön und verlobt sei, und daß Sie immer für sie da sein werden. Zwanzigmal am Tag. Ihre Stimmungen werden sich mit dem Mond viermal im Monat ändern, geringere Schwankungen kommen zweimal täglich vor. Sie ist auf eine unberechenbare Art berechenbar. Sie wird dadurch vielleicht faszinierend und geheimnisvoll wirken, aber sie wird Sie auch so erbittern, daß Sie sie am liebsten verprügeln möchten. Während ihrer trüben Stimmungen bildet sie sich vielleicht sogar ein, sie sei keine gute Köchin, was absolut lächerlich ist, denn eine Krebs-Frau kann so kochen, daß ein französischer Chefkoch daneben wie der Küchenfeldwebel eines Ausbildungslagers wirkt. Diese Frau öffnet keine Konserven am laufenden Band, und sie ist auch keine Verfechterin der Tiefkühlkost. Viel lieber entschotet sie die Erbsen selbst und bäckt ihre Kekse allein. Für die Krebs-Frau ist die Küche der Lieblingsraum (nach dem Kinderzimmer). Sie wird Sie wie eine Glucke umsorgen, und das wird Ihnen bestimmt gefallen. Die meisten Männer schätzen es.

Zu ihrer offensichtlich ungerechtfertigten Befürchtung hinsichtlich ihrer kulinarischen Tüchtigkeit kommt die Angst, von Ihnen nicht genug geliebt zu werden. Es sollte für einen richtigen Mann einfach sein, das zu widerlegen. Beweisen Sie es ihr – soft Sie wollen. Wenn sie fühlt, daß sie Ihrer sicher ist, schwindet das Gefühl der Unzulänglichkeit, aber damit entsteht ein neues Problem. Haben Sie sie einmal erobert, neigt die Krebs-Frau dazu, etwas zu hartnäckig zu sein – das heißt, sie wird Sie nicht mehr loslassen, solange sie lebt. Das ist nicht schlecht. Es gibt Männer, die nach Treue hungern. Sie werden weder in der Liebe noch beim Essen hungern müssen, wenn Sie so glücklich waren, ihre Zuneigung zu gewinnen. Ihr großartiger Sinn für Humor ist noch erfrischender, wenn Sie an all die sarkastischen Sirenen mit ihrem zynischen Witz und ihrem heuchlerischen Lachen denken.

Es ist brutal und charakterlos, mit dem Herzen dieses Mädchens zu spielen. Sie liebt Sie mit Hingabe und ehrt Sie, gehorcht Ihnen und nörgelt ein wenig an Ihnen herum, alles in tiefster Ergebenheit. Warum diese seltene Liebe ermutigen, wenn Sie sie nicht mit gleichem Feuer erwidern können? Denken Sie daran, daß sie hartnäckig ist. Vielleicht flirten Sie nur ein wenig, aber es wird schwierig sein, Schluß zu machen. Die Gefühle der Krebs-Frau sind nicht seicht oder oberflächlich. Ob es sich nun um einen Mann oder eine Teetasse handelt, der Besitz gilt auf Lebenszeit.

Vor Ihren Freunden wird sie sich vielleicht nicht sehr lebhaft und sprühend zeigen, aber man wird von ihrem Charme sehr beeindruckt sein. Diese Frauen ziehen es vor, ihre tiefsten Gefühle nur den Menschen zu zeigen, die ihnen am nächsten stehen. Wenn Sie mit anderen Mädchen ausgehen und sie mit ihr vergleichen, werden Sie vielleicht schnell zu Ihrem Krebs zurückkehren.

Am schwierigsten wird es sein, sie davon abzuhalten, sich in die Krebsschale zu verkriechen. Ihre Gefühle sind so zart und empfindsam, daß eine unbeabsichtigt rauhe Bemerkung sie tief verletzen kann. Sie kann auch verborgene Bedeutung vermuten, wo gar keine vorhanden ist. Wenn Sie mit ihr tanzen gehen und sagen: «Dein Haar sieht wunderbar aus», so kann sie plötzlich in Tränen ausbrechen. Warum? Weil Sie ihr damit zu verstehen geben, daß ihr Haar beim letztenmal entsetzlich ausgesehen hat. Krebs-Frauen können sehr leicht gekränkt sein. Sie weinen viel. Halten Sie immer ein frisches Taschentuch bereit.

Die Krebs-Frau ist nicht ausgesprochen geizig, aber sie hat die Angewohnheit, alles aufzubewahren. Man könnte es einen unwiderstehlichen Drang nennen. Selten wird sie Schnurreste, Knöpfe, Flaschen, Büchsen, Ehemänner oder alte Schnittmuster wegwerfen. Woher wissen Sie, daß sie die alten Theaterkarten, die verblichenen Liebesbriefe und die benutzten Teebeutel nicht mehr gebrauchen kann? Fragen Sie sie nicht, was sie mit den zweihundert einzelnen Strümpfen anfangen wird, die sie in der Schublade aufhebt. Es wird sich etwas finden! Alles hat einen Gefühlswert, auch der alte Scheck aus dem Jahre 1952 und ihr Pfadfinderabzeichen. Sie schätzt ihre Besitztümer und bewahrt sie eifersüchtig – das schließt natürlich auch Sie ein. Sie ist vielleicht weniger eifersüchtig als besitzgierig. Das ist ein kleiner Unterschied.

Frauen, die unter Feuerzeichen geboren wurden, mögen sich gegen Verzögerungen und Enttäuschungen im Leben auflehnen, die Krebs-Frau dagegen hat das Gefühl, daß nichts geändert oder überwunden wird, wenn man sich zu sehr erregt. Wenn die Dinge nicht so gehen, wie sie es wünscht, wird sie vielleicht im stillen Kämmerlein ein paar Tränen vergießen, aber normalerweise wird sie gelassen die Hände falten und geduldig darauf warten, daß sich alles von selbst regelt. Geduld ist eine ihrer schönsten Tugenden. Wenn sie deprimiert ist, müssen Sie jedoch versuchen, sie aus dieser Stimmung zu befreien, am besten, bevor sie schon zu tief darin versunken ist. Sie läßt sich ganz gern bemuttern. Der Wunsch, sich vom Geliebten ein wenig verwöhnen zu lassen, scheint tief in der Krebs-Natur verwurzelt zu sein. Sie möchte das Gefühl haben, daß Sie nicht ohne sie leben können, und sie kann alles mögliche versuchen, um Ihr Mitleid oder Ihren Beschützerinstinkt zu wecken. Sie verlangt wirklich sehr wenig, wo sie selbst doch so viel gibt. Aber lassen Sie sich nicht durch ihre Schwäche in solchen Situationen täuschen. Das hilflose kleine Baby, das nach Ihren starken Armen verlangt und sich vor der grausamen, kalten Welt beschützen lassen will, ist durchaus in der Lage, allein fertigzuwerden, wenn es sein muß. Nur wenn ihre Depression tief und echt ist, handelt es sich nicht um das typische Krebs-Verlangen nach Mitgefühl, und dann müssen Sie ihr beistehen.

Die Krebs-Frau ist für die Menschen, die sie liebt, zu jedem Opfer bereit. Sie überwindet ihre eigenen Ängste und zeigt sich äußerst tapfer. In einer kritischen Lage wird sie Sie niemals im Stich lassen. In solchen Fällen erinnert sie mehr an einen Felsen als an einen silbrigen Mondstrahl. Auch ihre Kinder finden in ihr eine große Stütze. Sie wird ihnen mit feinem Verständnis helfen, den richtigen Weg zu gehen. Sie werden an ihr hängen, und ihre warme Liebe wird das Heim so reich und gemütlich und leuchtend machen, als sei es ein Palast, auch wenn es nur eine armselige Hütte ist. Es kann sein, daß Sie etwas in den Hintergrund gedrängt werden, wenn die Kinder erst da sind. Das Zeichen Krebs beherrscht die Mutterschaft. Es wird natürlich noch genügend Platz für Sie sein, aber Sie müssen schon ein wenig zur Seite rücken. (Eine kinderlose Krebs-Frau liebt Haustiere oder Freunde mit all ihrer aufgestauten mütterlichen Liebe, und Tiere und Freunde sind glücklich zu schätzen.)

Nichts ist zu gut für die Familie einer Krebs-Frau. Wenn ein Kind niest, wird es mit Arznei, heißem Tee und Hühnerbrühe ins Bett gesteckt, bis es alt genug ist, um sich zu wehren. Ein Kind braucht viel Willenskraft, um sich gegen die beschützende Fürsorglichkeit des Krebses zur Wehr zu setzen. Es muß auch ziemlich robust sein, um sich nicht zu sehr verwöhnen zu lassen. Es ist oft ein ziemlicher

Schlag, wenn es ins Leben hinauskommt und feststellen muß, daß
es nicht überall im Mittelpunkt steht. Eine so vollkommene Hingabe
und Aufopferung kann dem Kind zwar ein wunderbares Gefühl der
Sicherheit geben, denn es weiß immer, wo es Geborgenheit findet,
doch besteht gleichzeitig die Gefahr, daß es in zu große Abhängig-
keit gerät und unfähig ist, seine eigenen Fehler zu sehen. Oft kann
man nicht feststellen, ob eine Krebs-Mutter die Kinder an ihr Schür-
zenband hängt, oder ob die Kinder sich selbst dazu entscheiden.
Diese Mütter lassen ihre Söhne und Töchter nur widerwillig heiraten.
Sie hängen zu sehr und zu lange an ihnen und glauben, niemand
sei gut genug für sie.

Ich kannte einmal eine Krebs-Mutter, die ihren kleinen Sohn täglich von der Schule abholte. Er stürmte immer heraus wie eine Rakete
und lief ein paarmal wild im Schulhof herum, bevor er sich ihr näherte.
Als sie einmal von ihrer Schwester begleitet wurde und diese dem
kleinen Jungen nachlaufen wollte, hielt die Krebs-Mutter sie zurück
und sagte ruhig: «Nein, laß ihn. Er muß seine überschüssige Energie
abreagieren. Er kommt schon, wenn er fertig ist.» Schließlich kam
ihr Sohn zu ihr, nahm ihre Hand und sagte: «Gehen wir, Mutti, ich
habe Hunger.»

Das ist die typische Einstellung der Krebs-Frau zu Liebe und
Ehe. Es ist ihre seltsame Besitzgier, die unerschütterlich, aber niemals
aggressiv ist. Im tiefsten Herzen weiß sie, daß Sie, wie weit Sie
auch fortgehen mögen, immer wieder zu ihr zurückkommen werden,
und sie wartet geduldig.

Das KREBS-Kind

Schreiben Sie sich's auf, damit Sie es auswendig lernen können und
nicht jeden Tag von neuem überrascht sind: Ihr Krebs-Baby wird
seine Stimmungen wechseln wie Sie seine Windeln. Es ist eine seltsame neue Welt für das vom Mond beherrschte Kind. Es wird entzückt sein von den herrlichen Dingen, die man essen und trinken
kann, und von den bunten Bildern, die an seinen Augen vorbei-

ziehen. Alles wird dieses Kind stark beeindrucken, und seine Erfahrungen wird es nie vergessen. Noch wenn es alt und grau ist, wird sich Ihr Krebs-Kind all seiner Gefühle erinnern und in der Lage sein, sie getreu wiederzugeben.

Es macht Spaß, mit Krebs-Babys zu spielen. Sie sind drollige kleine Wesen, die fast sprechende Augen haben. Der Gesichtsausdruck des Kindes ändert sich ständig. Erst bricht es in Tränen aus, dann lächelt es, und bald verzieht sich der kleine Mund zu einer Grimasse. Manchmal mögen Sie sich freilich wünschen, Sie könnten im voraus sagen, ob Ihr Kind nun lachen oder weinen wird.

Die Krebs-Kinder brauchen noch mehr Liebe als die Fische-Kinder. Mehr als bei anderen Menschen hinterläßt bei Krebsen die Umgebung der frühesten Kindheit tiefste Eindrücke. Bis zur Halbwüchsigkeit sind die jungen Krebse ungeheuer abhängig von den Reaktionen der Eltern und Geschwister. Das Kind mag zu schüchtern sein, um seine wahren inneren Wünsche zu äußern, insgeheim jedoch sehnt es sich danach, umhegt, geliebt und bewundert zu werden. Wenn es keine Beachtung und keinen Beifall bei Eltern, Freunden und Verwandten findet, kann es durch die Zurückweisung sehr niedergeschlagen werden. Ich kenne eine junge Frau, die im Juli geboren ist. Eines Abends sprachen wir in der Küche (wo sonst) über ihre Kindheit.

Sie erzählte mir: «Als ich ein kleines Mädchen war, erhielt ich wöchentlich etwas Taschengeld. Aber ich habe es nie ausgegeben. Ich habe es gespart, damit ich einen Preis verteilen konnte.»

«Wofür?» fragte ich sie.

Ein nachdenklicher Zug zeigte sich in ihrem ausdrucksvollen Gesicht: «Am Ende des Monats habe ich das Geld immer der Freundin gegeben, die am nettesten zu mir war.»

Zuerst war ich belustigt und wollte ihr all die Schokolade und die Vergnügungen vor Augen halten, die ihr dadurch entgangen waren, aber als ich die Augen der jungen Frau sah, änderte ich meine Absicht.

Obwohl der junge Krebs in den Entwicklungsjahren zum Rebellen werden kann, ist er in der frühen Kindheit leicht zu lenken. Seine Traumwelt ist für ihn Realität, daher wird er stundenlang zufrieden

allein spielen. Vielleicht hat er (oder sie) sogar einen Phantasiespiel-
freund, der sich immer gut benimmt, höflich ist und den kleinen
Krebs stets gewinnen läßt. Manchmal verschwinden diese Phantasie-
freunde für Wochen, kehren aber sofort wieder zurück, wenn ein
echter kleiner Schul- oder Spielfreund den Krebs verletzt oder zuviel herumdirigiert hat. So fügsam und ruhig die meisten Krebse
sind, so ist das Zeichen Krebs doch ein Kardinalzeichen im Tierkreis.
Das bedeutet, daß Menschen, die im Juli geboren wurden, die
Führung übernehmen werden. Trotz ihrer zarten Gefühle und ihres
sanften Wesens laufen die Krebse den anderen nicht nach. Sie denken
unabhängig und sind Individualisten.

Wenn Ihr Sprößling so ist wie die meisten Julikinder, wird er
seinen Willen durchsetzen und leicht verwöhnt werden. Behandelt
man ihn zu grob oder beachtet man ihn nicht, kann er sehr weinerlich
sein. Überhaupt Tränen! Ein Krebs-Kind kann Ströme von Tränen
vergießen. Wenn ihm trotzdem nicht genügend Mitgefühl entgegen-
gebracht wird, kann es zu einem gehemmten Erwachsenen mit leerem
Herzen werden, dem es schwerfällt, Liebe zu geben oder zu empfangen – zu einem Menschen, der die Einsamkeit sucht, nur wenige
echte Freundschaften schließt und im Alter ein Einsiedler wird.

Wenn sich ein solch empfindsamer kleiner Krebs in Ihrer Obhut
befindet, ist es wirklich notwendig, daß Sie mit ihm lachen und
weinen und seine Ängste beruhigen. Er hat mehr als genug davon.
Er hat Angst, im Dunkeln zu schlafen, Angst vor Feuer und Streich-
hölzern, Angst vor schnellen Autos und lauten Geräuschen. Er fürchtet
sich vor Fremden, großen Tieren, hellem Licht, Essen, das er nicht
kennt, und vor Donner und Blitz.

Viele junge Krebse werden schwermütig, wenn es regnet. Es mag
auch sein, daß die Kinder zu dieser Zeit plötzlich ein Gedicht schreiben, ein Bild malen oder Musik machen wollen.

Dieses Kind braucht viel Einfühlungsvermögen, damit es seine
zarten, liebevollen, künstlerischen und schöpferischen Wesenszüge
entwickeln kann. Leitet man es richtig, wird es geduldig, großzügig,
ruhig vertrauend und offenherzig werden. Wenn man ihm nicht das
richtige Verständnis entgegenbringt, kann sein echtes Mitgefühl sich
in Selbstmitleid verwandeln. Dann neigt es auch zu bitterer, schweig-

samer Grübelei. Wird die Angst nicht frühzeitig bekämpft, kann sie zu Vorurteil und Haß werden. Eine gehemmte Entwicklung kann die kleinen Krebse auch zu argwöhnischen Drückebergern machen, die sogar rachsüchtig und selbstzerstörerisch werden können. In den besten Fällen führen diese launischen, unglücklichen Männer und Frauen ein trauriges, ereignisloses Leben, wenn sie nicht ihre ganze Kraft einer Aufgabe oder einem verborgenen Talent widmen. Beides kann die in der Kindheit vorenthaltene Liebe und Zuneigung glücklicherweise ersetzen.

Man kann nicht oft genug betonen, daß diese empfindsamen Kinder Beleidigungen, Verletzungen, Kränkungen oder Zurückweisungen selbst dort vermuten, wo sie nicht vorhanden sind. Es darf keine Mühe gescheut werden, die Kinder davon zu überzeugen, daß sie gut, gescheit, hübsch, geschickt, geliebt und erwünscht sind. Viele Eltern spüren das, darum werden auch so viele kleine Krebse zu Hause verwöhnt und sind dann als Erwachsene schockiert, wenn sie entdecken, daß die Welt ihren persönlichen Wünschen nur kühl und uninteressiert gegenübersteht. Es ist kein Wunder, daß so viele Krebse liebevoll an die Mama denken und ihr im Geist einen Altar errichten, wenn sie älter werden. Niemand sonst wird sich je wieder so um sie sorgen. Das große Problem bei Krebs-Kindern ist folgendes: Soll man streng mit ihnen sein und damit Gefahr laufen, daß sie zu verschrobenen Menschen werden, oder soll man ihnen alles durchgehen lassen und sie verwöhnen? Den Mittelweg zu finden, ist gar nicht so einfach und kann Sie ein paar schlaflose Nächte kosten. Am besten ist es, Sie nehmen alles nicht zu tragisch. Liebe findet gewöhnlich den richtigen Weg. Eine gute, altmodische Tracht Prügel, wenn es notwendig ist, und zu allen anderen Zeiten viele Zärtlichkeitsbeweise.

Bei den Lehrern sind die Krebs-Kinder vor allem in Geschichte gut angeschrieben. Selten vergessen sie Jahreszahlen oder Tatsachen. Dank ihrer ungeheuren Einfühlsamkeit können sie sich so in die Vergangenheit versetzen, als seien sie selbst dabeigewesen. Es gibt kaum etwas, das sie sich nicht vorstellen können. Es ist kein Zufall, daß so viele dieser empfindsamen Jungen und Mädchen zur Bühne gehen oder Fotografen, Maler und Musiker werden. Manchmal beklagen sich die Lehrer über Dickköpfigkeit oder Tagträumerei der jungen Krebse, aber selten treten diese Schwächen so stark auf, daß ernste Ungelegenheiten entstehen. Hin und wieder übertreiben die Kinder etwas, aber das ist nur zu erwarten, wenn man an ihre starke Einbildungskraft denkt.

Wie das Waage-Kind können auch die kleinen Krebse das Nahrungsmittelbudget der Familie erheblich in die Höhe treiben. Man wird häufig trösten müssen, weil wieder einmal «Dicker» gesagt wurde. Wenn das Kind sehr nervös ist und viel grübelt, kann es auch «Dünner» heißen. Am besten vermeidet man alle Spitznamen bei Krebs-Kindern. Sie sollten niemals geneckt werden.

Die meisten jungen Krebse verdienen sich gern selbst etwas Geld, auch wenn sie noch klein sind. Über alles, was er verdient, wird der kleine Krebs sorgfältig Buch führen und einen guten Teil sparen. Früher als andere Jugendliche wird er für seinen Unterhalt selbst sorgen. Oft arbeiten junge Krebse als Werkstudenten und verdienen sich so ihr Studium. Die Jungen interessieren sich für die Geschäftswelt, und auch die Mädchen werden ihr Taschengeld kaum verschleudern.

An Ihrem Krebs-Kind werden Sie viel Freude haben, denn seinem ansteckenden Lachen können Sie nicht widerstehen. Wenn möglich, sollten Sie ihm ein eigenes Stückchen Land geben, wo es nach Herzenslust gärtnern kann. Es wird immer Anteil nehmen, wenn die Familie in Geldschwierigkeiten ist, Verwandte krank oder Freunde und Nachbarn in Not sind. Krebs-Kinder lieben Bücher über tapfere Helden und gehen besonders sanft und mitfühlend mit Tieren um. Behandelt man sie jedoch grausam, so können sie die Grausamkeit weitergeben, oder besser, sie reflektieren diese Eigenschaft auf die, die schwächer sind als sie selbst. Kleine Krebse können auch einmal mürrisch sein, aber meist gehen die Launen schnell vorüber.

Wenn Ihr junger Krebs eines Tages das Elternhaus verläßt, brauchen Sie sich keine Sorgen zu machen, daß er Sie vergessen wird. Jahre können vergehen, und er kann über fremde Meere fahren, aber er wird immer wieder nach Hause zurückkehren. Ganz gleich, wo er später wohnt, es wird nie zu weit von zu Hause entfernt sein.

Nachdem vom Humor der Krebse berichtet wurde, haben Sie vielleicht den Eindruck gewonnen, das Büro eines Krebs-Chefs müsse einem Kabarett gleichen. Ungefähr so, als arbeite man jeden Tag in einer Bar mit Unterhaltungsprogramm. Ganz so ist es jedoch nicht.

Der ernsthafte, schwerarbeitende Krebs-Chef hat keinen Sinn für Ausgelassenheit während der Arbeit. Sein Humor zeigt sich vielleicht, wenn ein Konkurrent zu selbstsicher ist oder wenn Sie um Gehaltserhöhung bitten, bevor Sie etwas geleistet haben. Solche Situationen bringen ihn zum Lachen, anderes selten. Hinter diesem entschiedenen Berufsgesicht und dem schneeweißen Kragen steckt genug Humor, aber er kommt nur sparsam zu Wort. Und so werden sieben Stunden und neunundfünfzig Minuten eines Achtstundentages humorlos sein, wenn nicht grimmig.

Ich möchte Ihnen keine Angst einjagen. Es ist nur so, daß Ihre Stellung unter einem Krebs-Chef wesentlich sicherer ist, wenn Sie auf Ihre Bügelfalten achten, Ihren Scheitel gerade ziehen und Ihr Gehirn auf Hochglanz polieren, als wenn Sie ein paar tolle Witze erzählen. Der Humor Ihres Chefs ist außer Dienst, wenn er hinter dem breiten Schreibtisch sitzt, auf dem links das Foto seiner Mutter und rechts das Gruppenfoto seiner Familie steht.

Der Krebs-Chef hat seine Stellung nur aus einem Grund. Er will Geld verdienen. Punkt. Geld. Es wird aus verschiedenfarbig bedrucktem Papier hergestellt, und in den Ecken befinden sich Ziffern, die angeben, wieviel Macht, Ansehen und Luxus man damit kaufen kann. Man tauscht es gegen harte Arbeit ein. Je mehr man arbeitet, desto mehr von diesem bedrucktem Papier erhält man, und desto höher sind die Zahlen in den vier Ecken. Das ist seine Philosophie, kurz gefaßt. Es wäre klug, wenn Sie sich darauf einstellten.

Sie halten Ihren Chef für etwas pedantisch, nicht wahr? Wenn er sich mehr gehenließe, nicht so streng bei allen Fehlern wäre und eine freundlichere Atmosphäre um sich schaffen würde, wäre er nicht nur erfolgreicher, er wäre auch glücklicher. Haben Sie sich das gedacht? Sehen Sie sich einmal eine Ausgabe von «Wer ist wer in Handel und Industrie» an. Die Sommergeburtstage überwiegen, und der Juli wird am häufigsten vertreten sein. Und dann sehen Sie sich noch einmal die Liste der berühmten Krebse hier in diesem Kapitel an. Der Krebs muß wohl doch recht haben.

In welchem Geschäftszweig er auch sein mag, der Krebs-Chef ist in seinem Element, wenn es um Handel geht. Er ist ein Meister in der Kunst, herauszufinden, was die Leute wollen, und es mit beträchtlichem Profit zur Verfügung zu stellen.

Die Verlockung des Geldes kann ihn sogar dazu verführt haben, die Ausbildung für den ersehnten Beruf aufzugeben und ein Selfmademan zu werden. Wenn nicht, hat er sich sein Studium wahrscheinlich als Werkstudent verdient. Es ist anzunehmen, daß er bereits mit sechs oder sieben Jahren an der Ecke Brot oder Milch einkaufte und seiner vernarrten Mutter dafür zehn Pfennige abverlangte. Fragen Sie ihn, wann er seine erste bezahlte Stellung antrat. Sie werden vermutlich höchst erstaunt sein. Aber es wird Ihr Ansehen bei ihm heben. Er wird Sie respektieren und sich merken, daß Sie richtig denken. Übrigens, beachten Sie, was er sich alles merkt. Er hat ein Gedächtnis wie ein Elefant. Er merkt sich, wann Sie morgens kommen, zu welcher Zeit Sie gehen und wie oft Sie sich die Hände waschen. Aber er wird auch wissen, wie oft Sie Überstunden machen, und nie vergessen, daß Sie einmal ein ganzes Wochenende geopfert haben, als ein Vertrag auf dem Spiel stand. Sie werden gerecht, ja, sogar großzügig dafür entlohnt.

Es kann sein, daß er Reichtum und Stellung geerbt hat, aber der Krebs-Chef wird sich selten auf Familienlorbeeren ausruhen. Er muß beweisen, daß er selbst das Vermögen vermehren kann. Habgierig ist er jedoch nicht. Er ist mitfühlend und wohltätig, ohne naiv zu sein. Keiner kann so großherzig und freigebig sein, wenn der Empfänger der Hilfe würdig ist und es wirklich niemand anders gibt, der helfen kann. Aber bedenken Sie, daß ein großer Unterschied besteht zwischen wirklicher Wohltätigkeit und unbesonnenen, gewagten Unternehmungen. Der Krebs hat ein weiches Herz, aber keinen weichen Kopf.

In Wirklichkeit ist Ihr Krebs-Chef ein tief empfindsamer, zartfühlender Mensch, und im Grunde ist er unsicher. Durch den Erfolg verliert er viele seiner inneren Ängste, und darum läuft er ihm so nach. Wenn er sich verletzt fühlt, und das mag bei weitem häufiger sein, als Sie denken, verkriecht er sich in seine harte Schale. Auf diese Art verteidigt sich der Krebs auch, wenn etwas nicht nach seinen Wünschen verläuft. Der Krebs, der sich in seine Höhle zurückgezogen hat, tut den Leuten oft leid, und sie versprechen ihm Gott und die Welt, nur damit er wieder hervorkommt.

Es gibt auch viele weibliche Krebs-Chefs. Fast jede Krebs-Frau, die Sie kennen, hat irgendwann in ihrem Leben gearbeitet, arbeitet jetzt oder ist Ihre Chefin. Sie mag in die Liebe verliebt sein, aber ihr Beruf ist ein echter Konkurrent, der manchmal sogar das Übergewicht gewinnt. Seelische Geborgenheit allein macht die Krebs-Frau nicht glücklich, wenn es auch manchmal so scheint. Für alle Krebse besteht das Glück aus zwei Hälften – Geld und Liebe. Der weibliche Krebs verabscheut die Hausarbeit. Wenn Sie etwas anderes gehört haben, so liegt das an der Liebe der Krebs-Frau zu ihrer Küche. Davon abgesehen, würden sich diese Frauen mit all ihrer Empfindsamkeit viel lieber in der Welt der Männer bewähren, als sich mit der täglichen Routine von Staubwischen und Fegen und Fegen und Staubwischen abzuplacken. Sie geben es nicht gern zu, und ihre Häuslichkeit, ob ordentlich oder unordentlich, ist auch meist sehr gemütlich, aber typische Hausfrauen sind sie nicht. Die weiblichen Krebs-Chefs unterscheiden sich nicht viel von den männlichen. Mit einer Ausnahme. Sie tragen keine Hosen und weiße Hemden, sondern sie tragen ein freundliches Lächeln zur Schau, hinter dem sie ihr weiches Herz und ihren scharfen Verstand verbergen.

Alle Krebs-Chefs haben ein starkes Einfühlungsvermögen. Sie verstehen alles, was Sie sagen, genauestens, und das unheimliche an der Sache ist, daß sie auch scharfsichtig genug sind, selbst das zu erfassen, was Sie nicht ausgesprochen haben. Also passen Sie auf! Krebse sind nicht eigentlich Einzelgänger. Es mag einem so vorkommen, wenn man sie gerade in trüber Stimmung erwischt, aber gewöhnlich umgeben sie sich mit Menschen. Die meisten Krebse fürchten die Einsamkeit. Ausgenommen sind die, die frühzeitig im Leben verletzt worden sind und deshalb die Einsamkeit suchen. Aber sogar sie fühlen sich elend, wenn sie allein sind, nur sind sie sich dessen vielleicht nicht bewußt.

Es ist gut, für einen Krebs-Chef zu arbeiten. Sie lernen von ihm in einem Monat mehr als von anderen Chefs in einem Jahr. Das Wichtigste, das Sie lernen, ist Rücksichtnahme. Der Krebs-Chef wird zwar bei jedem Geschäft seine Interessen verfolgen, aber er ist immer anständig dabei. Er mißt sich mit seinesgleichen und wird den Unerfahrenen nie übervorteilen. Im Grunde ist er ein gutherziger Mensch, der bei Grausamkeit und Unglück zu tiefem Mitleid gerührt wird. Höflichkeit und Mitgefühl sind keine altmodischen Worte für ihn. Wenn Sie ernsthafte Vorsätze haben und ehrlich sind, wird er Sie im Fall von boshaften Gerüchten und persönlichen Schwierigkeiten decken.

Der Krebs wartet geduldig und ausdauernd. Sein Verstand ist wach und praktisch, aber sein Herz träumt. Die Träume können so magisch sein wie der Mondschein, der ihn bewegt. Sie können ihn auf eine herrliche Reise um die Welt rühren, aber sie können ihn auch dazu anspornen, ein großes Unternehmen aufzubauen, das seinen Gewinn der wissenschaftlichen Forschung stiftet. Jeder Traum jedoch beruht auf einer gesunden Grundlage.

Wenn Sie Ihrem Krebs-Chef unbedingt den Witz erzählen wollen, tun Sie's in der Mittagspause und nicht während der Arbeitszeit. Wenn der Witz eine gute Pointe hat und sich um gewöhnliche Leute dreht, wird er lachen. Dann werden Sie sein wahres Wesen kennenlernen. Beobachten Sie seine Augen. Das Krebs-Lachen ist eine tapfere und gescheite Antwort auf die innere Angst und Verwundbarkeit, und nur der geduldige Krebs mit seinem zartfühlenden Herzen kann sie geben.

Der KREBS-Angestellte

Es ist immer angenehm, einen Krebs für sich arbeiten zu lassen, denn er arbeitet wirklich für einen. Er arbeitet nicht für Ruhm oder irgendeine phantastische Idee, und er wird morgens bestimmt nicht mit der Empfangsdame flirten. Für ihn ist die Arbeit nicht nur eine Möglichkeit, sein Selbstgefühl zu befriedigen, und er betrachtet sie auch nicht als vergnügliche Beschäftigung, mit der man die Zeit zwischen den Kaffeepausen ausfüllen kann. Er arbeitet aus dem einfachsten Grunde der Welt: für seine Sicherheit. Mit anderen Worten, für sein Gehalt.

Sie sollten sich darüber im klaren sein, daß das Gehalt des Krebses elastisch sein muß. Es muß sich allmählich immer weiter ausdehnen. Wenn er im Laufe der Zeit Erfahrungen sammelt und seine Treue, seine Talente und Fähigkeiten unter Beweis gestellt hat, dann erwartet er auch mehr Geld. Sein Einkommen muß immer seiner Arbeitsleistung entsprechen, und seine Arbeitsleistung wird ständig wachsen. Wenn die Bezahlung nicht mitwächst, sieht er sich gezwungen, völlig gegen seine Natur zu handeln, nämlich seine Stellung aufzugeben und woanders anzufangen. Der Krebs gibt nie leichten Herzens etwas auf – ob Zahnbürsten, Schuhbänder, Socken, Mädchen, leere Kugelscheiber oder Stellungen. Er greift fest zu, und man kann ihn schwer losreißen. Zuverlässigkeit und Ausdauer sind Eigenschaften, mit denen die Natur ihn verschwenderisch bedacht hat, und sie nützen ihm sehr bei seinem ehrgeizigen Aufstieg zum Erfolg. Vielleicht zittert und bibbert er ein wenig unterwegs, wenn die Haie erscheinen, aber das wird er, wenn er zielbewußt ist, tief in seinem Innern verbergen. Trotz der augenscheinlichen Milde der Krebse – das Zeichen Krebs gehört zu den Kardinalzeichen, und die Krebse wurden geboren, um Verantwortung zu übernehmen und zu führen, nicht um geführt zu werden. Sie nehmen Anweisungen des Chefs mit ruhiger Fügsamkeit hin, solange es erforderlich ist, aber vergessen Sie nicht, was hinter dieser Bereitwilligkeit steckt. Wenn der Krebs gehorsam dient, dient er seinem eigenen geheimen Zweck. Seine Stellung ist ein wichtiger Baustein in dem großen Gebäude, an dem er baut. Sowie der solide Bau steht, wird er die Führung übernehmen und herrschen. Das heißt, er zielt auf den Posten eines verantwortlichen Leiters hin. Das vergißt er keine Sekunde. Es ist besser, wenn Sie auch daran denken, aus naheliegenden Gründen.

Selten wird der Krebs vom Machttrieb bewegt. Er wird nicht, wie der Steinbock, aus Prestigegründen handeln oder um sein starkes Selbstgefühl zu befriedigen wie der Widder. Er strebt aus anderen Gründen nach Geld und Autorität. Die Krebse brauchen die Gewißheit, daß ihre Zukunft gesichert ist, damit sie schließlich dort leben können, wo sie mit dem Herzen sind – im Gestern. Dazu braucht man Geld. Antiquitäten sind teuer. Ebenso große, alte Häuser und üppige Mahlzeiten. Alte Handschriften oder gute Hifi-Geräte für klassische Musik sind auch nicht gerade billig. Außerdem benötigt der Krebs-Angestellte zuweilen beträchtliche Summen, um Verwandte in Not zu unterstützen. Es kann auch sein, daß eines seiner Kinder plötzlich mehr Geld braucht. Und schließlich hat der Krebs viele Ängste, echte und eingebildete. Gefühle von Unzulänglichkeit und Minderwertigkeit werden durch Erfolg und Ansehen vertrieben wie Kopfschmerzen durch Aspirin.

Aber er braucht noch etwas: Zuneigung. Natürlich ist das nicht Ihr Gebiet. Immerhin, es ist gut, es zu wissen. Eines Tages werden Sie ihm vielleicht die Hand drücken oder warm Ihre Anerkennung aussprechen müssen, anstatt ihm eine Gehaltserhöhung zu geben. Es wird kein Ersatz für Geld sein, keineswegs, aber es bestärkt ihn vielleicht in der Absicht, etwas länger bei Ihnen zu bleiben.

Seien Sie also vorsichtig mit Ihren Krebs-Angestellten, auch mit den weiblichen. Leicht kann es hier zu Mißverständnissen kommen. Die Krebs-Frau ist Fremden gegenüber scheu und schüchtern, aber eine Aufforderung zum Flirt wittert sie meilenweit. Falls sie ledig ist, ist es gut, wenn Sie es auch sind, denn nehmen ihre Augen erst einmal den zärtlichen, besitzergreifenden Ausdruck an, werden Sie allerhand Schwierigkeiten haben, sich aus dem Netz zu befreien. Wenn sie verheiratet ist, wird sie Sie eiskalt abblitzen lassen, bis sie gebührend behandelt wird. Seien Sie liebevoll zu Krebsen, aber versuchen Sie dabei unpersönlich zu bleiben. Ich weiß, das ist leichter gesagt als getan, aber es ist der richtige Weg.

Familie und Heim spielen eine große Rolle bei den Krebsen. Wenn Sie Krebs-Angestellte haben, die eine Trennung oder Scheidung durchmachen, müssen Sie mit Problemen rechnen, die Ihr Personal auf Wochen hinaus durcheinanderbringen können. Krebse verbreiten nämlich leicht eine Atmosphäre von Trübsinn im Büro. Es ist schon schlimm genug, wenn sie verlassen werden. Kommt dazu noch – wie bei vielen weiblichen Angestellten – die Furcht vor finanzieller Unsicherheit, werden Sie bald ihre Zähigkeit kennenlernen, und sie ist nicht gering. Krebse beiderlei Geschlechts nehmen es sehr schwer, wenn die Familie auseinanderbricht.

Wenn Sie mit dem Krebs-Angestellten etwas besprechen müssen und Sie ihn Ihren Wünschen geneigt machen wollen, laden Sie ihn zum Essen ein. Krebse schwärmen dafür. Nicht nur, weil sie die Rechnung nicht bezahlen müssen, Essen bedeutet auch eine gewisse Sicherheit für sie. Beobachten Sie den Glanz in ihren Augen. Vielleicht ist Ihr Krebs-Mann gar kein großer Esser, aber es beruhigt und besänftigt ihn, wenn er einen Überfluß an Nahrungsmitteln sieht.

Krebse sind fleißige Arbeiter. Sie können sich darauf verlassen, daß sie unter allen Umständen regelmäßig und verläßlich ihre Arbeit verrichten – bis auf eine Ausnahme. Krebs ist ein Wasserzeichen, und Menschen, die unter einem der drei Wasserzeichen geboren wurden, lieben Flüssigkeiten jeder Art. Wenn die Planeten bei der Geburt verletzt waren, kann eine dieser Arten recht hochprozentig sein. Krebse mit Alkoholproblemen sind selten, aber wenn Sie einen im Juli geborenen Angestellten haben, der sein ansteckendes Lachen zu oft hören läßt oder ständig melancholische Tränen vergießt, so trinkt er vielleicht etwas Stärkeres als Coca-Cola in den Pausen.

Glauben Sie nicht, daß alle Fische, Krebse und Skorpione nun heimlich trinken. Es ist zwar richtig, daß unter diesen Zeichen geborene Menschen ihre Sorgen häufig in Alkohol ertränken, doch darf man diese Neigung nicht grob verallgemeinern. Die meisten Krebse, mit denen Sie zu tun haben, werden nüchtern sein. Vielleicht sogar so nüchtern, daß Sie wünschen, sie würden sich bei einem Cocktail etwas gehenlassen.

Sie nehmen ihre Arbeit ernst und sich selbst noch mehr. Sie haben einen großartigen Sinn für Humor, der eine tiefe Einfühlung in die menschliche Natur verrät. Sollte aber jemand im Spaß eine empfindliche Stelle des Krebses treffen, kann dieser tief verletzt sein. Es ist besser, Sie lassen *ihn* die Witze reißen. Bei seiner Gutherzigkeit und seinem Taktgefühl wird er selten jemanden kränken. Der typische Krebs wirft nicht während der Arbeitszeit mit Pointen um sich, aber wenn Sie ihn zum Essen einladen, kann er Sie von der Vorspeise bis zum Dessert zum Lachen bringen. Krebse können brillante Gesprächspartner sein, wenn sie nicht zufällig schlechter Stimmung sind. Dann kann man ungefähr mit einem Wort pro Stunde rechnen. Sie können herrlich schmollen. Aber sie können auch fesselnd erzählen und ihre Zuhörer zu Lachstürmen hinreißen.

Krebse sind Gefühlsmenschen. Wenn man einen Freund braucht, kann niemand besorgter und mitfühlender sein. Aber keiner ist auch reizbarer, wenn er merkt, daß man ihm etwas fortnehmen will. Ist der Kontoauszug nicht in Ordnung, können Krebse noch Stunden später in mürrischem Schweigen verharren, und wenn sie das Gefühl haben, ein anderer habe ein Auge auf ihre Stellung geworfen, kann ihr Benehmen recht kindisch werden – ein Vorspiel zum Kampf auf Leben und Tod. Daß der Krieg erklärt worden ist, merkt das Opfer vielleicht erst, wenn der Sieg errungen ist. Krebse haben mehr Geheimnisse als James Bond und Sherlock Holmes zusammen. Selten geben sie ihre Absichten im voraus bekannt, und ihre geheimen Gedanken enthüllen sie fast nie.

Der Krebs leistet auf jedem Platz etwas, der seinen natürlichen Fähigkeiten entspricht. Oft ist er erfolgreich im Ein- und Verkauf und im Handel. Nahrungsmittelbetriebe und die Verpackungsindustrie ziehen viele Krebse an. Sie sind Maler und Bildhauer, Musiker und Schriftsteller, sie betätigen sich in Innenarchitektur und Entwurf, in Museen, im Rechnungswesen, in der Fürsorge, als Schauspieler und Regisseure, Fotografen und Gärtner. Auch Universität und Schule, Bankfach und Politik, Reedereien und Ölgeschäft sind ihr Gebiet. Und man findet Krebse als Geschäftsführer von Hotels und Restaurants, als Theaterintendanten und im Kreditwesen.

Ihre weibliche Krebs-Angestellte liebt Babys, Kinder, Männer, Blumen, gut geheizte Büros, Höflichkeit, Romantik, Kochen, Kino, Bücher und Geld. Sie ist feinfühlig, verantwortungsbewußt und außerordentlich tüchtig. Und launisch.

Ihr männlicher Krebs-Angestellter liebt Babys, Kinder, Frauen, Respekt, Bewunderung, gut geheizte Büros, Höflichkeit, Romantik, Kochen, Kino, Bücher und Geld. Er ist feinfühlig, verantwortungsbewußt und außerordentlich tüchtig. Und launisch.

Nun, können Sie den Unterschied zwischen dem Krebs-Jungen und dem Krebs-Mädchen am Strand erkennen? Beide Geschlechter sind liebenswürdig und verträumt und doch vernünftig und praktisch wie

Flanellunterwäsche. Sie werden froh sein, daß Sie sie angestellt haben, wenn Sie beruflich mehr unterwegs sind, als Ihnen lieb ist. Es bereitet den Krebsen das größte Vergnügen, auf den Betrieb achtzugeben.

Der Löwe

24. Juli – 23. August

Berühmte LÖWE-Persönlichkeiten:

Bernard Baruch
Fidel Castro
Matthias Claudius
Tilla Durieux
Gottlieb Duttweiler
Hugo Eckener
Henry Ford
Kaiser Franz Josef
John Galsworthy
Haile Selassie
Knut Hamsun
Mata Hari
Alfred Hitchcock
Aldous Huxley
C. G. Jung
Jacqueline Kennedy
Alice u. Ellen Kessler
Marianne Koch

Alfried Krupp
Nikolaus Lenau
Prinzessin Margaret Rose
Guy de Maupassant
Cecil B. de Mille
Hans Moser
Benito Mussolini
Napoleon I.
Dorothey Parker
Joachim Ringelnatz
Peter Rosegger
Adele Sandrock
Walter Scott
George Bernard Shaw
Percy Bysshe Shelley
Sabine Sinjen
Carl Wery
Hans-Jürgen Winkler

Wie man den LÖWEN erkennt

Der Löwe herrscht über alle Tiere. Der Löwe-Mensch herrscht über Sie und uns. (Ich weiß, daß es eigentlich nicht stimmt. Aber bitte, sagen Sie es ihm nicht. Sein großes, warmes, selbstsüchtiges Herz würde brechen.) Am besten ist es, Sie lassen ihm seinen Glauben. Dann wird er schnurren, statt zu brüllen. Wenn Sie das Raubtier näher studieren wollen, besuchen Sie die flimmernd hellen, exklusiven Restaurants der Stadt. Mindestens die Hälfte der Menschen, die dort auf großem Fuß leben, werden Löwen sein. Die scheueren Katzen leben zu Hause auf großem Fuß. Der Löwe verabscheut Dunkelheit und Langeweile.

Wenn jemand leicht errötet, können auch Stolz und Selbstgefälligkeit die Gründe sein. Das ist etwas ganz anderes als das übliche Erröten. Das Gesicht des Löwen ist vielleicht errötet, weil er zuviel getanzt hat. Oder er glüht, weil die große Liebe seines Lebens gerade vorübergegangen ist. Auf keinen Fall ist Introvertiertheit oder Schüchternheit der Grund. Es gibt keine introvertierten Löwen. Es gibt nur Löwen, die vorgeben, introvertiert zu sein. Es ist wichtig, sich das zu merken. Vielleicht finden Sie ein paar Löwen, deren herrschende Sonne etwas verdunkelt ist und die stark, würdig und ruhig sind. Lassen Sie sich nicht täuschen. Sogar der sanfte Löwe spürt innerlich das königliche Recht, Freunde und Familie zu beherrschen. Wenn Sie mir nicht glauben, suchen Sie sich einen ruhigen Löwen, der so tut, als sei er introvertiert, und greifen Sie seinen Stolz an. Nehmen Sie ihm etwas fort, von dem er annimmt, daß es mit gutem Recht ihm gehört, erteilen Sie ihm Befehle und zeigen Sie ihm keinen Respekt. Sie werden diese sanfte Katze brüllen hören, daß es meilenweit klingt. Man braucht ein tapferes Herz, den Löwen herauszufordern, wenn er sein Recht und seine Würde verteidigt. Manche Löwen werden im Alter zahmer, aber in Wahrheit beugt der Löwe niemals sein stolzes Haupt. Niemals.

Was die körperlichen Merkmale dieses Sonnenzeichens betrifft, so sehen Sie sich nur nach Leuten um, die einem Löwen oder einer Löwin ähneln, das Haar wie eine Mähne tragen und eine täuschend träge Miene zur Schau stellen. Löwen haben einen geraden und stolzen Gang und gleiten doch sanft dahin wie eine Katze. Die Frauen zeigen geschmeidige Anmut neben einer verhaltenen, vibrierenden Heftigkeit, die sie unter einer weichen, ruhigen und gleichmäßigen Natur verbergen. Aber vergessen Sie nicht, daß die Löwin stets bereit ist, zuzuschlagen, wenn sie sich bedroht fühlt. Ihre Krallen sind eingezogen, aber sie sind scharf.

Sie werden ein imponierendes Auftreten und eine würdevolle Haltung beobachten, wenn der Löwe auf all die gewöhnlichen Sterblichen herabsieht. Meist sind Bewegungen und Rede bedächtig. Selten sprechen Löwen schnell, laufen oder gehen auch nur eilig (wenn nicht Mond oder Aszendent im Widder oder in den Zwillingen stehen). In einer Gruppe wird man den Löwen nicht lange übersehen. Entweder erregt er die Aufmerksamkeit durch dramatische Schilderungen und Handlungen – oder er erreicht das gleiche durch Maulen und Schmollen hinter dem großen Gummibaum, bis jemand herbeiläuft und fragt, was denn nur los sei. Es gibt auch blauäugige Löwen, aber viele, besonders die weiblichen, haben dunkelbraune Augen, die zuerst weich und sanft sind und dann feurig funkeln, oft sind sie rund und leicht schräg an den Winkeln. Das Haar ist dunkel oder rotblond und im allgemeinen wellig. Es wird entweder sehr nachlässig frisiert, so daß es oben und an den Seiten hochsteht, oder streng zurückgekämmt. Die Gesichtsfarbe ist ausgesprochen rosig.

Löwen haben eine seltsame Wirkung auf andere Menschen, und es ist amüsant, das zu beobachten. Man kann schwerlich vor einem Löwen stehen, ohne sich voll aufzurichten, Bauch rein – Brust raus. Ich weiß wirklich nicht, ob wir Bauern dabei nur die königliche Haltung des Löwen nachahmen oder ob wir Mut fassen für die mögliche Predigt, die er uns halten könnte, denn er verteilt freigebig Ratschläge. Löwen haben die Neigung, einem in leicht überheblicher, herablassender Art zu erklären, wie man sein Leben führen müsse.

Diese Neigung zum Lehren führt dazu, daß so viele Löwen Erzieher, Politiker und Psychiater werden. Das Ärgerliche dabei ist, daß sie zwar die Probleme anderer Leute rasch überblicken und lösen können, bei ihren eigenen Angelegenheiten jedoch weniger erfolgreich sind. Aber das ist es gerade, was den Löwen so liebenswert macht; seiner Überlegenheit und seinen ausgezeichneten Fähigkeiten steht eine offenkundige Verwundbarkeit des Selbstgefühls gegenüber. Die stolze, würdevolle Katze verwundbar? Ja, tatsächlich! Der Löwe ist tief verletzt, wenn Sie seine Weisheit und Großzügigkeit nicht respektieren. Wenn Sie ihn besänftigen wollen, schmeicheln Sie ihm einfach. In neun von zehn Fällen wird er von einem brüllenden Raubtier zu einem scheuen, fügsamen Kätzchen, das sich offensichtlich in den Komplimenten sonnt. Diese Schwäche ist der kritische Punkt für manchen ernsten, autokratischen Löwen. Die Eitelkeit ist seine Achilles-ferse. Schmeichelei ist Balsam für ihn, Mangel an Respekt macht ihn blind vor Wut, und diese Gegensätze machen ihn unfähig, ein ausgewogenes Urteil abzugeben. Es gibt einige Löwen, die diese Neigungen erfolgreich bekämpfen, aber sie sind bei diesem Sonnenzeichen doch immer latent vorhanden. Der Löwe muß sich einfach hin und wieder überlegen vorkommen und sich dramatisch aufführen.

In mancher Hinsicht sind die Löwen recht schlau. Selten werden sie ihre Energie unnötig verschwenden, so wie es der Widder oft tut. Daher sind die Löwen auch gute Organisatoren und recht klug im Verteilen von Pflichten. Ihre Befehle sind überraschend wirkungsvoll, wenn sie das Pathos etwas dämpfen, denn sie sind Meister der einfachen, freimütigen Rede, auch wenn alles ein bißchen nach Theater riecht. Der Löwe äußert seinen Beifall großzügig und offen und kann fast peinlich übertriebene Komplimente machen. Er hält aber auch mit seinem Mißfallen keineswegs zurück. Was er sagt, meint er gewöhnlich auch. Er kann besänftigen oder zerstören, aber er hinterläßt immer einen Eindruck.

Die königliche Art dieses Sonnenzeichens kommt deutlich zum Ausdruck, wenn der Löwe sich als Gastgeber betätigt. Man hat das Gefühl, in einem königlichen Palast zu sein. Löwen setzen ihren Gästen auch ausgezeichnetes Essen und gute Weine vor und umgeben sie mit schönen Frauen und sanfter Musik. Welch ein Überfluß. Nicht einmal Ludwig XIV. hatte es so gut. Aber nach Ludwig XIV. kam die Sintflut – und auch bei vielen Löwen kommt nach dem Tanz und Spiel die Sintflut: Anträge, Leidenschaften, Tränen, Ärger, Abbitte, Gefühlsverwirrungen.

Da wir gerade von Liebesgeschichten sprechen, in die der Löwe häufig verwickelt ist, müssen wir feststellen, daß es hier bei beiden Geschlechtern nicht viele Junggesellen gibt. Wenn Sie doch einige treffen, geben Sie kein vorschnelles Urteil ab, bevor Sie die Lage sondiert haben. Vielleicht ist er nicht verheiratet, wenn Sie ihn kennenlernen, aber er ist verliebt oder wird es in Kürze sein, oder er hat gerade eine Bindung gelöst und zeigt einen pathetischen, verlorenen Ausdruck. Viele Liebesaffären und Ehen zerbrechen am feurigen Stolz des Löwen. Ein Löwe ohne seine Gefährtin ist meist ein kummervoller Anblick, wenn aber sein Stolz von der Geliebten oder vom Ehepartner verletzt worden ist, kann er den traurigen Ausdruck verlieren und statt dessen ziemlich wütend sein. Trotzdem kann er in stoischer Ruhe mehr ertragen als viele andere und jede Situation durch Vertrauen und Optimismus meistern.

Da geistige und seelische Harmonie zum Wesen der großen Katze gehören, sind die Versöhnungen so häufig wie die Trennungen, wenn das Feuerwerk der verletzten Würde einmal verloschen ist. Ein Leben ohne Liebe ist für Löwen und scheue Kätzchen undenkbar. Die Sonne scheint nicht mehr für sie, wenn die Liebe stirbt.

Diese Männer und Frauen stützen sich nicht auf andere Menschen, sondern sie ziehen es vor, daß man sich auf sie stützt. Der Löwe beklagt sich vielleicht theatralisch, daß er alle Bürden zu tragen habe und alles von ihm abhinge, aber achten Sie nicht darauf. Er tut es nur zu gern. Versuchen Sie einmal, ihm seine Last abzunehmen oder Ihre Hilfe anzubieten. Sie werden sehen, wie schnell er geringschätzig ablehnt. Besonders sträubt er sich dagegen, finanzielle Unterstützung anzunehmen. Obwohl er häufig knapp bei Kasse sein mag, ist er immer überzeugt, daß er irgendeinen Weg finden wird, um wieder zu Geld zu kommen. Sehr wenige Löwen können sparen. Sie werden vielleicht einmal einen finden, der in seiner frühen Jugend durch einen Gerichtsvollzieher verschreckt worden ist und sich nun benimmt, als stünde er dauernd vor den Pforten des Schuldgefängnisses. Aber der typische Löwe ist im Grunde ein leidenschaftlicher Spieler und oft sehr verschwenderisch. Alles soll erstklassig und luxuriös sein. Für Vergnügungen ist er jederzeit bereit zu zahlen. Aber seine Großzügigkeit erstreckt sich auch auf andere. Eher wird er sich Geld von einem

Dritten leihen, als zugeben, daß der König nicht in der Lage ist, seinen bedürftigen Untertanen zu helfen. Das ist allerdings der letzte Ausweg, denn die Löwen schrecken davor zurück, sich Geld, Ratschläge oder Ermutigungen von anderen zu holen. Sie haben genug Selbstvertrauen, um sich allein zu helfen, sie sind klug genug, ihren eigenen Goldschatz anzuhäufen – und auf Ratschläge legen sie schon gar keinen Wert. Man holt sich nur bei denen Rat, die einem überlegen sind, und wer ist dem Löwen überlegen?

Die Löwen sind anfällig für hohes Fieber, Unfälle und plötzliche, heftige Krankheiten. Dagegen sind sie meist immun gegen chronische, schleichende Übel. Da ihnen Halbheiten nicht liegen, strahlen diese Menschen entweder eine unglaubliche Vitalität aus, oder sie jammern darüber, daß sie nicht lange auf dieser Erde weilen werden. Das letztere ist die typische Reaktion auf mangelnde Würdigung und Hunger nach Liebe. Löwen haben entweder ein ausgezeichnetes Herz oder eine Herzschwäche. Sie können unter Schmerzen im Rücken und in den Schultern leiden. Es kommen Rückenmarksleiden, Schwierigkeiten mit den Unterleibsorganen, Unfälle an Beinen und Knöcheln, Heiserkeit und Halsentzündungen vor. Aber sie erholen sich rasch, und die größte Gefahr besteht darin, daß sie sich zu wenig schonen und ihre Krankheit nicht richtig auskurieren. Im Bett zu bleiben und sich bedienen zu lassen, schmeichelt zwar der Eitelkeit des Löwen, aber wenn er merkt, daß er die Rolle des Schwachen anstatt des Starken spielt, ist es mit der Faszination der Untätigkeit vorbei.

Es gibt keinen Mittelweg bei den von der Sonne beherrschten Menschen. Entweder sind sie entsetzlich unordentlich oder peinlich genau. Sie klatschen ganz gern und fühlen sich übergangen, wenn etwas in ihrer Umgebung passiert, das sie nicht verstehen. Der Löwe ist ein festes Zeichen im Tierkreis. Es ist schwierig, ihn vom einmal eingeschlagenen Pfad abzubringen, obwohl er selbst ein Meister darin ist, andere von seiner Meinung zu überzeugen. Löwen häufen nur Schätze an, um sie an andere zu verteilen, sobald sie es sich einmal auf dem glitzernden Thron mit weichen Kissen bequem gemacht haben. Sie können eine wilde Energie entwickeln, aber auch schläfrig und faul wie eine Katze sein. Wenn sie arbeiten, arbeiten sie. Wenn sie spielen, spielen sie. Wenn sie sich ausruhen, dann ruhen sie sich aus. Die meisten Löwen haben großes Geschick darin, schmutzige und unangenehme Arbeiten an andere weiterzugeben, während sie sich selbst mit wichtigeren Dingen beschäftigen, wie etwa der Überlegung, wer der nächste Präsident sein sollte und wie der Krieg gewonnen werden könnte.

Überraschenderweise wird der Löwe jedoch in einer wirklichen Notlage sein Teil auf seine starken Schultern nehmen, seine Pflichten niemals abwälzen, den Schutzlosen helfen, die Verängstigten beschützen (obwohl er selbst innerlich vielleicht doppelt soviel Angst hat), die Niedergeschlagenen ermuntern und die Verantwortung mutig tragen.

Das ist die wahre Löwe-Natur, die zum Vorschein kommt, wenn die Playboy-Phase überwunden ist.

Der Löwe ist ein treuer Freund, ein mächtiger, aber gerechter Feind, schöpferisch und originell, stark und gesund – ob er nun ein ruhiger oder ein brüllender Löwe sein mag, denn es gibt beide Arten. Er kleidet sich prächtig, passend zu seiner lebhaften Persönlichkeit. Wir übersehen seine Arroganz, seine manchmal unerträgliche Selbstsucht, seine ziemlich lächerlichen Anfälle von Eitelkeit und Faulheit, weil sein Herz aus purem Gold ist.

Der LÖWE-Mann

Wenn man von einem Veilchen spricht, das im verborgenen blüht, so meint man bestimmt nicht den Löwe-Mann. Er spricht vielleicht blumig, aber nicht im stillen Kämmerlein, sondern eher auf der Bühne oder im Kreis bewundernder Freunde und Verwandten. Er verschwendet vielleicht sein Geld, aber seine Schönheit verschwendet er nicht im verborgenen. Es wird immer Zuschauer geben.

So einfach ist das Geheimnis, den Löwen zu fangen. Seien Sie seine Zuhörerin. Im Gegensatz zu den widerwilligen Jungfrau- und Wassermann-Männern wird Ihr Löwe-Freund glücklich den Kämpfen, die eine köstliche Liebesaffäre mit sich bringt, erliegen, wenn

Sie Ihre Karten richtig spielen, ihn bewundern, ihm schmeicheln und ihn respektieren.

Ist er einer der auffälligen Löwen? Setzen Sie eine Sonnenbrille auf und begeben Sie sich in sein strahlendes Licht. Ist er ein sanftmütiger, ruhiger Löwe? Lassen Sie sich nicht durch seine geschmeidige Anmut täuschen. Streicheln Sie ihn nur einmal gegen den Strich, und die Funken werden fliegen. Denken Sie daran, er spielt nur die Rolle der milden Seele. Unter seinem höflichen und geduldigen Wesen verbergen sich die schwelenden Feuer stolzer Würde und arroganter Eitelkeit, die jederzeit aufflammen und das freche Weibchen verbrennen können, das denkt, es könne ihn beherrschen.

Der Löwe wird sich als ritterlicher und galanter Freier zeigen, er wird zärtlich beschützend und gütig sein. Sie werden nicht viele Fallen stellen müssen, damit er Annäherungsversuche macht. Der Löwe entbrennt auf Anhieb. Fügen Sie Gelegenheit hinzu, mischen Sie gut mit Kerzenlicht und Geigen, und die Liebe blüht wie eine tiefrote Rose.

Wenn die Liebe in seinem Leben fehlt, wird der feurige Löwe verschmachten – auf dramatische Weise natürlich. Er muß angebetet werden, oder er stirbt. Sie können das wörtlich nehmen. Löwe-Männer sparen selten an Ausgaben, wenn sie sich um die Dame bemühen. Sie werden in die besten Restaurants geführt, mit Parfum und Blumen überschüttet und stolz ins Theater begleitet. Sie werden ein Bündel phantastischer Liebesbriefe mit einem Band umwickeln können. Sie müßten schon ein Herz aus Stein haben, um ihm zu widerstehen.

Jetzt sind Sie wahrscheinlich der Meinung, Sie hätten ein herrliches Leben vor sich. Aber denken Sie weiter. Diese Löwe-Liebe wird nicht ganz ohne Schwierigkeiten sein. Lassen Sie sich von den Günstlingen eines Herrschers belehren. Der Löwe wird Sie in seine Höhle einladen und Sie an seinem großen Herzen wärmen, aber die Löwenhöhle kann zu einem goldenen Käfig werden. Ist er eifersüchtig? Die Antwort ist «ja», und Sie können sie in grellen Großbuchstaben schreiben. Sie gehören ihm mit Körper, Seele und Geist. Er sagt Ihnen, was Sie anziehen, wie Sie Ihr Haar frisieren sollen, welche Bücher Sie zu lesen haben, welche Freunde am besten zu Ihnen passen und wie Sie Ihren Tag besser einteilen. Er wird wissen wollen, warum Sie zwei Stunden einkaufen waren, wo Sie doch sagten, Sie seien in einer Stunde zurück, er wird fragen, wen Sie unterwegs getroffen haben und was die Leute erzählt haben, und er wird sogar schmollen, wenn Sie ihm verheimlichen, was Sie denken, wenn Sie zum Küchenfenster hinausstarren, während Sie sein Frühstück bereiten. Sie könnten schließlich an einen anderen Mann denken. Vergessen Sie nicht, daß sein Zorn furchtbar sein kann, wenn er einmal gereizt ist. Ihn mit gelegentlichen Flirts zu foppen, um zu beweisen, daß Sie noch begehrenswert sind, ist höchst gefährlich. Er weiß, daß Sie begehrenswert sind. Er braucht keinen wie immer gearteten Beweis. Ihr Löwe-Mann ist durchaus fähig, Ihre unschuldigen männlichen Freunde flach auf den Boden zu legen – oder sogar ins Krankenhaus zu befördern –, wenn er zu weit getrieben wird.

Nicht alles ist eitel Wonne bei einer Liebesaffäre mit einem Löwen, und das betrifft nicht nur die temperamentvollen Raubtiere, sondern auch die ruhigen Katzen. Im Grunde besteht kein Unterschied zwischen beiden.

Bereiten Sie sich darauf vor, seinen starken Enthusiasmus mit ruhiger Vernunft auszugleichen und besänftigen Sie ihn, wenn er aus einer Mücke einen Elefanten macht. Der sanfte Löwe tut das auf ruhige Art, aber wo ist der Unterschied? Ob er nun brüllt oder wütet, weil seine Angestellten ihm nicht gehorchen, oder ob er auf der hinteren Veranda schmollt, weil die Nachbarn ihm die kalte Schulter gezeigt haben, das Endresultat ist das gleiche. Er braucht Ihre Standhaftigkeit als Gegengewicht zu seinem unsinnigen Stolz. Wenn Sie diese Eigenschaft nicht haben, kann Ihre Liebe zu einem ständigen Schlachtfeld werden. Sie werden so oft Schluß machen und sich wieder versöhnen, daß Ihre erstaunten Freunde fragen: «Wie steht es jetzt?»

Versuchen Sie nicht, eine Karriere-Frau zu sein. Er wird es nie zulassen. *Er* ist Ihre Karriere. Der Löwe wird seiner Gefährtin vielleicht erlauben, ein wenig dazuzuverdienen, wenn die Kasse gerade leer ist, aber besser überzeugen Sie ihn gleich davon, daß der Beruf immer erst nach ihm und dem Heim kommt. Er wird keine Konkurrenz außerhalb des Hauses dulden. Wenn Sie mutig genug sind, sich darauf einzulassen, kaufen Sie Ihre Aussteuer. Aber sie muß etwas Besonderes sein. Er möchte mit Ihnen prahlen.

Wenn Sie erst verheiratet und heiß geliebt sind, schauen Sie sich an, was Sie gewonnen haben. Ihr Löwe-Ehemann wird freundlich und gutherzig sein, vorausgesetzt, daß die Familie sich nach ihm richtet. Wenn man ihm den Respekt zollt, den er verlangt, wird er es mit Großzügigkeit zurückzahlen. Er sagt Ihnen wahrscheinlich wiederholt, wie reizend Sie aussehen, gibt Ihnen reichlich Wirtschaftsgeld, und – Wunder über Wunder bei seiner romantischen Veranlagung – er wird Ihnen vermutlich treu sein. Die Chance dafür ist nach der Hochzeit immer größer als vorher, und ich sage Ihnen auch warum. Der Löwe ist einfach zu faul, um hübschen Mädchen nachzulaufen, wenn er einmal eine Löwin gefunden hat, die sein Königreich klug verwaltet, während er genießerisch in der Hängematte schnarcht. Er wird liebevoll mit den Kleinen spielen, seine Gefährtin vor allen Gefahren bewahren und sie durch seinen Ehrgeiz erfreuen, im Beruf zu einer glänzenden Stellung aufzusteigen.

Sie werden ein reges Gesellschaftsleben mit Ihrem Löwen führen, solange er seinen Schönheitsschlaf hat. Aber es wird auch Herrenabende geben, und finanziell werden Sie manchmal manipulieren müssen, denn vielleicht hat er gespielt, oder er will eine aussichtsreiche Investierung machen.

Nehmen Sie es, wie es kommt. Es gibt auch Entschädigungen. Wie kann er schimpfen, daß Sie sich die Nerzkappe gekauft haben, wenn er den Gegenwert für einen ganzen Nerzmantel im Spiel verloren oder Ihre Ersparnisse auf einer Auktion ausgegeben hat? Halten Sie ihn von Auktionen fern, und wenn Sie ihn einsperren müssen, denn er hat den unwiderstehlichen Drang, stets höher als andere zu bieten. Er wird im Restaurant bezahlen, wenn Sie mit Bekannten ausgehen, und mit den Worten: «Alles geht auf meine Rechnung» das Geld für die neue Tiefkühltruhe opfern.

Fast alle Löwen haben eine Begabung dafür, Dinge zu reparieren. Das reicht von einer verklemmten Türklinke oder einem tropfenden Wasserhahn bis zum Tonband- oder Hifi-Gerät. Wenn gar nichts hilft, gibt er dem widerspenstigen Objekt in großartigem Löwe-Zorn einen heftigen Tritt, und plötzlich bewegt sich die Türklinke, der Wasserhahn hört auf zu tropfen, und das Tonbandgerät fängt an zu sprechen. Viele Löwe-Männer können auch Motoren auseinandernehmen und wieder zusammensetzen, ohne sich dabei die Hände schmutzig zu machen. Sie stellen Möbel her oder bauen ein Zimmer an und verzichten auf die Hilfe von Fachleuten. Vielleicht hat Ihr Löwe sogar ein eigenes Bastelzimmer im Keller. Beschweren Sie sich nicht über das bißchen Sägemehl auf dem Boden. Er ist zufrieden dabei und bleibt abends zu Hause.

Der Löwe ist die Seele der meisten Gesellschaften, aber er ist kein Narr. Er spielt den Witzbold, um Aufmerksamkeit zu erregen, doch seine Zuhörer spüren sehr schnell, daß es besser ist, ihn jederzeit zu respektieren. Seinem inneren Wesen nach ist Ihr Löwe-Mann ganz und gar nicht unbeschwert. Er ist viel zäher und beharrlicher, als es scheint. Er weiß, was er will, und meistens bekommt er es auch.

Wenn Sie erwarten, daß er treu ist, so füttern Sie ihn reichlich mit Romantik und Zuneigung, denn sein ungeheurer Bedarf an Liebe und Bewunderung kann ihn sonst dazu verführen, diese Eigenschaften woanders zu suchen. Wenn Ihre Beziehung echt und tief ist, wird er Sie nicht betrügen, aber seine Augen wandern gern umher. Sie können ihm nicht die Augen verbinden. Der Löwe schätzt Schönheit, und wenn Sie der Typ sind, der bei einem anerkennenden Blick auf eine andere Frau eifersüchtig wird, so lernen Sie lieber schnell, tolerant zu sein. Ein Löwe-Mann, dessen Geliebte ihn verläßt, weil er flirtet, wird zutiefst verletzt und erstaunt sein. Er ist dann durchaus in der Lage, alles mögliche, von einem Herzanfall bis zu einem mit Tränenspuren versehenen Abschiedsbrief, zu simulieren, damit Sie Mitleid haben und in seine starken, liebevollen Arme zurückkehren. Er wird es so überzeugend machen, daß Sie sich wie ein grausames Ungeheuer vorkommen. Wenn Sie nicht selbst eine Liebhaberin dramatischer Gefühlsausbrüche sind, spart es viel Ärger, wenn Sie gleich versuchen, ihn zu verstehen. Seine Kapriolen werden wahrscheinlich sowieso harmlos und unschuldig sein. Trotz ihres im Grunde gütigen Wesens haben die meisten Löwe-Männer kein übertriebenes Empfinden für die Gefühle anderer Menschen, denn sie sind so völlig mit sich selbst beschäftigt, daß sie brutal offen und taktlos sein können. Aber ihr bezauberndes Lächeln reinigt die Atmosphäre bald wieder. Der freundliche Löwe ist nicht gehässig. Er kann in die Luft gehen, aber Böswilligkeit gehört nicht zu seinen Fehlern, und wirklicher

Grausamkeiten ist er selten fähig (wenn keine Verletzungen in seinem Geburtshoroskop vorliegen). Er treibt gern Sport, doch in seinen späteren Jahren wird er es vorziehen, von seinem gepolsterten Thron aus zuzuschauen, während Sie ihn bedienen.

Nicht immer, aber sehr oft, haben die Löwe-Männer eine seltsame Neigung. Anders als der Steinbock, der sozialen Aufstieg durch die Ehe anstrebt, neigt der Löwe manchmal dazu, sozial unter ihm Stehende zu heiraten. Er hat zwar durchaus den Wunsch nach gesellschaftlichem Ansehen, aber er kann nicht widerstehen, wenigstens einen «Untertanen» zu gewinnen, dem er überlegen ist. Manchmal trifft er die falsche Wahl, und das bescheidene Veilchen, das bewundernd zu seinen Füßen gesessen hat, entreißt ihm überraschend das Zepter. Wenn das geschieht, ist der entthronte Löwe ein trauriger Ehemann, der den tragischen Ausdruck eines Königs im Exil hat.

Selten haben Löwen große Familien. Viele haben überhaupt keine Kinder oder leben getrennt von ihnen. Zu schade, denn sie sind warmherzige, gute Väter. Manchmal ist der Löwe-Vater – zwischen ernsthaften Vorhaltungen über gutes Benehmen – sogar zu duldsam. Seine Sprößlinge ärgern sich hin und wieder über seine langen Tiraden, aber sie werden es bald lernen, ihm so zu schmeicheln, daß er nachgibt. Die eigentliche Disziplin wird wahrscheinlich in Ihr Ressort fallen. Die Kinder stoßen sich vielleicht an seiner arroganten Art, aber fast immer denkt man später gern an Löwe-Väter zurück. Ein Tip: Kümmern Sie sich nicht mehr um die Kinder als um ihn, sonst werden Sie ihn in seinem Selbstgefühl kränken, und das ist nicht so leicht wiedergutzumachen.

Wie können Sie diesen rätselhaften Löwe-Mann richtig beurteilen? Ist er gutherzig oder gefährlich, großzügig oder schrecklich egoistisch? Ist er tatsächlich ein geselliger Mann, der die Menschen liebt? Tut er nur so überlegen, oder verdient er es wirklich, wie der echte Löwe «König» genannt zu werden? Offensichtlich – zumindest nach seinem eigenen Maßstab – ist er Herr und Meister im Liebesleben wie im Beruf. Und Sie müssen zugeben, daß er in beiden erfolgreich ist.

Wir werden es vielleicht nie wissen, ob der Löwe-Mann nun ein

König oder nur ein Thronprätendent ist. Aber Sie kennen schließlich Ihren eigenen Löwen. Er hat einen unstillbaren Appetit, und er ist stolz wie ein Pfau. Er möchte befehlen und von denen, über die er herrscht, geliebt werden. Im geheimen fürchtet er, daß er versagen könnte und sich lächerlich macht. Das ist seine ständige innere Qual und der wahre Grund für seine Eitelkeit und übertriebene Würde. Wenn er jedoch Großes vorhat, kennt er keine Furcht. Erst dann merkt er, daß er Kraft und Mut schon immer besessen hat.

Ihr Löwe-Mann macht Sie vielleicht verrückt, wenn er um Sie wirbt, auf die Dauer ist er aber keineswegs ein schlechter Gefährte. Wenn es Ihnen nichts ausmacht, Ihr Selbstgefühl zu unterdrücken und Ihr Leben um seines herum aufzubauen, werden Sie, sobald Sie diesen Mann einmal gezähmt haben, hoch verehrt werden und niemals mehr einsam sein. Außerdem kann er ja auch den Wasserhahn reparieren.

Die LÖWE-Frau

Die Löwe-Frau wird etwas besitzen, das Ihnen nicht gefällt: Ein Album mit Bildern und Erinnerungen an all ihre alten Freunde. Es hat keinen Sinn, sie dazu zu bewegen, daß sie es verbrennt, denn die Löwin ist sentimental.

Sie ist kein Mauerblümchen, sie ist eine Sonnenblume. Wahrscheinlich ist sie überaus beliebt, und es wird Ihnen an Konkurrenten nicht fehlen, wenn Sie sie dazu überreden wollen, Ihren Namen anzunehmen. Haben Sie einen vornehmen oder bedeutenden Namen, sind Ihre Chancen vielleicht etwas größer.

Ohne Zweifel ist sie gesellschaftlich tonangebend und behandelt die anderen Frauen mit königlicher Herablassung, lächelt dabei aber so entwaffnend und voller Wärme, daß keine wirklich etwas dagegen hat. Vielleicht spüren die anderen, daß es einfach ihre Natur ist, zu herrschen und Lebensstil, Sitten und Gebräuche zu diktieren. Es würde sowieso nicht viel nützen, wenn man versuchte, ihr die Autorität zu entreißen.

Die Natur muß es sehr gut gemeint haben, als sie die Löwin mit soviel Lebhaftigkeit, Klugheit, Anmut, Schönheit und Sex-Appeal ausstattete. Wenn Sie unter Minderwertigkeitskomplexen leiden, richten Sie Ihr Augenmerk lieber auf einen weniger prachtvollen Vogel. Erwarten Sie nicht, daß Sie ein braves kleines Mädchen aus ihr machen können, das Ihnen jedes Wort vom Munde abliest. Schätzen Sie sich glücklich, wenn sie Ihnen halbwegs entgegenkommt. Gestattet sie Ihnen, sie zu lieben, hat sie Sie praktisch schon zum Ritter geschlagen! Tatsächlich, Sie hätten es viel schlechter treffen können. Eine Löwin ist keine gewöhnliche Frau. Sie ist eher ein Luxusartikel.

Die Löwe-Frau kann einen prächtigen Wutanfall hinlegen, aber sie kann auch vortäuschen, so sanft und süß wie ein Kätzchen zu sein. Ihre Stimme mag wie ein Flüstern klingen, sie hat sanfte, höfliche Umgangsformen und schaut einen mit großen, weichen Augen an, die herrlich funkeln, wenn sie die Wimpern aufschlägt. Eine Löwe-Frau kann unbewegt und ruhig wie ein kühler, friedlicher See sein. Aber Vorsicht! Das ist nur eine Rolle, die sie spielt, weil sie weiß, daß sie damit Erfolg hat. Lassen Sie sie nur einmal spüren, daß sie nicht mehr der strahlendste Stern an Ihrem Liebeshimmel ist! Geben Sie ihr die Rolle des Doubles, und Sie werden nur zu schnell herausfinden, daß sie ganz und gar nicht scheu und unterwürfig ist. Die meisten Löwe-Frauen, denen Sie huldigen, werden allerdings offen zeigen, daß sie zu stolz und würdig sind, um sich irgend etwas vormachen zu lassen. Hoffentlich straucheln Sie nicht, wenn Sie es mit der anderen Art Löwin zu tun haben, die ihre Krallen einzieht, sie aber jeden Tag schärft.

Wenn Sie sich um ein Löwe-Mädchen bewerben, machen Sie ihr zuerst einmal Geschenke. Es kommt nicht so sehr darauf an, was Sie wählen, solange es teuer und geschmackvoll ist und Sie tadellos angezogen sind, wenn Sie es präsentieren. Dann sollten Sie üben, ihr Komplimente zu machen. Bitte seien Sie originell und erfinderisch. Bedenken Sie, Sie bewerben sich um ein königliches Wesen. Ohne schmeichelhafte Bewunderung kann es nicht leben, aber die Löwin bewundert auch Ihre Männlichkeit und hat nicht den Wunsch, Sie zu einem schwächlichen Pantoffelhelden zu machen. Eine Löwe-Frau könnte Sie nicht lieben, wenn Sie nicht stark wären. Sie läßt sich nur nicht durch eine herablassende Haltung von Ihnen beleidigen.

Nach ihrer Ansicht gehört sie ganz bestimmt nicht zum schwächeren Geschlecht.

Viele Löwe-Mädchen lieben Sport, aber führen Sie sie lieber ins Theater anstatt zu einer Sportveranstaltung. Bühne und Rampenlicht werden sie immer anziehen. (Kaufen Sie gute Plätze!) Suchen Sie ein Stück aus, in dem sich die Heldin so verhält, wie *sie* sich Ihrer Meinung nach an diesem Abend verhalten sollte, und sie wird die Rolle wahrscheinlich unbewußt übernehmen. Führen Sie sie nach dem Theater nicht zu einem Würstchenstand und erwarten Sie nicht, daß sie aus Liebe zu Ihnen dort kauend in der Kälte steht. Führen Sie sie lieber seltener aus, aber dann in bessere Lokale. Sie ist keine Männerausbeuterin, nein, sie ist im allgemeinen großzügig und wird gar nichts dagegen haben, wenn jeder für sich selbst zahlt. Sie fühlt sich nur einfach unbehaglich in einer schäbigen Umgebung. Die ärmste Löwe-Frau der Welt wird genug Pfennige zusammenkratzen, um Vorhänge für die Fenster und Ringe für ihre Finger zu kaufen. Hin und wieder mischt sie sich aus Neugier unter das Volk, aber nur als Zuschauerin, abseits von der Masse. Armut deprimiert sie und macht sie krank. Wenn Sie sich schlampig anziehen und ihr eine Hütte anbieten, haben Sie keine Chance.

Es gibt eine Geschichte über eine adlige Französin, die sich im Garten von Versailles an ihren Liebhaber wandte und fragte: «Liebling, kennen die gewöhnlichen Leute auch dieses köstliche Gefühl der Liebe?» Als er ihr versicherte, daß dem so sei, rief sie in beleidigter Überraschung aus: «Es ist viel zu gut für sie!» Sie war wahrscheinlich eine Löwin.

Tadeln Sie die Löwin nicht wegen ihrer gelegentlichen Arroganz und Eitelkeit. Es gehört zu ihrem Wesen, daß sie sich den gewöhnlichen Massen überlegen fühlt. Die Leute nehmen es jedoch selten übel, denn die Löwe-Frau, die zärtlich geliebt und respektiert wird, kann die gütigste und großzügigste aller Frauen sein und ein echt weibliches Mitgefühl für Kinder, Hilflose und Verlassene zeigen. Man kann nicht erwarten, daß sie von einem Thron herabsteigt, der ihr von Geburt an zusteht. Wenn sie ein typisches Sonnen-Kind ist, wird sie so anmutig und bezaubernd sein, daß die meisten Menschen ihr viel nachsehen. Man gesteht ihr zu, daß sie über dem Durchschnitt steht. Und das stimmt auch. Sie ist intelligent, witzig, stark und tüchtig und doch gleichzeitig entzückend weiblich. Niemand, der seine fünf Sinne beisammen hat, kann das durchschnittlich nennen.

Mit ein bißchen Schmeichelei werden Sie alles bei Ihrer Löwe-Dame erreichen. Sie haben bereits entdeckt, daß das ihre geheime Schwäche ist. Und hier ist noch ein Geheimnis, falls Sie sie heiraten wollen: Sie wird schließlich ihres goldenen Käfigs müde werden und ins Leben hinaus wollen, um zu sehen, was sich dort tut. Beschränkung auf die vier Wände kann ihr bald ihre Lebendigkeit rauben. Lassen Sie ihr ihren Beruf. Sie welkt dahin, wenn sie nur Hausfrau sein muß, es sei denn, Sie haben genug Geld, daß sie ständig eine großzügige Gastgeberin und eine verschwenderische Innendekorateurin sein kann.

Das Löwe-Mädchen ist meist eine ausgezeichnete Ehefrau. Selten wird sie im ausgefransten Bademantel, mit Lockenwicklern und Gesichtscreme herumlaufen. Nicht, daß sie nichts für ihre Schönheit täte. Die typische Löwin wird Stunden vor dem Spiegel verbringen und ein Vermögen für Kosmetika ausgeben, aber sie will Ihnen nur das Endergebnis präsentieren, nicht die Strategie.

Wenn sie nicht einen Krebs-, Jungfrau- oder Steinbock-Aszendenten hat, werden Sie ihr etwas aufs Portemonnaie sehen müssen. Der Löwe übernimmt sich leicht, wenn es um schöne Kleider, Ausstattung für das Heim oder Geschenke für Freunde geht. Es ist möglich, daß Ihre Löwe-Dame eine zu umfangreiche Garderobe hat. Sie kann wunderbar in Abendkleidern aussehen, aber sie wird wahrscheinlich saloppe und sportliche Kleidung vorziehen, wenn sie ein typisches Löwe-Mädchen ist. Ihr Geschmack ist meist ausgezeichnet, aber etwas teuer. Gelegentlich mag eine Löwe-Frau übertreiben und sich knallig und auffällig kleiden, aber sie ist die Ausnahme von der Regel.

Wenn Sie den Chef mit zum Essen heimbringen, wird sie eine einzigartige Gastgeberin sein. Er wird denken, Sie hätten mit ihr das Große Los gezogen. Sie wird sich wahrscheinlich auch mit seiner Frau glänzend verstehen, denn die Löwin ist bei Männern und Frauen gleichermaßen beliebt. Jeder, der in ihrem strahlenden Licht steht, spürt ihre Wärme. Löwen werfen selten Schatten.

Als Mutter wird sie ihre Kinder mit Liebe überschütten. Es wird ihr nicht leichtfallen, ihre Fehler zu sehen, aber wenn sie es tut, ist sie streng. Da sie es nicht verträgt, unbeachtet zu bleiben, wird sie königliches Schweigen bewahren, wenn die Kinder sie nicht respektieren. Viele Löwe-Mütter haben eine merkwürdige Art, das Kind zu verwöhnen, ohne mit dem Stock zu sparen, was sich eigentlich widerspricht. Sie wird herrlich mit den Kleinen spielen und kameradschaftliche Gespräche mit ihnen führen, aber sie wird auch darauf achten, daß sie sich gut benehmen und den Erwachsenen gehorchen. Gleichzeitig besteht die Gefahr, daß sie ihnen zuviel Taschengeld gibt und zu leicht nachgibt, wenn sie anspruchsvolle Wünsche haben. Man kann sagen, daß sie ihre Sprößlinge wie verwöhnte Mitglieder einer königlichen Familie behandelt, sehr geliebt, aber darauf bedacht, daß sie sich in der Öffentlichkeit gut benehmen. Sie wird ungeheuer stolz auf ihre Leistungen sein, und wehe dem Außenstehenden, der sie zu verletzen versucht oder sie ungerecht beurteilt. Trotz allem wird sie die Kleinen nicht mit ihrer Liebe ersticken. Sie ist zu unabhängig, um ihnen jede Sekunde nachzulaufen. Sie führt ihr eigenes Leben, paßt aber aus einiger Entfernung auf die Kinder auf. Viele Löwe-Mütter sind berufstätig, aber ihre Kinder werden trotzdem selten vernachlässigt. Die Löwe-Frau kann Mutterschaft und Beruf prächtig miteinander vereinen.

Es gibt Zeiten, wo sie Würde und Haltung zum Teufel schickt und zu einer ausgelassenen, verspielten Löwin mit ausgesprochener Vorliebe für Possen wird. Andererseits kann niemand eine freche Bemerkung oder eine unverschämte Frage mit soviel kalter Verachtung quittieren wie eine Löwe-Frau, denn Vertraulichkeit von Fremden schätzt sie gar nicht. Obwohl sie mit engen Freunden überraschend zwanglos sein kann, erwartet sie von Fremden, daß sie Abstand halten.

Was die Treue betrifft, so hält es die Löwe-Frau mit dem Motto «Ich bin so treu wie du». Gönnen Sie es ihr, daß sie von den Männern bewundert wird. Alle Köpfe drehen sich um, wenn die Löwin ruhig vorübergleitet. Sie hält es für ganz natürlich, daß die Männer sie verehren. Sie ermutigt vielleicht männliche Komplimente und gestattet sich leichte, unschuldige Flirts, denn hinter ihrem ständigen Verlangen nach Beifall und Schmeichelei verbirgt sich die seltsame

Furcht, daß sie nicht weiblich genug sei. Daher muß sie sich immer wieder bestätigen lassen, daß sie begehrenswert ist. Es bedeutet nicht, daß sie Sie nicht mehr liebt, wenn sie Ihren besten Freund anlächelt und ihm erklärt, sie bewundere sein neues Sportjackett. Aber versuchen Sie nicht, *ihrer* besten Freundin zu erklären, daß Ihnen ihr neuer Rock gefalle. Das ist etwas ganz anderes. Wenn sie hört, daß Sie Ihre Sekretärin anders als «Fräulein Sowieso» nennen, kann das schnurrende Kätzchen seine Krallen zeigen.

Natürlich ist das ungerecht. Aber wenn Sie der stolze Besitzer dieses prächtigen Geschöpfs sein wollen, müssen Sie auch ein paar Zugeständnisse machen. Schließlich ist es nicht dasselbe, ob man einen Pfau besitzt, einen Kuckuck, oder eine gurrende Taube. Lassen Sie ihr ihre Eitelkeit. Sie ist auf ihre Weise eine außergewöhnliche Frau. Nur wenige Löwinnen können es lassen, mit den Männern in Wettstreit zu treten. Ihre Löwin kann alles sein, von der Schauspielerin bis zur Chirurgin.

Wenn Sie ein harmonisches Leben mit einer Löwe-Frau führen wollen, so lassen Sie sich nicht von ihr unterdrücken – aber versuchen Sie auch nicht, sie zu übertreffen. Sie können sich etwas darauf einbilden, daß Sie das Herz der Löwin gewonnen haben.

Das LÖWE-Kind

Erinnern Sie sich noch an den kleinen Burschen, der immer schmollte, wenn er nicht den Indianerhäuptling spielen durfte? Wenn es derselbe war, der Ihnen Geld lieh, damit Sie sich ein Eis kaufen konnten, wenn Ihr Taschengeld zu Ende war, so müssen Sie einen kleinen Löwen gekannt haben.

Das typische Löwe-Kind ist sonnig, glücklich, verspielt und vergnügt, wenn es seinen Willen bekommt. Wenn nicht, ziehen plötzlich unter donnerndem Gebrüll Sturmwolken auf, oder ein beleidigtes, brütendes Schweigen setzt ein. Auch wenn er ein bißchen sehr von sich eingenommen ist, sollte der junge Löwe nicht ständig zurückgehalten werden. Wenn man seine Begeisterung und seinen Übermut unterdrückt, kann das auf Jahre hinaus tiefe Wunden reißen. Kleine Löwinnen und Löwen haben die Angewohnheit, die anderen Kinder herumzukommandieren, was die Mütter gehemmter Sprößlinge oft erbost. Man sollte sie jedoch auf freundliche Weise ermahnen und niemals vor ihren Spielgefährten herunterputzen. Man darf die Löwe-Kinder ruhig in ihrer Führerrolle ermutigen, aber man muß ihnen auch beibringen, daß alle einmal an die Reihe kommen müssen, weil das nur gerecht ist.

Da der Löwe einen ausgeprägten Sinn für Gerechtigkeit hat, wird das Kind meist einsichtig sein. Es ist nicht auf bösartige Weise angriffslustig. Es fühlt nur den Drang in sich, sich immer an die Spitze des Zuges zu setzen. Diese Jungen und Mädchen prahlen gern, und man kann kaum etwas dagegen tun, wenn man einmal die Kontrolle über sie verloren hat. Der kleine Löwe steht stolz mitten auf dem Schulhof kopf, oder er balanciert auf der Mauer, um den Mädchen zu imponieren. Kluge Eltern machen dem Löwe-Kind schon früh klar, daß Prahlerei unwürdig ist. Das wirkt meist wie Zauberei, denn den von der Sonne beherrschten Kindern ist das Gefühl für Würde angeboren.

Man kann das bereits bei dem winzigsten Löwen feststellen. Schon hier findet man eine Art königlicher Haltung, die den Eindruck erweckt, als herrsche das Baby über alle, die es um sich herum sieht. Die Kleinen wickeln Vater, Mutter und die gesamte Verwandtschaft ohne die geringste Anstrengung um den Finger. Es ist merkwürdig, aber ein kleiner Löwe auf seinem Thron – ich meine den hohen Kinderstuhl –, der sich mit Saft und Brei beschmiert und die Windeln voll hat, bringt es doch irgendwie fertig, seine Würde zu bewahren. Es ist einfach natürlich für ein Löwe-Baby, den liebenden Eltern und bewundernden Freunden zu gestatten, ihm Ehrerbietung zu erweisen, während es huldvoll ihre Aufmerksamkeiten, Geschenke und schmeichelhaften Komplimente entgegennimmt. Beobachten Sie den geschmeichelten, selbstgefälligen Ausdruck auf seinem Gesicht, wenn Fremde großes Aufheben von ihm machen.

Ihr Löwe-Kind wird leichtsinniger und lebhafter sein als der Durchschnitt. Es gibt aber auch Perioden der typischen Löwe-Faulheit, wo das Kind im Hause herumlungert und zu müde ist, auch nur einen

Finger zu heben, außer vielleicht, um Ihnen zu bedeuten, daß Sie es bedienen sollen. Lassen Sie es in Ruhe und geben Sie ihm zu verstehen, daß keiner sein Diener ist. Wenn der kleine Löwe etwas will, kann er es sich selbst holen, sobald er seine Energie wiedergefunden hat. Sonst kann sich ein verwöhntes Löwe-Kind zu einem wahren Tyrannen entwickeln. Es schadet natürlich nichts, ihm hin und wieder ein Buch zu bringen oder ein Glas Milch zu geben. Aber schon wenig Nachgiebigkeit den Launen des Löwen gegenüber ist reichlich genug, oder haben Sie den Wunsch, die Hofdame zu spielen? Löwe-Kinder, denen beigebracht wurde, daß sie die Rechte anderer respektieren müssen, wenn sie selbst respektiert werden wollen, können reizende Gefährten sein. Sie sind verspielt und zärtlich wie die kleinen Löwen im Zoo, und wie die kleinen Löwen brauchen sie strenge und liebevolle Zucht. Löwenbändiger müssen Liebkosungen und Rute gleichermaßen anwenden. Eins ohne das andere ist immer wirkungslos und gefährlich.

Es gibt zwei Arten von Löwe-Jungen und -Mädchen. Die einen sind extrovertiert, fröhlich, heiter, warmherzig und großzügig, wenn auch zeitweise etwas rücksichtslos. Die anderen sind ruhiger, anscheinend fast schüchtern. Die Eitelkeit dieser äußerlich scheuen kleinen Löwen ist vielleicht von verständnislosen Eltern verletzt worden, oder Brüder und Schwestern wurden ihnen vorgezogen. Insgeheim brauchen sie genausoviel Macht und Beifall wie die anderen. Wenn sie ihnen auf lange Zeit versagt werden, kann das Kind sich die Aufmerksamkeit, die es braucht, später im Leben zum falschen Zeitpunkt und von falschen Leuten erzwingen, oder es wird quälend schüchtern und gehemmt. Es ist sehr gefährlich, wenn das Selbstgefühl des Löwen auf unnatürliche Weise unterdrückt wird.

Als Kinder werden die Löwe-Jungen wahrscheinlich mit Soldaten spielen und Kampfspiele bevorzugen, bei denen man auch mit etwas Glück gewinnen kann. Die kleinen Löwinnen werden trotz eines starken Willens damenhaft sein, sie werden Spaß an schönen Kleidern haben und gerne hören, daß sie hübsch sind. Wahrscheinlich werden sie mit Freude kleine Pflichten im Haus übernehmen. Erwarten Sie aber nicht, daß diese Kinder gern den Mülleimer hinaustragen oder die Böden putzen. Gegen niedrige Arbeit werden sie sich auflehnen, also geben Sie ihnen lieber etwas zu tun, das wichtig zu sein scheint, damit sie sich bedeutend vorkommen können.

Mit Vorliebe erklären die Löwe-Kinder in der Schule anderen etwas, und wenn der Lehrer einmal die Klasse verlassen muß, spielen sie nur zu gern den Ersatzlehrer. Dadurch stehen sie ja im Mittelpunkt. Im allgemeinen wird sich das Löwe-Kind auch diszipliniert verhalten, manchmal gewinnt allerdings seine Verspieltheit die Oberhand, und dann wird während der Abwesenheit des Lehrers allerhand Schabernack getrieben.

Wenn sie wollen, können junge Löwen sehr schnell lernen, denn sie sind intelligent und oft eine Freude für den Lehrer, aber sie haben eine Neigung zur Faulheit. Sie ziehen es vor, mit ihrem sonnigen Lächeln und ihrem gewinnenden Charme durchzukommen. Der Lehrer wird oft umschmeichelt, und es ist nicht ungewöhnlich, daß kleine Löwen bessere Noten bekommen, als sie verdienen. Vielleicht muß man sie zwingen, sich das Lernen anzugewöhnen. Wenn ich es recht bedenke, ist Zwang jedoch Zeitverschwendung. Am einfachsten ist es, wenn man an die Eitelkeit des Löwe-Kindes appelliert und ihm erklärt, daß es den anderen doch überlegen sein wolle. Das wird meistens helfen. Wenn es brav ist, loben Sie es tüchtig. Ganz gleich, wieviel Lob und Beifall man ihm spendet, es kann immer noch mehr vertragen. Löwe-Kinder werden wahrscheinlich mehr Taschengeld verlangen, als ihre genügsameren Freunde. Sie werden großzügig sein, sich selbst aber darüber keineswegs vergessen. Es ist eine gute Idee, ihnen schon frühzeitig klarzumachen, daß sie auch etwas sparen müssen.

Als Halbwüchsige werden die jungen Löwen und Löwinnen das andere Geschlecht viel eher bemerken als Kinder, die unter einem anderen Sonnenzeichen geboren wurden. Machen Sie sich auf allerhand Unruhe während dieser Jahre gefaßt, denn Ihr Löwe-Kind wird hundertmal am Tage zwischen «himmelhochjauchzend» und «zu Tode betrübt» hin- und herschwanken. Lassen Sie dem Kind viel Freiheit, oder es wird sie sich nehmen. Strenge Befehle verletzen seinen Stolz und seine Würde. Wenn Sie ihm Mut machen, seinem Selbstgefühl schmeicheln und Ihrem jungen Löwen ernsthaft sagen, Sie seien überzeugt, daß er es schaffen werde, wird er auch tüchtig sein.

Es ist niemals einfach, ein August-Kind aufzuziehen. Es wird Augenblicke geben, in denen Sie das Gefühl haben, Sie könnten Ihren eingesperrten Löwen niemals zähmen. Er braucht sanfte, aber ständige Disziplin – und Liebe und Zuneigung sind die beiden magischen Schlüssel zu seinem goldenen Herzen. Nicht die Löwen, die als Kinder geliebt und bewundert wurden, werden später unglücklich, sondern die, die nach Liebe hungerten und vernachlässigt wurden. Der kleine Löwe tut ja nur so, als sei er sehr tapfer. Insgeheim fürchtet er, daß er versagt. Umarmen Sie das Kind zärtlich jeden Abend und lieben Sie es von ganzem Herzen.

Der LÖWE-Chef

Sie haben einen Löwe-Chef und arbeiten schon über ein Jahr für ihn? Wirklich? Sie müssen ein sehr guter Zuhörer sein.

Ihr Löwe-Chef wird wahrscheinlich denken, daß Gesetze, Steuern und Vorschriften nur erlassen wurden, um ihn zu ärgern, aber er wird leicht damit fertigwerden. Die meisten Löwen sind ausgezeichnete Organisatoren und verstehen es glänzend, die Arbeit auf andere abzuwälzen. Löwen schätzen den Kleinkram nicht. Sie ziehen es vor, ihre Ansichten in großen Zügen darzulegen, und überlassen es Ihnen, sich mit so lästigen Lappalien wie Zahlen und Statistiken abzugeben.

Das typische Beispiel für einen Löwe-Chef ist ein Bekannter von mir, der seine Sekretärin hereinrief, um ihr ein Antwortschreiben zu diktieren, das er für einen besonders wichtigen Kunden vorbereitet hatte. «Haben Sie sich entschieden, was Sie schreiben wollen?» fragte das Mädchen unschuldig. «Ja», lächelte ihr Löwe-Vorgesetzter, «schreiben Sie ihm, vielleicht. Ist Ihnen das klar? Vielleicht. Alles andere setzen Sie selbst ein.» Nach diesen meisterhaften Anweisungen ging er zu Tisch, wo er verschiedene Leute in einem teuren Restaurant bewirtete, spielte ein paar Runden Golf, kam gegen fünf ins Büro zurück und wollte wissen, ob der Brief fertig sei. Er war fertig. (Die Sekretärin war unter dem Zeichen Jungfrau geboren.) Nachdem er ihn mit feierlichem Beifall gelesen hatte, griff der Löwe zum Telefon und las den Brief einem Partner vor. Die langmütige Sekretärin hörte seine Worte durch die Tür. «Wie gefällt es Ihnen?» fragte er. «Ich glaube, ich habe die ganze Situation ausgezeichnet zusammengefaßt und unseren Standpunkt klargelegt, nicht wahr? Natürlich, ich habe mich schon immer gut ausdrücken können. Meine Frau sagt immer, ich hätte Schriftsteller werden sollen», fügte er bescheiden hinzu.

Das ist vielleicht ein etwas extremer Fall, aber Anklänge an eine solche Haltung werden Sie bei einem Löwe-Chef immer finden. Lassen Sie ihn alle Ihre originellen Ideen haben. Er wird Sie dafür hochschätzen. Sie dürfen nicht erstaunt sein, wenn er den Plan, den Sie ihm am Abend zuvor unterbreitet haben, am nächsten Tag auszubauen beginnt und die bestürzende Bemerkung macht: «Eine der besten Ideen, die ich je hatte.» Er glaubt tatsächlich daran, daß ihm das alles eingefallen ist. Wirklich. Natürlich haben Sie den Gedanken ausgelöst. Aber es war *seine* Idee.

Hin und wieder wird Ihnen der Löwe-Chef etwas undankbar vorkommen. Vielleicht wirft er einen riesigen Stapel Briefe auf Ihren Tisch, weil es ihn langweilt, sie alle zu lesen. Und am nächsten Morgen, wenn Sie mit roten Augen dasitzen, weil Sie wegen der Extraarbeit bis Mitternacht geblieben sind, wird er mißbilligend seine Löwenmähne schütteln und im Vorbeigehen eine Bemerkung über die Unordnung auf Ihrem Schreibtisch machen.

Er hat bestimmt ein luxuriös ausgestattetes Büro, auch wenn das Budget nicht so groß ist. Alle Bescheinigungen über akademische Grade, die er erworben hat, werden sauber gerahmt an einer auffälligen Stelle hängen. Auch Fotos, auf denen er mit bedeutenden Würdenträgern zu sehen ist, wird es geben.

Ein anderer Löwe-Chef, den ich kannte, hatte eine Assistentin, die drei Monate lang jeden Abend und am Wochenende Überstunden machte, weil ein bestimmtes Projekt auf dem Spiel stand. Sie räumte außerdem Aktenschränke um, packte riesige Kisten mit Waren und fand noch Zeit, die Weihnachtseinkäufe für ihren Chef zu erledigen und seine Sachen aus der Reinigung abzuholen. Eines schönen Morgens hörte sie, wie er sie vor dem Direktor der Firma lobte. «Das

Mädchen ist wirklich ein Juwel», sagte er, «ich wüßte gar nicht, was ich ohne sie anfangen sollte. Freilich ist sie ein bißchen faul, aber man kann schließlich nicht alles haben.»

Kündigte das Mädchen auf der Stelle? Ich denke doch nicht. Warum sollte eine solche Kleinigkeit sie aufbringen? Sie war ein kluges Mädchen und wußte, daß die Anstrengungen aller anderen Menschen nicht der Rede wert waren, wenn man sie mit der fabelhaften Vitalität ihres Chefs verglich (zwischen den Schönheitsnickerchen auf der Couch in seinem Privatbüro). Bewunderte er nicht jeden Tag ihr Kleid, überreichte er ihr nicht die schönsten Weihnachts- und Geburtstagsgeschenke, und hatte er nicht volles Verständnis dafür, daß die Farbe ihrer Schreibmaschine sie nervös machte? Er strich sie sogar eigenhändig knallgelb für sie an, wenn er auch ein bißchen schlampig war und Farbe auf die Tasten verkleckerte. Noch wochenlang hinterher hatte sie gelbe Finger, aber das machte nichts, denn sie wusch sich gern jede Stunde die Hände mit der herrlich duftenden Seife, die er im Waschraum bereitgelegt hatte.

Ihr Löwe-Chef fand eine neue Stellung für ihren Vater, bezahlte die Krankenhausrechnung für ihre Mutter und stellte großzügig ihren Vetter in der Firma ein. Außerdem ist die junge Dame stolz auf den Ruf, den er auf seinem Gebiet hat. Er hat letztes Jahr zwei Preise bekommen, er diktiert ihr ein Buch über sein Leben, und er wird zu den bestangezogenen Männern gezählt; er liebt seine Frau, bewundert seine Kinder und hat es fertiggebracht, daß die Firma floriert, trotz der Risiken, die er ein paarmal eingegangen ist. Selten bemerkt er es, wenn sie ihre Mittagspause etwas ausdehnt. Letzte Woche hat er eine größere Wohnung mit niedrigerer Miete für sie gefunden und ihrem Verlobten Vorhaltungen gemacht, weil er sie nicht richtig behandelte. Kündigen? Warum?

Wenn Sie ein Mann sind, der für einen Löwe-Chef arbeitet, so haben Sie ein paar besondere Probleme. Seien Sie selbständig, wagemutig, schöpferisch und arbeiten Sie hart. Aber denken Sie daran, daß er immer selbständiger, wagemutiger und schöpferischer sein und härter arbeiten wird als Sie – in seinen Augen. Sagen Sie ja zu allen seinen Geistesblitzen (und er wird eine ganze Menge im Laufe einer Woche haben). Wenn Sie nein sagen müssen, so machen Sie ihm vorher ein Kompliment und hinterher noch eins. Auf diese Art nimmt er es vielleicht hin. Aber seien Sie taktvoll und vorsichtig.

Auch die sanfteren, weniger auffälligen Löwe-Vorgesetzten verbreiten gern Fröhlichkeit um sich und haben viel Charme. Wenn Ihr Löwe-Chef die volle Anerkennung findet, die er verdient, und noch etwas mehr, dann wird er Sie für wohlgetane Arbeit mit Lob überschütten. Er wird nie mit Beifall geizen. Sein Mißfallen wird er allerdings auch deutlich zeigen. Der Löwe bringt es fertig, sehr taktlos auf Ihre Fehler hinzuweisen. Überempfindliche Angestellte sollten lieber woanders arbeiten. Und auch solche, die über starkes Selbstbewußtsein verfügen. Ihr Löwe-Arbeitgeber hat mehr als nur eine Spur Arroganz, aber sie ist wahrscheinlich gemildert durch einen gutmütigen Optimismus. Die Löwen müssen befehlen, und sie haben ein beneidenswertes Talent, den richtigen Leuten die passende Arbeit anzuweisen und darauf zu achten, daß sie zur Zeit fertig werden.

Büroklatsch wird Ihren Chef verärgern. Er kann es einfach nicht vertragen, wenn die Leute Geheimnisse vor ihm haben. Er muß alles wissen, was vorgeht. Ärgern Sie sich nicht, wenn er Sie neugierig nach Ihren Privatangelegenheiten fragt oder Ihnen erklärt, wie Sie Ihr Leben gestalten sollen. Es ist wirklich nur ein Beweis königlicher Anerkennung. Es bedeutet, daß er Sie gern genug hat, um Ihnen seine überlegene Weisheit zugute kommen zu lassen.

Löwe-Chefs können sehr komisch sein. Sie können schreckliche Wutanfälle haben und dann stundenlang hinter verschlossenen Türen schmollen, wenn sie sich beleidigt fühlen. Gegen ihren Willen tauen sie jedoch bei Schmeicheleien auf. Sie ziehen sich gut an, essen gut und schlafen viel. Sie sind herzlich und großzügig, und wenn sie die Anerkennung finden, die sie verlangen, können sie mit großer Charakterstärke einer verlorenen Sache über Nacht zum Sieg verhelfen.

Vielleicht haben Sie einen Löwe-Arbeitgeber, der seinen Hunger nach Beifall hinter einem ruhigen Wesen verbirgt. Aber auch er wird die typischen Eigenschaften dieses Sonnenzeichens haben: Würde, Eitelkeit und Stolz. Zweifeln Sie daran? Versuchen Sie, sein Selbstgefühl nur ein klein wenig zu verletzen, und gehen Sie ihm dann aus dem Weg.

Wenn er richtig behandelt wird, ist niemand auf Erden so liebenswert wie ein Löwe. Was ist schon dabei, wenn er gerne bewundert werden will, um seine Eitelkeit zu füttern? Meistens verdient er die Bewunderung sogar. Er stiehlt vielleicht Ihre Ideen und raubt Ihnen die Anerkennung, die Sie verdienen. Sie haben es vielleicht über, seinem herablassenden Rat zu lauschen und ihm zu erklären, wie großartig er sei. Aber kein anderer hätte Ihnen erlaubt, den Kinderwagen neben Ihren Schreibtisch zu stellen, als Sie damals keine Hilfe hatten. Natürlich hätten Sie es vorgezogen, Urlaub zu nehmen und zu Hause für das Kind zu sorgen. Aber der Chef brauchte Sie im Büro. Und schließlich ist er der Pate des Babys.

Der LÖWE-Angestellte

Wenn Ihr Angestellter ein typischer Löwe ist, wird es unmöglich sein, ihn zu übersehen. Und wenn er ein ruhiger Löwe ist, so ist es nicht klug, ihn zu übersehen. Der angriffslustigere Löwe wird Sie zwingen, seine Talente und seinen Wert zu würdigen, denn er wird Ihnen einfach sagen, daß er unübertrefflich sei. Der scheuere Typ wird schmollen, bis Sie es von selbst merken. Übersehen Sie also bitte Ihre Löwe-Angestellten nie.

Ob der Löwe nun mitten auf der Bühne brüllt oder sich in den Kulissen versteckt, er ist stolz. Er ist würdevoll. Er kennt seine Überlegenheit und erwartet, daß man sie anerkennt. Löwen verstecken ihr Licht nicht unter dem Scheffel. Wenn ihrer Eitelkeit nicht Genüge getan wird, werden sowohl die Raubtiere als auch die scheueren Katzen eine andere Steppe mit ihrer Anwesenheit beehren. Unterschätzung vertragen sie nicht.

Alle Löwen lieben Titel. Je größer und eindrucksvoller, desto besser. Wenn Sie dem Löwen Gehaltserhöhung geben und seinen Kollegen am nächsten Schreibtisch zum «Koordinationsleiter der Abteilung» machen, so wird Ihnen der Löwe für das zusätzliche Geld nicht danken. Er wird zu sehr damit beschäftigt sein, sich über die Beförderung seines Mitarbeiters zu ärgern, der sie doch unmöglich so verdient haben kann wie er.

Nicht aus Eigensinn besteht er auf seinen Rechten. Er ist von Geburt Herr all dessen, was er überblickt. Er muß herrschen und führen, und es ist unmöglich, das völlig zu unterdrücken. Der Löwe kommt sich nutzlos, hilflos und unerwünscht vor, wenn er nicht irgendeine Verantwortung übernimmt. Wenn er seine Bedeutung nicht anders beweisen kann, erteilt er kostenlos Ratschläge an Freunde und Bekannte. Fremde werden auch nicht vergessen. Je unwichtiger seine Stellung ist, desto ernsthafter wird er sich auf dem anderen Gebiet betätigen.

Ich kannte einen Löwe-Mann (er gehörte zum ruhigen Typ), der für eine große Firma arbeitete. Jahrelang hatte seine Familie den unbestimmten Eindruck, daß er der Bezirks-Verkaufsleiter sei. In Wirklichkeit war er ein gewöhnlicher Vertreter und Gebietskontrolleur, gleichzeitig jedoch einer der am schwersten ersetzbaren Männer der Firma. Da er nicht Verkaufsleiter sein konnte, bevor der sehr tüchtige Mann, der den Posten innehatte, pensioniert wurde, mußte der Löwe seinen verletzten Stolz hinunterschlucken und seine Eitelkeit befriedigen, indem er in der Familie vormachte, er hätte diese Stellung inne.

Sein großes Verantwortungsbewußtsein zeigte sich in jahrelanger Treue und Ergebenheit gegenüber der Firma. All die Zeit wartete er auf die Anerkennung, die er verdiente. Als dann der Verkaufsleiter schließlich ging, erhielt ein junger Mann aus der Hauptstadt die Stellung. An diesem Tage kündigte der Löwe. Er hatte starken Steinbock-Einfluß im Horoskop, so daß die Situation für ihn leichter zu ertragen war als für den typischen Löwen, aber die tiefen Wunden, die seinem Stolz geschlagen wurden, wird er sein Leben lang nicht überwinden. Es gibt nichts Traurigeres auf der Welt, als einen würdevollen Löwen, dem man die Anerkennung, die er verzweifelt sucht und ehrlich verdient hat, vorenthält.

Sie bereiten sich am besten darauf vor, daß das Verantwortungsgefühl des Löwen, das so eindrucksvoll sein kann, sich meist erst zeigt, wenn er reifer geworden ist. Der junge Löwe ist der typische Playboy. Es ist klug, junge Löwen als Vertreter oder Verkäufer einzusetzen. Sie sind ausgezeichnete Propagandisten und erfreuen Ihre Kunden durch ihre freundliche, herzliche Art. Später können die großen Katzen langsam in die leitenden Stellungen aufrücken, wo sie gewöhnlich jede Verantwortung übernehmen, die Sie ihnen anbieten. Der erfahrene Chef wird wissen, wann der Löwe nicht mehr Playboy-Prinz, sondern gerechter, würdevoller König ist.

Es ist eine seltsame Sache mit Löwen beiderlei Geschlechts. Hinter ihrem tapferen Verhalten fürchten sie insgeheim, keinen echten Mut zu haben. Sie können den unangenehmsten Stolz und die gräßlichste Eitelkeit zeigen, unerträgliches Selbstgefühl hervorkehren und zeitweise entsetzlich faul sein. Dann trifft vielleicht, entweder im Beruf oder im Privatleben, eine Krise oder eine Notlage ein. Plötzlich, zur allseitigen Überraschung, zeigen sich Löwe und Löwin unerschütterlich. Nur unter starkem Druck, unter den schwersten Lasten, die das Leben zu bieten hat. enthüllt sich die innere Kraft, die diesem Sonnenzeichen eigen ist.

Der Löwe mit dem Ruf eines Playboys wird die Freunde überraschen, wenn er tapfer und freudigen Herzens eine kränkliche Frau und zwei ältliche Tanten nach einer gedanken-, sorg- und verantwortungslosen Jugend unterstützt. Die Löwe-Menschen wissen nicht, welche Kraft sie haben, bis die Prüfung kommt. In normalen Zeiten muß man daran denken, daß sie immer nur so tun, als wären sie stark. Hinter dem heftigen Gefühl des Löwen verbirgt sich ein Minderwertigkeitskomplex, der vollkommen unnötig ist.

Wenn der Löwe nicht der Chef sein kann, muß er eine Stellung haben, die es ihm erlaubt, seine Talente und Fähigkeiten der Welt auf irgendeine Weise zu zeigen. Nachdem er x-mal die Stellung gewechselt hat, weil er nicht mindestens stellvertretender Direktor geworden ist, macht er sich meist selbständig. Wenn die Löwen nicht in die Firmenleitung aufsteigen können, werden sie oft glückliche Lehrer, Vertreter, Ärzte, Rechtsanwälte, Manager, Berater, Sprecher, Ansager, Schauspieler, Schriftsteller oder sogar Installateure und Fremdenführer. Der Löwe sucht eine Stellung, an der er sein überlegenes Wissen an andere weitergeben oder im Rampenlicht der Öffentlichkeit stehen kann. Am ehesten ist das in der Politik möglich oder auf dem Gebiet der Public Relations.

Denken Sie immer daran, daß der Löwe-Angestellte entweder über kurz oder lang eine verantwortungsvolle Stellung ähnlich der

Ihren innehaben oder gehen wird. Er ist niemals damit zufrieden, hinter den Kulissen zu arbeiten. Den Beifall, den er braucht, gibt es nur vorn auf der Bühne. Immerhin haben Sie Glück, den Löwen für die Zeit zu haben, für die er bei Ihnen bleibt. Er arbeitet mehr als viele andere, um zu beweisen, was für ein wunderbarer Mensch er ist. Ständiges Lob wird ihn zu einer ungeheuren Aktivität anspornen, die die Grenzen normaler Ausdauer weit überschreitet. Wenn Sie Ihrem Löwe-Angestellten die Anerkennung versagen, berauben Sie sich selbst um mindestens fünfzig Prozent seines Wertes.

Und denken Sie auch an die Eitelkeit Ihrer Löwin. Schenken Sie ihr gelegentlich eine Rose, die sie sich ins Haar stecken kann, und machen Sie sich nichts aus dem Geflüster und Getratsche. Sie können es sich nicht leisten, sie zu verlieren. Sagen Sie ihr oft, wie hübsch sie aussieht, wie klug sie ist, und schenken Sie ihr hin und wieder Theater- oder Konzertkarten. Immer zwei Karten, bitte, denn das Löwe-Mädchen ist ständig entweder verliebt, verlobt oder verheiratet.

Den männlichen Löwen laden Sie am besten oft in ein teures Restaurant ein, wo einflußreiche Leute ihn mit dem großen Mann sehen können. Wenn möglich, lassen Sie neue Angestellte sowohl von Ihren männlichen als auch von Ihren weiblichen Löwe-Angestellten anlernen. Sie werden stolz auf die Verantwortung sein. Außerdem erteilen sie anderen sehr gern Ratschläge.

Ein wenig astrologische Psychologie, klug angewandt, kann Ihren stolzen, empfindlichen Löwen zu einer Ehre für die Firma werden lassen. Stellen Sie den Löwen die teuersten Schreibtische und Schreibmaschinen, die Sie sich leisten können, ins Zimmer. Nichts deprimiert einen Löwen mehr, als mit schäbiger, veralteter Ausrüstung zu arbeiten, höchstens die Zusammenarbeit mit pessimistischen, phantasielosen Menschen.

Löwen brauchen großzügige Spesen und etwas längere Mittagspausen. Mahlzeiten sind gesellschaftliche Ereignisse für sie, und sie werden sich bei dieser Gelegenheit oft als Reklamefachleute betätigen. Sie können das natürlich nicht tun, wenn sie an Geld denken oder auf die Uhr schauen müssen. Löwen können gut rechnen, aber nicht mit Pfennigen. Und was die Uhr betrifft, so verdirbt es ihren Stil, wenn sie nur begrenzt Zeit haben. Löwen können leicht gezähmt werden, wenn man weiß, wie es gemacht wird. Lockern Sie die Regeln und Vorschriften ein wenig. Diese Angestellten können nicht eingesperrt werden, oder sie verschmollen die Stunden und verlieren ihren strahlenden Enthusiasmus.

Man kann nur dazu raten, einen Löwen anzustellen. Er wird etwas Leben in die Bude bringen und ohne zu klagen riesige Bürden auf seinen Rücken nehmen. Er braucht viel Beifall, Ansehen, Vollmachten, Gehaltserhöhungen, Titel und Freiheit, aber das ist kein zu hoher Preis für seine Intelligenz und Treue, seine Ideen, seinen Glauben und sein Verantwortungsgefühl. Füttern Sie Ihre Raubtiere und Kätzchen richtig, und sie werden die beste Reklame für Sie machen und stolz auf Ihre Firma sein, als gehöre sie ihnen selbst. Das Herz des Löwen ist so groß wie sein Selbstbewußtsein.

Die Jungfrau

24. August – 23. September

Berühmte JUNGFRAU-Persönlichkeiten:

Hans Albers	Hubert v. Meyerinck
Lauren Bacall	Eduard Mörike
Albert Bassermann	Rud. Aug. Oetker
König Baudouin	Ferd. Porsche jun.
Franz Beckenbauer	John Priestley
Ingrid Bergman	Wilhelm Raabe
Leonard Bernstein	Willy Reichert
Willy Birgel	Kardinal Richelieu
Hermann Buhl	Romy Schneider
Theodore Dreiser	Gerhard Schröder
Greta Garbo	Peter Sellers
J. W. v. Goethe	Theodor Storm
Lyndon B. Johnson	Franz-Josef Strauss
Elia Kazan	Leo Tolstoi
D. H. Lawrence	Vico Torriani
Sophia Loren	Wallenstein
Maurice Maeterlinck	Franz Werfel

Wie man die JUNGFRAU erkennt

Sie dürfen das Wort «Jungfrau» nicht zu wörtlich nehmen. Obwohl viele Jungfrau-Menschen ledig bleiben, gibt es doch genug, die schließlich im Ehehafen landen. Sie tun es vielleicht nicht mit plötzlicher Leidenschaft und großem Feuer, doch es ist erstaunlich, wie viele ein Leben zu zweit meistern. Ihre Familien lieben sie alle.

Ob verheiratet oder ledig, es ist ziemlich einfach, den Jungfrau-Menschen in der Öffentlichkeit zu entdecken. Er wird nicht viel Lärm machen. Er ist nicht gerade geschwätzig, und er wird als Einzelgänger auffallen. Sehen Sie den freundlichen, gut aussehenden Mann dort drüben an der Ecke, der das Wörterbuch unter dem Arm hat? Dessen Geist wie eine Uhr abläuft, die Stunden methodisch und ordentlich zählt und jede Kleinigkeit bemerkt? Wenn Sie genau hinschauen, können Sie fast sehen, wie er jede Minute auf ihren Wert abschätzt. Er ist ein Jungfrau-Mensch. Und das ruhige Mädchen mit den schönen, sanften Augen, das dort auf den Bus wartet? Beachten Sie ihre tadellos sauberen weißen Handschuhe, ihre kühle Art. Sie hat bestimmt das abgezählte Fahrgeld in der Hand, sie würde nicht im Traum daran denken, bei dem Schaffner einen großen Schein zu wechseln. Sie ist eine Jungfrau.

Bei einem typischen Jungfrau-Menschen wird man meist den Eindruck haben, daß er sich mit einem ernsten Problem herumschlägt oder sich im geheimen um etwas sorgt. Das stimmt wahrscheinlich. Es ist seine zweite Natur, sich Sorgen zu machen. Und man könnte beinahe sagen, daß er an dieser Gewohnheit hängt.

Gesellschaftliche Zusammenkünfte sind nicht das beste Jagdrevier, wenn Sie nach diesen Perfektionisten suchen. Sie sitzen eher im Büro und machen Überstunden, als sich auf einer Party zu amüsieren. Es fällt den Jungfrau-Menschen nicht leicht, sich dem sorglosen Treiben des Gesellschaftslebens zu überlassen, denn im Grunde fühlen sie sich unbehaglich unter vielen Menschen. Manchmal verfallen sie aus Enttäuschung ins andere Extrem, aber meist ist ihnen die Pflicht doch zu wichtig, als daß sie sich Frivolitäten erlauben würden. Es kann vorkommen, daß ein Steinbock neben einer Jungfrau wie ein Playboy wirkt, und das will etwas heißen. Selten werden Sie eine Jungfrau Luftschlösser bauen sehen. Diese Leute haben zuviel zu tun, um Tagträume zu haben, und nachts sind sie zu müde.

Obwohl der Aszendent und die Planetenpositionen Änderungen verursachen können, sollte man nach einer drahtigen Gestalt mit schönen, ruhigen Augen suchen. Jungfrau-Augen sind oft so erstaunlich klar, daß man meint, man könne sich darin spiegeln. Sie funkeln vor Intelligenz und Scharfsinn. Die Jungfrau-Gesichtszüge können so rein und unbewegt sein, daß sie die geheimen Sorgen zu verleugnen scheinen. Diese Menschen sind oft sehr attraktiv und haben feine Nasen, Ohren und Lippen. An Anmut und Charme fehlt es bestimmt nicht, und manchmal ist sogar etwas Eitelkeit vorhanden. Jungfrauen sind sehr kritisch mit ihren Fotos und sehr heikel in bezug auf ihr Aussehen. Wenn Sie gut beobachten, erwischen Sie sie dabei, wie sie sich vor dem Spiegel putzen, wenn sie glauben, niemand sehe sie. Sie sind immer gut zurechtgemacht und gewöhnlich sehr sorgfältig, wenn auch konservativ, angezogen.

Der Jungfrau-Mensch ist meistens klein, bestimmt kein Riese, aber muskulös, und er hat viel mehr Kraft, als seine zerbrechliche Erscheinung vermuten läßt. Jungfrauen können auf die Dauer intensiver arbeiten als die unter den zäheren und kräftigeren Zeichen Geborenen – und dabei einen Nervenzusammenbruch vermeiden. Obwohl sie äußerlich so tüchtig und kühl scheinen, werden sie von inneren Ängsten gequält, die ihre Gemütsruhe und auch ihre Verdauung beeinträchtigen können. Sie laden sich mehr Arbeit auf, als sie ohne Schwierigkeiten bewältigen können, und quälen sich dann bis zum Zusammenbruch ab, um die Verpflichtung zu erfüllen.

Jungfrauen sind bestimmt verläßlich und aufrichtig. Trotzdem sind sie fähig, eine Krankheit vorzutäuschen, wenn sie etwas nicht tun oder irgendwo nicht hingehen wollen. Zu solchen Zeiten macht sich ihr verstecktes schauspielerisches Talent bemerkbar. Gelegentlich bringen sie es fertig, sich selbst von solchen eingebildeten Krankheiten zu überzeugen, aber das kühle Auge und der klare Kopf der von Merkur beherrschten Menschen verbürgt, daß solche Augenblicke der Selbsttäuschung nur kurz sind. Sie sind wählerisch und anspruchsvoll in der Erscheinung, beim Essen, in der Arbeit und in der Liebe. Ihr ordentlicher Jungfrau-Freund, der aussieht, als hätte er gerade geduscht, hat das vermutlich auch getan. Er badet und duscht öfter als vier andere Leute zusammen. Er hat auch sehr klar umrissene Vorstellungen von der Gesundheit, wenig Verständnis für Faulheit, und sehr geringe Illusionen über das Leben und die Menschen, selbst wenn er verliebt ist. Ob männlich oder weiblich, die Liebe macht die Jungfrau-Menschen niemals blind für irgendwelche Fehler des (oder der) Geliebten.

Natürlich dürfen Sie nicht denken, daß jeder, der Ende August oder im September geboren wurde, kleinlich, pedantisch oder dogmatisch ist. Viele Jungfrauen glänzen durch klugen Merkur-Witz und strahlen einen Charme aus, dem man schwer widerstehen kann. Sophia Loren ist eine Jungfrau, womit wohl genug gesagt ist.

Obwohl die Jungfrauen selten unrealisierbare Träume träumen, sehen sie oft wie schöne Träumer aus – als lebten sie in der anderen Welt, an die zu glauben ihr logischer Verstand sich weigert.

Wenn sie sich über Gemeinheit, Dummheit oder Unordnung ärgern, können die Jungfrauen plötzlich launisch, gereizt, zänkisch oder nervös werden. Aber normalerweise sind sie freundliche Menschen, die man gerne um sich hat, besonders im Krankenzimmer. Die besten Krankenschwestern sind oft Jungfrauen, sie sind mitfühlend und tüchtig. Wenn Sie Kopfschmerzen haben, wird es wahrscheinlich Ihr Jungfrau-Freund sein, der sofort für Sie zur Apotheke läuft. Wenn Sie bei ihm sind, wird er kaum weit zu gehen haben, denn er hat zweifellos eine Hausapotheke. In seinem Medizinschränkchen im Badezimmer befinden sich Medikamente gegen jede nur denkbare Krankheit. Er wird niemals etwas einnehmen, von dem er nicht genau weiß, was es enthält und wie es wirkt, und daher wird er Sie auch immer gut beraten können. Jungfrauen, die viel reisen, nehmen ihre eigene Apotheke mit. Und die Kellnerin im Hotel wird schnell lernen, daß der Jungfrau-Mann, der ein Drei-Minuten-Ei verlangt, nicht eins haben will, das zwei Minuten und fünfundvierzig Sekunden gekocht hat.

Der Jungfrau-Mensch mag Ihre Behauptungen mit einer haarspalterischen Genauigkeit kritisieren, die Sie wild machen kann, wenn

Sie aber in der Klemme sind, wird er sofort tatkräftig Hilfe leisten. Nicht Selbstgefälligkeit drängt ihn dazu, das Kommando zu übernehmen, wenn irgendwo ein Durcheinander entstanden ist, sondern sein ordnungsliebender Verstand, der Verzögerungen, Ungenauigkeiten oder Verwirrungen nicht erträgt. Das kann sogar so weit gehen, daß er Ordnung schafft, ohne darum gebeten worden zu sein (wobei er nicht taktlos sein will), denn Ordnung in ein Chaos zu bringen, gehört zu seiner Natur. Er gehört zu den Gästen, die der Hausfrau nach der Gesellschaft helfen, alles wieder aufzuräumen. Aber er ist auch der Gast, der sofort bemerkt, daß Sie die Abendzeitung an einem bestimmten Platz auf den Tisch gelegt haben, um einen häßlichen Fleck zu verdecken, und die Kissen auf dem Sofa so angeordnet sind, daß man die Zigarettenlöcher nicht sieht.

Wie der Waage- ist auch der Jungfrautyp schnell bei der Hand, eigene Angewohnheiten und Schwächen abzuleugnen. Er ist seinen Fehlern gegenüber offensichtlich blind und sieht sie selten so klar wie die der anderen Leute. Die Wahrheit ist jedoch, daß er sie sehr wohl sieht – und zwar so genau in allen Einzelheiten, daß er es nicht erträgt, sie verallgemeinern zu lassen. Versuchen Sie einmal, einem typischen Jungfrau-Menschen zu erklären, er sei kritisch, nörglig, kleinlich, pedantisch und befasse sich übertrieben mit Diät und Gesundheit. Wer, er? Er ist ganz und gar nicht so.

Es sollte nicht schwierig für Sie sein, einen Jungfrau-Menschen auf einer Gesellschaft zu entdecken. Er ist unfähig, längere Zeit stillzusitzen. Nach einer Weile wird er sichtlich unruhig, läuft hin und her oder wechselt den Platz und erweckt den Eindruck größter Eile, so als müsse er dringend zu irgendeiner anderen Verabredung. Gleichzeitig ist sein Gesicht jedoch völlig ruhig. Äußerlich sieht man ihm seine nervöse Unrast selten an, sie kann jedoch das Verdauungssystem unangenehm beeinträchtigen.

Es ist wichtig, hier den noch nicht lokalisierten Planeten Vulkan zu erwähnen, den wahren Herrscher der Jungfrau, dessen Entdeckung nahe bevorstehen soll. Die Nähe des wahren Herrschers eines Zeichens ändert die Eigenschaften der Menschen, die unter ihm geboren sind. Um nur ein Beispiel zu geben: Während der Zeit, als sowohl Wassermann wie auch Steinbock von Saturn beherrscht wurden, zeigten die im Februar Geborenen, wie etwa Abraham Lincoln, deutlich die melancholischen Eigenschaften dieses Planeten. Als aber Uranus (das Symbol für Elektronik und Weltraum und der wahre Herrscher des Wassermanns) entdeckt wurde – zur angebrachten Zeit im Weltenplan –, begannen die Wassermann-Menschen, Eigenschaften einer ruhelosen Entdeckertätigkeit und eine faszinierende, unberechenbare und fortschrittliche Persönlichkeit zu entwickeln. Viele Astrologen glauben, daß Vulkan, der Planet des Donners, in einigen Jahren durch das Teleskop sichtbar sein wird. Kurz bevor oder nachdem Vulkan nahe genug an die Erde herankommt, werden die jetzt lebenden Jungfrau-Menschen und die, die in Zukunft geboren werden, viel von dem merkurischen Druck verlieren, der die gegenwärtige Nervenanspannung verursacht. Merkur paßt besser zum Luftzeichen Zwillinge als zum Erdzeichen Jungfrau. Der donnernde Vulkan wird den Jungfrauen auch ihre astrologische Erbschaft an Mut und Selbstvertrauen geben und viele der typischen Jungfrau-Hemmungen lösen. Wenn Vulkan entdeckt ist, bleibt nach alten Voraussagen nur noch ein Planet übrig, der gefunden werden muß, Apollo, der wahre Herrscher des Stiers. Dann wird jedes Sonnenzeichen auf die Schwingungen seines wirklichen Herrschers reagieren – zwölf Zeichen und zwölf Himmelskörper. Es ist interessant, daß Vulkan in der griechischen Mythologie der lahme Gott mit dem scharfen Verstand ist. Viele Jungfrauen hinken leicht oder haben einen eigenartigen, ungewöhnlichen Gang.

Diese Menschen sind nicht verschwenderisch mit Geld oder Liebe. Im allgemeinen sind sie auf beiden Gebieten vorsichtig. Sie lieben ruhig und gleichmäßig, ohne Überschwenglichkeit, und beim Geld ist es nicht viel anders.

So bereitwillig die Jungfrauen anderen Hilfe leisten, so seltsam ist ihre fast neurotische Abneigung dagegen, selbst Gefälligkeiten anzunehmen. Sie wollen niemandem verpflichtet sein. Und sie wollen auch von keinem, außer sich selbst, abhängen. Die tief verwurzelte Furcht, im Alter abhängig sein zu müssen, läßt viele von ihnen so sparsam leben, daß man es fast geizig nennen könnte. Wenn aber die Jungfrau spürt, daß sie sich wegen der Zukunft keine Sorgen zu machen braucht, wird sie das Geld leichter ausgeben. Allerdings verlangt sie auch dann den vollen Gegenwert für die Bezahlung, oder die Ware wandert zurück in den Laden.

Obwohl die Jungfrau-Menschen kaum Mitleid mit Bettlern oder Tagedieben haben, sind sie unfehlbar großzügig, wenn ein Freund in Not ist. Niemals werden sie jedoch ihr Geld unbedacht hinauswerfen, denn Verschwendung ist für sie eine der größten Sünden. Der Jungfrau-Mensch arbeitet schwer für das, was er hat, und Extravaganz ist ihm ein Dorn im Auge. Er hat schnell ein paar scharfe Bemerkungen übrig für Verschwender und Leute, die zu faul zum Arbeiten sind.

Wenn man es verurteilt, daß die Jungfrau-Menschen alles und jedes kritisieren, so sollte man nicht vergessen, daß sie im geheimen sich selbst gegenüber genauso kritisch sind. Sie können es nicht ändern, daß sie fremde Fehler sehen, denn sie wurden geboren, um den kleinsten Sprung im Gefäß zu entdecken. Verspätungen werden sie genauso scharf verurteilen wie Verschwendung, denn Verspätung ist eine Zeitverschwendung. Also seien Sie pünktlich, wenn Sie nicht Mißfallen erregen wollen.

Es ist schwer zu verstehen, warum die Jungfrauen manchmal selbstsüchtig genannt werden, denn meistens finden sie mehr Befriedigung darin, anderen zu dienen, als ihren persönlichen Ehrgeiz zu befriedigen. Wahrscheinlich verdanken sie diesen Ruf ihrer Fähigkeit, «nein» sagen zu können und es auch zu meinen. Sie werden gern Zeit und Kraft opfern, aber sie gehen nicht über die Zumutbarkeit hinaus. Wenn man zuviel von ihnen verlangt, werden sie störrisch und bringen ihre Einwendungen klar vor, vielleicht zu klar. So sehr sie es lieben, auf die Fehler anderer hinzuweisen, so heftig nehmen sie die offene Kritik ihrer eigenen Fehler übel. Wenn ein Jungfrau-Mensch einen Irrtum begeht, was selten geschieht, dann machen Sie ihn taktvoll darauf aufmerksam, wenn Sie sein Freund bleiben wollen.

Jungfrauen sind überraschend gesund, trotz ihrer Reiseapotheke (abgesehen davon, daß sie sich oft selbst krank machen durch Überarbeitung, geistige Anspannung und Pessimismus). Sie achten sehr auf ihre Gesundheit und halten strenge Diät. Immerhin können sie über kleinere Übel klagen, wie Magenverstimmungen, Verdauungsbeschwerden, ständige Schmerzen in den inneren Organen, Kopfschmerzen und Komplikationen mit den Füßen (denken Sie an Vulkan, den lahmen Gott). Wenn sie einen Bronchialkatarrh haben, sollten sie sich vorsehen, denn sie neigen zu Lungenkrankheiten, wenn die Planeten im Geburtshoroskop verletzt sind. Sie können von Schmerzen in den Hüften, Armen, Schultern und im Rücken geplagt werden – und auch von Gicht, Arthritis, Rheumatismus und manchmal von einer träge arbeitenden Leber. Aber da die Jungfrauen sich so intensiv mit ihrem eigenen Körper beschäftigen, werden ernstere Krankheiten meist vermieden. Es gibt viele Vegetarier unter ihnen, und wo das nicht zutrifft, kann man wetten, daß sie genau wissen, was sie essen sollen und wie es gekocht werden muß. Hin und wieder trifft man Jungfrauen, die sich so vor Bazillen fürchten, daß sie Gummihandschuhe tragen, wenn sie Fleischklöße machen, und jeden Abend ihre Zahnbürste auskochen. Auch der durchschnittliche Jungfrau-Mensch wird sich vor jedem Essen mit Hingabe die Hände waschen.

Die Jungfrauen lieben Katzen, Vögel und kleine, hilflose Geschöpfe. Außerdem lieben sie die Wahrheit, Pünktlichkeit, Sparsamkeit, Vorsicht und eine gewisse Exklusivität. Sie hassen überschwengliche Gefühle, Schmutz, Gewöhnlichkeit, Liederlichkeit, Faulheit und Verschwendung. Sie sind praktisch und haben einen weitreichenden Scharfblick – sie sind die wahren Individualisten, deren genaue Wahrnehmungen verworrene Illusionen ausschließen. Ein frischer Wind weht durch die Träume der Jungfrauen und treibt alle wilden Phantasien fort. Wenn der Jungfrau-Mensch einmal gelernt hat, die Kleinigkeiten im Leben zu meistern, anstatt sich von ihnen beherrschen zu lassen, kann er sein eigenes Schicksal mit größerer Sicherheit gestalten als die Menschen, die unter anderen Sonnenzeichen geboren sind.

Der JUNGFRAU-Mann

Am besten ist es, wir stellen es gleich klar. Hängen Sie Ihr Herz nicht an einen Jungfrau-Mann, wenn Sie nach Romantik hungern, denn dann müssen Sie eine Hungerkur machen. Eine Liebesaffäre mit einer

Jungfrau kann einen warmen Gefühlsmenschen wie einen kalten Hauch berühren, und es kann weh tun.

Dieser Mann lebt in einer praktischen, materiellen Welt und hat wenig Verwendung für Romantik. Freilich bleibt das ganze Problem vielleicht sowieso theoretisch, denn es wird nicht wenig Anstrengungen kosten, ihn überhaupt zu einer männlich-weiblichen Beziehung zu bewegen. Er ist nicht der Typ, der Ihnen Ständchen bringt.

Tatsache ist, daß der Jungfrau-Mann schon von frühester Jugend an mit der Liebe zu tun hat, wenn auch nicht mit der Romeo-und-Julia-Art. Für ihn ist Liebe selbstlose Hingabe an Familie und Freunde oder an Menschen, die schwächer oder weniger vernünftig sind als er. Er wurde mit einer instinktiven Liebe zur Arbeit, zu Pflicht, Disziplin und Aufopferung für die Hilflosen geboren. Selbst der unentwickelte Jungfrau-Mensch, der solche Höhen nicht ganz erreicht, hat ein leichtes Schuldgefühl, wenn er dem selbstlosen Ideal nicht auf irgendeine Weise nahekommt.

Liebe, die sich in dramatischen Gefühlen, träumerischen Versprechungen und überschwenglicher Zuneigung äußert, läßt einen Jungfrau-Mann nicht nur kalt, sie kann ihn auch so erschrecken, daß er mit dem nächsten Bus oder Zug die Stadt verläßt. (Flugzeuge sind ihm zu schnell und zu teuer.) Aber bei der richtigen Temperatur kann er zum Schmelzen gebracht werden, selbst wenn er aus einer Mischung von Stahl und Eis zu bestehen scheint. Es gibt ganz sicher Wege zum Herzen des Jungfrau-Mannes. Geheime Wege. Angriffslustige Verfolgung gehört nicht dazu. Auch nicht Koketterie und Sex, wie manch flirtender Teenager und manche raffinierte Verführerin zu ihrer Enttäuschung und Überraschung feststellen mußten.

Die Jungfrau sieht in der Liebe mehr auf Qualität als auf Quantität. Da Qualität in jeder Kategorie einen ziemlich hohen Preis hat, haben die Jungfrau-Menschen wenig wirkliche Liebesaffären, und die wenigen, die sie haben, sind oft unglücklich oder traurig. Die Reaktion des Jungfrau-Mannes auf solche Enttäuschungen besteht meist darin, daß er sich in die schwerste Arbeit vergräbt, die er nur finden kann, sich von Menschen fernhält und bei der nächsten Gelegenheit doppelt vorsichtig ist. Sie sehen, daß Sie allerhand List und Geduld brauchen werden. Im Grunde neigt der Jungfrau-Mensch zu Keuschheit, und nur für eine gute Sache oder eine Ausnahme-Frau geht er davon ab. Viele Jungfrauen – zugegeben, nicht alle – können leichter im Zölibat leben als jedes andere Sonnenzeichen, genauso wie sie sich Vorschriften und Regeln unterwerfen, auch wenn sie sie nicht verstehen, weil Gehorsamkeit ihrem Wesen entspricht. Wenn das Schicksal es will, daß er ledig bleibt, wird der Jungfrau-Mensch ohne großes Bedauern und ohne starke Gemütserschütterung damit fertig, und deshalb gibt es so viele Junggesellen unter diesem Zeichen – doch immerhin, in ihrer ruhigen Art können sie sehr poetische und zarte Liebesaffären haben.

Obwohl der Jungfrau-Mann nie sehr auffällig sein wird, kann er ein Meister in der Kunst der fast unmerklichen Verführung sein. Zwei Generationen Französinnen, die innerlich zitterten, wenn ein bestimmter Franzose sein scheues, sanftes Lächeln spielen ließ, können ein Lied davon singen. Maurice Chevalier wurde nicht berühmt, weil er eine große Stimme hatte.

Der Jungfrau-Mann vereinigt in sich scharfen Intellekt und solide Nüchternheit. Er kann gelöst genug sein, um in kühlem Flirt viele Herzen zu brechen, aber sein kritischer, analytischer Sinn und sein unbestechlicher Scharfblick lassen es selten zu, daß die Liebe über das Platonische hinausgeht. Sein Herz muß schon in Weißglut brennen, damit der Jungfrau-Mann leidenschaftlich wird. Da er bescheiden und wählerisch zugleich ist, werden schon dadurch allein wahllose Geschlechtsbeziehungen vermieden. Natürlich mag er gelegentlich einmal eine sinnlich-körperliche Beziehung haben, aber solche Unbesonnenheiten sind eher die Ausnahme als die Regel. Die Regel ist zurückhaltendes Interesse. Zwar ist ein Mann ein Mann, und nicht alle Jungfrau-Menschen bleiben im wahrsten Sinne des Wortes Jungfrauen, aber in ihrer Auffassung bleiben sie immer rein.

Der Jungfrau-Mann nimmt sich Zeit, um den Gegenstand seiner Liebe zu finden, denn er ist bei der Wahl einer Frau ebenso kritisch und gründlich wie in seinen Eß-, Kleidungs-, Arbeits- und hygienischen Gewohnheiten. Versuchen Sie nicht, ihn zum Narren zu halten oder ihn anzulügen. Ihr Jungfrau-Liebhaber macht sich keine Illusionen. Er sucht eine anständige, ehrliche und echte Beziehung. Er weiß, wie gering die Chancen sind, daß er sie findet, aber es ist nutzlos, von ihm zu erwarten, daß er sich mit weniger zufriedengibt. Wenn er durch irgendwelche Umstände jemals in eine unbefriedigende Affäre hineingerät, so können Sie sicher sein, daß er sich bald daraus befreien wird.

Es ist schwierig, die Gefühle dieses Mannes zu erregen. Er kann es lange Zeit ohne den brennenden Wunsch nach einem ständigen Partner aushalten. Es kann Sie zum Weinen bringen, wenn Sie Ihr Augenmerk auf ihn gerichtet haben. Sie werden überlegen, ob er aus Stein ist oder ohne Herz geboren wurde. Nein, er ist nicht aus Stein, und er hat auch ein Herz. Seien Sie geduldig. Wer warten kann, wird am Ende Erfolg haben.

Hin und wieder versucht es ein neugieriger, gehemmter Jungfrau-Mann mit einem bewußt wahllosen sexuellen Verhalten, einfach um herauszufinden, ob es ihm an Männlichkeit fehlt. Natürlich ist das nicht der Fall, und sobald er es entdeckt hat, sucht er nicht mehr nach künstlichen Erfahrungen. Nicht einmal ein kühler, scharfsichtiger und beherrschter Jungfrau-Mann ist gegen die Anziehungskraft der menschlichen Natur auf die Dauer gefeit, aber wenn er einmal unterliegt, so gibt er es nicht gern zu. Er wird seine wahren Gefühle hinter beredsamer Gleichgültigkeit verbergen. Der Jungfrau-Mensch hat ein verborgenes, aber äußerst verfeinertes schauspielerisches Talent. Er wird genauso raffiniert vortäuschen, daß er uninteressiert ist, wie er auf einer Gesellschaft, die ihm nicht gefällt, vorgibt krank zu sein. Erwarten Sie auch nicht von ihm, daß er besondere schwärmerische Hingabe zeigt, selbst wenn er sich Ihnen erklärt hat. Bis er sich darüber klar ist, ob Sie wirklich diejenige sind, für die er seinen Junggesellenstand aufgeben soll, wird er ziemlich ungerührt erscheinen.

Hat er sich jedoch einmal entschieden, wird er sich mit rührender Schlichtheit erklären. Seine Liebe brennt wie eine stetige Flamme und wird niemals wanken wie bei anderen Sonnenzeichen, sondern über die Jahre hinweg mit wunderbarer Zuverlässigkeit Wärme spenden. Ist das so schlecht? Die Jungfrau-Liebe hat auch *eine* romantische Seite: Wenn er wahrhaft liebt, wird der Jungfrau-Mann Jahre auf seinen wahren Partner warten und über tausend Länder und Meere reisen, um ihn heimzuholen. Er ist zu großen Opfern fähig, wenn er dem zierlichen Fuß folgt, von dem er entdeckt hat, daß ihm der gläserne Schuh paßt. Die Flamme ist stark, wenn es einmal gezündet hat. Es ist fast unmöglich, sie zu löschen. Sie werden, wie Aschenbrödel, ewig geliebt werden. Der Trick liegt, glaube ich, im Anzünden. Der gläserne Schuh paßt nur sehr wenigen Füßen.

Wenn Sie den Jungfrau-Mann einmal erobert haben, wird er Ihre Eifersucht selten, wenn überhaupt erregen, und er ist entschlossen, alle Schwierigkeiten, die aus finanziellen Gründen, Familienverhältnissen oder äußeren Einflüssen entstehen, zu überwinden. Er zeigt unglaubliche Kraft in seelischen oder materiellen Notlagen, solange Sie an seiner Seite bleiben. Sie könnten sich keinen liebevolleren, gütigeren Gefährten wünschen, wenn Ihnen das Herz von der grausamen Welt gebrochen wurde oder Sie krank sind. Er wird Sie nicht mit Geld überschütten, aber Sie werden die notwendigen Dinge reichlich haben, und er wird Sie mit Rücksicht behandeln.

Der Jungfrau-Mann hat ein kristallklares Gedächtnis und wird besondere Jahrestage nicht vergessen, obwohl es ihm vielleicht schleierhaft sein wird, weshalb Sie so großen Wert darauf legen. Er wird nicht leidenschaftlich eifersüchtig sein, doch die Jungfrau-Männer sind besitzergreifend bis zum äußersten. Das scheint nur ein kleiner Unterschied zu sein, aber er ist wichtig. Die Frau eines Jungfrau-Mannes, die sich zu weit vom heimischen Herd entfernt, findet unter Umständen keinen Ehemann mehr vor, wenn sie zurückkehren will. Jungfrauen sind sehr treu und zerreißen Familienbande höchst ungern, aber wenn ihr Gefühl für Anstand grob verletzt worden ist, zögern sie nicht, einen nüchternen, sauberen Schnitt beim Scheidungsgericht zu machen. Für sie gibt es keine harmlosen Trennungen auf Probe. Was vorbei ist, ist vorbei. Lebwohl und viel Glück. Sogar das außergewöhnlich gute Gedächtnis des Jungfrau-Mannes wird ihn nicht veranlassen, sentimentale Tränen über die Vergangenheit zu vergießen, einfach, weil er fähig ist, seine Gedanken ebenso hart in die Zucht zu nehmen wie seine Gefühle. Selbstdisziplin gehört zu seinem Wesen. Nie wird er der Illusion verfallen, daß nach einem Zusammenkitten der zerbrochenen Stücke wieder die frühere Vollkommenheit erreicht werden kann.

Wenn Sie Ihr Herz an einen Jungfrau-Mann gehängt haben, so

polieren Sie besser Ihren Denkapparat etwas auf. Jungfrauen hassen Unwissenheit, Dummheit und unklares Denken fast so sehr wie Schmutz und Gemeinheit, und das will etwas heißen. Das Mädchen, das das Herz eines Jungfrau-Mannes gewinnen will, sollte sich gut pflegen und kleiden und über einen beträchtlichen Verstand unter ihrer ordentlichen Frisur verfügen – und Sie haben hoffentlich bemerkt, daß ich *ordentliche* Frisur gesagt habe. Er sucht eine Frau, die sauber an Körper und Geist ist, aber keine modischen Extravaganzen treibt. Eine vergnügungssüchtige, egoistische und geistig träge Frau wird nie etwas bei ihm erreichen, und wenn sie vor Sex nur so strotzt. Im Grunde genommen sucht der Jungfrau-Mann eine Ehefrau und keine Geliebte – in welcher Bedeutung des Wortes auch immer.

Im allgemeinen haben die Jungfrau-Männer kein starkes Verlangen nach Vaterschaft. Wenn jedoch ein Kind geboren ist, sind sie sehr gewissenhafte Väter und nehmen ihre Verantwortung ernst. Der Jungfrau-Vater wird den Kindern viel beibringen und ihnen sein eigenes tadelloses Verhalten als Maßstab setzen. Er wird gern bei den Schulaufgaben helfen und wahrscheinlich jedes Opfer für ihre Ausbildung bringen. Er legt viel Wert auf Intellekt und Moral und wird seine Kinder zu höflichen, guten Staatsbürgern erziehen. Sogar der geschiedene Jungfrau-Vater wird darauf achten, daß für seine Sprößlinge bestens gesorgt ist. Kinder von Jungfrau-Vätern haben meist Respekt vor Büchern und Wissen. Selten werden diese Väter ein Kind verziehen, sondern stets die notwendige Disziplin verlangen. Leider liegt es ihnen jedoch nicht, ihre Zuneigung deutlich zu zeigen. Wenn sie sich nicht von Anfang an darum bemühen, ist es leicht möglich, daß sie eines Tages zwischen sich und den Kindern, die sie so sehr lieben, eine unüberbrückbare Kluft entdecken.

Ein Jungfrau-Mann wird hoffen, daß Sie sich ein wenig um seine Gesundheit kümmern, aber er wird auch Sie umsorgen, wenn Sie einmal krank sind. Er mag hin und wieder reizbar und launisch sein, vielleicht sogar häufig, aber eines ist sicher: Wenn Sie ihn in Ruhe lassen, wird er von sich aus keinen Streit mit Ihnen beginnen und nachher desto liebevoller sein. Lassen Sie ihm seine Sorgen. Sie sind eine Art geistige Übung für die Jungfrau-Menschen. Wenn Sie allerdings merken, daß sein Gesundheitszustand zu sehr darunter leidet, dann schlagen Sie ihm vor, irgend etwas Interessantes zu unternehmen. Es ist nicht schwierig, die Jungfrauen für etwas zu interessieren, wenn es auch schwierig sein mag, ihre Aufmerksamkeit auf die Dauer zu fesseln.

Und jetzt, wo Sie wissen, was Ihnen bevorsteht und Sie den Jungfrau-Mann immer noch lieben, können Sie sich auf eine ziemlich befriedigende Zukunft freuen. Sie werden einen Mann haben, der gut informiert ist und der nicht erwartet, daß Sie ihn von vorn und hinten bedienen oder die ganze Zeit wie eine Sexbombe herumlaufen, mit Parfum hinter dem Ohr und einer Rose zwischen den Zähnen (obwohl er erwarten mag, daß Sie mit einem Stück Seife in jeder Hand herumlaufen).

Er wird verläßlich und liebenswürdig sein, wenn Sie seinen Fehlern mit Takt begegnen. Er wird sowieso nicht viele haben, wenn Sie seine Angewohnheit, abends mit den Fingern über die Möbel zu fahren und nach Staub zu suchen, nicht einen Fehler nennen wollen. Ganz gleich, was er tut, versuchen Sie, nicht an ihm herumzunörgeln. Er kann die Kritik, die er anderen gegenüber anwendet, nicht selbst vertragen. Gewöhnen Sie sich daran, daß er Sie kritisiert, und lachen Sie darüber. Sie wissen ja, er kann nichts dafür, daß er ein so empfindlicher Pedant ist. Wenn Sie sich darüber hinwegsetzen können, werden Sie sich über Ihren intelligenten, zuverlässigen Jungfrau-Mann wirklich freuen. Er ist kein Engel, aus seinen Schultern wachsen keine Flügel. Aber viele Ehefrauen werden eifersüchtig auf Sie sein.

Wie viele Frauen sind schließlich mit einem schwer arbeitenden, gutaussehenden Mann verheiratet, der ordentlich und sorgfältig im Haus ist, an alle Jahrestage denkt und Wunder mit dem Geld vollbringt? Wie viele Frauen haben einen klugen Mann, der sich gut anzieht, selten mit seinen Freunden auf den Bummel geht oder Annäherungsversuche bei anderen Frauen macht? Der im allgemeinen freundlich und rücksichtsvoll ist? Sehen Sie noch einmal genau hin. Ist das nur der Widerschein der Straßenlampe um seinen Kopf, oder könnte es sein . . .? Nein, es kann unmöglich ein Heiligenschein sein. Wenn Sie daran denken, wie er Sie gestern abend angefahren hat, als Sie im Theater Schokoladenplätzchen auf seinem Schoß verstreut haben! Und doch – wenn er lächelt und man sich in seinen klaren Augen spiegeln kann – also, er genügt, bis jemand mit richtigen Flügeln kommt.

Die JUNGFRAU-Frau

Stellen Sie sich das Jungfrau-Mädchen wie eine sanfte, jungfräuliche Maid vor, rein wie frischgefallener Schnee? Sie werden einige Illusionen einbüßen.

Eine Jungfrau-Frau kann ihren Ehemann wegen eines anderen verlassen, den sie an einem weit entfernten Meer getroffen hat, sie kann das Kind ihres Geliebten zur Welt bringen, ohne den Vorteil der Ehe zu genießen, und sie kann einer feindlichen Welt mit hocherhobenem Kopf entgegentreten. Das ist nicht sehr mädchenhaft oder jungfräulich. Es gibt viel zu lernen über dieses zarte, zerbrechliche Symbol unbefleckter Weiblichkeit. Zum Beispiel ist ihr Rückgrat aus rostfreiem Stahl.

Es stimmt zwar, daß sie im Grunde scheu ist. Aber eine Jungfrau-Frau ist eine Frau. Sie verfügt über alle notwendigen weiblichen Listen und Waffen, einschließlich der Entschlossenheit, das Glück zu suchen, wo immer sie der Weg dabei auch hinführen mag. Wegen ein paar Dornen am Wegrand wird sie weder in Ohnmacht fallen noch schwächlich um Hilfe rufen.

Wenn Sie hören, daß eine Jungfrau-Frau Sitte und Anstand verletzt hat, so müssen Sie ein wenig zwischen den Zeilen lesen. Sie ist trotzdem rein – und rein ist auch ihre Liebe. Die wirkliche Liebe. Und die Jungfrau hat kein Interesse an irgendeiner anderen Art. Sie wird die höchsten Berge erklettern und die stürmischsten Meere überqueren, wenn es sie einmal gepackt hat, und das Bild des schmächtigen, zarten Wesens kann dadurch beträchtlich getrübt werden. Denken Sie auch daran, daß der wahre Herrscher der Jungfrau, der ferne Vulkan, der Gott des Donners ist. Eine Jungfrau-Frau, die erkennt, daß ihre Ehe unvollkommen ist, und die eine Liebe ohne Fehler findet (oder glaubt, daß sie sie gefunden hat, was auf dasselbe hinausläuft), wird nicht zögern, eine bestehende Bindung zu durchschneiden.

Wenn sie das Messer gebraucht, so wird sie so kühl und exakt vorgehen wie ein Chirurg. So sehr sie es verabscheut, den Familienkreis zu zerstören, Heuchelei haßt sie noch mehr.

Wenn sie einmal eine Liebe als wahr und ideal erkannt hat, ist es für sie eine reine Liebe, die über alle gesetzlichen Urkunden der Welt erhaben ist. Sie ist die einzige Frau im Tierkreis, die gleichzeitig vernichtend praktisch und göttlich romantisch sein kann. Die Umstände der Liebesaffäre an einem entfernten Meer mögen oberflächlich betrachtet unmoralisch aussehen. In Wirklichkeit ist es ein typisches Beispiel dafür, wie die Jungfrau sich bei einer schwierigen Entscheidung verhält. Sie wird entsetzlich unter der Verurteilung der Welt leiden, aber das wird ihre Handlungsweise genauso wenig beeinträchtigen wie die Reinheit ihrer Motive. Wenn sie einmal gezündet hat, brennt die Liebe der Jungfrau mit einer Weißglut, die die Leidenschaft anderer Sonnenzeichen durch ihre Intensität und Zielstrebigkeit in den Schatten stellt. Bis es zur Zündung kommt, kann es allerdings einige Zeit dauern.

Ich will gern zugeben, daß die körperliche Liebe bei der typischen Jungfrau-Frau manchmal gedämpft sein wird, aber diese Frauen haben etwas Geheimnisvolles, Ruhiges, Abwartendes, und «geistige Leidenschaft» ist ein sehr zufriedenstellender Ersatz für Männer, die die Zartheit der Untertreibung in der Liebe vorziehen.

Sie ist eine Perfektionistin, aber das bedeutet nicht, daß sie selbst vollkommen ist. Sie hat ihre negativen Seiten, und die können sehr unangenehm sein. Zuerst einmal sind die Jungfrau-Frauen der Überzeugung, daß niemand die Dinge so ordentlich und wirksam erledigen kann wie sie. Und was einen wirklich verrückt macht, ist die Tatsache, daß es – im allgemeinen – stimmt. Außerdem sind sie Pünktlichkeitsfanatikerinnen. Haben Sie eine Jungfrau jemals warten lassen? Wenn sie aufgebracht und gereizt ist, wird sie nicht wüten und toben und Flaschen auf Ihrem Kopf zertrümmern, aber sie kann zänkisch und kleinlich sein. Gelegentlich mag sich eine Jungfrau-Frau auch wie ein richtiger Zankteufel benehmen, aber die meisten treiben es nicht so weit. Wenn Sie im Unrecht sind, geben Sie es am besten zu und machen keine Einwände. Es hilft Ihnen doch nichts, bei einer Jungfrau werden Sie nicht viel gewinnen. Entschuldigen Sie sich kurz, die Jungfrau läßt sich nicht zum Narren halten. Sie wird mit Scharfblick die elegante Lüge auch des gewiegtesten Redners durchschauen und den leisesten Schimmer von Lippenstift auf Ihrem Kragen entdecken. Sie ist wohl reinen Herzens, aber sie ist ganz bestimmt nicht naiv.

Ich will damit nicht andeuten, daß sie Ihre Wäsche untersuchen wird, jedenfalls nicht vor der Ehe. Nachher wird es in ihrem eigenen Haus sein, und in dem Fall wird sie sich nicht so schuldig fühlen.

Diese Frau wird bockbeinig, wenn sie zugeben soll, daß sie im Unrecht ist, daher ist es klug, sich gleich darauf einzustellen. Meistens wird sie ohnehin im Recht sein, so enttäuschend es auch sein mag. Warum also deshalb streiten? Wenn sie wieder in ihrer normalen Stimmung ist, wird sie so zauberhaft sein, daß es doch ganz gleich ist, wer recht oder unrecht hat.

Wenn Ihr männliches Selbstgefühl es verträgt, so lassen Sie sich finanziell von ihr beraten. Übergeben Sie ihr die Familienkasse. Sie ist genau und praktisch und entdeckt auch den kleinsten Fehler (falls sie keine Planetenverletzungen im Grundhoroskop oder einen impulsiven Aszendenten hat).

Achten Sie auf ihr Benehmen und ihre Worte, wenn Sie ein Jungfrau-Mädchen lieben. Mit dummen Redensarten kommen Sie bei ihr nicht weit, und schlampige Kleidung wird sie auch nicht dulden. Am besten rasieren Sie sich jetzt zweimal am Tag, das gleiche gilt für das Duschen. Und noch ein wertvoller Tip: Wenn Sie das nächste Mal unpünktlich sind, tun Sie so, als wüßten Sie nicht, wie spät es ist. Gehen Sie ärgerlich zu ihr und schimpfen Sie, daß die elende Bücherei immer fünf Minuten zu früh schließe und Sie dann immer noch die schweren Lexika wegzuschleppen hätten. Sie wird die Verspätung ganz vergessen.

Gehen Sie nicht mit ihr zum Pferderennen und lassen Sie sie Zeugin sein, wenn Sie den Verdienst einer Woche auf «Letzte Chance» setzen. Bewahren Sie sich Ihre schlüpfrigen Geschichten für die Männer beim Stammtisch auf, und erklären Sie ihr ständig, wie glücklich Sie seien, kein leichtes Mädchen zu haben. Das sind Sie doch, nicht wahr? Sie ist auch keine Schlingpflanze. Jungfrauen gehen niemals ins Extrem. Sie kann sehr wohl auf sich selbst aufpassen, aber sie muß sich dabei nicht wie ein Mann benehmen.

Überwältigen Sie sie nicht mit Ihrem körperlichen Charme, und umarmen Sie sie nicht in der Straßenbahn. Drängen Sie auch nicht mit dem Abschiedskuß beim ersten oder zehnten Rendezvous – warten Sie auf Besseres. Untertreiben Sie lieber etwas. Gehen Sie langsam vor, mit Anstand und Geschmack, sonst werden Sie nicht mehr im Rennen liegen. Führen Sie Ihre Jungfrau ins Theater, die Dramatik und das Gepränge werden ihr gefallen, und sie wird ein Ventil für ihre eigenen beherrschten Gefühle finden. Sie hat einen stark entwickelten Intellekt, künstlerischen Geschmack und viel Einfühlungsvermögen. Sie liebt Theaterstücke, Konzerte und Bücher, aber sie betrachtet alles sehr kritisch. Genauso kritisch wird sie sein, wenn es um Ihre Krawatte geht, Ihre Frisur, Ihr Tun und Lassen. Kritik ist für sie so natürlich wie für andere das Atmen. Die Jungfrau ist die ewige Perfektionistin, und ohne sie wären wir unordentlich und schlampig. Aber kritisieren Sie sie nicht. Das ist gegen die Regeln. Ihr kristallklarer Verstand sieht die eigenen Fehler genauso wie die Ihren, und sie geht häufig und streng mit sich ins Gericht. Deshalb ist sie auch der Ansicht, daß sie in dieser Hinsicht keinerlei Hilfe von Ihnen braucht.

Eine angenehme Seite hat die Liebe zu einer Jungfrau-Frau: Sie wird Ihren Anteil an Sorgen mit übernehmen und sogar noch Freude daran haben. Sie wird Sie vor Leichtgläubigkeit bewahren, ohne Ihre Männlichkeit zu verletzen, eine Kunst, die Frauen aus anderen Tierkreiszeichen sehr wohl nachahmen könnten.

Was die Treue betrifft, so wird man zwar in seltenen Fällen eine Jungfrau-Frau finden, die sich mit Entschiedenheit vom Pfade der Tugend entfernt hat, aber im allgemeinen liegt dem ein Bedürfnis zugrunde, sich selbst etwas zu beweisen, und es wird nicht lange anhalten. Die Jungfrauen sind meist klug genug, solche Entgleisungen wiedergutzumachen. Wenn eine typische Jungfrau Sie aufrichtig liebt, so können Sie ihr mit dem aufreizendsten Mann, den Sie kennen, einen Monat lang auf einer einsamen Insel vertrauen. Zwei Monate? Nun, Jungfrauen sind auch nur Menschen. Es sind keine sprechenden, gehenden Roboter. Ihr Herz ist wärmer, als man denkt, und ihre Gefühle können heftig sein, wenn sie es auch nicht auf der Plakatsäule anschlagen. Denken Sie daran, es wird Ihnen Mut machen.

Ihr Jungfrau-Mädchen ist peinlich genau in kleinen Dingen, aber sie kann auch das gütigste, großzügigste und liebevollste Geschöpf der Welt sein. Betrachten Sie ihren Perfektionismus als eine Tugend. Sogar wenn sie Sie mit ihrer kritischen Art reizt, hat sie noch etwas Liebenswertes, dem man nicht widerstehen kann. Aber natürlich haben Sie das bereits entdeckt, sonst würden Sie sich nicht zweimal am Tag rasieren und jeden Abend in die Bücherei gehen. Ihre bescheidene Art und die weichen, klaren Augen haben ihr Werk getan. Sie haben wahrscheinlich sogar festgestellt, wie amüsant sie sein kann, wenn die Leute nicht an ihr herumnörgeln, und wie geistreich sie ist. Ihr bezauberndes Lachen klingt wie das Geläute kleiner Glocken.

Die Jungfrau hat keine Illusionen, also.machen Sie ihr nichts vor. Für sie ist Wahrheit gleich Schönheit und Schönheit gleich Wahrheit. Gewöhnen Sie sich daran, daß sie alle drei Sekunden die Aschenbecher ausleert, seien Sie lieb zu ihren verlaufenen Katzen, und sie wird Sie mit weiblicher Anmut umsorgen. Sie wird sich nur behutsam hingeben, und nur einem Mann, dem sie vertraut. Kleine Dinge bedeuten ihr viel. Trotz ihrer Zurückhaltung und natürlichen Scheu ist sie stark und zäh genug, um andere zu trösten, wenn dunkle Wolken aufziehen. Der ruhige Mut und das tiefe Verantwortungsgefühl der Jungfrau-Frau hält oft große Familien zusammen. Sie ist wahrscheinlich eine gute Köchin und wird Sie nie mit ihrer Suppe vergiften. Ihr Haus wird sauber und gemütlich sein, und in der großen Schale auf dem Wohnzimmertisch werden Äpfel statt Pralinen liegen (schlecht für die Zähne und für die Gesundheit überhaupt).

Sie werden Ihre Sprößlinge wahrscheinlich niemals mit laufender Nase, marmeladeverschmiertem Gesicht oder zerrissenen Turnschuhen in der Nachbarschaft herumlaufen sehen. Die Jungfrau-Mutter wird strenge Disziplin halten. Sie hat selten mehr als ein oder zwei Kinder und scheint die Mutterschaft zur Befriedigung ihrer Weiblichkeit nicht unbedingt zu benötigen. Wenn aber das Baby einmal da ist, wird sie es niemals vernachlässigen. Wenn sie Ihrer Liebe sicher ist und weiß, daß sie geschätzt wird, wird sie auch ihre Kinder herzlichst lieben. Die Jungfrau-Mütter können herrlich lustig und sanft sein. Sie sind zwar streng und legen Wert auf gute Manieren, aber ihre gütige Art wird immer den rechten Weg zum Herzen der Kinder finden.

Wenn Sie eine echte Jungfrau-Frau haben, wird es eine Freude für Sie sein, abends nach Hause zu kommen. Das Haus wird blitzblank sein, und der Duft frischer Blumen wird sich mit dem des selbstgebackenen Brotes mischen. Sie wird sich niemals Ihren Rasierapparat ausleihen oder Ihre Zahnbürste für ihr Make-up benutzen. Sie wird Sie wie ein Engel pflegen, wenn Sie krank sind, und nicht mit Ihrem besten Freund flirten. Sie zieht sich ordentlich an und kann sich mit Ihnen auch über andere Dinge als Windeln und Hausfrauenklatsch unterhalten. Sie ist Ihnen so treu, wie Sie es verdienen. Sie wird keine Eifersuchtsszenen machen oder Ihr Geld zum Fenster hinauswerfen. Sie wird Ihre Geheimnisse bewahren, Ihnen bei der Organisation Ihrer Arbeit helfen und wahrscheinlich in den mittleren Jahren keine Falten bekommen. Ist das alles es nicht wert, daß Sie sich gut benehmen und Ihre Fingernägel schneiden? Halten Sie sie lieber fest. Sie werden vielleicht nie wieder soviel Glück haben.

Das JUNGFRAU-Kind

Wenn es versucht, die Laute, die es in seinem Kinderzimmer hört, nachzuahmen, zeigt das winzige Jungfrau-Kind Spuren der selten erwähnten schauspielerischen Begabung der Jungfrauen. Der Nachahmungstrieb zeigt sich fast von Geburt an. Das Jungfrau-Kind ist munter und flink, gleichzeitig aber friedfertiger und ruhiger als andere Kinder; ein Widerspruch, der schon auf eine zukünftige Persönlichkeit hinweist, die abwechselnd beruhigend und aufreizend sein wird.

Versuchen Sie nicht, Ihre kleine Jungfrau mit Brei zu füttern, wenn sie Banane will, oder Sie müssen sich auf eine lange Belagerung gefaßt machen. Sie werden den Brei überall hinschmieren, aber das Baby wird kein Gramm im Magen haben, wenn es nicht will. Vielleicht überrascht es Sie damit, daß es lieber Spinat als Eiscreme ißt. Die Jungfrau ist von frühester Jugend an wählerisch.

Wenn man davon absieht, daß sie heikle Esser sind und gelegentlich heftige Verdauungsbeschwerden haben, ist es eine Freude, ein Jungfrau-Kind aufzuziehen. Es wird wenig Ärger und Wutanfälle geben. Schon sehr früh sind diese Kinder ordentlich und räumen ihr Spielzeug gern auf. Sie sind vielleicht vor Fremden oder unter vielen Menschen schüchtern und still, aber in der Familie und unter Freunden ist nichts davon zu spüren. Sie lernen bereits sehr zeitig gut und fließend sprechen. Ein Jungfrau-Kind macht selten Schwierigkeiten und ist ein liebenswerter Gefährte, wenn Mutter die Hausarbeit macht. Es wird alles nachahmen und sofort gehorchen, wenn man ihm etwas sagt.

In der Schule sind die Jungfrauen die Lieblinge der Lehrer, weil sie am folgsamsten sind und ihre Aufgaben am sorgfältigsten erledigen. Es macht Freude, das typische Jungfrau-Kind auf liebevolle Art zu unterrichten. Kritik sollte jedoch nur sparsam angewendet werden. Wenn man zu sehr auf die Fehler hinweist, wird das Kind sich übertrieben sorgen, manchmal so sehr, daß es krank wird. Vorhaltungen vor den Mitschülern können sehr demütigend sein und dem Kind auf lange Zeit die Lust am Lernen nehmen. Jungfrau-Kinder muß man nur einmal ruhig darauf hinweisen, daß sie einen Fehler gemacht haben. Sie sind genauso daran interessiert sich zu bessern, wie der Lehrer, vielleicht sogar noch mehr.

Oft werden die unangenehmen Arbeiten in der Schule, vor denen sich die anderen Kinder drücken, von den Jungfrauen als wichtige Verantwortung übernommen. Sie sind tüchtige, verläßliche kleine Leute mit ernstem, aber freundlichem und angenehmem Wesen, obwohl sie sich leicht reizen lassen, wenn ihre mehr extravertierten Schulkameraden sie necken. Das Jungfrau-Kind ist besonders anpassungsfähig. Es malt vielleicht ebenso geschickt ein Landschaftsbild, wie es die Schulzeitung herausgibt. Es kann nichts schaden, wenn man das Jungfrau-Kind Theater spielen läßt. Es wird sich nicht nach dem Rampenlicht sehnen, aber wenn es sein Lampenfieber überwindet, mag es eine überraschende schauspielerische Begabung zeigen.

Wenn der Lehrer beim Korrigieren der Hefte Hilfe braucht, wird das Jungfrau-Kind durch seine Ehrlichkeit und Sorgfalt besonders dafür geeignet sein. Als Klassensprecher ist es wachsam und unbestechlich. Es kann jedoch der Fall eintreten, daß der Lehrer einmal etwas Falsches sagt (Lehrer sind auch nur Menschen) und das sonst scheue, ruhige Jungfrau-Kind die Hand hebt und in unmißverständlicher Weise auf den Fehler aufmerksam macht. Jungfrau-Schüler wollen Gründe und Tatsachen wissen. Selten werden sie die Autorität anzweifeln, aber sie können Bücherwissen in Frage stellen, wenn ihnen etwas unklar ist. Das gedruckte Wort allein überzeugt nicht immer den gewissenhaften Sinn der Jungfrau. Diese Kinder brauchen viel Lehrspielzeug, und wenn sie noch sehr klein sind, sollte man ihnen so viel wie möglich vorlesen. Sie brauchen eine gründliche Ausbildung. Das Gefühl, weniger zu wissen als andere, macht die Jungfrauen zu reizbaren, introvertierten Menschen, die quälend unter ihrer Unzulänglichkeit leiden.

Wenn die Jungfrau-Teenager beginnen, auf das andere Geschlecht aufmerksam zu werden, beachtet man sie am besten nicht. Neckereien können tiefer verletzen, als man denkt. Jungfrauen gehen nicht leicht enge Bindungen ein, die zur Ehe führen, und der Weg sollte soweit wie möglich geebnet werden.

Sie werden Ihrem Jungfrau-Kind Ihre Liebe sichtbar beweisen müssen. Es wird Ihnen nie zeigen, wie sehr es sich danach sehnt, aber ein Mangel an Liebe wird die zukünftigen Beziehungen stark beeinflussen. Sogar sehr hübsche und sehr gescheite kleine Mädchen – und sehr gutaussehende, kluge kleine Jungen – müssen davon überzeugt werden, daß sie anziehend wirken. Sie glauben es nicht so leicht, daß ihre bescheidene, anspruchslose Art genauso reizvoll sein kann wie die unternehmungslustigen Persönlichkeiten ihrer Freunde. Die Jungfrauen können viel Ermutigung vertragen, ohne überheblich zu werden, also seien Sie nicht geizig mit Umarmungen, Küssen und ernstgemeintem Lob.

Das Kind wird sehr methodisch sein und sich beschweren, wenn man sein Eigentum verräumt oder in seine Privatsphäre eindringt. Es tut bestimmte Dinge zu bestimmten Zeiten, und wenn sein Plan durcheinandergebracht wird, gerät es selbst auch außer Fassung. Es kann vielleicht gefährlich sein, das Kind um seine offene Meinung zu bitten, sonst aber wird es meist erfreulich höflich sein. Dieses Kind wird jedes Familienmitglied kritisieren, manchmal mit amüsanten, aber beißenden Nachahmungen seiner Fehler. Es wird wahrscheinlich frühzeitig ein eigenes Zimmer verlangen und an Ihrer Kochkunst herummäkeln. Keine Klümpchen im Kartoffelbrei, bitte, und nicht so scharfe Gewürze. Aber Ihr Jungfrau-Kind wird schon ein ausgeprägtes Verantwortungsgefühl haben, bevor die meisten anderen Kinder das Alphabet können. Es wird verständnisvoll sein, wenn Mutter Kopfschmerzen und Vater finanzielle Probleme hat. Sie können damit rechnen, daß es sich ernsthaft bemühen wird, gute Noten in der Schule zu erhalten, bereitwillig im Hause hilft und sein Taschengeld gewissenhaft verwaltet.

Obwohl es weit davon entfernt ist, ein Muster an Vollkommenheit zu sein, und Sie oft den Wunsch haben mögen, es zu schütteln, wenn es verlangt, daß Sie die Bohnen aus der Gemüsesuppe nehmen, und sich weigert, das Hemd anzuziehen, das Sie gerade gebügelt haben, weil es zwei winzige Falten hat – so ist es meist doch ein Vergnügen, ein Jungfrau-Kind im Hause zu haben.

Diese Kinder sollten ein Kätzchen oder einen Vogel haben, damit sie durch Fürsorge unauffällig lernen, ihre Liebe zu zeigen. Kaufen Sie Ihrem Kind keinen Bernhardiner oder Schäferhund. Eine typische Jungfrau zieht kleinere Tiere vor.

Hören Sie dem Jungfrau-Kind zu, wenn es spricht. Es ist seinen Jahren oft weit voraus. Sie können das Herumnörgeln auf ein Mindestmaß beschränken, denn es wird sich sehr bemühen, Sie zufriedenzustellen, wenn es weiß, was Sie von ihm erwarten. Denken sie daran, daß seine Phantasie viel Raum und Förderung braucht, damit sie sich entwickeln kann, sonst wird sie leicht verkümmern. Sie brauchen sich nie Gedanken darüber zu machen, daß Sie das Kind zu sehr verwöhnen oder in ihm zu viele Illusionen wecken. Das Jungfrau-Kind ist aus härterem Holz.

Erwecken Sie in ihm so viele schöne Träume, wie sein Herz fassen kann. Sie werden es in späteren Jahren davor bewahren, sich einsam zu fühlen, und es wird viele solcher Situationen geben. Im Gegensatz zu anderen Kindern wird das Jungfrau-Kind nicht so begeistert von Märchen und Träumereien sein. Es ist wirklich ein kleiner Realist. Gerade deshalb braucht es sie vielleicht besonders.

Der JUNGFRAU-Chef

Wenn Sie einen Jungfrau-Chef haben, seien Sie nett zu ihm. Wahrscheinlich sorgt er sich im geheimen und ist unglücklich. Jungfrauen sind nicht die geborenen Vorgesetzten, die andere kraftvoll führen, und sie bedauern meist bald, daß sie sich mehr vorgenommen haben, als sie verkraften können. Natürlich gibt es einige Jungfrauen, deren Planetenpositionen und Aspekte im Geburtshoroskop sie durchaus dazu befähigen, in Machtpositionen ihren Mann zu stehen, aber es sind wenige. Der typische Jungfrau- Mann ist am ehesten als die Macht hinter dem Thron in seinem Element, als der Mann, der die Ideen anderer zuverlässig ausführt. Er ist glücklicher und erfolgreicher als Vorsitzender des Aufsichtsrates, statt Generaldirektor einer großen Gesellschaft zu sein, der sich mit den Problemen seiner Angestellten auseinandersetzen und ein glänzendes Aushängeschild für die Firma sein muß. Den Jungfrauen liegt nichts daran, die eigene Person in den Mittelpunkt zu stellen, und die Probleme anderer Leute hören sie sich auch nicht gerne an. Schließlich haben sie selbst genug Sorgen, mit denen sie sich ein Leben lang herumquälen, wenn auch viele nur eingebildet sind.

Für die impulsiven Handlungen fortschrittlicher Partner verantwortlich zu sein, Befehle an Untergebene zu erteilen, die Werbung energisch zu betreiben und mit den Finanzen eines großen Unternehmens zu jonglieren, erfordert eine dickere Haut und ein stärkeres Selbstbewußtsein, als die meisten Jungfrauen besitzen. Er ist darum oft ein unglücklicher Einzelgänger als leitender Angestellter, denn er neigt dazu, den Wald vor Bäumen nicht zu sehen. Gerade das macht ihn jedoch zu einem unersetzlichen Juwel als Berater des Firmenleiters. Die großen Ideen hat er vielleicht nicht, aber er kann die Unklarheiten und Ungenauigkeiten ausmerzen, die die impulsiveren Leute so nachlässig übersehen. Wenn irgend jemand komplizierte Probleme geschickt lösen und sie mit dem geringsten Aufwand und den wenigsten Fehlern durchführen kann, so ist es ein Jungfrau-Mann. Ein solches Talent sollte niemals in der vordersten Front verschwendet werden, wo es nie genug Ruhe gibt, um peinlich genaue Wunder zu vollbringen.

Ein Jungfrau-Mann wird wenig Ausflüchte machen, wenn er um seine kritische Meinung gebeten wird, und seien wir ehrlich, ein Verantwortlicher muß oft lächeln und «ja» sagen wenn er «nein» meint, und die Stirne runzeln und «nein» sagen, wenn er «ja» meint. Das gehört zu den Spielregeln. Ein Jungfrau-Mensch nennt die Dinge beim Namen und ist erstaunt, wenn die Leute ihn dafür verurteilen.

Deshalb nimmt er in hoher Stellung oft Zuflucht zur Täuschung, und da Täuschung ganz und gar nicht zu seinen angeborenen Talenten gehört, wird er am Ende beschuldigt, verschlagen und heuchlerisch zu sein. Wie schade, wo doch die Jungfrau Heuchelei zutiefst verabscheut. Aber das ist der Preis, den der unter diesem Zeichen Geborene dafür zahlen muß, daß er auf dem Stuhl sitzt, der nicht für ihn bestimmt war. Die endlosen Essen mit Geschäftsfreunden, bei denen soviel geredet wird, treiben den durchschnittlichen Jungfrau-Mann nach ein paar Monaten in eine Einsiedlerhütte, und nach einigen Jahren kann es sogar zum Nervenzusammenbruch kommen.

Jeder Jungfrau-Mensch, der wirklich in sich geht, kommt zu dem Schluß, daß es besser für ihn ist, wenn er das Getriebe innerhalb der Organisation in Gang hält, und jemand anders für die Fotos posiert. Nimmt er seine Arbeit wirklich ernst (und welche Jungfrau tut das nicht?), so verachtet er insgeheim die zusätzliche gesellschaftliche Aktivität, die der Leiter einer Firma entfalten muß, denn sie hält ihn von seinen Pflichten ab – und Pflichtverletzung ist etwas, was die Jungfrau keinesfalls auf die leichte Schulter nimmt.

Immerhin, wenn das Unternehmen klein ist und nicht mehr als zirka zwölf Angestellte hat, kann ein Jungfrau-Mann sich durchaus als Kapitän der Mannschaft bewähren. Ganz sicher wird sein Schifflein auf keine unerwarteten Hindernisse stoßen, denn jede mögliche Gefahr wird er im einzelnen genau ins Auge fassen. Aber das große Geschäft und die typische Jungfrau gehören nicht zusammen, Ausnahmen bestätigen die Regel. Bei einer Jungfrau mit Krebs-Aszendenten oder einem Mond im Steinbock sieht es zum Beispiel ganz anders aus. Ein solcher Jungfrau-Mann könnte als Leiter einer großen Firma ein echter Gewinn sein, genauso, wie der durchschnittliche Jungfrau-Mann als Leiter einer kleinen Firma im allgemeinen erfolgreich ist. Jungfrau-Männer zeichnen sich außerdem als Leiter wissenschaftlich experimenteller Gruppen aus, bei denen es um exakte Forschung geht.

Der Jungfrau-Chef wird über die Nachlässigkeit einer Sekretärin, die in der Rechtschreibung nicht ganz sicher ist, Tintenflecke an den Fingern hat und seine Blumen zu gießen vergißt, nicht hinwegsehen. Sie müssen flink und bei der Sache sein, wenn Sie sich eine Beförderung erhoffen. Sagen Sie Ihrem Vorgesetzten nicht, seine Besprechung sei um drei Uhr, wenn sie in Wirklichkeit um zwei Uhr fünfundvierzig ist. Sie werden es dann mit einem schlecht gelaunten, gereizten Chef zu tun haben, der sich nicht scheuen wird, auf Ihre Ungeschicklichkeit mit haarsträubender Deutlichkeit hinzuweisen. Und erinnern Sie ihn lieber nicht daran, daß er selbst die Papiere, die er für diese Besprechung braucht, verlegt hat. Er wird Sie nur höchst verärgert anstarren. Versuchen Sie es mehr als einmal, dann werden Sie vielleicht bald ohne Stellung sein. Wenig Kritik ist mehr als genug für Ihren Jungfrau-Chef. Das heißt, von ihm aus gesehen. Was Sie betrifft, finden Sie sich besser damit ab, daß Sie eine Menge einstecken müssen. Es gibt nur einen Weg, das zu vermeiden: Machen Sie keine Fehler. Es ist wirklich ganz einfach.

Wenn Sie sich einmal daran gewöhnt haben, daß er ein Perfektionist ist, werden Sie entdecken, daß Ihr adleräugiger Jungfrau-Chef gutherzig und gerecht ist. Die Einzelheiten Ihrer letzten Liebesaffäre werden ihn nicht interessieren, denn die typische Jungfrau wird von Gefühlen gelangweilt, aber er wird mitfühlend Ihrer Bitte um einen freien Nachmittag lauschen, weil der Nagel Ihres kleinen Zehs behandelt werden muß. Er wird verstehen, daß man fehlt, wenn man krank ist. Büroflirts und Nachlässigkeiten versteht er nicht. Halten Sie Ihren Schreibtisch in Ordnung, laufen Sie nicht im Minirock und mit dickem Make-up im Büro herum und hören Sie gewissenhaft zu, wenn er Ihnen Anweisungen gibt. Ist er mit Ihrem Aussehen und Ihrer Kleidung, Ihren Arbeitsgewohnheiten und Ihrem Verstand einverstanden, kann er ein überraschend großzügiger, freundlicher und rücksichtsvoller Vorgesetzter sein.

Männer, die für einen Jungfrau-Chef arbeiten, haben es mit einem etwas anderen Problem zu tun. Er erwartet von Ihnen, daß Sie mit schöpferischen Ideen zu ihm kommen und sich vor allem auf dem

Gebiet der Werbung etwas einfallen lassen. Er möchte also, daß Sie die Eigenschaften haben, die ihm fehlen. Sie müssen nur darauf achten, daß Sie sich Mäßigung auferlegen. Er weiß, daß Sie mehr Schwung haben als er, aber er weiß auch, daß er mehr Organisationstalent hat als Sie, ganz zu schweigen von der Vorsicht und dem Sinn fürs Praktische. Er wird kaum begeistert sein, wenn Sie es ihn zu deutlich fühlen lassen, daß Sie den Laden auch ganz gut ohne ihn schmeißen könnten. Er hat zweifellos recht. Er hat meistens recht, was ein wenig bedrückend sein mag, bis Sie sich daran gewöhnt haben und es lernen, ihn deshalb zu achten.

Ihr Jungfrau-Chef hat vielleicht die Schublade voll von Mitteln gegen Verdauungsbeschwerden und den Kopf voll Tatsachen und Zahlen, aber er hat auch ein Herz voll Mitgefühl und die Gabe, Bürostreitigkeiten zu schlichten. Er wird keine Straßenkreuzer oder Nerzcapes als Weihnachtsgratifikation verteilen, aber er wird Ihnen zahlen, was Sie wert sind, und Sie nicht betrügen. Und er ist durchaus in der Lage, Ihren Wert zu beurteilen. Es ist schwierig, wenn nicht unmöglich, ihn zum Narren zu halten.

Versuchen Sie seine Neigung zu Kritik mit Anstand hinzunehmen. Sagen Sie ihm immer die Wahrheit. Es ist sinnlos, ihn anzulügen, er nimmt es Ihnen doch nicht ab.

Wenn Sie ihn verständnisvoll unterstützen und ihn respektieren, wird er Sie niemals verletzen. Innerlich ist er eine gütige Seele und oft entsetzlich einsam, sei er nun verheiratet oder ledig. Er freundet sich nicht leicht mit Menschen an und wird rührend dankbar für Ihre Ermutigung sein. Wie alle Jungfrauen hat er seine geheimen Träume und ist längst nicht so gefühllos, wie es scheint. Zeigen Sie ihm, daß Sie sein gutes Herz entdeckt haben, und er wird seine Zurückhaltung aufgeben. Glauben Sie es nicht, wenn ihn die anderen Angestellten geizig nennen. Gehen Sie zu ihm, wenn Sie wirklich in Schwierigkeiten stecken, und Sie werden entdecken, wie unrecht sie haben.

Wenn Sie einen Jungfrau-Angestellten haben, der eine typische Jungfrau ist, behandeln Sie ihn mit Hochachtung und machen Sie ihn langsam zu Ihrem Assistenten. Aber nur allmählich, sonst ist er unvorbereitet und wird widerstreben. Rasche Beförderung macht den Jungfrau-Menschen argwöhnisch. Dann glaubt er, daß Sie zu impulsiv sind, als daß er Ihnen vertrauen könnte.

Sie brauchen diesen Angestellten nicht mit Gehaltszulagen zu überschütten. Zahlen Sie ihm andererseits aber auch nicht zu wenig. Er ist sich seines Wertes durchaus bewußt. Er wird nicht zögern, sich eine andere Stelle zu suchen (trotz seiner grundsätzlichen Treue und Beständigkeit), wenn er spürt, daß Sie ungerecht oder unvernünftig sind. Man hört oft, daß die Jungfrauen arbeiten, ohne dabei an das Geld zu denken. Das stimmt nicht ganz. Sie arbeiten, ohne eine Würdigung ihrer Persönlichkeit zu erwarten (obwohl sie es im geheimen vielleicht erschnen). Der Jungfrau-Angestellte möchte voll und ganz für seine Anstrengung bezahlt werden, denn Geld ist ihm wichtig. Er braucht kein Status-Symbol, und ihn bewegt auch nicht – wie den Krebs – der Wunsch, seine Schätze zu horten. Es ist seine ewige Angst, eines Tages der Fürsorge zur Last fallen zu müssen, wenn er alt, krank und schwach und auf andere angewiesen ist. Schon bei dem Gedanken an eine solche Situation wird dem Jungfrau-Menschen übel. Wahrscheinlich wird er im Alter viel gesünder sein als andere Menschen. Obwohl sie in der Kindheit viel kränkeln, werden die Jungfrauen mit zunehmendem Alter immer kräftiger. Im stillen aber sorgen sie sich um ihre Gesundheit und ihre finanzielle Zukunft. Erst wenn sie eine Stellung gefunden haben, die ihnen finanzielle Sicherheit für die Zukunft garantiert, legt sich ihre nervöse Unrast. Ganz entspannt sich ein Jungfrau-Mensch allerdings nie, aber er beißt vielleicht weniger Fingernägel, und seine Allergien lassen etwas nach.

Sie werden feststellen, daß er einen glänzenden Scharfblick für Einzelheiten hat, manchmal vielleicht zu sehr, so daß es kaum angenehm ist. Daß Sie der Chef sind, wird ihn keineswegs davon abhalten, Ihre Fehler zu entdecken und in wohlbekannter Jungfrau-Manier darauf hinzuweisen. Stellungen und Titel sind ihm nicht heilig, nur die Vollkommenheit; obwohl er Ihnen äußerlich wahrscheinlich mit mehr Respekt begegnet als seine Kollegen.

Welche Fehler die Jungfrauen auch immer haben mögen, Sie können damit rechnen, daß diese Angestellten, ob nun männlich oder weiblich, starke analytische Fähigkeiten und einen ausgezeichneten Geschmack besitzen. Sein Scharfblick macht den typischen Jungfrau-Angestellten zu einem ausgezeichneten Kritiker, der die Gabe besitzt, das schwächste Glied in der Kette mit größter Präzision und Geschwindigkeit zu entdecken. Das schließt Ihre eigene gelegentliche Faulheit mit ein. Der Chef, der sich einen Tag freinimmt, um Golf zu spielen, kann bei seiner Rückkehr einen Jungfrau-Angestellten vorfinden, der ihn mit schlecht verhohlenem Mißfallen betrachtet, obwohl ihm seine Wohlerzogenheit verbietet, etwas zu sagen.

Die Jungfrauen glänzen vor allem auf den Gebieten, die der Allgemeinheit dienen. Verlage, alles Literarische, Medizin, Apotheken, alles, was mit Nahrungsmitteln zu tun hat, wissenschaftliche Laboratorien, Agenturen aller Arten, Buchhaltung und Rechnungswesen – überall dort zeichnet sich die tüchtige, systematische Jungfrau aus. Noch die winzigste Einzelheit ist der Beachtung wert, und der Jungfrau-Mensch wird ohne Zögern Überstunden machen, wenn etwas nicht ganz in Ordnung ist und seine Aufmerksamkeit erregt.

Ihren Jungfrau-Angestellten können Sie ganz bestimmt ohne Aufsicht arbeiten lassen. Sein moralisches Verhalten und sein Verantwortungsbewußtsein sind über jeden Zweifel erhaben. Außerdem wird er es wahrscheinlich vorziehen, entweder ruhig für sich allein oder vertrauensvoll an Ihrer Seite zu arbeiten, statt der möglichen Kritik seiner Kollegen ausgesetzt zu sein. Die Jungfrauen arbeiten schnell, aber das werden Sie vielleicht nicht gleich bemerken. Jungfrauen geben sich nicht mit Schnellverfahren zufrieden, sondern prüfen alle Einzelheiten. Daher mag es den Anschein haben, als seien sie langsam, nur weil sie gründliche Arbeit leisten. In Wirklichkeit arbeitet ihr Verstand rasch, aber sie gehen vorsichtig und methodisch vor.

Die Werbung liegt ihrer praktischen, realistischen Art eigentlich nicht, sie könnten hier aber doch manche Lücke füllen, die von den mehr schöpferischen, aber oberflächlichen Geistern gelassen wird.

Ihren Jungfrau-Angestellten als Vertreter oder Werber für Ihre Firma loszuschicken, wäre allerdings nicht sehr ratsam. Er ist zu ehrlich und direkt, um Ihren zukünftigen Kunden ein herrliches Bild vorzugaukeln, und er ist im Grunde seines Wesens zu scheu und zurückhaltend, als daß er entweder sich selbst oder Ihre Firma anderen mit großer Begeisterung aufdrängen könnte.

Er wird großen Wert auf Ordnung legen, sich gepflegt kleiden und sich ebenso ausdrücken. Wenn Jungfrauen unordentlich werden, sowohl zu Hause als im Beruf, so ist das immer ein Zeichen dafür, daß sie unglücklich sind – und das gleiche trifft für die Schützen zu, wenn sie plötzlich ordentlich und penibel werden.

Beißen Sie sich auf die Zunge, wenn Sie den Drang verspüren, die Arbeit eines Jungfrau-Angestellten zu kritisieren. Er hat die eigenen Fehler wahrscheinlich längst erkannt. Jede notwendige Kritik sollte kurz und ruhig vorgebracht werden, und unnötige Kritik sollte vermieden werden. Sein Herz ist schnell zu Treue und Dankbarkeit bereit, aber es bedarf auch nur eines kleinen Anstoßes, um die Jungfrauen zu veranlassen, kratzbürstig zu werden, sich zu kränken oder zu schmollen. So schnell er jedoch mault und Beleidigungen wittert, so rasch ist er auch bei der Hand, wenn es darum geht, tatkräftig zuzugreifen, weil Sie in Schwierigkeiten sind. Während einer Krise wächst er über sich hinaus.

Obwohl der echte Jungfrau-Mensch sich selten mit esoterischer oder schöpferischer Arbeit befaßt, wird es doch einige Ausnahmen geben. Der Jungfrau-Astrologe wird seine Untersuchungen mit haarspalterischer Genauigkeit durchführen, der Jungfrau-Dichter wird das exakte Versmaß einhalten, der Maler wird sich auf Einzelheiten konzentrieren, und der Jungfrau-Schauspieler wird den für die Rolle erforderlichen Dialekt oder Akzent sorgfältig studieren und beherrschen. Lassen Sie sich niemals verwirren, wenn jemand, der unter einem bestimmten Sonnenzeichen geboren ist, beruflich nicht das tut, was eigentlich seiner Natur entspräche. Beobachten Sie genau, und Sie werden entdecken, daß er im Grunde seinem Wesen treu bleibt.

Wenn Sie Ihren Jungfrau-Angestellten nach und nach von unten (er hat nichts dagegen, dort anzufangen) zu Ihrer rechten Hand befördert haben, können Sie es sich etwas leichter machen und wirklich ein paar Runden Golf spielen gehen. Sie wissen ja, daß Ihnen ein absolut zuverlässiger Mensch im Büro den Rücken deckt. Freilich mögen Sie sich bei Ihrer Rückkehr ein wenig schuldig fühlen, wenn Sie den vorwurfsvollen Ausdruck in den schönen, klaren Jungfrau-Augen entdecken. Sie wollen sagen, Sie haben noch nie bemerkt, wie gut Ihre Jungfrau-Angestellte aussieht? Sehen Sie noch einmal hin!

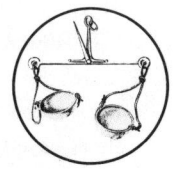

Die Waage

24. September – 23. Oktober

Berühmte WAAGE-Persönlichkeiten:

Julie Andrews	Michael Jary
Brigitte Bardot	Udo Jürgens
David Ben-Gurion	Heinrich v. Kleist
Sarah Bernhardt	Frhr. v. Knigge
Charles Boyer	John Lennon
Georg Büchner	Walter Lippmann
Truman Capote	Franz Liszt
Lil Dagover	Heinrich Lübke
Eleonora Duse	Friedrich Nietzsche
Dwight Eisenhower	Eugene O'Neill
T. S. Eliot	Liselotte Pulver
William Faulkner	Eleanor Roosevelt
Mahatma Gandhi	Max Schmeling
Heinrich George	Hans Söhnker
George Gershwin	Hans Thoma
Graham Greene	Luis Trenker
Rita Hayworth	Oskar Wilde
Margot Hielscher	Thomas Wolfe

Wie man die WAAGE erkennt

Die Waage-Menschen hassen es, unhöflich zu sein, und doch rücken sie das schiefhängende Bild an Ihrer Wand gerade oder stellen Ihr plärrendes Fernsehgerät ab. Sie lieben die Menschen, aber sie verabscheuen Massenansammlungen. Wie sanfte Friedenstauben gehen sie vermittelnd und Streit schlichtend zwischen den Menschen hin und her, und doch haben sie ihre Freude an einer interessanten Auseinandersetzung. Sie sind gutmütig und angenehm, aber sie können auch schmollen, und sie werden störrisch, wenn man ihnen Befehle erteilt. Waage-Menschen sind außerordentlich intelligent. Gleichzeitig sind sie unvorstellbar naiv und leichtgläubig. Sie sprechen so viel, daß Ihnen die Ohren weh tun, aber sie sind auch geduldige Zuhörer. Sie sind unruhige Menschen, aber selten hetzen und drängen sie. Sind Sie nun völlig verwirrt? Dann stehen Sie nicht allein da. Die Waage-Menschen tragen einen Widerspruch in sich, der sie selbst genauso vor ein Rätsel stellt wie die anderen.

Viele Leute werden Ihnen erzählen, daß die Waage-Menschen eitel Liebe, Schönheit, Freundlichkeit und Glanz sind. Das hört sich schön an, aber es stimmt nicht ganz. Daß das Zeichen durch die Waagschalen der Gerechtigkeit symbolisiert wird, bedeutet noch nicht, daß die Waage-Menschen stets ausgeglichen sind. Es scheint eine logische Schlußfolgerung zu sein. Schließlich ist es der Zweck der Waage, das Gleichgewicht herzustellen. Haben Sie jedoch einmal beobachtet, wie dieser Vorgang bei einer altmodischen Küchenwaage abläuft? Das Ziel ist es, beide Seiten auszugleichen, aber was geschieht? Erst ist eine Seite unten, dann die andere. Die Schalen heben und senken sich, bis das Gleichgewicht hergestellt ist.

Nie wieder werden Sie sich einen Waage-Menschen als ein ruhiges, harmonisches, liebenswürdiges, reizendes und charmantes Wesen vorstellen. Sie werden sich ihn als einen Menschen vorstellen, der sich zur *Hälfte* so verhält. In der restlichen Zeit ist er lästig, streitsüchtig, eigensinnig, ruhelos, deprimiert und konfus. Der Waage-Mensch ist einmal oben, einmal unten. Plötzlich, wie bei der Küchenwaage, voll-

kommenes Gleichgewicht. Herrlich! Aber immer gibt es dieses Auf
und Ab, bevor der Augenblick wunderbarer Ausgeglichenheit erreicht
ist.

Es ist fast genauso schwierig, die körperliche Erscheinung dieser
Menschen zu definieren, wie ihre Persönlichkeit. Es gibt keine typi-
schen Waage-Züge, wenn man von den Venusgrübchen absieht. Die
Waage-Menschen haben fast immer regelmäßige Züge. Sie sind angenehm, aber nicht sehr auffällig, also ist es besser, bei den Grübchen
anzufangen. Meistens sind es zwei in den Wangen oder eins im Kinn.
Wenn Sie im Gesicht keine finden, schauen Sie vielleicht einmal nach,
ob die Knie Grübchen haben. Aber seien Sie vorsichtig. Sehr wenige
Mädchen werden Ihnen glauben, daß Sie ihre Knie anstarren, weil Sie
Grübchen suchen. Bei den Männern schließen die langen Hosen es aus,
daß Sie diesem Anhaltspunkt nachgehen können, wenn Sie sich nicht
gerade am Strand befinden oder Tennis spielen. Lassen Sie sich nicht
entmutigen, wenn Sie bei jemandem Grübchen finden, der nicht im
Oktober geboren wurde. Die charmanten Grübchen haben ein Recht,
dort zu sein, denn er oder sie wird einen Waage-Aszendenten haben.

Wenn Sie sich mit den Grübchen befaßt haben, sehen Sie sich einmal
die Wirkung des ganzen Gesichtes an. Es wird immer einen ausgesprochen freundlichen Ausdruck zeigen. Sogar wenn die Waage-Menschen ärgerlich sind, werden sie es immer irgendwie fertigbringen,
milde oder zumindest unbeteiligt dreinzuschauen. Venusstimmen sind
wohlklingend und so klar wie eine Glocke, und diese Menschen erheben sie selten zu einem schrillen oder brüllenden Ton. Eine Waage ist
der einzige Mensch in der Welt, der «Ich hasse dich und werde dir
gleich eine runterhauen» sagen kann, und es hört sich wie die Rezita-
tion eines Liebesgedichtes an. Der Mund der Waage-Menschen ist
meist herzförmig, und die Lippen sind kirschrot. Das typische Waage-
Gesicht erinnert an eine Schachtel mit Pralinen.

Die Frauen sind fast immer hübsch, und die Männer sehen im allgemeinen gut aus. Immerhin sind nicht alle schönen Menschen auf der
Welt Waage-Menschen; die Venus-Schönheit ist eine Klasse für sich,
und es ist nicht immer einfach, sie von dem guten Aussehen der anderen Sonnenzeichen zu unterscheiden. Mein eigener geheimer Tip: Ich
denke an den freundlichen Ausdruck in den Gesichtern von Eisen-

hower und Brigitte Bardot, und von da aus gehe ich weiter. Die Schwierigkeit ist nur, daß die Frauen manchmal wie Eisenhower aussehen und die Männer wie die Bardot. Man muß einen gewissen Spielraum zubilligen.

Ich will damit nicht etwa sagen, daß die Waage-Frau männlich ist. Die meisten sind so weiblich, wie es der Durchschnittsmann gerade noch ertragen kann (wenn nicht der Aszendent sehr draufgängerisch ist). Und ganz bestimmt sind die Waage-Männer nicht feminin. Sie sind im allgemeinen durchaus virile, männliche Wesen. Allerdings haben sie so reine Züge, daß man kaum in die Versuchung kommt, sie für Ringer oder Preiskämpfer zu halten. Sogar der häßliche Waage-Mensch (man wird ihn kaum finden) hat einen so bezaubernden Ausdruck, daß man wahre Charakterschönheit in seinem Gesicht feststellen kann.

Sie werden keinen Waage-Menschen finden, der nicht wie ein Engel lächeln kann. Die Venus kann das härteste Eis zum Schmelzen bringen.

Die Körper der meisten Waage-Menschen haben mehr Kurven als Ecken. Ihr Haar ist oft lockig. Sie sind nicht unbedingt dick (obwohl ein Stier-Aszendent recht dralle Typen hervorbringen kann). Aber auch wenn sie schlank sind, werden die Kurven an bestimmten Stellen vorhanden sein. Um Brigitte Bardot noch einmal als Beispiel zu zitieren, man kann sie ganz sicher nicht als dick bezeichnen, aber würde man sie mager nennen? Es gibt noch einen Punkt, um die charakteristische Venus-Erscheinung zu erkennen. Sie werden ein helles, sonniges Lachen bemerken, dessen Fröhlichkeit ansteckend ist. Wenn Sie es einmal gehört haben, werden Sie es nicht so schnell vergessen.

Jetzt denken Sie vielleicht, es müsse ein Segen sein, so anziehend zu wirken, hübsche Grübchen zu haben, Gerechtigkeit und Schönheit zu suchen, glücklich und zufrieden zu sein. Sie stellen sich vor, daß Sanftmut und Intelligenz, Anmut und Verständnis die Gaben einer guten Fee sind. Sie können recht haben. Wenn die Waagschalen ausgeglichen sind, ist es bezaubernd. Das Problem ist nur diese Fee. Sie stößt die Waagschalen hinauf und hinunter und kann sich in ihrer Unentschlossenheit nicht entscheiden, ob sie nun einen Fehler gemacht hat oder nicht. Sie hat ihre Unentschiedenheit an die Waage-Menschen weitergegeben.

Sie suchen Harmonie. Und doch übertreiben viele Waage-Menschen im Essen, im Trinken und in der Liebe, und die Harmonie wird über Bord geworfen.

Ein anderer Widerspruch: Tage-, wochen-, oft monatelang können die Waage-Menschen so fleißig sein, daß sie nichts anderes sehen. Plötzlich aber lassen sie sich in einen Sessel fallen und bieten die beste Personifizierung der Faulheit, die man sich vorstellen kann. Sie rühren kaum einen Finger und lassen sich bedienen, falls sich jemand dazu bereitfindet. Alles Nörgeln und Schreien der Welt kann sie nicht aus ihrer Lethargie reißen. Es ist, als seien sie in einer anderen Welt. Nach einiger Zeit, wenn ihre Kräfte zurückgekehrt sind, werden sie plötzlich neue Energie verspüren, sich aufrappeln, wieder wie ein Schwerarbeiter schuften und dabei wundervoll ausgeglichen sein. Sagen Sie jemandem, der einen Waage-Menschen nur in seiner schwungvollen Periode gesehen hat, daß dieser faul sei, und er wird Sie verständnislos anstarren. Wenn Sie andererseits jemandem, der die Faulheit der Waage-Menschen erlebt hat, erklären, daß dieses Wesen voller Schwung und Energie sei, so wird er antworten: «Der faule Kerl? Sie machen wohl Spaß?»

Die Waage-Menschen wissen instinktiv, daß ihr Körper nur dann harmonisch arbeitet, wenn sie zwischen ihren aktiven Zeitabschnitten Ruhepausen einlegen. Geistige und seelische Harmonie erreichen sie jedoch nicht immer so instinktiv. Sie können vor Rührung in Tränen ausbrechen, plötzlich scharf und sarkastisch werden und dann strahlend und heiter wie der junge Frühling sein. Das ist etwas anderes als die Zweispurigkeit der Zwillinge. Der Waage-Mensch fällt ständig von einem Extrem ins andere, während die Zwillinge ihren Charakter ändern. Die Waage-Menschen sind in jeder Hinsicht sehr gefühlsbetont, und sie haben sowohl Freud als auch Leid gegenüber eine geradezu philosophische Einstellung, was letzten Endes die Dinge ausgleicht.

Im allgemeinen können die Waage-Menschen körperliche und geistige Zusammenbrüche instinktiv vermeiden. Die größte Gefahr für sie besteht in Schwelgereien jeder Art. Sie essen oft zu viele Süßigkeiten und neigen dann zu Fettleibigkeit, Magenbeschwerden und fleckiger Haut. Der übertriebene Genuß von Alkohol kann ernsthafte Nieren- und Blasenbeschwerden verursachen, wodurch wieder heftige Kopfschmerzen und Migräne entstehen. Depressionen bringen Hautausschläge und sogar Furunkel mit sich. Die Brust ist empfindlich, und manchmal gibt es Schwierigkeiten mit den Füßen und den inneren Organen, obwohl das nicht häufig ist. Viele Waage-Menschen haben Magenbeschwerden, nicht so sehr, weil sie sich Sorgen machen, sondern weil das Verdauungssystem ständig überfordert wird und dem Drunter und Drüber der Gefühle nicht gewachsen ist. Im allgemeinen sind die Waage-Menschen gesünder als andere, wenn sie sich nicht überanstrengen und nicht vergessen, Ruhepausen einzulegen. Frieden und Harmonie wirken Wunder bei den von der Venus beherrschten Menschen. Wenn sie krank sind, brauchen sie zur Erholung lange Zeitspannen der Ruhe, in denen sie von keinen Mißhelligkeiten gequält werden, heitere Bücher, Musik und beruhigende Worte. In einer solchen Atmosphäre wird der typische Waage-Mensch schnell wieder auf die Beine kommen.

Der Charakter der Waage-Menschen besteht zu gleichen Teilen aus Güte, Freundlichkeit, Aufrichtigkeit, nervtötender Debattierlust, eigensinniger Weigerung nachzugeben, Logik und Unentschlossenheit. Es ist am besten, diese Bestandteile im einzelnen zu betrachten. Die Debattierlust, zum Beispiel. Ein Waage-Mensch wird mit Ihnen darüber argumentieren, wie spät es ist, wenn er glaubt, Ihre Uhr ginge zwei Sekunden nach. Machen Sie keine verallgemeinernden Bemerkungen wie: «Ich finde es dumm, in der Stadt zu wohnen, wenn man auf dem Land leben kann. Es ist doch gar kein Vergleich.» Der letzte Satz besonders ist ein großer Fehler. Sie brauchen das Wort «Vergleich» nur zu erwähnen, und der durchschnittliche Waage-Mensch hat schon angebissen. Er kann nächtelang vergleichen – und sich zwischendurch erfrischen. Er wird die Schönheit und Vorteile der Städte in den Himmel heben im Gegensatz zu den ländlichen Gegenden: Die strahlenden Lichter, die Taxihupen, Theater, Museen und Parks in glühenden Farben malen – sogar, wenn er selbst in einem Vorort wohnt und Sie ihn nicht mit zehn Pferden dort wegbekämen. Es würde nicht den geringsten Unterschied machen, wenn Sie die entgegengesetzte Meinung verträten. Der Waage-Mensch würde dann die Freuden des Landlebens loben. Er macht sich im Grunde nichts daraus, welche Seite er bei einer guten Auseinandersetzung vertritt, solange es nur die andere Seite ist. Manchmal, wenn es ihm zu fad wird, kann er ganz plötzlich den Standpunkt wechseln. Erzählen Sie ihm, daß Ihnen ein Film gefällt, und er erklärt Ihnen, was daran nicht gut ist. Kritisieren Sie den Film, und er wird ihn loben. Trotzdem wird der Waage-Mensch versuchen, gerecht zu sein. Er fürchtet, daß man ihm Vorurteile, ungerechte Beschuldigungen und blinden Glauben vorhalten könnte. Er sucht die reine Wahrheit und das absolute Gleichgewicht, aus dem sich die korrekte Antwort ergibt, wenn alle Möglichkeiten abgewogen worden sind.

Das ist natürlich eine bewundernswerte Eigenschaft, aber das viele Abwägen kann andere einfach verrückt machen. Auch der Waage-Mensch selbst kann dadurch in einen Zustand ständiger Unentschiedenheit geraten. Selbst die Beherrschtesten unter ihnen hassen es, eine sofortige Entscheidung zu treffen, ohne vorher alle Möglichkeiten in Betracht gezogen zu haben. Unparteilichkeit kann zum Fetisch werden.

Nichts ist quälender als zu beobachten, wie der zweifelnde Waage-Mensch um eine Entscheidung ringt. Er läßt sich nicht drängen und hetzen. Er kann so eigensinnig werden, daß ein Stier dagegen wie ein leicht zu beeinflussender Tölpel wirkt. Die Waage haßt flüchtige, hastige, impulsive Menschen, die sich keine Zeit nehmen, die Konsequenzen zu bedenken.

Amüsant ist es, daß sie ihre Unentschlossenheit stets energisch ableugnen. Lächeln Sie nicht darüber. Die Waage-Menschen vergessen dabei, daß sie so lange brauchen, um sich zu entscheiden, und denken nur daran, daß sie, wenn sie einmal eine Entscheidung getroffen haben, auch dabei bleiben. Wenn man dem Waage-Menschen genügend Zeit läßt, einen endgültigen Entschluß zu fassen, so wird er ihn mit solcher Überzeugung durchführen, daß er selbst meint, er sei standhaft und entschlußfreudig. Wenn er diese Analyse, die Sie von ihm gemacht haben, als völlig falsch ablehnt, so sagen Sie nur überlegen: «Ich habe erwartet, daß Sie so reagieren. Waage-Menschen haben immer gegen alles Einwände.» Es wird ihm nicht gefallen, aber vielleicht hilft es ihm auch, die Wahrheit zu erkennen, und die Wahrheit sucht er ja.

Es gibt sehr wenige Waage-Menschen, die ausgesprochen exzentrisch sind oder prahlen. Sie sind im allgemeinen sehr ehrlich in geschäftlichen Angelegenheiten und auch sehr genau. Der Waage-Mensch nimmt sich lieber Zeit und macht eine Sache gleich ordentlich, als daß er am verkehrten Ende anfängt und nachher alles noch einmal machen muß. Übertreibung haßt er, Anfälle von Wut oder Leidenschaft stoßen ihn ab (obwohl er selbst sich oft beider Übertreibungen schuldig macht). Die meisten Waage-Menschen können sich großartig konzentrieren und über tiefe Probleme nachdenken. Sie lieben Bücher und haben oft einen so großen Respekt vor dem gedruckten Wort, daß sie billige Taschenbücher ablehnen.

Die Waage-Menschen lieben Harmonie. Häufig haben sie auf irgendeine Weise mit Kunst zu tun. Im Grunde ihres Herzens lieben sie alles, was gut, sauber und schön ist. Wenn Sie diese Menschen richtig verstehen wollen, müssen Sie immer an die alte Küchenwaage denken. Solange die Waagschalen sich heben und senken, kann strahlender Optimismus in schweigende Panik und einsame Depression umschlagen. Erst wenn die Schalen ausgeglichen sind, besteht vollkommene Harmonie zwischen dem glänzenden, scharfen Intellekt und dem liebevollen, mitfühlenden Herzen. Die Jahreszeiten verdeutlichen das Geheimnis der Waage. Der Winter ist zu kalt für sie, der Sommer zu heiß. Sie muß beide in einem vollkommenen Frühling und Herbst vereinen.

Der WAAGE-Mann

Sie erhalten genügend gute Ratschläge von diesem Mann Er wird eine Patentlösung für alle Ihre Probleme und eine Antwort auf alle Ihre Fragen haben. Aber erwarten Sie nicht, daß er auch die Antwort auf alle Ihre mädchenhaften Träume sein wird. Ein Waage-Mann kann entsetzlich reizbar sein, und seine Angewohnheit, alles – einschließlich der Liebe – zu rationalisieren, wird Sie verrückt machen, oder Sie geben völlig erschöpft nach.

Doch wenn Sie einmal vom Charme des Waage-Mannes gefesselt sind, wird es nicht so leicht sein, sich wieder freizumachen. Wenn Sie weglaufen wollen, so wird er Sie mit klugen, logischen Argumenten (denen Sie kaum widersprechen können, wenn Sie nicht den Doktor der Rechte gemacht haben) zum Bleiben überreden. Er wird nicht nur seine unvergleichliche Kunst der Beweisführung anwenden, sondern auch so reizend und sanft sein, daß Sie die enttäuschende Unbeständigkeit seines Wesens vergessen, über die Sie sich vorher geärgert haben. Dann wird er Sie anlächeln, und Ihr Herz wird schmelzen.

Von diesem Augenblick an ist die Schlacht verloren. Seine Träume werden Ihre Träume, und nichts wird mehr so wichtig sein, als ihn glücklich zu machen. Sie werden sich nach diesem Lächeln sehnen und es brauchen, um überleben zu können, so wie ein durstiger Reisender in der Wüste Wasser braucht. Nur ein sehr hartherziger Mensch kann diesem Lächeln widerstehen. Der Waage-Charme hat keine hypnotische Überzeugungskraft wie der des Skorpions. Die Anziehung der Waage ist logisch und durchaus real. Schwarze Magie ist nicht im Spiel, man erliegt nur der bezaubernden Art.

Andererseits, um *seinen* Lieblingsausdruck zu gebrauchen, wird es Zeiten geben, wo die Waagschalen sich in unsinnigem Widerspruch auf und ab bewegen. Sie müssen Ihren Waage-Mann anbrüllen, ihn in den See stoßen oder sich auf den Kopf stellen, um seine Aufmerksamkeit zu erregen und ihn zu zwingen, einen Schritt zu tun. Seien Sie nicht so naiv zu glauben, daß die Liebe ewig gleichbleibend ist, auch wenn die Waage vom Planeten Venus beherrscht wird. Wenn Sie in der griechischen Mythologie zu Hause sind, werden Sie wissen, daß Venus auch ihre schlechten Tage hatte. Sind jedoch die Waagschalen zufällig im Gleichgewicht, kann das Leben mit einem Waage-Menschen so berauschend sein wie ein Becher voll goldener Ambrosia. Es wird viel gelacht werden und eine zwanglose Freiheit herrschen, wie sie nur den Göttern auf dem Olymp bekannt war.

Für den durchschnittlichen Waage-Mann ist es nicht weniger anstrengend, einen Entschluß zu fassen, als einen wilden Büffel zu zähmen. Hat er ihn einmal gefaßt, so kann er seine Meinung abrupt ändern, wenn er den Verdacht hegt, er hätte einen Fehler gemacht.

Und doch wird jedermann trotz dieser Eigenschaft des Waage-Mannes von seinem Charme und seinem Lächeln immer wieder überwältigt. Deshalb können Sie gar nicht vorsichtig genug sein. Wappnen Sie sich und drehen Sie den Kopf weg, wenn er lächelt. Stecken Sie sich Watte in die Ohren, wenn er mit seiner seidenglatten Stimme, bei der es Ihnen kalt den Rücken hinunterläuft, seine überzeugenden Argumente vorbringt.

Das Wort Liebe und das Wort Waage sind praktisch gleichbedeutend. Die Waage hat die Liebesaffären erfunden und sie zu einer noch größeren Kunst entwickelt als Löwe, Skorpion und Stier, und das will etwas heißen. Amors Künste sind den Waage-Menschen angeboren. Dieser Mann wird jeden Trick mit zwangloser Leichtigkeit anwenden und selten das Mädchen nicht bekommen. Wenn er sie einmal hat, weiß er jedoch nicht immer, was er mit ihr anfangen soll. Soll er ihren hilflosen Zustand ausnutzen oder ihr einen Heiratsantrag machen? Oder beides? Oder keins von beiden? Der innere Kampf beginnt, und das Leben im Paradies mit diesem bestimmten Adam wird alles andere als wonnevoll.

Der Waage-Mann wird sein Interesse am anderen Geschlecht nie verlieren, und wenn er neunzig ist. Es mag ein rein akademisches Interesse sein, wenn er glücklich verheiratet ist, aber das Thema wird ihn niemals langweilen, und sei es, daß er nur darüber nachdenkt, wie es wäre, wenn er jedes hübsche Mädchen, das er sieht, in einem imaginären Ballsaal herumwirbeln könnte.

Da dem Waage-Mann alles, was mit der Liebe zusammenhängt, so unerhört leichtfällt – noch dazu von frühester Jugend an – und da er bei seinen romantischen Abenteuern fast immer Erfolg hat, hängen sich eine ganze Menge Kletten an ihn. Er haßt es, die Gefühle anderer zu verletzen. Er sagt höchst ungern «nein» und erkennt nicht, daß die Fortsetzung einer Bindung oft herzloser ist als ein glatter Bruch. In der entgegengesetzten Situation, wenn die gegenseitigen Gefühle so tief sind, wie sie menschliche Geschöpfe auf Erden nur erleben können, ist die fortgesetzte Pein, daß er sich nicht entschließen kann, genauso quälend. Nur ein Wassermann kann ebenso unentschlossen und wankelmütig sein. Wenn der Waage-Mann glaubt, daß er ungerecht handelt – gegen Sie oder jemanden aus Ihrer

Vergangenheit –, so wird die nervenaufreibende Zwiespältigkeit kein Ende nehmen. Ungerechtigkeit ist für ihn ein Verbrechen, das ungefähr auf der gleichen Stufe wie Mord steht. Er will nicht grausam sein, und das kann ihn unter Umständen zu einer Heirat verleiten, die nur vor dem Scheidungsrichter enden kann. Durch seine ständige Verzögerungstaktik kann er aber auch die große Liebe seines Lebens versäumen. Sie sehen also, daß seine Haltung eine zweischneidige Angelegenheit ist. Sie können sich nur schützen, indem Sie falsche Gefühle erst gar nicht aufkommen lassen.

Es besteht kein Zweifel darüber, daß Waage-Männer zu Wankelmut neigen. Sie tändeln gern, besonders in der Jugend. Ihr natürlicher Impuls ist es, jede dritte oder vierte Frau daraufhin abzuschätzen, ob sie nicht ihre wahre Seelengefährtin sein könnte. Oft bringen sie Freundschaft und Liebe hoffnungslos durcheinander. Überraschenderweise leiden die Waage-Männer trotzdem selten an gebrochenem Herzen. Sie können mit beleidigender Geschwindigkeit vergessen und werden wohl weniger als jeder andere – außer Zwillinge- und Schütze-Männern – Erinnerungen an unerwiderte Liebe nachhängen oder etwas bedauern, was nicht sein sollte. Er behält vielleicht ein paar blaue Flecken zurück, aber dauernden Schaden wird er gewöhnlich nicht davontragen. Manchmal findet man einen gutherzigen, arglosen Waage-Mann in den Klauen einer leidenschaftlich entschlossenen Frau, die ihm einsuggeriert, es sei eine so große Sünde, sie zu verlassen, daß man es nur mit dem Bruch aller Zehn Gebote auf einmal vergleichen könnte. Wenn er sich in einem solchen Netz verfangen hat, kann er ein recht erbärmlicher Gefangener der Liebe sein. Aber solche Fälle sind Ausnahmen, und die meisten Waage-Männer bringen es fertig, ungebunden genug zu bleiben, um ihre Liebesaffären voll genießen zu können.

Ihre Geheimnisse interessieren ihn nicht zu sehr. Auf den ersten Blick hat es vielleicht den Anschein, aber sehen Sie genauer hin. Er merkt oft gar nicht, was vor seiner Nase geschieht. Jeder weiß, was sich tut, außer ihm. Obwohl er endlos mit Ihnen argumentieren wird, ist es nicht sein Ziel, persönlichen Motiven auf die Spur zu kommen, sondern er will bei abstrakten Theorien verweilen, damit er ein ausgeglichenes Urteil fällen kann. Er möchte mit Logik und Scharfsinn über das Für und Wider reden, und seine Schlußfolgerung wird im allgemeinen gerecht, genau, vernünftig und praktisch sein. Aber er hat nicht die Neigung, nach persönlichen Schattierungen und gefühlsmäßigen Verwicklungen zu forschen. Die Tatsachen, und diese allein, genügen. Die tiefe Durchdringung und Erkenntnis des Charakters, zu der die Fische, der Skorpion und der Wassermann fähig sind, würde ihm nur das klare Bild, das er sucht, trüben. Er fühlt instinktiv, daß psychologische Untersuchungen ihm nicht liegen. Was auch stimmt.

Wenn Sie verschwenderisch sind, wird er daraus schließen, daß Sie leichtsinnig sind und es daher nicht gut wäre, Ihnen viel Geld anzuvertrauen. Die Erkenntnis, daß Sie gefühlsmäßige Sicherheit suchen, wenn Sie Geld verschwenden, fällt nicht in sein Ressort. Er ist nicht Ihr Psychiater. Die Waage ist der Richter. Sie finden viele Richter, die gerechte Entscheidungen treffen, weil sie die Tatsachen des Falles genau untersucht haben. Sie werden jedoch wenige finden, die sich fragen, warum die Farbe Rot Sie nervös macht, und die Mitgefühl mit Ihnen haben, wenn Sie Ihren Ehemann aussperren, weil er den rotgestreiften Pyjama anhat. Denken Sie immer daran, daß der Waage-Mensch nur mit abstraktem Interesse argumentiert. Es hat den Anschein, als wäre er ein gründlicher Forscher, aber das ist er nicht. Er ist auch nicht so neugierig und klatschsüchtig, wie es aussieht. Es ist fast unmöglich, dem typischen Waage-Menschen ein ihm anvertrautes Geheimnis zu entreißen.

Er ist also sehr zuverlässig, aber Ihre Gefühle werden ein wenig zu kurz kommen. Sie können ihm ohne weiteres Ihr Vertrauen schenken. Aber Sie werden darunter leiden, daß er Ihre tiefsten inneren Bedürfnisse nicht errät. Er möchte schon tun, was Sie wollen, aber selten hat er genug Verständnis, um all Ihre Sehnsüchte zu erfüllen (wenn er nicht den Aszendenten oder den Mond in einem Wasserzeichen hat). Nur weil er ein glänzender Liebhaber ist, kann er sich noch lange nicht in Ihre Stimmungen versetzen. Er hat genug damit zu tun, mit seinen eigenen fertig zu werden. Nichts kann aufreizender sein, als wenn Sie zu ihm laufen und ihm erzählen, daß jemand Sie tief verletzt habe, und seine erste Frage ist: «Was hast du ihm (oder ihr) getan?» Sie suchen Mitgefühl, und was bekommen Sie? Er wird darauf hinweisen, daß Sie ebenfalls im Unrecht waren, bis

Sie vor Wut schreien könnten. Schreien Sie ruhig, er wird trotzdem nicht Ihre Partei ergreifen, wenn er glaubt, Sie seien im Unrecht.

Es entstehen unweigerlich Schwierigkeiten dadurch, daß der Waage-Mann das Verlangen seiner Partnerin, wirklich verstanden zu werden, nicht erkennt. Das ist einer der inneren Widersprüche, mit denen Sie sich abfinden müssen, wenn Sie mit diesem Mann zusammenleben: So einfühlsam er im Abstrakten ist, so unempfindlich ist er für die Dinge, die Sie begeistern oder schmerzen. Seine Freundlichkeit und sein Lächeln machen es Ihnen natürlich leichter, alles zu ertragen.

Wenn sein Geburtshoroskop nicht ausgesprochene Verletzungen auf dem finanziellen Sektor aufweist, wird er nicht knauserig sein. Im Gegenteil, der Waage-Mann ist eher großzügig mit Geld. Er gibt es gerne aus, wenn er Schönheit oder Glück dafür einhandeln kann. Bereiten Sie sich darauf vor, daß Sie eine gute Gastgeberin sein müssen, denn sein Heim wird zu jeder Tages- und Nachtzeit für Gäste offenstehen (außer dann, wenn er sich ausruht und sich höchst ungern von der Türklingel oder dem Telefon stören läßt). Schleppen Sie ihn nicht zu großen Menschenansammlungen, wo er sich beengt fühlt und der Lärm sein Gefühl für Harmonie verletzt. Viele fremde Menschen auf einmal beeinträchtigen sein inneres Gleichgewicht. Er hat eine Abneigung gegen körperlichen Kontakt mit Menschen. Er wird gern mit einigen ausgewählten Leuten verkehren, aber es dürfen nicht zu viele sein. Ein Waage-Mann kann Sie plötzlich in einem überfüllten Theater allein lassen. Er haßt Sie nicht. Er leidet nur unter Klaustrophobie, einem typischen Waage-Leiden.

Der schnellste Weg zur Scheidung ist ein unordentliches Heim. Stellen Sie Radio- und Fernsehgeräte leise, und lassen Sie die Küchendünste nicht durch das ganze Haus ziehen. Wenn die häusliche Unordnung zu groß ist, ist es möglich, daß er sich ihr immer häufiger entzieht, und schließlich werden Sie gar keinen Kontakt mehr miteinander haben. Es kann durchaus sein, daß er selbst recht liederlich ist, aber er erwartet von Ihnen, daß Sie ihm die Socken nachräumen und die Zeitungen, die er auf den Boden verstreut, aufheben. Er kann aus solchen Gründen jahrelang schmollen, ohne daß Sie ahnen, warum. Bei seiner typischen Waage-Freundlichkeit beschwert er sich nicht, aber seine Sekretärin und ihr ausgezeichneter Geschmack kommen ihm jeden Tag verlockender vor.

Für die Kinder wird sein Gerechtigkeitssinn stets von Nutzen sein. Er wird dafür sorgen, daß das Größte nicht zuviel Macht über die kleineren ausübt und das Kleinste nicht die Sachen der größeren zerbricht. Er wird mit ruhiger Autorität für Disziplin sorgen und logische Gründe für Bestrafungen angeben, die selten im Zorn vollzogen werden. Wie Sie werden auch die Kinder seinem Charme erliegen, und wie Sie werden auch sie durch sein ständiges Debattieren und Provozieren gereizt werden. Seltsamerweise freut sich der Waage-Mann meist nicht besonders auf die Geburt eines Kindes. Ist es aber einmal da, wird er den Vorteil der Liebe zu diesem neuen Familienmitglied gegen den Nachteil seiner Einsamkeit abwägen und bald ein vernarrter Vater sein. Niemals werden jedoch die Kinder eine größere Rolle spielen als Sie. Bei den typischen Waage-Menschen beiderlei Geschlechts nimmt der Partner immer die erste Rolle ein.

Ein letzter astrologischer Ratschlag. Wenn Sie einen Waage-Mann lieben, so seien Sie nicht gehemmt, sondern schlagen Sie vor, was immer Sie vorschlagen wollen, einschließlich der Ehe. Er wird erleichtert sein, wenn Sie die Initiative ergreifen. Aber seien Sie vorsichtig. Er hat die tückische Angewohnheit, Sie entscheiden zu lassen, und wenn dann hinterher nicht alles klappt, so wird er fröhlich sagen: «Du hast ja die Entscheidung getroffen, nicht ich!» Bedenken Sie genau, was Sie darauf antworten, oder Sie werden es Ihr ganzes Leben lang zu hören bekommen. Sagen Sie: «Ja, das habe ich getan. Wenn ich es dir überlassen hätte, stünden wir heute noch unter der Laterne im Regen, würden uns ewige Liebe schwören und hätten uns längst eine Lungenentzündung geholt.» Er wird natürlich mit Ihnen rechten, aber gerade wenn Sie soweit sind, daß Sie die Teekanne auf seinem Kopf zerschlagen wollen, wird er lächeln – und dann? Dann stehen Sie wieder unter der Laterne und sagen «Ich liebe dich».

Die WAAGE-Frau

Es gilt für alle Sonnenzeichen, daß jeder Mann etwas Feminines und jede Frau etwas Maskulines hat, besonders aber gilt es für die Waage-Menschen. Noch im männlichsten, härtesten Waage-Mann kann man eine Spur des anderen Geschlechts entdecken, und denselben Trick spielt Venus bei den weiblichen Waage-Menschen.

Sie kann so zart wie ein wolliges, weißes Häschen sein und mit sanfter Überzeugungskraft flüstern. Sie kann sich in Spitze und Seide hüllen, und ihr Haar mag bezaubernd duften. Vielleicht sieht sie sogar wie eine kleine Puppe aus, die Sie bequem mit einer Hand hochheben könnten (obwohl ein Stier- oder Schütze-Aszendent sie ganz hübsch robust machen kann). Aber bei all ihrer Weiblichkeit, ihrem süßen Gehabe und ihrer entzückenden Anmut stehen diesem Mädchen die Hosen überraschend gut, und sie passen ihr auch. Ihr Geist arbeitet mit männlicher Logik, und sie ist Ihnen in jeder Diskussion ebenbürtig. Hin und wieder ist sie Ihnen sogar überlegen, wenn auch ihre weibliche Seite zu klug ist, um Sie das merken zu lassen, bevor die Flitterwochen vorbei sind. Während der Werbung wird sie sich hüten, Sie im Schach zu schlagen, aber ewig wird sie ihren Scharfsinn nicht hinter den weichen Grübchen verbergen. Irgendwann einmal werden Sie es mit ihrem Verstand zu tun bekommen.

Die meisten Waage-Frauen zeigen ihre gute Urteilsfähigkeit, sowie ein Thema auftaucht, das auch nur die entfernteste Möglichkeit zu einer Debatte bietet. Es kann sich um alles handeln, angefangen von der Form Ihres Kragens bis zu der Frage, warum Sie keine Gehaltserhöhung bekommen. (Im letzteren Fall sieht sie die Schuld teils bei Ihnen, teils bei Ihrem Chef. Bei der Waage ist immer alles halb und halb.) Wenn Sie nicht auf ihre Herausforderung eingehen, wird sie mit sich selbst argumentieren. Ein Waage-Mädchen kann ein Palaver allein beginnen, allein durchführen und allein abschließen. Ihr einziger Beitrag ist vielleicht «Aber warum?» oder «Ich glaube nicht», alles andere führt sie in einem glänzenden Monolog aus, der eine Stunde oder länger dauern kann. Inzwischen werden Sie wahrscheinlich ihrem Charme erliegen. Ungefähr bei jedem dritten Satz wird sie ihr entzückendes Lächeln zeigen, und Sie werden Ihre Meinung genauso mühelos ändern, wie sie während des Argumentierens ihren Standpunkt ändert. Sie wird Sie mit reiner, klarer Logik überzeugen. Sie werden nicht viel verlieren – außer Ihrem Stolz, und den werden Sie kaum vermissen, wenn Sie unter dem Zauber dieses sanften Waage-Lächelns stehen. Meistens hat sie recht, denn ihre endgültigen Entscheidungen werden genau so sorgfältig getroffen wie die des obersten Gerichts.

Abgesehen von der typischen Waage-Neigung, jedes Ding zweimal abzuwägen, um sicherzugehen, daß kein Punkt vergessen wurde, kann sie für einen Mann, der an Liebe oder Kameradschaft oder beidem interessiert ist, eine wunderbare Frau abgeben. Ihr Hang zum Argumentieren beruht im Grunde darauf, daß sie eine unparteiische Entscheidung treffen möchte. Es könnte schlimmer sein. Immerhin stellt sie keine eigenen Grundsätze auf oder widersetzt sich aller Vernunft, wie es bei anderen Sonnenzeichen manchmal der Fall ist. Außerdem trägt sie ihre Meinung mit diplomatischem Takt vor, was der Sache die Schärfe nimmt.

Sie erkennen vielleicht am besten, was Sie an Ihrer Waage-Frau haben, wenn Sie die Meinungen aller anderen Sonnenzeichen in einer einfachen Angelegenheit hören. Sagen wir, Sie unterhalten sich über Visitenkarten. Soll man sie heute noch verwenden oder ist es altmodisch, und wie sollen sie aussehen? Gehen wir schnell einmal durch den Tierkreis. Nehmen wir an, Sie seien als einziger Mann mit zwölf Frauen im Zimmer (das sollte doch eine angenehme Vorstellung sein). Die Unterhaltung würde ungefähr so lauten:

Widder: «Brauch ich nicht. Ich telefoniere.»

Stier: «Ich gehe selten aus. Die Leute besuchen mich.»

Zwillinge: «Visitenkarten? Wer hat Zeit für Visitenkarten?»

Löwe: «Also, wenn sie geschmackvoll wären und nach was aussähen . . .»

Jungfrau: «Ich muß im Knigge nachsehen, was dort steht.»

Schütze: «Du lieber Himmel! Wollen Sie sagen, daß die Leute sich immer noch mit solchem Blödsinn abgeben?»

Skorpion: «Wenn die Leute nicht zu Hause sind, verfehlen sie mich. Sie haben den Schaden, nicht ich.»

Wassermann: «Ich möchte wissen, ob es draußen regnet. Hat es nicht eben gedonnert?»

Krebs: «Karten sind so unpersönlich. Ich schreibe lieber ein paar Zeilen.»

Fische: «Ich spüre es immer, wenn die Leute nicht da sind. Ich besuche sie nur, wenn ich durch Gedankenübertragung weiß, daß sie mich sehen wollen.»

Steinbock: «Die Sitte ist völlig korrekt. Aber es hat keinen Sinn, sich über die Ausführung zu unterhalten. Wenn sie nicht graviert sind, sind es keine Visitenkarten.»

Waage: «Also, es kommt darauf an. Wenn Sie ganz korrekt sein wollen, sollten Sie welche haben, andererseits kann es heutzutage albern wirken, und die moderne Frau hat viel zu viel zu tun, um sich damit abzugeben. Freilich muß man bedenken, was hinter dieser Sitte steckt. Und dann gibt es natürlich Leute, die sich keine Visitenkarten leisten können. Wenn man damit das Budget belasten muß, sind sie nicht wirklich notwendig. Andererseits muß man sagen, daß Glanz und Anmut früherer Zeiten in unserem hektischen Leben verlorengegangen sind. Ein wenig mehr Sinn dafür wär nur gut. Ich finde, die Karten sollten graviert sein. Es stimmt zwar, daß etwas anderes die individuelle Persönlichkeit besser ausdrücken würde. Ein schöpferischer Mensch sollte sie selbst entwerfen. Aber solche persönlichen Karten könnten von den oberen Zehntausend mißverstanden werden, nicht wahr? Ich meine, die Rockefellers könnten es für taktlos halten. Andererseits, wer besucht schon die Rockefellers? Ihren Freunden würde es sicher sehr gefallen, wenn sie origineller als andere sind, aber die einfache Gravierung ist wahrscheinlich doch besser. Jedenfalls glaube ich es. Immerhin – also – – –»

Jetzt hat sie alle Für und Wider erschöpft und runzelt vor Anstrengung leicht die Stirn, während sie ihre eigenen Argumente herausschält und versucht, zu einer Entscheidung zu kommen.

Sie können sehen, daß die Waage-Frau ganz bestimmt fair ist. Manchmal werden Sie ihre Abschweifungen vom Thema langweilen, aber ihre Bemühung um Gerechtigkeit und ihre Fähigkeit, richtig zu urteilen, indem sie alle Seiten abwägt, müssen Sie würdigen. Andere Frauen äußern vielleicht Meinungen, die ihr eigenes Wesen widerspiegeln und kümmern sich herzlich wenig darum, was Sie denken oder was fair wäre. Eine Waage-Frau glaubt nie, daß ihre Meinung richtig ist. Sie respektiert Ihre Ansicht genauso wie die eigene oder die aller Philosophen, und ihre Entscheidung wird die Fehler in den Argumenten aller mit einbeziehen.

Die meisten Venus-Mädchen werden auch als Ehefrauen berufstätig sein. Sie brauchen das Geld, um sich die angenehmen Dinge des Lebens leisten zu können.

Aber es gibt noch einen anderen Grund. Ihren Mann. Wenn es etwas gibt, das eine Waage-Frau über alle Schätze dieser vergänglichen Erde stellt, so ist es der Mann, den sie sich ausgesucht hat, um ihn zu lieben, zu ehren und ihm aus allen Schwierigkeiten zu helfen.

Sie haßt es, als Einsiedler zu leben. Sie braucht Partnerschaften, sowohl in der Liebe als im Beruf. Sie arbeitet nicht gern allein, und sie ist geradezu unfähig, allein zu leben. Waage-Frauen, die einen Astrologen aufsuchen, haben eigentlich immer nur zwei Fragen, die ihnen am Herzen liegen. Entweder: «Wann werde ich jemandem begegnen, den ich wirklich lieben kann?», oder: «Wann werde ich jemanden finden, mit dem ich richtig zusammenarbeiten kann?» Für sie ist die Ehe ein gemeinsames Risiko, und die Gesetze sind fast genauso streng wie in einem geschäftlichen Unternehmen. Sie sind der Generaldirektor der Gesellschaft und werden als solcher respektiert. Sie ist die Aufsichtsratsvorsitzende, die Sie – auf ihre weibliche, schützende Art – davor bewahren wird, Fehler zu machen. Ihre Natur verlangt nach Gemeinschaftsarbeit. Sie wird so viel wie möglich an Ihren Interessen und Tätigkeiten teilhaben wollen. Sie ist bereit, ihrem Mann zuliebe ein gastliches Haus zu führen, und sie ist weiblich genug, um seiner Führung zu folgen, wenn er seinen Beruf ändert, in eine andere Stadt ziehen oder freundschaftliche Bindungen eingehen will. Das alles ist sein Bereich. Sie ist nur dazu da, den Weg zu ebnen und aufzupassen, daß er durch impulsive Handlungen und impulsives Urteil nichts verdirbt.

Sie müssen ihr wirklich Anerkennung zollen. Die typische Waage-Frau will kein Klotz am Bein ihres Mannes sein, sie will ihm nur alle Steine aus dem Weg räumen. Sie ist äußerlich längst nicht so dominierend wie innerlich, denn sie will keinesfalls unumstößliche Behauptungen aufstellen, die Sie ihr dann später vorhalten könnten. In den meisten Fällen wird sie sanft vorgehen (es sei denn, sie hat einen Widder-Aszendenten; und wenn Sie es mit einer Frau zu tun haben, die unter dem doppelten Einfluß der Kardinalzeichen steht, wird es beträchtliche Probleme geben).

Die durchschnittliche Waage-Frau ist sehr intellektuell veranlagt und hat starke analytische Begabung, was eine große Hilfe sein kann, wenn Sie Ihre geschäftlichen Probleme lösen wollen. Sie erteilt Ihnen bessere Ratschläge als Ihr Bankfachmann. Da sie Sie als echtes Venus-Mädchen sanft und mit viel Charme auf den richtigen Weg lenkt, werden Sie schwören, daß alles Ihre eigene Idee war. Ein Widder-, Skorpion-, Löwe- oder Stier-Mann wird seine Waage-Frau auf ein Podest stellen und sie anbeten. Das ist nur fair, denn sie betet ihn auch an. (Wenn sich zwei Waage-Partner finden, so werden sie entweder die zärtlichsten Turteltauben oder die wütendsten Gegner sein. Sie fallen von einem Extrem ins andere, manchmal für immer, manchmal jeden zweiten Tag.)

Es gibt viele Vorteile, wenn Sie mit einer Waage-Frau zusammenleben. Niemals wird sie Ihre Post öffnen. Es käme ihr gar nicht der Gedanke, so unehrenhaft zu handeln. Niemals wird sie Ihre Geschäftsgeheimnisse Ihren Freunden weitererzählen oder Sie vor Ihrem Chef in Verlegenheit bringen. Sie wird ihn wahrscheinlich durch ihren Charme und ihr Lächeln genauso bezaubern, wie Sie einst bezaubert wurden. Wenn Mars im Geburtshoroskop verletzt ist, kann sich die Waage-Frau zeitweilig ihren Gefühlen zu sehr überlassen und auch mehr essen und trinken, als gut für sie ist, aber das sind nur Ausnahmefälle. Wenn sie sich auch nach der einen oder anderen Seite etwas gehenläßt, wird sie früher oder später doch ihr Gleichgewicht wiederfinden. Vielleicht gibt es Augenblicke, in denen Sie nicht wissen, ob sie ein Engel oder ein Teufel ist, aber die Engel werden doch häufiger auf Ihrer Seite kämpfen.

Über Mangel an Liebesbezeugungen werden Sie sich kaum zu beklagen haben, denn sie ist sehr gefühl- und liebevoll. Wenn sie ihr Schnäbeln und Girren auch durchaus ernst meint, so verbirgt sie hinter all den Küssen, Umarmungen, süßen Blicken und Zärtlichkeiten doch auch ihren männlichen Schwung. Warum nicht, wenn sie es ehrlich meint?

Ihr Heim wird aussehen wie eine Reklame für Spannteppiche, die man in den Illustrierten sieht. Die Farben werden miteinander harmonieren, und die Möbel zeugen von gutem Geschmack. Die Bilder hängen gerade, und das Essen kommt meist pünktlich auf den Tisch. Sie können auch mit Blumen, gutem Porzellan, Kerzen, sanfter Musik, Wein und einem abwechslungsreichen Speisezettel rechnen. Wenn Sie dann noch ihre Klugheit und ihren sprühenden Witz in Betracht ziehen, so bleibt Ihnen eigentlich nicht mehr viel zu wünschen übrig. Sie hält es für ihre Lebensaufgabe, eine Frau zu sein, und sie ist es mit großem Erfolg. Die männliche Seite ihres Wesens wird Sie kaum stören, wenn Sie nicht gerade ein Mann wie Heinrich VIII. sind, der in der Frau die gehorsame Sklavin sieht, die sich fürchtet, mehr als «ja» oder «nein» zu sagen, weil sie sonst den Kopf verlieren könnte. Ihre Waage-Gefährtin wird ganz bestimmt mehr als «ja» oder «nein» sagen. Sie redet gern. Aber sie kann auch sehr aufmerksam zuhören. Sie ist gleichzeitig zäh und weich. Nicht jede Frau kann diesen Balanceakt ausführen.

Die Waage-Frau mag Ihnen manchmal schwach und hilflos vorkommen, aber machen Sie einmal die Augen auf und beobachten Sie, wer die Hauptlast in der Krise trägt. Ich meine, wer sie *wirklich* trägt. Sie brauchen deshalb nicht Ihr männliches Selbstbewußtsein zu verlieren. Keiner außer Ihnen muß ja wissen, wie sehr Sie ihre helfende Hand brauchen, wenn es einmal hart auf hart geht. Sie wird niemals damit prahlen oder Ihnen etwas streitig machen – nur einen großen Teil der Verantwortung. Seien Sie dankbar, daß sie so zuverlässig ist.

Ihre Kinder wird sie lieben und zärtlich für sie sorgen, aber sie werden immer erst an zweiter Stelle nach Ihnen kommen. Die Kinder sind Juniorpartner, aber Sie sind der Generaldirektor der Gesellschaft, und das wird sie nie vergessen. Wenn sie Ihr Mittagsschläfchen stören, kann sie recht streng sein, und wenn sie Ihnen nicht gehorchen, wird sie ärgerlicher, als wenn es bei ihr selbst vorkommt. Die Sprößlinge werden lieb und sauber als Kinder und ordentlich und höflich als Erwachsene sein – wenn Sie sie nicht verwöhnen. Die Waage-Mutter ist gewöhnlich liebevoll, aber auch recht energisch, wenn es notwendig ist. Ihre Kinder werden niemals übersehen werden, aber hauptsächlich wird sie sie haben, um *Ihnen* mehr Glück zu schenken. Sie wird niemals zulassen, daß sie ihren Vater nicht achten. Wenn Sie jedoch etwas zu tyrannisch sind, wird sie den Kindern auch Trost zusprechen.

Man muß zugeben, daß die Waage-Frau manchmal zuviel Süßigkeiten knabbert und dick wird. Sie spricht auch der Weinflasche gut zu. Manchmal wird sie ein wenig herrschsüchtig sein und manchmal etwas zuviel sprechen. Aber das kommt nur vor, wenn sie ihr seelisches Gleichgewicht verloren hat. Wenn nicht jemand seinen Fuß auf eine der Waagschalen stellt, werden die Waage-Menschen immer Ausgeglichenheit erreichen. Wenn Sie Verständnis und liebevolle Zuneigung zeigen, falls es einmal auf und ab geht, wird die schöne Harmonie bald wiederhergestellt sein.

Das WAAGE-Kind

«Nein, was für ein süßes Baby!» Die Eltern von Waage-Kindern hören diesen Satz so oft, daß man ihnen verzeihen sollte, wenn sie selbstgefällig sind. Das kleine Waage-Kind sieht aus wie ein draller, rosiger Engel. Es ist bezaubernd mit seiner reizenden Miene und den freundlichen, ausgeglichenen Venus-Zügen. Selten wird es mit rotem Gesicht und in schreiender Wut seine Decke wegstrampeln oder Mammi auf die Nase hauen, wenn sie ihm die Flasche geben will. Es hat ein zu gutes Benehmen für solche wilden Eskapaden. Wenn es lächelt, erhellt sich das ganze Kinderzimmer. «Nein, was für ein liebes, braves Baby! So still und ruhig. So mollig und solche Grübchen. Ganz bestimmt hat eine gute Fee an seiner Wiege Pate gestanden.»

Ich möchte ja nicht die Rolle der bösen Fee bei der Taufe des Königskindes spielen, aber würden Sie wohl einmal nachsehen, ob es ein Grübchen am Kinn hat? Die meisten Waage-Babys haben eins. Dann möchte ich an den alten Spruch erinnern, den Großmama gern zitiert hat: «Grübchen am Kinn – Teufel darin.» Schreiben Sie ihn auf die letzte Seite Ihres Babybuches. Irgendwann in der Zukunft werden Sie einmal einen Blick darauf werfen und Großmamas Weisheit im stillen preisen.

Es kann eines Morgens sein, wenn Ihr kleiner Waage-Junge am Tisch sitzt und mit seinem Löffel erst in der einen, dann in der anderen Schüssel rührt. Rechts steht das weiche Ei, schön verquirlt, wie er es gern mag, links der Haferbrei, schön mit braunem Zucker bestreut, wie er es gern mag. Beides wird eiskalt, und er hat noch keinen Bissen gegessen. Hat er keinen Hunger? Doch, und wie! Hat er Fieber? Nein, es geht ihm gut. Ärgert er sich über irgend etwas? Nein, ganz und gar nicht. *Warum sitzt er dann so eigensinnig da und rührt immer mit dem Löffel herum? Warum ißt er nicht?*

Er kann sich nicht entscheiden, was er zuerst essen soll, das Ei oder den Brei. Sie haben die Verwirrung noch größer gemacht und ihm ein Stück Toast und ein Glas Orangensaft angeboten, um ihn zu verlocken. Besser lassen Sie das Frühstück heute ganz fort. Und morgen früh geben Sie ihm eins nach dem anderen. Den Orangensaft. Er trinkt ihn. Den Brei. Er ißt ihn. Dann das Ei. Er ißt es leidenschaftlich gern. Zum Schluß den Toast. Während er dort sitzt und vergnüglich kaut, sind Sie erstaunt, daß er sein ganzes Frühstück in weniger als zehn Minuten verschlungen hat. Sie haben gerade die wichtigste Regel gelernt, die Sie bei der Erziehung des Waage-Kindes beachten müssen. Geben Sie ihm niemals die Wahl. Dieses Kind haßt es, Entscheidungen zu treffen.

Noch schwerer fällt es ihm, einen Entschluß schnell fassen zu müssen. Drängen Sie das Kind nicht. Sagen wir, der Waage-Junge hat gelernt, sich allein anzuziehen, und durch die Aufregung dieses Abenteuers hat er für ein paar Wochen seine typische Unentschiedenheit vergessen. Jetzt aber ist das «Alleine-Anziehen» ein alter Hut geworden. Sie helfen ihm zu Beginn mit der Unterwäsche und legen dann Socken, Hemd, Hosen und Schuhe bereit. Er sitzt da. «Zieh dich an, Peter.» Er sitzt da. «Mach schnell und zieh dich an, Peter!»

Und als nächstes werden Sie den Leuten erzählen, Ihr Waage-Kind sei eigensinnig. Das ist ungerecht. Ein Stier-Kind ist eigensinnig, nicht ein Waage-Kind. Sie haben versucht, ihn zu der raschen Entscheidung zu drängen, welcher Socken zuerst an welchen Fuß kommen soll. Das Ganze ist schon schwierig genug, und gerade, als er sich entschlossen hat, den linken Socken an den rechten Fuß zu ziehen, haben Sie ihn angeschrien, sein Gleichgewicht gestört, und jetzt ist er wieder da, wo er am Anfang war. Welcher Socken zuerst? Sie sehen, daß es Ihr Fehler ist, nicht seiner. Wie kann man von ihm erwarten, eine so kurzfristige Entscheidung zu fällen, wenn die Leute ihn immer anschreien? Es tut ihm in den Ohren weh, und außerdem vergißt er dadurch, wie er sich gerade entscheiden wollte.

Das wird Sie manchmal leicht verrückt machen, besonders, wenn Sie zu den nervösen Menschen gehören. Und Sie werden nicht die einzige sein. Eines Tages wird es ein bezauberndes Mädchen geben, in das er verliebt ist. Die beiden werden sich über die Ehe unterhalten. Wann und ob. Er wird dasitzen. Soll er? Oder soll er nicht? Das Mädchen wartet geduldig. Er wird denselben gequälten Ausdruck haben, den er jetzt zeigt. Schließlich: «Peter, werden wir heiraten?» Er sitzt da. Dann: «Peter, wann werden wir heiraten?» Armes Mädchen. Der gleiche Fehler, den Sie mit dem Orangensaft und dem Toast gemacht haben. Jetzt muß er zwei Dinge entscheiden. Nicht nur, ob sie heiraten sollen, sondern auch, wann sie heiraten sollen. Sie werden mit ihr sprechen müssen.

Aber das hat noch eine gute Weile Zeit. Heute sind es die Schuhe und die Socken. Gehen Sie entschlossen auf ihn zu und sagen Sie: «Peter, ziehen wir zuerst diesen Socken an diesen Fuß.» Sagen Sie es in sanftem Ton. Schreien Sie nicht und sprechen Sie nicht mit schriller Stimme. Wenn Sie können, singen Sie ihm die Worte vor. Das wird ihm sehr gefallen. Jetzt haben Sie zwei Hindernisse aus dem Weg geräumt. Sie haben ihm geholfen, eine Entscheidung zu treffen, und Sie haben eine angenehme Atmosphäre geschaffen. In fünf Minuten ist er angezogen. Und dasselbe wird das Mädchen eines Tages tun müssen. Sie wird ihm leise vorsingen müssen: «Wir heiraten am 26. Juni.» Wenn sie zu den scheuen Menschen gehört, werden Sie vielleicht lange auf Enkel warten müssen. Das Happy-End in dieser Geschichte ist folgendes: Wenn Sie ihn dazu erziehen, einen Entschluß zu fassen, ohne ihn zu drängen, wird auch das Mädchen daraus einen Nutzen ziehen. Bis dahin wird er gelernt haben, seine Unentschiedenheit zu überwinden.

Vielleicht hilft es Ihnen, wenn Sie an die Gründe denken, die hinter der Unschlüssigkeit des Kindes stehen. Waage-Jungen und -Mädchen suchen die Wahrheit. Sie sind gutherzig, und sie wollen gerecht sein. Ihr Sprößling fürchtet, einen Fehler zu machen oder etwas falsch zu beurteilen. Er möchte Sie keineswegs verletzen, aber sein Wesen zwingt ihn, nach einer ausgeglichenen Antwort zu suchen, bevor er sich kopfüber in die Dinge stürzt, einschließlich der Socken. Immerhin bildet diese Vorsicht der Waage-Menschen den Charakter und hilft, Unglücksfälle zu vermeiden, jetzt und in Zukunft. Sehen Sie doch das Gute an der Sache. Das Waage-Kind braucht so lange, um sich zu entscheiden, ob es nun die Gans auf Ihre Tapete malen soll oder nicht, daß Sie es noch erwischen können, bevor das Unglück geschehen ist.

Das Waage-Kind braucht Frieden, Stille und viele Ruhepausen. Wenn es gezwungen wird, Zank und Gewalt mit anzusehen, so kann für immer etwas in ihm zerstört werden. Sogar als Baby zuckt es zusammen, wenn plötzlich ein Geräusch ertönt.

Und dann gibt es noch ein anderes Problem: Die Waage-Faulheit. Genaugenommen handelt es sich gar nicht um Faulheit. Das Waage-Kind spielt lange Zeit intensiv, aber dann muß es sich ausruhen. Es lungert nicht herum, es sammelt sich nur. Die Natur des Waage-Menschen verlangt Perioden der Aktivität – und der Untätigkeit. Nur so bringt er es fertig, seelisch und körperlich gesund zu bleiben. Wenn man in ihm deshalb Schuldgefühle weckt, wird er aus Selbstverteidigung wirklich faul werden. Wenn Sie sehen, daß Ihr Waage-Sprößling herumtrödelt, machen Sie nicht viel Aufhebens davon. Er wird sein inneres Gleichgewicht bald wiedererlangt haben und dann höchst tatendurstig sein. Er lädt nur seine Energie auf. Und damit bleibt er seinem Wesen treu.

Die von Venus beherrschten Kinder verstehen es glänzend, harte Herzen zu erweichen. Sie haben eine so bezaubernde Art, sie schmeicheln so lieb, und wer könnte diesem Lächeln und diesen Grübchen widerstehen? Die sanfte, liebevolle Art der kleinen Waage-Leute besticht ihre Eltern (ganz zu schweigen von all den vernarrten

Verwandten) so sehr, daß sie ihnen jeden Wunsch erfüllen. Daher sind diese Kinder, wenn sie in die Schule kommen, meist so verwöhnt, daß es fast unmöglich ist, sie zu leiten. Schließlich kann man ein kleines Wesen nicht jahrelang wie einen Prinzen oder eine Prinzessin behandeln und dann erwarten, daß es gehorcht. Die Waage-Kinder brauchen nicht so sehr Disziplin als weniger Verhätschelung.

Das durchschnittliche Waage-Kind, das richtig erzogen wurde, ist eine Freude für seine Lehrer. Die Kinder haben einen hellen und logischen Verstand, sie disputieren gerne und sind sehr neugierig, was sie zu guten Schülern macht. Sobald sie jedoch lesen können und Tatsachen lernen, werden sowohl Sie als auch die Lehrer ständigen Argumenten ausgesetzt sein.

Es hat nie viel Sinn, einem Waage-Kind mit einer platten Behauptung zu kommen. Stellen Sie immer beide Seiten einer Angelegenheit dar, oder die Kinder halten Sie für ungerecht. Wenn Sie eine Seite betonen, wird der Waage-Schüler die andere Seite unter großem Aufwand verteidigen, bis er Sie gezwungen hat, gerecht zu sein. Man muß klar und logisch denken, um mit diesen Kindern Schritt halten zu können. Eltern und Lehrer rosten wenigstens nicht ein dabei. Dem Waage-Kind wird es auch nicht gefallen, wenn die Erwachsenen klatschen. Das Vertrauen ist ihm heilig, und vorschnelle Urteile über andere Menschen wird es nicht mögen. Es wird die Partei Ihres schlimmsten Feindes ergreifen, wenn es glaubt, daß Sie ungerecht sind.

Lassen Sie dem Kind sein Eigenleben, es wird auch Ihres nicht stören. Geben Sie sich mit den Mahlzeiten besondere Mühe. Die Mädchen werden Wert auf Blumen oder Kerzen legen, die Jungen lieben wahrscheinlich einen abwechslungsreichen Speisezettel und viel Süßigkeiten. Übergewicht kann ein Problem sein.

Wenn man sie nicht falsch behandelt und sie deshalb widerborstig werden, sind die Waage-Kinder im allgemeinen sauber und ordentlich, ohne dazu gezwungen werden zu müssen. Sie hassen Schmutz und Unordnung so sehr, daß sie sogar von sich aus helfen, die Wohnung in Ordnung zu halten. Da die Waage-Menschen künstlerisch sehr begabt sind, kann es sein, daß Sie einen angehenden Komponisten oder Maler in der Familie haben, also lassen Sie mögliche Talente nicht verkümmern!

Das kleine Waage-Mädchen stäubt sich vielleicht all Ihren teuren Puder über das Kleid, gießt sich Ihr bestes Parfum über das lockige Haar und will nicht aus der Badewanne heraus. Wenn sie erst ein Teenager ist, wird sie das Badezimmer stundenlang mit Beschlag belegen. Sie reagiert auf die Vorliebe der Waage-Menschen für Schönheit und angenehme Dinge. Sie sucht Harmonie, und für sie besteht Harmonie aus Frieden, Schönheit und Behaglichkeit.

Der Waage-Junge kann Sie bis zum Wahnsinn treiben mit seiner Faulenzerei in der Hängematte und seiner aufreizenden Art, immer alles besser wissen zu wollen, vor allem über Themen, die für ihn zu hoch sind. Aber ein kleines Schläfchen frischt seine Energien auf, und was seine Besserwisserei angeht, so übt er sich vielleicht für eine zukünftige Karriere als Rechtsanwalt. Betrachten Sie die Sache optimistisch. Die Geschworenen werden ihm eines Tages zuhören müssen, Sie aber können wenigstens immer gehen und das Essen machen oder sich hinter einer Zeitung verkriechen. Ermutigen Sie sowohl Jungen als auch Mädchen zum Schreiben, wenn sie Lust dazu haben sollten.

Die Teenager beider Geschlechter werden ständig in irgend jemanden verliebt sein, und es wird viele jugendliche Schwärmereien geben – aber auch das geht vorüber. Eines Tages werden die Hochzeitsglocken läuten, und Ihr Waage-Sprößling wird eine nette, ausgeglichene, friedfertige und debattierlustige Familie gründen. An einem sonnigen Oktobermorgen stehen Sie vielleicht wieder in einem Entbindungsheim und hören eine Schwester oder einen Besucher gurren: «Nein, was für ein süßes Baby! So lieb und gut. So ruhig und schön.» Und Sie werden, mit all Ihrer schwerverdienten Weisheit, sagen: «Ja, aber sehen Sie das Grübchen am Kinn?»

Wenn Sie ein Mann sind, so werden Sie Ihren Waage-Chef bestimmt
für einen tadellosen Kerl halten, der gerecht und anständig ist. Wenn
Sie eine Frau sind, sind Sie wahrscheinlich ein bißchen in ihn verliebt,
ob Sie es nun wissen oder nicht. Die Venus-Schwingungen sind sehr
stark.

Der Waage-Chef hat meistens einen Partner, da er unbewußt immer
danach strebt, zwei Dinge oder zwei Menschen zusammenzubringen.
Gefühlsmäßig wird dieser Drang durch eine frühe Ehe oder eine be-
stürzend frühe Liebesaffäre abreagiert. Im Beruf befriedigt er das
Bedürfnis nach Ausgleich, indem er sich mit einem Partner zusammen-
tut, der seine eigene Persönlichkeit ergänzt.

Er wird vielleicht nicht so ruhig hinter seinem Schreibtisch sitzen
wie andere Chefs. Er ist oft unentschlossen, und bis er sich zu einer
Entscheidung durchgerungen hat, kann er von einer quälenden Unruhe gepackt sein. Hat er eine gerechte und unparteiische Lösung gefunden, wird er sich wieder voll Eifer in die Arbeit stürzen.

Der Waage-Chef ist ruhelos und voller Aktivität, aber er scheint
es nie eilig zu haben, ein Widerspruch, den wenige Menschen in sich
vereinigen können. Es ist, als schaute man einem geschickten Jongleur
zu. Man erwartet ständig, daß er in nervöse Hast verfällt, genau
wie man erwartet, daß der Jongleur einen Ball fallen läßt. Aber nichts
dergleichen geschieht. Es ist wie ein Film in Zeitlupe. Die Handlung
ruht nie, aber der Projektor ist auf ein eigenartiges Tempo eingestellt.

Trotz seiner häufig scheuen, sanften Art ist dieser Mann kein Einzelgänger. Er hat stets das Bedürfnis, sich irgendwie auszudrücken
und eine Verbindung mit anderen herzustellen. Obwohl das meist
durch die Rede geschieht, kann auch sein Lächeln Bände sprechen. Er
ist ganz gewiß intelligent, aber wenn der Merkur in seinem Geburtshoroskop verletzt ist, muß er sich vielleicht immer wieder von dieser Tatsache überzeugen. Viele Waage-Chefs sind gute Sprecher oder
große Redner, die einen ganzen Raum voller Menschen in ihren Bann
ziehen können. Sogar der scheue Waage-Vorgesetzte, der sich selten
in den Vordergrund drängt, kann logisch und überzeugend argumen-

tieren, obwohl er wahrscheinlich im Geiste vorher alles genau fest-
legt, bevor er spricht. Darum ist er lange Zeit so ruhig. Wird er
gedrängt, kann er einen übereilten Entschluß fassen und seinen Standpunkt später vollkommen ändern.

Sie werden vielleicht bemerken, daß er Sie häufig nach Ihrer Meinung fragt. Bevor Sie sich nun geschmeichelt fühlen, bedenken Sie,
daß es dafür verschiedene Motive gibt. Zunächst einmal möchte er
fair sein. Er will keine ungerechte oder unpopuläre Entscheidung
treffen. Außerdem fühlt er sich verpflichtet, alle Seiten eines Problems
in Betracht zu ziehen, da er sich nur dann in der Lage sieht, eine weise
Entscheidung zu treffen.

Ein typischer Waage-Chef, der sich entscheiden muß, ob er «ja»
oder «nein» zu einer wichtigen Angelegenheit sagen will, wird die
Meinung seiner Frau, des Liftboys, seiner Sekretärin, der Putzfrau
und des Werbefachmannes anhören und oft recht seltsame Antworten
erhalten. Wenn er alle die verschiedenen Standpunkte gegeneinander
abgewogen hat, wird er jedoch schließlich eine logischere und ver-
nünftigere Entscheidung fällen, als neun von zehn anderen Männern.

Auch aus einem weiteren Grund legt er Wert auf fremde Ansichten.
Er gehört möglicherweise zu den seltenen Waage-Menschen, die alles
so drehen, daß sie die Schuld für einen Mißerfolg auf jemand anders
abwälzen können. Wenn etwas schiefgeht, kann er immer mit den
Achseln zucken und sagen: «Es war ja nicht meine Idee. Die Putzfrau
hat den Vorschlag gemacht.»

Wenn er geistig und seelisch ausgeglichen ist, kann er jedoch ein
wahrer Quell der Weisheit sein. Er findet Lösungen, an die niemand
sonst gedacht hätte.

Die Wände im Büro Ihres Waage-Chefs werden nicht kahl, sondern mit Bildern, Drucken und Trophäen bedeckt sein. Seine Aktenschränke sind abgestaubt. Sie können wetten, daß irgendwo ein Radio
oder ein Plattenspieler steht, die er in Betrieb nimmt, wenn die Stimmung um ihn herum zu disharmonisch wird und sein Gleichgewicht
stört.

Unter den Waage-Frauen gibt es mehr Chefs als in allen anderen
Tierkreiszeichen, wenn auch Widder, Steinbock, Löwe und Krebs
nahe herankommen. Die Waage-Chefin wird vielleicht nicht soviel

zaudern wie die Männer dieses Zeichens. Es ist für eine Frau schwieriger, bis in die höchsten Stellen vorzudringen, und sie wird gelernt haben, ihre Unentschiedenheit zu beherrschen, sonst wäre sie gar nicht so weit gekommen. Wie ihr männlicher Kollege wird sie sich bemühen, gerecht zu sein. Sie wird sich die Bürostreitigkeiten anhören und versuchen, beide Seiten zu verstehen. Wenn sie auch in den meisten Fällen eine gewisse Zeit braucht, um einen Entschluß zu fassen, so gibt es ein Gebiet, auf dem sie sich schnell entschließt: die Liebe. Entweder ist sie sich bereits darüber im klaren, daß die Ehe nichts für sie ist, oder sie hat ständig etwas verträumte Augen, weil sie an ihre augenblickliche Liebesaffäre denkt. Nur selten kann die Waage-Frau, ob nun Chefin oder nicht, ohne Partner leben. Sie versteht es zwar glänzend, ihr Privatleben für sich zu behalten, aber Sie können sicher sein, daß sie abends nicht allein Patiencen legt. Ihr Verstand ist jedoch zu scharf, als daß sie sich von romantischen Gefühlen völlig hinreißen ließe. Nur wenige Waage-Menschen lassen das Herz über den Kopf herrschen.

Ihre Chefin wird wahrscheinlich hübsch oder schön sein. Und sollte das nicht zutreffen, so werden Sie sie dafür halten, wenn das Waage-Lächeln über ihre unscheinbaren Züge gleitet. Ihre bezaubernde Art mag vielleicht die Kunden und Klienten täuschen, wenn Sie aber längere Zeit für sie gearbeitet haben, so werden Sie wissen, daß sich hinter der anmutigen Liebenswürdigkeit ein Kopf verbirgt, dem nicht so leicht etwas entgeht.

Sie wird auch ihre schlechten Tage haben, und Sie werden hin und wieder ratlos sein, weil sie so widersprüchlich ist. Sie wird strengere Disziplin halten als ihr männlicher Kollege. Sie wird es sofort spüren, wenn Sie einen Fehler gemacht haben, und sie wird klar zum Ausdruck bringen, daß sie keine Wiederholung wünscht.

Die Waage-Chefin sieht oft so aus, als wäre sie auf der Liste der zehn bestangezogenen Frauen, und vielleicht ist sie es auch. Die weiblichen Angestellten erblassen oft vor Neid. Die männlichen Angestellten reagieren so, wie man es erwarten kann. Bis auf die Löwen, Skorpione, Stiere, Steinböcke und Widder, die finden, daß es unter ihrer Würde sei, für eine Frau zu arbeiten.

Behandeln Sie sie nicht wie irgendein Mädchen und werden Sie nicht vertraulich. Ihre freundliche Haltung scheint dies vielleicht zu ermutigen, aber Klatsch wird sie nicht dulden. Waage-Menschen bewahren Geheimnisse, die man ihnen anvertraut hat, wie ein Heiligtum. Sicher reden einige Waage-Frauen eine ganze Menge, und alle argumentieren gern, aber sie sind keine Klatschmäuler. Das ist ein Unterschied.

Sowohl die weiblichen als auch die männlichen Waage-Chefs schätzen lange, erholsame Mittagspausen. Achten Sie darauf, daß sie diese Pausen einhalten, denn ihre Freundlichkeit kann sich schnell ins Gegenteil verwandeln, wenn sie müde und hungrig sind. Vielleicht sammeln Sie unter den Angestellten und kaufen ein hübsches Sofa für das Büro Ihres Waage-Chefs, damit er stets im Gleichgewicht bleibt. Wenn er mit roten Augen und dunklen Ringen unter den Augen ins Büro kommt, gehen Sie ihm lieber aus dem Wege.

Weist sein Aszendent nicht auf sehr starke Unabhängigkeit hin, so wird er wahrscheinlich für Teamarbeit sein. Da er gerecht ist, scheint er prädestiniert dafür, bei Streitereien den Vermittler zu spielen. Die Beziehung der Waage-Menschen zum Geld ist niemals bedeutungslos. Entweder sind sie die geizigsten Chefs oder die großzügigsten. Manchmal schwanken sie auch zwischen beiden Extremen hin und her.

Der Waage-Chef ist wahrscheinlich sehr galant zu Frauen, gleichzeitig aber auch ein Mann für Männer. Wenn man sein Mißfallen erregen will, muß man nur laut, gewöhnlich und voller Vorurteile sein. Denken Sie daran, daß Harmonie für ihn immer an erster Stelle steht.

Es ärgert Sie vielleicht, daß er gelegentlich unentschlossen ist, oft zögert und hin und wieder angetrieben werden muß. Aber sein Lächeln, seine ruhige Intelligenz und seine Bereitschaft, Ihnen halbwegs entgegenzukommen, gleicht das wieder aus. Er will nicht, daß Sie ihn überflügeln, aber er erwartet auch nicht, daß Sie sein Sklave sind. Er ist weder ein Antreiber noch ein Nörgler und wird Ihr Vertrauen niemals mißbrauchen. Wenn Sie alles bedenken, neigt sich die Waage zu seinen Gunsten. Ihr Waage-Chef braucht Ihre Mitarbeit, um selbst ein ganzer Mensch sein zu können, und ein Mann, der Sie braucht, appelliert an Ihre Treue, wenn nicht an Ihr Herz.

Es gab einmal einen Waage-Kostümzeichner, der nach Hollywood geholt wurde, um dort die Kostüme für einen großen Film zu entwerfen. Er saß sechs Wochen in seinem Appartement in einem vornehmen Hotel in Beverly Hills, ohne auch nur eine einzige Zeichnung zu machen. Nicht etwa, daß er keine Ideen gehabt hätte. Er floß nur so über davon. Es war der Teppich, der scheußliche, auffällige, pflaumenblaue Teppich. Er bekam Alpträume davon. Er konnte nicht mehr richtig denken, von schöpferischer Tätigkeit ganz zu schweigen, und er wollte sein Appartement nicht wechseln, weil er den Blick auf die Palmen liebte.

Fast zwei Monate stoppte die Arbeit an dem Film, bis der Produzent schließlich die Ursache entdeckte. Sobald er die ästhetischen Schwierigkeiten des Waage-Mannes kannte, ließ er den ärgerniserregenden Bodenbelag entfernen und einen neuen Teppich in einer befriedigenden, gedämpften Rosétönung kommen. Wenn Sie sich wundern, warum der Produzent soviel Verständnis zeigte: Er war ein Zwilling. Ob die Klage des Kostümzeichners berechtigt war oder nicht, interessierte ihn nicht. Der Zwilling wollte die Dinge nur so rasch wie möglich in Gang bringen, und er nahm den Weg, der ihn am schnellsten zum Ziel führte. Wassermann- und Zwillinge-Chefs sind unübertrefflich, wenn es darum geht, das empfindsame Venus-Temperament zu behandeln.

Bitte denken Sie nun nicht, daß Sie gleich zum Teppichhändler laufen müssen, weil Sie einen Waage-Angestellten haben. Nicht alle Menschen, die Ende September oder im Oktober geboren wurden, sind unersetzliche Künstler oder haben so empfindsame Nerven. Aber sogar der durchschnittliche Waage-Angestellte wird glücklicher bei seiner Arbeit sein, wenn seine Umgebung ihn nicht beunruhigt.

Er wird auch tüchtiger sein, wenn er nicht von den Menschen gekränkt wird, mit denen er täglich zusammenarbeiten muß. Eine unkultivierte, unfreundliche und gespannte Atmosphäre bedrückt ihn vielleicht, aber unsympathische Mitarbeiter können ihn tief deprimieren. Er reagiert auf die Schwingungen der Persönlichkeit genauso wie auf die Schwingungen der Farben. Wenn Ihnen Ihr Waage-Angestellter in letzter Zeit zerstreut vorkam und seine Arbeit Mängel aufwies, die nicht seinem sonstigen Niveau entsprechen, so muß er nicht unbedingt in seinen Fähigkeiten nachlassen. Vielleicht ist er allergisch gegen den Botenjungen oder gegen die Putzfrau. (Hoffentlich ist es nicht seine eigene Sekretärin.) Vielleicht ist es sogar seine Schreibunterlage. Geben Sie ihm eine neue, schöne, saubere, wenn möglich in Babyblau, ändern Sie die Arbeitszeit der Putzfrau und halten Sie den Botenjungen von ihm fern. Bemerken Sie, wie seine Arbeit sofort besser wird? Er war aus dem Gleichgewicht gebracht worden.

Wenn die Waage-Menschen ihr inneres Gleichgewicht verlieren, kann alles passieren. Sie können mürrisch und faul werden, ohne daß es sichtbare Gründe für ihr schmollendes Schweigen gibt. Eine solche Veränderung gegenüber ihrem sonst freundlichen und ruhigen Wesen wird auch Sie etwas beunruhigen. Wie kann jemand mit einem so reizenden Grübchen am Kinn so widerlich sein? Aber würden *Sie* es schön finden, wenn Sie Ihre innere Ausgeglichenheit verloren hätten? Vielleicht hat ihn zu Hause irgend etwas geärgert. Was auch der Grund sein mag, es ist Zeit- und Energieverschwendung, sich Sorgen zu machen. Es dauert meist nicht lange, bis wieder volle Harmonie herrscht. Dann werden Ruhe und Frieden in Ihrem Büro einkehren. Ihr Waage-Angestellter wird so begeistert wie nie zuvor arbeiten, und Sie werden wieder wie gewöhnlich dahinschmelzen, wenn er sein berühmtes Venus-Lächeln zeigt.

Wenn Ihre Firma einer Gewerkschaft angeschlossen ist, wird der Waage-Angestellte sofort gleiche Rechte und anständige Löhne erkämpfen wollen. Für viele Menschen, die unter diesem Sonnenzeichen geboren wurden, ist die Gewerkschaft sogar die Lebensaufgabe. Für die Waage-Menschen ist Harmonie lebenswichtig, und vollkommene Gerechtigkeit ist ihr Ideal. Die Gewerkschaft bietet ihnen die beste Chance, ihre angeborene Begabung zum Vermitteln in Streitfällen zu entfalten.

Wenn nicht bei der Gewerkschaft, so wird der Waage-Angestellte wahrscheinlich als Friedensstifter bei Bürostreitigkeiten auftreten. Ohne jegliches Vorurteil verteidigt er beide Seiten, erreicht es, daß die Gegner den Standpunkt des anderen akzeptieren, und schließlich gelingt es ihm, daß sich alles die Hände schüttelt. Zwar stachelt er selbst zu einigen heftigen Vorwürfen an, aber man muß bedenken, daß er nichts so sehr liebt, als alle Argumente gegeneinander auszuspielen. In seinen Augen ist das kein Streit. Er ist sich meist gar nicht bewußt, daß er Spannungen schafft. Wenn er es erkennt, ist er entsetzt. Dann wird er mit typischem Venus-Charme versuchen, alles wieder einzurenken, und jeden mit seinem Lächeln bezaubern.

Ein anderes Problem ist es, *seine* verletzten Gefühle zu besänftigen, wenn er beleidigt worden ist. Es ist schwierig herauszufinden, was den Waage-Angestellten ärgert oder freut. Was an einem Tag ein strahlendes Lächeln verursacht, kann am nächsten ein ernstes Stirnrunzeln oder eine beleidigte Miene heraufbeschwören. Es sind natürlich wieder diese Waagschalen. Wie kann der Waage-Mensch wissen, wie er morgen auf irgendein Thema reagieren wird, wenn er selbst nicht weiß, wie weit die Waagschalen nach der einen oder anderen Seite ausschlagen werden?

Ein Waage-Mensch kann Sie heute für etwas hassen, das er im letzten Monat heiß geliebt hat, und er verachtet Sie morgen für etwas, das er gestern entzückend fand. Es ist ein wenig schwierig, sich mit seinen veränderlichen Reaktionen abzufinden, aber im Grunde bleibt die Waage-Natur gerecht und geistig gesund. Sein Mißfallen geht nicht tief, aber sein Lächeln ist echt. Beachten Sie das erste nicht und klammern Sie sich an das zweite. Unnötige Aufregung beunruhigt ihn sowieso. Häßlichen Szenen wird er viel eher aus dem Wege gehen, als sie herbeiführen.

Ihre weiblichen Waage-Angestellten haben einen frischen Charme und werden selten aufreizend oder vulgär sein. Sie machen vielleicht gern lange Wanderungen und verbringen viel Zeit in der Bücherei. Wenn nicht, gehen sie viel spazieren und sind Mitglied eines Buchklubs. Körperliche Aktivität und literarische Neigungen sind immer vorhanden. Es kommt nur auf das Ausmaß an. Aber es gibt lange Ruhepausen zwischen den Wanderungen oder Spaziergängen, wenn plötzlich Mattigkeit oder Trägheit einsetzt.

Ihr Waage-Vertreter studiert vielleicht in Abendkursen Jura, oder er hat ein Hobby, das praktisch einem zweiten Beruf gleichkommt. Er kann Fachmann auf irgendeinem Gebiet außerhalb seines Berufes sein und gründliche Kenntnisse besitzen, von denen Sie keine Ahnung ha-

ben. An eins denkt er jedoch bestimmt: Mädchen. Frauen. Weibliche
Schönheiten. Mindestens neunzig Prozent aller Waage-Männer lesen
ein Magazin von der Art des *Playboy*. Wenn er auch schüchtern tut,
so wird der von Venus beherrschte Mann gern ein paar diskrete
Blicke auf kurvenreiche Damen werfen, die wenig mehr tragen als ein
aufreizendes Lächeln. Noch lieber sieht er sie sich genau an, weshalb
er auch häufig in Nachtklubs zu finden ist. Meist verschwindet er jedoch nach der Vorführung, weil ihm die Menge zu laut wird. Der
glücklich verheiratete Waage-Mann wird sein Interesse am anderen
Geschlecht kaum über beifällige Blicke hinausgehen lassen, die ledi-
gen sind wahre Don Juans. Waage-Menschen sind immer entweder
verheiratet, verlobt, geschieden oder haben gerade eine aufregende
Liebesaffäre. Sie sind keine Einsiedler.

Schreien Sie Ihre hübschen, reizenden Waage-Mädchen und Ihre
gutaussehenden, liebenswürdigen Waage-Männer nicht an, und geben
Sie ihnen immer eine logische Erklärung für das, was sie tun sollen.
Respektieren Sie ihre Intelligenz, denn sie haben mehr davon als der
Durchschnitt, und setzen Sie sie nicht einer unerquicklichen Atmo-
sphäre aus.

Wenn man sich entsprechend auf sie einstellt, werden Ihre Waage-
Mitarbeiter niemals Schwierigkeiten im Büro verursachen, denn sie
sind taktvoll und diplomatisch und kommen mit fast jedem aus. Lassen Sie sich von Ihrem Waage-Angestellten bei der Verkaufspolitik
helfen und ermutigen Sie ihn, den Direktionskonferenzen beizuwoh-
nen. Es schadet ihm nichts, wenn er sieht, wie die Firma geleitet wird.
Das Zeichen Waage gehört zu den Kardinalzeichen, und er wird daher
kaum zeit seines Lebens nur Angestellter bleiben. Er möchte führen,
und er eignet sich gut dazu. Sobald es möglich ist, übertragen Sie ihm
etwas mehr Verantwortung, und Sie werden sehen, wie mühelos er
mit Bürokratismus, kleinlichen Beschwerden, komplizierten Problemen und Engpässen fertig wird. Er wird sich wie ein Mann von Rang
kleiden und sich auch so benehmen. Er eignet sich so großartig dazu,
die Firma nach außen hin zu vertreten. Die weibliche Waage-Angestellte erreicht auf ihre eigene bezaubernde Art schließlich, was sie
will. Wenn sie eine Beförderung erstrebt, geben Sie ihr eine Chance.
Sie wird Sie wahrscheinlich nicht enttäuschen. Auf ihren schöngeform-

ten Schultern sitzt ein gescheiter Kopf. Warum wollen Sie das nicht ausnützen?

Manchmal wird es für Ihren Waage-Angestellten etwas schwierig sein, einen Entschluß zu fassen. Wenn es um eine Entscheidung geht, laufen seine Gedanken nicht mit Windeseile, aber sie wandern auch nicht vom Pfad ab. Schließlich wird er dann doch die richtige Antwort bereithaben, wenn es auch qualvoll ist, ihm zuzusehen, bis er soweit ist.

Die Waage-Menschen haben eine starke Neigung zu Malerei und Musik und eine Vorliebe für alles Juristische und die Philosophie. Sie üben ihre beruhigenden Einflüsse am häufigsten in Krankenhäusern, beim Theater, bei Verlagen, in der Naturwissenschaft, im Gerichtssaal, in Gärten, in der Politik, in Warenhäusern, als Innenarchitekten und als Pfarrer aus. Aber ganz gleich, wo man sie findet, sie werden immer eine angenehme Wärme um sich verbreiten und kaum in das eine oder andere Extrem verfallen. Sie sind fast wie eine menschliche Klimaanlage im Büro, die sich automatisch selbst repariert, wenn etwas schiefgegangen ist. Solche Garantie erhalten Sie für keine Maschine. Sie sagen, Maschinen könnten nicht widersprechen? Nun ja, das stimmt, aber andererseits – also – hören Sie doch auf, alles auf die Goldwaage zu legen. Sind Sie etwa ein Waage-Mensch?

Der Skorpion

24. Oktober – 22. November

Berühmte SKORPION-Persönlichkeiten:

Marie Antoinette

Friedemann Bach

Carl Baedeker

Georges Bizet

Dieter Borsche

Richard Burton

Thomas Cook

Marie Curie

Georges Danton

Alain Delon

Fjodor Dostojewskij

George Eliot

George Gallup

Indira Gandhi

Charles de Gaulle

André Gide

Joseph Goebbels

Curt Götz

Billy Graham

Gerhart Hauptmann

Katherine Hepburn

Paul Hindemith

Barbara Hutton

Emmerich Kálmán

Grace Kelly

Robert Kennedy

Selma Lagerlöf

Joh. K. Lavater

Vivien Leigh

Paul Lincke

Martin Luther

Margaret Mead

Jawaharlal Nehru

Alfred Nobel

Niccolo Paganini

Reza Pahlevi, Schah v. Persien

Paracelsus

Pablo Picasso

Auguste Rodin

Hans Sachs

Friedrich Schiller

Tschiang Kai-schek

Rudolf Vogel

Mary Wigman

Wie man den SKORPION erkennt

Das Lexikon beschreibt den Skorpion als nächtliches Spinnentier, das seine Beute mit einem Gift betäubt, das durch den langen, geschwungenen Schwanz eingespritzt wird. Der Schwanz dient sowohl zur Verteidigung als auch zur Vernichtung. Sein Stich ist manchmal tödlich.

Es kommt vor, daß die Leute sichtlich zusammenzucken, wenn jemand sagt, er oder sie sei im November geboren, und murmeln: «Oh, Sie sind ein Skorpion!» Manchmal sagen sie es voller Furcht, aber manchmal auch ehrfürchtig und respektvoll. Gelegentlich hört man auch ein Kichern, das sich auf die legendäre Skorpionleidenschaft bezieht. Den Skorpionen stehen diese Reaktionen auf die Erwähnung ihres Sonnenzeichens bis zum Hals, und wer nimmt es ihnen übel? Aber sie sind auf jeden Fall rücksichtslos und gefährlich, nicht wahr?

Falsch. Es kommt darauf an. Zuerst ist es wohl besser, wenn Sie lernen, dieses Sonnenzeichen zu erkennen. Vielleicht aus Gründen der Selbstverteidigung – oder weil Sie ein wirklich überlegenes menschliches Wesen suchen.

Der Skorpion liebt es, inkognito zu reisen. Dank seiner wohlbeherrschten Natur hat er auch meistens Erfolg, aber es gibt ein paar Anzeichen, die es einem erleichtern, seine Verkleidung zu durchschauen.

Sehen Sie sich die Augen an. Sie können grün, blau, braun oder schwarz sein, aber sie sehen einen mit hypnotischer Eindringlichkeit durchbohrend an. Die meisten Menschen werden nervös und unruhig unter dem starren Blick des Skorpions. Sie müssen den Bann brechen und als erster wegschauen. Es ist eine narrensichere Methode, die von Pluto beherrschte Persönlichkeit zu identifizieren. Die Augen des Skorpions durchdringen einen gnadenlos, als wollten sie einem die Seele bloßlegen. Und das tun sie auch.

Als nächstes achten Sie darauf, wie dieser Mensch spricht. Der Ton kann samtweich, heiser oder schneidend, die Sprache langsam und gemessen oder rasch und abgehackt sein, aber was er sagt, wird niemals zurückhaltend sein. Der Skorpion hat ein ausgeprägtes Selbstbewußtsein. Er weiß, was er ist und was er nicht ist, und keiner wird ihn von seiner Überzeugung abbringen. Beleidigungen prallen an ihm ab, und Komplimente können ihn nicht berühren. Er braucht niemanden, der ihm seine Laster oder Tugenden vorhält. Im günstigsten Fall wird er Ihrem Lob ruhig zustimmen, im schlimmsten durchschaut er Ihre Beweggründe.

Wenn Sie gelegentlich einmal mit mehreren Menschen zusammen sind, fangen Sie eine Diskussion über die Sonnenzeichen an. Erwähnen Sie, daß es mit ein bißchen Übung ziemlich einfach sei, sie zu erkennen. Wenn jemand Sie starr ansieht und erklärt: «Sie werden nie erraten, was ich bin», sagen Sie fest: «Sie sind ein Skorpion.» Es ist vielleicht das erstemal in seinem Leben, daß er mit den Augen zuckt. Aber sein Blick wird nur für ein paar Sekunden abweichen, und er wird schnell wieder die kühle Gelassenheit zeigen, die so bezeichnend für ihn ist. Wenn Sie jemals einen plappernden Skorpion finden, dessen Augen hin und her wandern, betrachten Sie ihn als eine astrologische Ausnahme. Es gibt im November geborene Menschen, die stark von ruhelosen Planeteneinflüssen beherrscht werden, aber Sie wollen ja den typischen Skorpion kennenlernen. Er wird selten nervös sein. Das Wesen kann durch andere Geburtseinflüsse gemildert, aber nicht grundlegend geändert werden.

Die meisten von Pluto beherrschten Menschen haben einen kräftigen Körperbau. Die Gesichtszüge sind bemerkenswert grob oder scharf und deutlich ausgeprägt, die Nase ist sehr auffällig, oft ist es eine Hakennase. Gewöhnlich ist die Gesichtsfarbe ziemlich blaß, fast durchsichtig. Die Augenbrauen sind stark und über der Nase manchmal zusammengewachsen. Ein Skorpion strahlt immer knisternde, faszinierende Vitalität aus, die ihn verrät. So ruhig er auch scheinbar ist, eine solche Vitalität kann man nicht völlig unterdrücken. Die Männer haben starken, oft rötlichen Haarwuchs auf Armen und Beinen. Die meisten Skorpione haben dunkle Haare und Augen, aber übersehen Sie die eiskalten blonden Typen nicht, für die Grace Kelly und Billy Graham ausgezeichnete Beispiele sind. Die äußere Gelassenheit des Skorpions ist sorgfältig geplant, um die heiße innere Natur zu verbergen.

Solche Beherrschung der Persönlichkeit ist beneidenswert. Ganz gleich, wie aufgewühlt der Skorpion auch sein mag. Sie werden selten eine Widerspiegelung auf seinen unbeweglichen, teilnahmslosen Zügen entdecken. Diese Menschen zeigen stolz und voller Absicht ein ausdrucksloses Gesicht. Es wird kaum geschehen, daß sich ein Skorpion durch Erröten, Stirnrunzeln oder Grinsen verrät. Das Lächeln ist selten, aber echt. Bei den Bewegungen ist es ähnlich. Es gibt kein plötzliches Aufspringen oder nervöses Gehabe. Niemals wird der Skorpion vor Verlegenheit zusammenfahren oder mit vor Stolz geschwellter Brust herumspazieren. Die sichtbare Reaktion wird immer auf ein Minimum beschränkt. Die Kunst des Skorpions besteht darin, Wesen und Motive anderer unbarmherzig zu durchleuchten, selbst aber undurchdringlich zu bleiben. Darin ist er ein Meister.

Man sollte sich merken, daß es einen bestimmten Skorpion-Typ gibt, der sich ziemlich schnell bewegt, schnell spricht und anscheinend eine offene, freundliche Art hat. Sehen Sie ihm tief in die Augen und denken Sie an einige seiner früheren Handlungen, an sein wahres Verhalten. Mit all seinem Gerede macht er Ihnen nur etwas vor. Innerlich ist er genauso zäh und entschlossen wie die gesetzten Pluto-Menschen. Vielleicht ist er sogar etwas gefährlicher, denn seine Verstellung ist raffinierter, und er hält einen leichter zum Narren. Versuchen Sie nicht, ihn als harmlosen Jungen zu behandeln. Seien Sie vorsichtig mit allen Skorpionen. Ich meine nicht, daß sie böse sind. Sie sind nur nicht weich oder naiv. Einige Skorpione, die erkannt haben, daß ihre Augen ihre innere Intensität verraten, tragen ständig Sonnenbrillen, sogar nachts.

Wenn Sie einem Skorpion erklären, er habe eine große Begabung, die man eines Tages erkennen werde, so wird er ruhig sagen: «Ja, ich weiß.» Bitten Sie ihn um einen Gefallen, und die Antwort wird genauso einfach sein. «Ja, natürlich werde ich das tun», oder: «Nein, das kann ich nicht tun.»

Wenn Sie empfindlich sind, fragen Sie ihn nicht nach seiner Meinung und bitten Sie ihn nicht um seinen Rat. Sie werden die nackte, brutale Wahrheit zu hören bekommen. Der Skorpion wird kein falsches Lob spenden, um sich beliebt zu machen oder einen Verbündeten zu schaffen. Schmeichelei ist unter seiner Würde. Wenn er Ihnen etwas Nettes sagt, würdigen Sie es richtig. Es ist ernst gemeint. Wenn er sagt, daß Sie eine gute Stimme haben, hören Sie auf, in der Badewanne zu singen, und greifen Sie nach dem Mikrofon. Wenn er sagt, daß Sie eine große Stimme haben, können Sie ruhig bei der Mailänder Scala vorsingen. Er räumt Ihnen vielleicht sogar ein paar Steine aus dem Weg. Glauben Sie nicht alles, was Sie über die Selbstsüchtigkeit der Skorpione hören. Fragen Sie statt dessen lieber einmal die Leute, denen er mit weisem Rat großzügig geholfen hat. Skorpione haben entweder leidenschaftlich treue und ergebene Bewunderer oder gehässige und neidische Feinde. Aber sogar die letzteren zollen ihnen widerwillig Respekt, und Sie werden beobachten, daß sie sich hüten, sie herauszufordern. Die wenigen, die es gewagt haben, sind die besten und schmerzlichsten Beispiele dafür, daß bei einem Kampf mit Skorpionen Vorsicht am Platze ist. Man sollte daran denken, daß Pluto, dem Herrscher des Skorpions, die Atomkräfte unterstehen.

Und doch sind diese Menschen von einer faszinierenden Liebenswürdigkeit und haben oft viel Mitgefühl mit Kranken und Verzweifelten. Der Skorpion kann sowohl kühl und zart als auch leidenschaftlich sein. Es stehen ihm verschiedene Pfade offen. Er kann wie das Spinnentier andere und sogar sich selbst zu Tode stechen – und zwar aus reiner Freude am Stechen –, oder er kann über sich hinauswachsen und seine Kräfte klug und gerecht anwenden. Einige gehen einen Mittelweg. Bei ihnen wird die höchste Selbstaufopferung zur neurotischen Besorgnis um das eigene Ich, und die feine Einfühlung wird zur ängstlichen Vorausahnung des lauernden Übels, das jeden Augenblick hervorbrechen kann. Der ungestüme Mut geht verloren, und statt – wie der einfache Typ – rücksichtslose Rache zu üben oder sich – wie die komplizierteren Exemplare – über solche Bitterkeit zu erheben, ziehen sie sich bei der geringsten Verletzung haßerfüllt zurück und hoffen, daß das Schicksal ihre Feinde bestrafen möge. Sie zielen fast unbewußt auf die Vernichtung der anderen ab, ohne direkt zur Tat zu schreiten.

Diese Skorpione versäumen es, die Kraft, die ihnen ihr Sonnenzeichen verleiht, zu nutzen – eine Kraft, die sie über all die widrigen äußeren Umstände des Lebens erheben könnte. Sie verschwenden diese Möglichkeit und bleiben untätig. Niemals aber kann der Skorpion so tief sinken, daß er seine Kraft ganz verliert. Es ist nie zu spät für ihn, neu zu beginnen und über sich selbst hinauszuwachsen. Diese unergründliche Kraft ist ausschließlich ein Erbteil der Menschen, die unter dem Zeichen Skorpion geboren wurden. Sie müssen sie nur zu schätzen wissen.

Die ausgeprägtesten Skorpione kennen keine Furcht. In der Schlacht führen sie ihre Männer, ohne mit der Wimper zu zucken, in den sicheren Tod. Sogar die durchschnittlichen Skorpion-Männer und -Frauen bieten tapfer allen Schwierigkeiten die Stirn. Sie zeigen dabei eine stolze Verachtung und restloses Vertrauen in ihre innere Fähigkeit, jeden Schicksalsschlag zu ertragen.

Der Skorpion ist ein äußerst treuer Freund. «Der Mensch hat keine größere Liebe, als daß er sein Leben gäbe für seine Freunde.» Manche Skorpione tun das im wahrsten Sinne des Wortes, für Freunde, Verwandte oder die Menschen, die sie lieben – im Krieg oder in jeder anderen Situation höchster Not. Der Skorpion-Soldat springt sofort auf, trotzt den Kugeln und zieht seinen Kameraden in Deckung. Der Skorpion-Feuerwehrmann gibt sein Leben hin, um ein Kind aus einem brennenden Gebäude zu retten. Manchmal scheint es, als suchten diese Menschen absichtlich die Gefahr, um ihre Kräfte zu beweisen.

Niemals vergißt der Skorpion ein Geschenk oder eine Freundlichkeit, und er vergilt sie reichlich. Aber er behält auch stets ein ihm angetanes Unrecht oder eine Ungerechtigkeit im Gedächtnis. Er kann dann auf verschiedene Weise reagieren. Der stolze Typ wird den Feind soweit vernichten, daß er lernt, ihm niemals wieder etwas anzutun, er wird den Kampf gewinnen und den Geschlagenen dann seiner Wege ziehen lassen. Der gefährlichere Typ wird zuerst stechen, dann die Vernichtung planen und dann nochmals stechen. Er ist nicht damit zufrieden, sich einfach zu rächen. Er muß den Feind vollkommen vernichten oder sich zumindest über ihn erheben. Ein solcher Skorpion wird nächtelang wachliegen und sich überlegen, wie er seine Rache durchführen soll. Wenn ein Nachbar rücksichtslos den Kotflügel seines Wagens beschädigt, wird er am nächsten Tag zwei Kotflügel am Auto seines Widersachers rammen und vielleicht noch über dessen sorgfältig gestutzte Hecke fahren. Die Skorpione, die den Mittelweg gehen, werden ihre Haß- und Rachegefühle jahrelang hinunterschlucken, was unweigerlich tiefe Depressionen oder schleichende körperliche Krankheiten hervorruft. Wenn der schwelende Groll des Skorpions niemals zur Entladung kommt, vergiftet er ihn mit tödlicher Sicherheit. Entlädt er sich, kann das starke Schuldgefühle auslösen, denn der stechende Skorpion schämt sich letzten Endes, den Wehrlosen verletzt zu haben. Daher sollte der Groll weder hinuntergeschluckt noch offen ausgedrückt, sondern vergessen und überwunden werden.

Auch die Gesundheit des Skorpions ist typisch für sein Wesen. Er kann seinen Körper durch Unmäßigkeit, Depressionen oder harte Arbeit schwer schädigen oder sogar ruinieren. Aber er kann sich, wenn er will, selbst von schwerster Krankheit wieder erholen. Skorpione sind selten krank, aber wenn sie es sind, ist es meist ernst. Die beste Kur besteht in einer langen Ruhepause und Überwindung der Haßgefühle. Skorpione können die Dinge einfach nicht auf sich beruhen lassen, und natürlich wissen sie mehr als der Arzt und alle Krankenschwestern zusammen. Am meisten gefährdet sind die Geschlechtsorgane, Nase, Hals, Herz, Rückgrat, Rücken, Kreislauf, Beine und Knöchel. Auch Krampfadern und Sportunfälle kommen häufig vor. Skorpione sollten möglichst den Umgang mit Feuer, Sprengstoffen, schädlichen Dämpfen und Strahlen vermeiden. Doch werden Sie feststellen, daß viele von ihnen sich Beschäftigungen suchen, bei denen sie mit der Gefahr gerade auf diesen Gebieten liebäugeln. Manchmal haben sie chronisches Nasenbluten.

Der Skorpion interessiert sich ernsthaft für Religion und für alle Fragen des Lebens und Todes. Die sexuelle Seite des Lebens zieht ihn stark an, und sein Verlangen nach Reformen ist sehr ausgeprägt. Er ist heldenhaft und tapfer, hängt sehr an der Familie oder an geliebten Menschen und verhält sich freundlich beschützend gegenüber Kindern und Schwächeren. Er kann ein Heiliger oder ein Sünder sein.

Er ist leidenschaftlich besitzgierig, wenn es um Dinge geht, die ihm seiner Meinung nach zustehen – einschließlich des Erfolges –, aber sein Ehrgeiz zeigt sich niemals offen. Er wartet ruhig, bis sich die Gelegenheit für ihn bietet, und dann ergreift er sie. Er übernimmt die Herrschaft langsam, aber sicher. Ein Skorpion kann fast alles, wenn er will. Mit der ihm eigenen geheimnisvollen Kraft verwirklicht er seine Träume nach einem kühlen, sorgfältigen, strengen Plan.

Obwohl manchmal der krankhafte Drang besteht, die tiefsten Tiefen der Menschheit kennenzulernen und der Grausamkeit oder Süchtigkeit zu verfallen, kann der Skorpion auch den entgegengesetzten Weg gehen und beispielsweise die Medizin zu seinem Lebensinhalt machen. Mit einer seltsamen unergründlichen Sicherheit stellt er Diagnosen und heilt Krankheiten. Durch sein starkes Einfühlungsvermögen in die menschliche Natur wird er zum befähigten Detektiv, zum Schauspieler, der sich mit dramatischer Intensität in seine Rolle versetzt, zum Schriftsteller oder Komponisten. Häufig lebt er allein. Manchmal tritt er vor die Öffentlichkeit und trägt die Maske ruhiger Zurückhaltung und Beherrschung, hinter der er seinen leidenschaftlichen Wunsch, zu siegen und den ersten Rang einzunehmen, verbirgt. Er kann Politiker oder Fernsehstar, Begräbnisunternehmer oder Barmixer sein, aber er wird es stets fertigbringen, seine Konkurrenten aus dem Feld zu schlagen. Und er tut es so mühelos, daß es eher nach einer Fügung des Schicksals als eigener Willenskraft aussieht.

Zu den seltsamsten Vorkommnissen in der Astrologie gehört die Tatsache, daß innerhalb eines Jahres vor oder nach der Geburt eines Skorpions ein Verwandter stirbt. Und wenn ein Skorpion stirbt, wird es innerhalb eines Jahres vorher oder nachher eine Geburt in der Familie geben. Es trifft in mindestens fünfundneunzig Prozent aller Fälle zu. Plutos Symbol ist der triumphierende Phönix, der sich aus seiner eigenen glühenden Asche erhebt, und der Skorpion versinnbildlicht die Auferstehung aus dem Grabe.

Der SKORPION-Mann

Wenn Sie einen Skorpion-Mann lieben und das Wort Leidenschaft Sie erschreckt, nehmen Sie Ihre Beine in die Hand und laufen Sie, so schnell Sie können.

Ich spreche nicht nur von Liebesleidenschaft, obwohl sie an erster Stelle auf der Liste stehen wird. Ich beziehe mich auch auf leidenschaftliche Intensität in der Politik, in der Arbeit, Freundschaft, Religion, beim Essen, bei Familienangelegenheiten, kurz in jeder Frage. Ein Skorpion-Mann ist nicht gerade das, was Ihre Seele braucht, wenn heftige Gefühle Sie abstoßen. Schauen Sie nicht zurück. Laufen Sie.

Sie werden denken, ich hätte den Verstand verloren. Sie haben doch gerade diesen ruhigen, beherrschten Skorpion-Mann kennengelernt. Wie kann jemand mit so offensichtlicher Selbstbeherrschung leidenschaftlich sein, noch dazu gefährlich leidenschaftlich? Wie ist das möglich? Nun, er blufft nur mit seiner äußerlichen Kühle. Innerlich sind seine Leidenschaften so glühend heiß wie der Ofen, an dem Sie sich die Finger verbrannt haben, als Sie drei oder vier Jahre alt waren und anfingen, an Dinge heranzugehen, die für Sie unerreichbar waren. Dieser Mann ist vielleicht auch unerreichbar für Sie. Es zischt nur so unter seiner täuschenden Selbstbeherrschung. Nicht berühren! Sie wissen ganz gut, wie lange es dauert, bis Brandwunden heilen. Erinnern Sie sich noch? Nach der Episode mit dem Ofen hat Ihre Hand wochenlang geschmerzt. Nach dieser Erfahrung hier wird Ihr Herz monatelang, wenn nicht Jahre brennen, und Verbandskästen werden wenig nützen. Großmutters Lieblingssprichwort: «Vorsicht ist besser als Nachsicht» bezieht sich auf Verbrennungen am Ofen wie auf Skorpionstiche. Also überzeugen Sie sich zuerst, wohin Sie gehen und mit wem.

Wenn Ihr Sonnenzeichen Ihnen eine feuerfeste Natur gibt, dann vorwärts, spielen Sie mit dem Sprengstoff. Vielleicht sind Sie fähig, die Flammen unter Kontrolle zu halten und Ihr Herz dann ein Leben lang an einem starken Feuer zu wärmen. Vielleicht sind Sie selbst leidenschaftlich. Dann ist es nur eine Frage der Hitzegrade. Wenn Ihre Leidenschaftlichkeit einen automatischen Thermostat hat, der jederzeit zur Kühlung hinuntergestellt werden kann, dann sind Sie ungefährdet. Nehmen wir an, daß Sie es sind. Die Mädchen, die gefährdet sind, sollten jetzt weit fort sein, wenn sie schnell genug gelaufen sind. Eines Tages, wenn sie einen netten, ungefährlichen Waage- oder Krebs-Mann geheiratet haben, werden sie mir danken.

Und nun zu all den Frauen, die zu dem Schluß gekommen sind, daß eine Beziehung zu einem Skorpion-Mann für sie ungefährlich ist. Sehen wir einmal zu, was sich hinter diesen hypnotischen, durchdringenden Skorpion-Augen verbirgt. Es ist ziemlich sicher, daß er Sie nicht kaltgelassen hat. Entweder finden Sie ihn jungenhaft und reizend oder sündhaft und leidenschaftlich. (Schon wieder dieses Wort.) Das Problem besteht darin, daß er weder das eine noch das andere ist.

Höchstens beides. Aber so kommen wir nicht weiter. Fangen wir noch einmal von vorn an.

Dieser Mann ist unbesiegbar. Hinter seiner kalten Zurückhaltung brodelt und wallt es. Treten Sie beiseite, wenn Sie spüren, daß die Explosion kommt, und rufen Sie sie nicht selbst hervor.

Die beiden Skorpion-Eigenschaften Leidenschaft und Vernunft werden Sie verwirren. Der Skorpion ist Meister in beidem. Intellekt und Gefühle beherrschen ihn gleichermaßen. Er ist mehr als nur intelligent. Wenn er zu den ausgeprägteren Typen gehört, ist er auch tiefgründig, philosophisch und befaßt sich mit den Problemen des Daseins.

Es gibt Skorpione, die ein spartanisches Leben in einem kahlen Raum führen können und sich jede Bequemlichkeit aus unerfindlichen Gründen versagen, aber der echte Skorpion ist ein Sinnenmensch. Gewöhnlich wird er sich mit Luxus umgeben. Er neigt zu Ausschweifungen im Essen, Trinken, bei Genußmitteln und, ja – in der Liebe. Die Liebe wird ihn nie schrecken, vor ein Rätsel stellen oder überraschen. Er denkt daran, seit er sein erstes Fahrrad bekam. Vielleicht sogar, seit er sein Dreirad hatte. Natürlich ist es möglich, daß Sie einen Skorpion kennenlernen, der unschuldig aussieht, einen entwaffnenden, jugendlichen Charme hat und absolut keine Verführungskünste anwendet, so daß Sie überzeugt sind, Leidenschaft würde bei den Pluto-Männern überbewertet. Vielleicht hat er sogar Sommersprossen und bewahrt seine alten Pfadfinderabzeichen auf. Aber fragen Sie seine Frau. Vielleicht erklärt sie Ihnen, es ginge Sie nichts an, ob ihr Mann leidenschaftlich sei oder nicht. Oder sie wird sich zwischen Heiterkeitsausbrüchen an viele Tage erinnern, an denen er heftige, leidenschaftliche Erklärungen über die Verunreinigung der Luft, die Dressur des Hundes, über Rauschgift, langes Haar und Geburtenkontrolle abgegeben hat, und auch an viele Nächte, in denen – nun, an viele Nächte.

Diese Männer haben ein aufbrausendes Temperament, das Wunden auf Lebenszeit schlagen kann. Wenn der Skorpion seinen tödlichen Stachel ansetzt, geht der Stich tief. Er siegt nicht nur gern, er muß siegen. Wenn er verliert, stirbt etwas in ihm, auch wenn es sich nur um kleine Dinge handelt. Merkwürdigerweise ist er jedoch ein ehrlicher Spieler. Wie bei allen anderen Gefühlen zeigt sich auch Enttäuschung niemals auf seinen unbewegten Zügen. Er beherrscht sich eisern und wird seine Absichten auch in der Liebe nie zeigen. Wenn er eine Beziehung aus irgendeinem Grund abbrechen muß, wird er zwar innerlich brennen, äußerlich jedoch eisige Ruhe bewahren. Er ist fähig, ein Mädchen grausam zu quälen, bevor er sich endlich dazu entschließt, sie bei den Haaren zu packen und in seinen Bau zu schleppen. Natürlich gibt es auch einige Skorpione, die ihren Antrag geziemend mit gebeugtem Knie vorbringen. Sie benehmen sich völlig korrekt, mit oder ohne Anstandsdame, aber lassen Sie sich nicht täuschen. Jeder Skorpion will seine Würde wahren. Ihr Ruf muß fleckenlos sein. Spott oder Aufdringlichkeit läßt er sich nicht bieten, trotz seiner erotischen Natur.

Die Skorpione hassen entweder die Sünde wie die Pest, eine Haltung, die hingebungsvolle religiöse Vorkämpfer hervorbringt, oder sie werden aus Neugier dazu getrieben, auch die dunkelsten Seiten der menschlichen Natur zu durchforschen. Manchmal sind beide Neigungen kombiniert, was dann zu Scheinheiligkeit und Selbsttäuschung führt.

Jeder Skorpion setzt sich über jegliche Konvention hinweg und ist völlig uninteressiert daran, was andere von ihm denken. Er würde gern als guter, gesetzter Bürger angesehen werden, aber wenn es sich mit seinen Ideen und Zielen nicht vereinen läßt, zieht er die Konsequenzen, und die Klatschmäuler können zum Teufel gehen. Keine seiner wichtigen Entscheidungen wird durch die Meinung seiner Freunde, Verwandten, Nachbarn oder Feinde beeinflußt. Auch nicht durch Sie. Laufen Sie noch nicht fort. Wer ist schon so selbstgenügsam und so unbeirrbar in seinen Absichten? Sind Ehrlichkeit, Mut und Rechtschaffenheit so wenig wert? Vielleicht ist ihr Marktwert heute etwas gesunken, aber wischen Sie den Staub ab, der sich darauf angesammelt hat, und Sie können diese Eigenschaften immer noch als echt bewundern.

Es ist tatsächlich ein Erlebnis, einen Skorpion unter widrigen Umständen zu beobachten. Wenn andere murren und nörgeln oder zugrunde gehen, zeigt er sich von seiner besten Seite. Selten ergeht er sich in Selbstmitleid oder ist neidisch, und es kommt ihm nie der Gedanke, daß das Leben ihm die kleinste Kleinigkeit schuldig sein könnte. Stellen Sie sich vor, wieviel Zeit das erspart. Statt daß er in beleidigtem Ärger schmollt, wenn ihn Not und Unglück treffen, tritt er ihnen mit erhobenem Kopf entgegen. Dafür wurde er ja geboren.

Der Skorpion liebt Geheimnisse, und er wird jedes einzelne, das ihm begegnet, bis in die kleinste Kleinigkeit erforschen. Da das ewig weibliche Geheimnis die mächtigste Waffe jeder Frau in Verteidigung und Angriff ist, so werden Sie sich, all Ihrer Rätsel beraubt, etwas bloßgestellt fühlen. Sie können sich schwerlich wehren, wenn er mit seinen brennenden Augen und bohrenden Fragen zu forschen beginnt.

Er hat hohe Wertmaßstäbe und wählt seine Freunde nicht aufs Geratewohl. Der Skorpion ist ein Mann, wie man ihn selten findet. Er kann feuchtfröhliche Nächte, bei denen es hoch hergeht, mit Männern verbringen, und dann wieder ein zärtlicher, sanfter Liebhaber sein. Was kann man mehr von einem männlichen Geschöpf verlangen? Unterwürfigkeit und Versöhnlichkeit? Objektivität und Behutsamkeit? Das ist nicht fair. Sie wußten von Anfang an, daß diese Eigenschaften bei ihm zu kurz gekommen sind.

Manchmal kann der Skorpion aus unerfindlichen, nur ihm selbst bekannten Gründen grausam sein. Es ist durchaus möglich, daß er Sie mit sadistischem Humor vor seinen Freunden dick, pummelig, zänkisch und vierschrötig nennt. Es ist sein Privatspaß. Lachen Sie, und wenn es Sie töten sollte. Sie sind ja gewarnt worden, daß der Skorpion seine Motive gern verbirgt, und diese Neigung macht vor der Liebe nicht halt. Sie ist hier vielleicht sogar noch stärker. Ihr Skorpion wird der Welt nicht wie ein liebestoller Schuljunge seine Gefühle zeigen. Später, wenn Sie allein sind, wird er Ihnen sagen, was er wirklich denkt.

Die Ehe gibt Ihnen eine gewisse Sicherheit, aber wenn er vorher einige seiner Tricks vorführt, kann es weh tun, und es mag sein, daß Ihnen dabei der Humor vergeht. Lassen Sie sich jedoch nicht einfallen, ihn merken zu lassen, daß sein «Wer-braucht-dich-schon»-Spiel Ihnen so auf die Nerven fällt, daß Sie am liebsten von der höchsten Brücke hinunterspringen würden. Der Skorpion-Mann würde Ihnen bestenfalls sagen, daß Sie doch springen sollen. Es kann eine Zeit dauern, bis Sie sich seiner Art angepaßt haben, aber es wird Sie schließlich abhärten. Wenn Sie zu weich sind, würde ein Skorpion Sie zu leicht kränken.

Fragen Sie ihn nie, was er von einem neuen Kleid oder einer neuen Frisur hält, wenn Sie nicht darauf vorbereitet sind, die brutale Wahrheit zu hören. Wenigstens wissen Sie, daß seine zustimmenden Bemerkungen ehrlich gemeint und keine gelangweilten, unaufrichtigen Schmeicheleien sind. Es ist besser, sich hin und wieder mit einem herzhaften «Du siehst entsetzlich aus» abzufinden und dann durch ein gelegentliches «Du bist wirklich schön» belohnt zu werden, als ständig gleichgültige Bemerkungen wie: «Ja, Liebes, es ist bezaubernd, einfach reizend» zu hören, wie sie andere Männer machen. Glauben Sie nicht?

Was die Eifersucht betrifft, so verhalten Sie sich lieber sehr, sehr vorsichtig. Er kann hochgehen wie ein Vulkan, wenn Sie in der Nähe eines Mannes mit den Augen zwinkern, nur weil Ihnen ein Staubkorn hineingeflogen ist. Wenn Sie ihm jemals einen wirklichen Grund zum Argwohn geben, sind Sie eine sehr mutige Frau. Ihren eigenen Hang zur Eifersucht gewöhnen Sie sich jedoch lieber ab. Es wird ihm nicht den geringsten Eindruck machen, wenn Sie ihn mit Tränen des Ärgers oder mit vorwurfsvollen Klagen überfallen. Ganz gleich, wie er sich aufführt, sagen Sie sich immer: «Er liebt mich, und er wird die wahre Liebe niemals für rein körperliche Abenteuer aufgeben. Er ist seinen echten Bindungen treu und praktiziert nur seine hypnotischen Künste an diesem Mädchen.» Sagen Sie sich das einmal vor jeder Mahlzeit, am Morgen und vor dem Schlafengehen. Besonders vor dem Schlafengehen. Die Frauen werden ihn unwiderstehlich finden, aber sie können überzeugt sein, wenn irgend jemand stark genug ist, diesen ständigen Schmeicheleien und der Versuchung zu widerstehen, so ist es ein Skorpion. Ist Ihnen jetzt nicht wohler zumute? Jedenfalls ist es wahr.

Er wird wahrscheinlich ein strenger Vater sein. Faulheit oder Leichtsinn der Kinder duldet er nicht. Er wird ihnen Achtung vor dem Besitz beibringen, aber er wird sie auch lehren, sich selbst zu achten. Obwohl er seine Sprößlinge mit der gleichen Leidenschaft lieben wird, die er für alles aufbringt, das ihm etwas wert ist, wird er nicht mit sich spaßen lassen. Wenn es notwendig ist, wird er sie beschützen, aber sie werden bald gelernt haben, daß er von ihnen Selbständigkeit erwartet. Wenn sie sich Geld von ihm leihen, bekommt er es fertig, Zinsen zu verlangen, aber es wird zu ihrem eigenen Besten sein. Die Kinder werden das vielleicht erst erkennen, wenn er eines Tages nicht mehr da ist. Viele Kinder von Skorpion-Vätern stoßen sich an seiner gewaltsamen Autorität und strengen Disziplin, besonders während der rebellischen Jahre, aber als Erwachsene erkennen sie, wie glücklich sie sind, seine feste Führung gehabt zu haben. Von keinem anderen Vater können die Kinder soviel darüber lernen, wie das Leben wirklich ist. Oft werden sie ihn auch freundlich und lustig finden, aber es wird niemals ein Zweifel darüber bestehen, wer der Herr im Hause ist. Wenn sie sich auch gegen seine Herrschsucht auflehnen, werden die Kinder doch insgeheim seine Stärke bewundern und versuchen, sie nachzuahmen. Gelegentlich wird aber auch das Gegenteil der Fall sein. Ein zartfühlendes, sensibles Kind kann sich durch den Skorpion-Vater unterdrückt und entmutigt fühlen und sich krankhaft von ihm abschließen, weil es sonst fürchtet, sein Mißfallen zu erregen. Dann müssen Sie daran erinnern, daß Zuneigung und Zärtlichkeit manchmal bessere Erfolge erzielen als unbeugsame, autokratische Strenge. Nur müssen Sie mit Takt und Respekt darauf hinweisen. Ein Skorpion-Mann wird es niemals zulassen, daß eine Frau ihm etwas vorschreibt. Er ist der Mann, und Sie sind die Frau, und wenn Sie irgendwelche Zweifel daran haben sollten, so wird er sie Ihnen bald austreiben. Und doch kann ein Skorpion-Mann gegenüber einer Frau, die ihn wirklich versteht, zärtlich, mitfühlend und rücksichtsvoll sein, und Ihre Treue mit einer Liebe vergelten, von der viele andere Frauen nur gelesen und gehört haben.

Es wird nicht viel Sinn haben, diesem Mann zu widerstehen, wenn die Flamme einmal gezündet hat und er sich darüber im klaren ist, daß er Sie haben will. All Ihre guten Vorsätze werden Ihnen nichts nützen, er hypnotisiert Sie, und die Anziehungskraft der Skorpion-Männer kann man fast körperlich spüren. Wenn Sie diese Anziehungskraft spüren, werden Sie vielleicht eine Überraschung erleben. Sie werden sich nur verbrennen, wenn Sie überempfindlich und leicht entflammbar sind. Wenn Sie geduldig und stark sind, wird es sein, als berührten Sie kühlen Marmor. Furchtsame Mädchen sind nichts für den Skorpion-Mann. Die Frau, die sich mit ihm verbündet, muß tapfer sein, aber wenn sie fest zu ihm hält, kann sie mit ihm Horizonte erblicken, die den Furchtsamen für immer verschlossen sind.

Die SKORPION-Frau

Die Skorpion-Frau ist von einer unergründlichen, geheimnisvollen Schönheit. Sie ist anziehend, stolz und selbstsicher. Aber sie hat einen geheimen Kummer. Sie wurde nicht als Mann geboren.

Ich kann mir die Empörung der von Pluto beherrschten Frauen über diese Behauptung vorstellen. Es gibt keine Skorpion-Frau auf der ganzen Welt, die nicht glaubt, sie sei ganz und gar Frau, und auch Sie werden nicht verstehen, wovon ich spreche, wenn Sie in eine von ihnen verliebt sind. Dieses Mädchen ist ganz bestimmt zauberhaft und äußerst verführerisch. Aber ich habe nicht gesagt, daß sie wie ein Junge aussieht, und ich wollte auch nicht andeuten, daß sie sich nicht wie eine Frau benimmt. Es ist nur so, daß sie unbewußt lieber ein Mann wäre. Weniger Einschränkungen – mehr Möglichkeiten. Das ist ein Geheimnis, das sie sogar vor sich selbst verbirgt, und es würde ihr keineswegs passen, es preisgeben zu müssen.

Sobald das Skorpion-Mädchen einmal erkannt hat, daß sie die rosa Schuhchen tragen muß und die hellblauen nicht für sie sind, wird sie sich damit abfinden, denn sie ist großartig darin, das Beste aus allem zu machen. Aber Rosa ist nicht ihre natürliche Farbe. Ihre eigentlichen Farben sind ein dunkles Kastanienbraun oder ein tiefes Weinrot, keineswegs weibliche Farben. Man muß ihr jedoch zugestehen, daß sie es trotzdem fertigbringt, sehr weiblich darin auszusehen. Ich kenne eine, die so tut, als sei sie ein zartes, weiches Kätzchen. Sie schnurrt so zufrieden, daß die meisten Männer glauben, es mit einer überaus weiblichen Fische-Frau zu tun zu haben. Sie stolpern in ihre Schlingen und wachen erst später auf, trauriger, aber klüger. Sie ist kein Kätzchen.

Skorpion-Frauen empfinden eine zornige Verachtung für ihre Geschlechtsgenossinnen, die in der Rolle einer Liebsten, Ehefrau oder Mutter aufgehen. Ein Skorpion-Mädchen wird die Herrschsucht unterdrücken und perfekt die Rolle der Frau spielen. Und sie wird es viel raffinierter anfangen als die männlich auftretenden Widder-, Löwe- oder Schütze-Mädchen. Wenigstens am Anfang. Später kann der nichtsahnende Mann einige recht unerfreuliche Überraschungen erleben. Anders als zum Beispiel die vom Mars beherrschte Frau wird die Skorpion-Frau ihre Energie unterdrücken. Sie wird ihn durchdringend ansehen, während sie sich Feuer für ihre Zigarette geben läßt. Das ist viel aufreizender, als selbst ein Streichholz anzuzünden und ihm den Rauch ins Gesicht zu blasen, und sie weiß es. Sie weiß noch viel mehr. Ein anderes Mädchen läuft vielleicht Hals über Kopf in Ihre Arme und verkündet ihre Liebe von den Dächern herunter. Das Skorpion-Mädchen geht langsam und verführerisch auf Sie zu und übermittelt schweigend ihre Botschaft. Es ist merkwürdig, daß diese Frauen in jeder Aufmachung verführerisch wirken. Vielleicht ist es ihre heisere Stimme, die diesen Eindruck erweckt.

Sie können Ihr Interesse zeigen, die Skorpion-Frau wird daraufhin kaum in einen Begeisterungstaumel ausbrechen. Erwarten Sie nicht, daß sie ihre langen Wimpern anbetungsvoll zu Ihnen aufschlägt und Sie mit blinder Hingabe bewundert. Viele Skorpion-Frauen sind Lausbuben mit kurzen Wimpern. Außerdem brauchen diese schönen, geheimnisvollen Augen, die so klar in Ihrer Seele lesen können, keinen zusätzlichen Putz. Wenn Sie dieser Frau etwas Romantisches zuflüstern, bei dem ein anderes Mädchen völlig durcheinandergeraten würde, so wird sie Sie nur mit dem tiefgründigen, durchdringenden Blick ansehen, der Ihre wahren Absichten sofort durchschaut. Sie ist ein menschlicher Röntgen-Apparat, also flirten Sie nicht. Wenn Sie es nicht ernst meinen, verschwenden Sie nur die Zeit und beleidigen sie. Ich würde Ihnen nicht raten, einen Skorpion zu beleidigen. Es ist einfach nicht bekömmlich. Wenn Sie nicht wissen, was ich meine, fragen Sie jemanden, der Erfahrung auf diesem Gebiet hat. Er kann vielleicht ein paar Geschichten erzählen, daß Ihnen die Haare zu Berge stehen.

Ich bin mir vollkommen klar darüber, daß diese gefährliche «Femme fatale» ihre Rachegelüste hinter einem vibrierenden Lächeln, liebenswürdigem Wesen und der atemberaubendsten Stimme, die man sich vorstellen kann, verbirgt. Aber es ist wichtiger, daß *Sie* sich darüber im klaren sind. Schließlich sind Sie derjenige, der sie zu zähmen oder sich vor ihr zu schützen versucht, je nachdem. Wahrscheinlich beides.

Wenn sie die Kontrolle über ihre Gefühle verloren hat, zeigt die Skorpion-Frau eine Wut, die nicht ihresgleichen hat. Sie kann tyrannisch und launisch, sarkastisch und frigide sein – und dann plötzlich heftig und leidenschaftlich werden. Sie kann voll tiefer Bosheit hassen und mit leidenschaftlicher Hingabe lieben. Sie kann wie eine wütende Marktfrau kreischen oder wie eine zärtliche Turteltaube gurren. Eins ist sicher – fade ist sie nie.

Wenn sich Ihre Blicke einmal getroffen haben, sind die Chancen gering, daß Sie noch entkommen können. Sie hat einen geheimnisvollen sechsten Sinn und kann oft einen zukünftigen Partner auf den ersten Blick erkennen. Irgendwie überträgt sich diese Empfindung auch sofort. Es gibt nur zwei Möglichkeiten. Entweder haben Sie sich hoffnungslos in sie verliebt und rasen mit Windeseile der völligen Hingabe entgegen, oder Sie werden von einer solchen Angst ergriffen, daß Sie am liebsten fortlaufen und um Hilfe rufen möchten. Warum so eilig?

Warten Sie noch ein wenig. Vielleicht finden Sie heraus, was der Sinn des Lebens ist. Sie weiß es, und sie wird es Ihnen verraten. Eigentlich sollten Sie sich geschmeichelt fühlen, daß sie Sie ihrer Aufmerksamkeit für würdig hält. Eine Skorpion-Frau entschuldigt keine Schwäche bei einem Mann. Sie sucht Ehrgeiz und Mut. Sie möchte einen Partner haben, der sie beherrscht und auf den sie stolz sein kann, ohne daß er ihre Individualität unterdrückt. Er soll stark und männlich sein und besser aussehen als der Durchschnitt. Ein hoher Grad an Intelligenz ist erforderlich, um sich ihrem eigenen ausgezeichneten Verstand anpassen zu können, und der Mann sollte auch mehr als nur eine flüchtige Kenntnis abstrakter, philosophischer Denkungsart haben.

Wenn Sie einer Skorpion-Frau einmal nahegekommen sind, so können Sie davon überzeugt sein, daß Sie ein außergewöhnlicher Mann sind. Sie können ebenfalls sicher sein, daß Sie eine solche Liebe nie wieder erfahren werden – und das können Sie auf zweierlei Weise verstehen. Sie werden der Mittelpunkt ihres Lebens sein. Sie wird Sie treu unterstützen und Ihnen auf jede Art zu gefallen versuchen. Sind Sie ein Mensch, der schwer zu befriedigen ist, so wird sie leidenschaftlich versuchen, Ihr Interesse zu erregen.

Die meisten Männer haben aufregende Gerüchte über die Leidenschaft der Skorpion-Frau gehört. Sie sind wahr. Innerlich zittert sie vor Leidenschaft, wenn sie auch Fremden gegenüber eine kühle Haltung bewahrt, sich eisern beherrscht und eine Sanftheit zeigt, die an schwarzen Samt erinnert. Aber das männliche Geschlecht denkt bei dem Wort Leidenschaft zu sehr an die Liebe, und das ist nicht gerecht, denn für Skorpione bedeutet dieses Wort viel mehr. Es betrifft ihr Gefühl für alle Dinge, mit denen sie in Berührung kommen. Die Skorpion-Frau ist niemals nur mäßig interessiert. Es ist ihr unmöglich, gleichgültig zu sein. Selten mag sie ein Buch, ein Theaterstück, eine Ideologie, Möbel oder Menschen nur gern oder ungern. Sie ärgert sich entweder schrecklich über etwas, oder sie betet es an. Wenn sie keine dieser beiden Leidenschaften fühlen kann, ignoriert sie das Objekt einfach. Und doch scheint es so, als bliebe sie innerlich bei all diesen Stürmen unberührt, jedenfalls wenn man nach ihrem gelassenen Äußeren urteilt.

Da sie dazu neigt, auch die Schattenseiten des Lebens zu untersuchen, kann es so scheinen, als sei sie eine verlockende, verbotene Frucht, und der seltsame Ausdruck in ihren Augen bestärkt diesen Eindruck. Es ist wahr, daß die Skorpion-Mädchen sich manchmal bei ihren Bemühungen, das Leben zu erforschen, auf gefährlichen Wegen befinden. Da sie nicht die geringste Furcht kennen (wenn der Mond nicht verletzt ist), können sie auch auf unheimliche Seitenwege geraten. Die typische Skorpion-Frau geht jedoch aus jeder Erfahrung stark und rein hervor. Wenn ihre Seele dabei beschmutzt wird, wird sie quälende Reue und Schuld empfinden, aber sie hat dennoch genug Charakterstärke, um sich wieder wie Phönix aus der Asche zu erheben. In den Schriften von Khalil Gibran antwortet der Prophet auf die Frage nach dem Bösen: «Von dem Guten in dir kann ich sprechen, nicht aber von dem Bösen. Denn was ist das Böse als das Gute, das von seinem eigenen Hunger und Durst gepeinigt wird?

Wenn das Gute hungrig ist, sucht es Nahrung sogar in dunklen Höhlen, und wenn es dürstet, trinkt es sogar aus stehenden Wassern.» Eine vollkommene Beschreibung des Skorpions.

Man kann dieser Frau Geheimnisse anvertrauen, und sie wird sie für sich behalten (wenn sie keinen verletzten Merkur im Grundhoroskop hat). Es ist erstaunlich, wie viele dunkle Taten dem Skorpion gebeichtet werden. Die Skorpion-Frau wird selbst Geheimnisse haben, aber versuchen Sie nicht, sie auszufragen. Es gibt eine Seite in ihrem Wesen, die nur ihr selbst gehört, und hier duldet sie keine Übergriffe. Sie ist nicht unehrlich, sie ist sogar oft zu ehrlich, aber es wird immer Gedanken oder Gefühle geben, die sie weder Ihnen noch sonst jemandem anvertraut.

Alle Skorpione sind sehr wählerisch in der Freundschaft. Den echten Gefährten halten sie ein Leben lang die Treue, alle anderen stoßen sie ab. Eine Skorpion-Frau hat einen ungeheuren Vorrat an Ausdauer und Entschlossenheit, die ihr auch stets helfen werden, Exzesse zu überwinden, denen sie, angefangen vom Alkohol über Rauschgift, zu selbstzerstörerischer, rücksichtsloser Rache oder gefährlicher Depression, erliegen könnte. Früher oder später wird sie sich wahrscheinlich in irgendeiner Weise mit dem Okkultismus befassen. Der Skorpion kann im Laufe eines Lebens die ganze Skala vom religiösen Fanatismus bis zum vollkommenen Atheismus durchlaufen.

Eine Skorpion-Frau braucht keinen Ehering, um zu lieben. Wenn widrige Umstände eine Ehe unmöglich machen, wird sie treu zu Ihnen stehen und sich nicht darum scheren, was die Nachbarn denken. Meist sind die Beziehungen echt und ehrlich und reichen weit über die oberflächliche, selbstsüchtige Liebe vieler legitimer Ehen hinaus. Die Heuchelei der Gesellschaft wird diese mutige Frau niemals davon abhalten, sich ihren Platz an der Sonne zu suchen. Sie hat ihr eigenes Gesetz, und in ihrem Herzen hat sie ein tieferes Verständnis für das «Bis daß der Tod euch scheide» als die Hälfte der Bräute, die diesen Satz glückselig murmeln.

Obwohl ihr eigener Individualismus sehr stark ist, läßt die Skorpion-Frau ihren Mann den Herrn sein. Statt ihn durch ihre Kraft und Energie in den Schatten zu drängen, nutzt sie ihre Talente dazu, ihm zu helfen, seine Ziele zu erreichen. Die Zukunft ihres Mannes ist ihr wichtig, und sie wird wahrscheinlich nicht darauf bestehen, ihren Beruf auch während der Ehe auszuüben (wenn Sie sie nicht tief enttäuscht haben oder aus finanziellen Gründen vorübergehend ein zweites Einkommen gebraucht wird). Zu Hause wird sie sich vielleicht heftig mit Ihnen auseinandersetzen, aber in der Öffentlichkeit wird sie Sie leidenschaftlich verteidigen. Sie wird es nicht dulden, daß jemand Sie verleumdet oder übervorteilt. Wer es versucht, wird es mit ihr zu tun bekommen. Sie und Ihr Glück werden bei ihr immer an erster Stelle stehen. Wenn ihr Geburtshoroskop nicht Verletzungen aufweist, wird sie ohne zu jammern und zu klagen geduldig mit Ihnen ausharren, bis Sie Ihr Ziel erreicht haben. Sollten Sie den Mut verlieren, dann wird es nicht leicht für sie sein. Sie wird von Ihnen erwarten, daß Sie Ihre Ziele so hoch stecken, wie Ihre Fähigkeiten es nur erlauben. Wenn Sie sich mit weniger zufriedengeben, können Sie mit bösem Spott und Vorwürfen rechnen.

Die Skorpion-Frau liebt ihr Heim, das gewöhnlich sauber, geschmackvoll eingerichtet und gemütlich ist. Die Mahlzeiten kommen pünktlich auf den Tisch, und sie hat im allgemeinen alles unter Kontrolle. Sollte das Gegenteil eintreten, ist sie aus irgendeinem Grund sehr unglücklich, denn sie neigt zur Ordnung und liebt eine schöne Umgebung. Für die typische Skorpion-Frau ist der Frühjahrsputz wie ein Urlaub. Passen Sie nur auf, daß sie keine nach Parfum duftenden Briefchen in Ihren Jackentaschen findet. Ein Skorpion ist unglaublich mißtrauisch, auch wenn gar kein Grund dafür vorhanden ist. Sie können sich also vorstellen, was geschieht, wenn sie einen tatsächlichen Hinweis auf mögliche Untreue findet. Denken Sie an die pilzförmige Wolke, dann wissen Sie ungefähr, was passiert. Daß Sie Ihrer Skorpion-Frau gegenüber mißtrauisch sind, hat gar keinen Sinn, ganz gleich, wie viele Gelegenheiten sich auch bieten. (Es werden eine ganze Menge sein, weil sie ihre tiefsten Gefühle niemals zeigt.) Natürlich würden Sie dann gern ein paar Fragen stellen. Schlucken Sie sie hinunter. So wie die abgeschlossene Schublade, die sie seit ihrer Kindheit hat, gibt es bestimmte Dinge, an die man besser nicht rührt. Sie erreichen doch nichts, wenn Sie nachforschen. So ist es nun einmal. Sie können zur Skorpion-Frau «ja» oder «nein» sagen. Sicher werden Sie sich zu «ja» entschließen, denn es ist fast unmöglich, «nein» zu sagen. Sie würden wahrscheinlich für den Rest Ihres Lebens nicht von ihr loskommen. Es ist bestimmt einfacher, sich den Eigenarten ihres Charakters anzupassen, als ein Leben lang unter Alpträumen zu leiden. Keiner verläßt einen Skorpion. Nicht wirklich. Haben Sie das nicht gewußt? Die, die es versucht haben, könnten Ihnen viel erzählen. Schließlich haben Sie eine ganz besondere Frau.

So sehr sie die Sicherheit der heimatlichen Umgebung braucht, wird sie ohne mit der Wimper zu zucken fortziehen, wenn Ihr Beruf es erfordert. Es gibt keinen, den sie nicht durchschaut, und keine Täuschung wird ihr entgehen. Eine Skorpion-Frau sagt Ihnen genau, wem Sie vertrauen können und auf wen Sie ein Auge haben müssen. Eine Fische-Frau hat die gleichen Fähigkeiten, aber sie ist zu sanft, um zu kritisieren und zu sehr bereit, Entschuldigungen für die Fehler anderer zu finden.

In Finanzfragen kann man bei der Skorpion-Frau überhaupt nichts voraussagen. Sie kann knausern und sparen und mit dem Pfennig geizen und dann plötzlich sehr verschwenderisch sein. Eines ist sicher, sie hat Freude am Geld, ob sie es nun in einem alten Strumpf spart oder für Luxusartikel hinauswirft. Allerdings gibt diese Frau immer viel auf Prestige, und sie wird des Geldes wegen keinen Kompromiß schließen. Sie wird damit zufrieden sein, daß Sie weniger verdienen, wenn das bedeutet, daß Sie Ihr eigener Herr sind und die Möglichkeit besteht, einen einflußreichen Posten zu erhalten. Skorpion-Frauen lieben die Macht und werden viel dafür opfern. Es genügt, wenn Sie die Macht haben, denn sie hat die Fähigkeit, stellvertretend durch andere zu leben, wenn es ihr paßt. Bedenken Sie jedoch, daß sie zwar bereit ist, Opfer zu bringen und mit sehr wenig für ein bestimmtes Ziel auszukommen, daß sie jedoch zu stolz ist, um für immer in schäbiger Umgebung zu leben. Sie wird sehr mürrisch und unzufrieden, wenn sie gezwungen ist, es über lange Zeit so auszuhalten. Sie wird dann entweder versuchen, eine Änderung herbeizuführen, oder sie wird sich äußerlich allmählich mit der Trostlosigkeit abfinden und die Armut fast zu genießen scheinen, während sie innerlich tief verbittert ist.

Sie wird besitzgierig sein, aber sich nicht besitzen lassen. Eine der schlechtesten Eigenschaften sowohl der männlichen als auch der weiblichen Skorpione ist ihre Weigerung, irgendeinen anderen Standpunkt anzuerkennen als ihren eigenen, wenn es um Gefühle geht. Sie braucht Wochen der Einsicht, um so etwas Ähnliches wie Demut zu empfinden. Ihr angeborenes Interesse am anderen Geschlecht, selbst wenn es platonisch bleibt, gibt Ihnen vermutlich ebensoviel Grund zur Eifersucht auf sie wie umgekehrt. Es wird selten etwas Ernstes daraus werden, aber es kann zu einigen unerquicklichen Auftritten führen. Auch heftige Auseinandersetzungen können vorkommen. Denken Sie im Eifer des Gefechts stets daran, daß die Skorpion-Frau gewöhnlich als Siegerin aus jedem Kampf hervorgeht. Sie wird auch nicht leicht vergessen, was man ihr antut. Wenn sie jedoch weiß, daß man sie unabsichtlich verletzt hat, wird sie alles vergeben, denn ihr Gerechtigkeitsempfinden ist ebenso stark wie ihr Rachegefühl. Die meisten Leute vergessen das. Sie wird sich auch jede Freundlichkeit merken, die man ihr erweist, und sie doppelt zurückgeben.

Den Kindern wird sie ihre Liebe vielleicht nicht so offen und zärtlich zeigen, aber die Kleinen werden ihre tiefe Hingabe spüren und sich sicher fühlen. Die Begabungen ihrer Kinder wird eine Skorpion-Mutter nicht unbeachtet lassen. Sie wird viel Zeit darauf verwenden, sie zu höheren Zielen anzuspornen, und wird auch bereit sein, ihnen jede Unterstützung zu geben, die sie brauchen. Ihre Sprößlinge werden in ihr eine starke Hilfe haben, denn sie kennt die menschliche Natur und wird eine weise Ratgeberin sein. Sie wird den Kindern beibringen, in Krisen den gleichen Mut zu zeigen, den sie selbst hat. Ihren Fehlern gegenüber kann sie allerdings blind sein, eine Haltung, die natürlich viele Unannehmlichkeiten mit sich bringt, wenn sie nicht frühzeitig erkannt und kontrolliert wird. Jeder, von dem sie annimmt, daß er dem Glück ihrer Kinder in irgendeiner Weise im Wege steht, wird vernichtet, und ich fürchte, das schließt auch ihren Mann ein. Sie wird es nicht schätzen, wenn er strenger mit den Kindern ist, als sie es für richtig hält.

Eine Skorpion-Frau ist vielleicht ein wenig gefährlich, aber sie ist zweifellos aufregend. Lassen Sie anderen Ehemännern die schwärmerischen Frauen. Sie haben das unwiderstehliche Geheimnis einer schönen Zauberin kennengelernt, die einen guten Kaffee kochen kann und Ihren Toast niemals verbrennen lassen wird (fast niemals). Wenn die

Tasse leer ist, lassen Sie sich von ihr aus dem Kaffeesatz weissagen. Sie kann es – wenn sie will. Das haben Sie nicht gewußt? Ich habe es Ihnen ja gesagt, daß es Dinge gibt, die sie für sich behält...

Das SKORPION-Kind

Die übliche Reaktion der stolzen Eltern, die einen ersten Blick auf ihr neugeborenes Skorpion-Baby werfen, ist angenehme Überraschung. «Er sieht viel ‹fertiger› aus als die anderen Babys», murmeln sie. «Er ist auch ruhiger – und sieh nur, was für einen kräftigen Körper er hat.» Es ist wahr, selbst die winzigsten Skorpione haben gewöhnlich einen außerordentlich starken Körper. Er paßt zu ihrem außerordentlich starken Willen.

Skorpion-Kinder raufen gern, und sie wollen gewinnen. Kompromisse zu schließen gehört nicht zu ihren Tugenden. Sogar wenn sie angeblich nachgeben, warten sie nur den rechten Augenblick ab, bis der Wettstreit auf anderer Ebene, die ihnen Vorteil bringt, wieder aufgenommen werden kann.

Sobald Sie wissen, daß der Storch ungefähr im November fällig ist, gehen Sie und kaufen Sie einen großen, massiven Laufstall. Sie werden ihn brauchen. Wenn das Baby da ist, können Sie hineinklettern und ein Buch lesen oder Ihr Mittagessen verzehren, sicher und behütet hinter den Gitterstäben. Die Verkäuferin wird Sie vielleicht komisch ansehen, wenn Sie sich auf der blauen Plastikmatte ausstrecken, um die Größe abzumessen, aber machen Sie sich nichts daraus. Wenn Sie schon den Blick einer Fremden nicht aushalten, wie werden Sie den durchdringenden Blick Ihres eigenen Kindes ertragen können, ohne mit der Wimper zu zucken? Das Skorpion-Kind wird Sie erbarmungslos anstarren, sobald es überhaupt etwas klar erkennen kann, und es wird Sie so hypnotisieren, daß Sie jeder seiner Launen gehorchen. Lassen Sie die Verkäuferin einfach links liegen. Es ist Ihr Geld, das Sie ausgeben. Wenn sie Ihre Haltung auch etwas merkwürdig findet, so hat sie Ihnen doch nichts vorzuschreiben. Sie sind die Kundin. Daher sind Sie der Chef. Mit kleineren Abweichungen ist das ge-

nau die Haltung, die Sie Ihrem kleinen Skorpion gegenüber einnehmen
müssen. Es ist Ihre Wohnung. Wenn Ihre Vorschriften ein wenig
merkwürdig sind, so hat das Baby Ihnen trotzdem nichts vorzuschreiben. Sie sind die Mutter. Daher sind Sie die Chefin.

Das Skorpion-Kind braucht sofortige und strenge Disziplin. Es muß
lernen, auf Schwächere Rücksicht zu nehmen, kein Spielverderber zu
sein, wenn es einmal verliert, Respekt vor den Erwachsenen zu haben
und Versöhnlichkeit zu zeigen, wenn andere es verletzen. Das Kind
hat einen glänzenden Verstand und eine anziehende Persönlichkeit. Es
lohnt sich, seinen Mut und seine Ehrlichkeit zu fördern und das übertriebene Selbstbewußtsein zu unterdrücken, das diese Eigenschaften
verderben oder zerstören könnte.

Eine Zeitlang werden Sie glauben, daß Ihr kleiner Skorpion einen
verhängnisvollen Weg eingeschlagen hat, bevor er überhaupt laufen
kann. Aufgeregte, nervöse oder zu weiche Mütter geben sich schon
am Anfang geschlagen. Ihr Skorpion-Kleinkind wird Sie wütend anstarren, wenn Sie ihm verbieten, etwas anzufassen. Starren Sie zurück, freundlich, aber fest. Es ist vielleicht schwierig, ein freundliches
Starren zustande zu bringen, aber üben Sie es. Lächeln Sie mit zu-
sammengebissenen Zähnen und sagen Sie laut «nein», mit nach-
drücklicher Überzeugung. Sie werden nur einen vorläufigen Sieg erringen, eine Stunde später wird der Kampf wiederaufgenommen werden, aber es ist ein Schritt vorwärts. Schließlich wird Ihr Skorpion-
Sprößling Sie bewundern, weil Sie die Kraft haben, ihm zu widerstehen. Er lernt nur von jemandem, den er für stärker hält als sich
selbst. Natürlich weiß er, daß Sie Ihren Sieg nur seiner augenblicklichen Größe verdanken und daß er Sie eines Tages überflügeln wird,
aber bis dahin zollt er Ihnen widerwillig Respekt. Eine Warnung:
Vergessen Sie nicht, daß das Kind neben der strengen Disziplin auch
viel Liebe und Zuneigung braucht, sonst kann es bitter und in sich ge-
kehrt werden.

Man hält das Skorpion-Kind wegen seiner barschen, oft verletzenden Redeweise und seines freimütigen Wesens für offen und direkt,
aber es hat ein großes Bedürfnis nach Zurückgezogenheit. Es hat seine
kleinen Geheimnisse, und Sie sollten sie ihm lassen. Geben Sie ihm
eine große, verschließbare Kiste oder eine eigene Schublade, die nie-

mand anders ohne seine Zustimmung öffnen darf. Wenn die kleinen Skorpion-Mädchen älter werden, wünschen sie sich ein Tagebuch, das ein sicheres Schloß besitzt.

Diese Kinder werden ihre eigenen Gedanken verheimlichen, aber es ist unmöglich, Geheimnisse vor ihnen zu verbergen. Sie werden jedes peinliche Familiengeheimnis ausspionieren, von Tante Bertas falschen Zähnen und Onkel Josefs Zechgelagen bis zu Vaters Toupet, das seine Glatze verdeckt. Sie sind auch die reinsten Spürhunde, wenn es gilt, verlorene Socken, Schlüssel, Rechnungen und Lippenstifte zu finden – wahre Miniaturdetektive.

Skorpion-Kinder haben eine wunderbare Fähigkeit, Schmerzen zu ertragen. Sogar die Stiche, die notwendig sind, um eine gelegentliche Wunde zu nähen, werden gewöhnlich ohne Tränen oder Narkose ausgehalten. Es wird Augenblicke geben, in denen das instinktive Verständnis dieser Kinder ein Segen ist. Väter, die wegen einer Geldangelegenheit entmutigt sind, spüren plötzlich die überraschende Umarmung eines kleinen Wichtes, der noch viel zu jung ist, um etwas von der Sache zu verstehen. Er weiß nur, daß der Vater unglücklich ist, und er möchte helfen, die Ursache dieses Kummers aus der Welt zu schaffen. Und die Mutter, die krank und deprimiert ist, fühlt eine unerwartete, schweigende, zärtliche Berührung eines winzigen Skorpion-Kindes, das irgendwie ihre Traurigkeit spürt.

Skorpion-Kinder sind ihren Freunden und den Menschen, die sie lieben, grenzenlos ergeben. Für alle anderen können sie ziemlich anstrengend sein. Wenn ein schlechtgelaunter Spielgefährte dem von Pluto beherrschten Kind sein Schaukelpferd entzweimacht, so kann der Skorpion-Junge sich an dem Roller, dem Feuerwehrauto und dem Ball des anstoßerregenden Kindes vergreifen und es außerdem noch auf die Nase boxen, nur damit es weiß, daß es sich an einen Skorpion herangewagt hat. Natürlich muß das unterbunden werden, und ich wünsche Ihnen Glück dabei. Sie können Ihrem November-Kind sagen, daß rachsüchtige Handlungen immer auf einen selbst zurückfallen und daß es sich nur selbst weh tut, wenn es Gleiches mit Gleichem vergilt – aber diese Logik wird ihm nicht so leicht einleuchten. Kaufen Sie ihm einen Bumerang und lassen Sie ihn das Gerät mit aller Kraft werfen. Wenn er ein paarmal entsetzt festgestellt hat, daß der

Bumerang auf geheimnisvolle Weise zurückkommt und ihn ins Ohr zwickt, wird er den Sinn vielleicht verstehen. Dieses Spielzeug wird jedoch bei ihm nicht so beliebt sein wie ein Mikroskop, ein Buch über Zauberkunststücke oder ein Chemiekasten.

Seine Lehrer werden nicht wissen, ob sie ihn als Besten der Klasse einstufen oder den alten Rohrstock herausholen sollen. Skorpion- Jungen und -Mädchen haben einen scharfen, durchdringenden Verstand und ein unheimliches Vermögen, Theorien zu begreifen. Wenn sie das Glück haben, kluge Lehrer zu finden, werden sie schnell lernen und Anführer bei allen möglichen Schulspielen sein.

Das Kind sollte sich körperlich austoben können und genug Stoff für seine geistigen Interessen haben. Lenken Sie seine leidenschaftliche Neugier auf Wissenschaft, Literatur oder Sport. Wenn Ihr Skorpion-Sprößling eines Tages Atomphysiker, Seemann, Feuerwehrmann, Minister oder sogar Regierungschef werden will, so ermutigen Sie seine kindlichen Träume. Versuchen Sie niemals, ihm Ihre Idee von einem passenden Beruf aufzudrängen. Er weiß genau, was er will, und es ist ein schwerer Fehler, ihm einen anderen Willen aufzuzwingen. Halten Sie zu ihm, und brechen Sie nie Ihr Wort oder ein Versprechen.

Er muß seine ungeheure Energie abreagieren können, denn er scheint ruhiger und gelassener zu sein, als er innerlich wirklich ist. Nervosität, Familienstreitereien und Auseinandersetzungen beim Essen können Alpträume verursachen und sind sehr schädlich sowohl für sein geistiges als auch sein körperliches Wohlbefinden. Er muß sich mit vielen heftigen Leidenschaften und brodelnden Gefühlen abquälen, und es ist eine schwere Aufgabe für ihn, sich einigermaßen zu beherrschen. Unter sorgfältiger Anleitung wird er es jedoch lernen. Wenn Sie allerdings heftig und gedankenlos mit ihm schimpfen, ohne logische Erklärungen zu geben oder duldsamen Humor zu zeigen, so ist das verhängnisvoll.

Skorpione werden von Medikamenten und Drogen aller Art fasziniert, also halten Sie diese Dinge gut unter Verschluß. Feuer übt ebenfalls eine große Anziehungskraft aus, darum lassen Sie keine Streichhölzer herumliegen.

Das Skorpion-Kind wird Geistergeschichten, Monsteraufführungen im Fernsehen und Zukunftsromane lieben. Es wird auch eine Vorliebe für das andere Geschlecht entwickeln. Seien Sie nicht entsetzt, wenn Sie Ihren fünfjährigen Skorpion-Sohn dabei ertappen, wie er der lokkenköpfigen Erstkläßlerin aus dem Nebenhaus schöne Augen macht. Er wird eines Tages ein großer Liebhaber sein. Das können Sie nicht verhindern. Aber Sie können zukünftige Liebestragödien vermeiden helfen, indem Sie Jungen und Mädchen in den Jugendjahren klarmachen, wie wichtig es ist, Verantwortlichkeit in Herzensangelegenheiten zu zeigen. Der Skorpion achtet die Familie. Wenn Sie ihm erklären, daß rücksichtsloses Verhalten in Liebesaffären die Familie zerstören kann, wird er Ihnen zuhören.

Welchen Beruf er auch ergreift, er wird der Beste auf seinem Gebiet sein. Der Skorpion ist entschlossen genug, um das, was er will, zu erreichen, und stark genug, um es festzuhalten. Aber wenn er sich auch noch so unabhängig gebärdet, er braucht Ihre Unterstützung. Sie müssen ihm helfen, eine Aufgabe zu finden, die es wert ist, daß er seine inneren Leidenschaften dafür einsetzt. Dieses Kind ist seltsam und hinreißend, es hat vielleicht ein bedeutsames Schicksal, und es hat noch viel vor sich, bis es sein Ziel erreicht. Begleiten Sie es, solange es Sie braucht, dann lassen Sie es allein gehen. Es wird unversehrt zurückkehren. Pluto gibt ihm großen Mut, starke Kraft und Intelligenz, aber es liegt an Ihnen, ihm das zu geben, was es am meisten braucht: Das tägliche Beispiel, wie man liebt – und wiedergeliebt wird.

Der SKORPION-Chef

Ihr Skorpion-Chef sucht sein Leben lang nach Weisheit und Macht. Er möchte alle Geheimnisse des Himmels und der Hölle kennenlernen – und die, die dazwischenliegen. Vermutlich liegen sie meistens dazwischen. Daher ist er auch versessen darauf, Ihre Geheimnisse zu entdecken und zu erfahren, was in Ihrem geschäftigen kleinen Geist oder Ihrem geschäftigen großen Geist vor sich geht. Er wird Sie nicht offen drängen, Ihre Seele bloßzulegen, aber Sie werden es wahrscheinlich von selbst tun. Ein eindringlicher, unbewegter Blick aus seinen hypno-

tisierenden Pluto-Augen ist genug, um die tiefsten Bekenntnisse ans
Tageslicht zu fördern. Wenn es etwas gibt, das Sie lieber für sich behalten wollen, vermeiden Sie es, ihm in die Augen zu sehen, oder vermeiden Sie es, für ihn zu arbeiten.

Denn er wird Ihr Geheimnis entdecken. Es muß kein großes sein.
Es handelt sich vielleicht darum, daß Ihr Vater die Schule nur bis zur
achten Klasse besuchte, oder Ihre Schwester ein Verhältnis mit einem
verheirateten Mann hat, oder daß Sie seit sechs Monaten keine Rückzahlung auf Ihr Bankdarlehen geleistet haben, oder daß Ihre Perser-
katze schon wieder Junge kriegt. Vielleicht haben Sie einen Knopf mit
einer Sicherheitsnadel angesteckt, anstatt ihn anzunähen, oder Ihr
Bruder hat heute früh Ihrer Schwägerin mit der Bratpfanne eins auf
den Kopf gegeben. Solche kleinen Dinge würden Sie lieber für sich
behalten, aber er weiß alles. Und irgendwie wissen Sie, daß er es weiß.
Hier geht es nicht um das Ahnungsvermögen der Fische. Die Fische
haben plötzliche übersinnliche Wahrnehmungen. Der Skorpion *weiß*
einfach. Übersinnlichkeit hat nichts damit zu tun. Auch nicht die Intuition des Wassermannes. Es geht viel tiefer.

Der Skorpion-Chef wird auch Ihre Stimmungen spüren, und er ist
ein Mann, der sich verständnisvoll auf solche Stimmungen einstellt.
Das kann sehr beruhigend wirken, besonders, wenn Sie ständig mit
flüchtigen, gedankenlosen, oberflächlichen Menschen zu tun hatten, die
nicht nur nicht wußten, was eigentlich Ihr tiefstes Wesen ausmacht,
sondern denen auch nichts daran lag, es herauszufinden.

Die Selbstbeherrschung des Skorpion-Chefs ist bewundernswert
(wenn er nicht einen starken Zwillinge-, Wassermann- oder Löwe-
Einfluß im Geburtshoroskop hat). Er ist unermüdlich in der Verfolgung seiner Ziele, und er ist stolz darauf, daß er niemandem zeigt, wie
sehr er das, was er erstrebt, liebt oder braucht. Sein Konkurrent wird
niemals ahnen, wie sehr Ihr Skorpion-Chef sich danach sehnt, ihn zu
überflügeln, bis alles eine vollendete Tatsache ist und Ihr Arbeitgeber
gewonnen hat. Er kann Sie durchschauen, aber niemand kennt seine
geheimsten Gefühle. Zu seinen stärksten Waffen gehören Verheim-
lichung des Zwecks und der Absicht. Er bemäntelt seine Motive so
geschickt, daß der Feind zum Beispiel einen Angriff von hinten – oder
gar keinen Angriff – erwartet, und dann durch eine plötzliche Bewe-

gung von der rechten Flanke überrascht wird, wo er es am wenigsten erwartet hatte. So gewinnt man in Ballspielen.

So gewinnt der Skorpion-Chef auch Ansehen und Erfolg. Wenn er Sie gern hat, gibt es nichts, was er nicht für Sie täte, um Ihnen zu helfen, Sie zu fördern und Ihre Hoffnungen und Wünsche, zusammen mit seinen eigenen, zu erfüllen. Wenn er Sie nicht mag, hat es keinen Sinn, hier weiterzulesen. Sie werden überhaupt nicht angestellt, und wenn jemand anders Sie angestellt hat, so wird Ihre Tätigkeit unter einem Skorpion-Chef nicht lange währen. Von Pluto beherrschte Vorgesetzte haben selten Mitgefühl für die, die nicht zum Team gehören. Das Team wird für ihn die größte Bedeutung haben (es ist gleichbedeutend mit seinen persönlichen Zielen), die einzelnen kommen erst danach. Ich weiß, daß alle die, die mit einem Skorpion-Chef arbeiten, schon zu seiner Verteidigung bereitstehen. Wer kann ihm etwas anderes nachsagen als Vollkommenheit und Lauterkeit? Die meisten Menschen, die mit einem Skorpion zu tun haben, denken so. Wenn nicht, haben sie wahrscheinlich gerade nur eine Aushilfsstellung inne, weil jemand auf Urlaub ist.

Der Skorpion-Chef hat die Fähigkeit, sehr zuverlässige Menschen in seinen Bann zu ziehen. Gewöhnlich ist er von treuen Freunden umgeben, und seine Feinde halten sich in sicherem Abstand. Es ist fast so, als habe er einen Kreis um sich gezogen. Die Auserwählten befinden sich innerhalb des Kreises. Die anderen werden durch irgendeinen Zauber ferngehalten. Es ist für seine Feinde schwierig, wenn nicht unmöglich, an ihn heranzukommen. Wer von diesen faszinierenden Augen eintaxiert wird und den Anforderungen nicht entspricht, wird verstoßen. Dieser Mensch existiert für den Skorpion dann einfach nicht. In seiner Vorstellung sind Sie nicht vorhanden, er hört und sieht Sie nicht. Es kann ungemütlich werden, nur ein Geist zu sein, daher verschwindet der unerwünschte Mensch meist nach einer Weile dorthin, wo er gesehen und gehört wird, wo er wieder als menschliches Wesen aus Fleisch und Blut existieren kann.

Sie dürfen nun nicht den Eindruck gewinnen, als müßte der Skorpion-Chef, um diese Wunder zu vollbringen, wie Drakula aussehen. Er braucht kein schwarzes Cape, um seine Zauberkunststücke auszuführen, und er muß nicht feierlich und getragen sprechen. Wenn Sie sich auf das Abenteuer einlassen wollen, mit einem Skorpion-Chef zu arbeiten, werden Sie, wenn Sie ihn das erste Mal sehen, wahrscheinlich denken, die ganze Sache mit der Macht über andere Menschen sei sehr übertrieben.

Es kann durchaus sein, daß sein Äußeres keinen besonderen Eindruck auf Sie macht, und wenn er plötzlich lächelt, werden Sie weich werden und glauben, daß die Astrologie Sie irregeführt hat. Dann richtet er jedoch seine durchdringenden blauen oder braunen Augen auf Sie, und ich hoffe, daß ein Stuhl in der Nähe steht, auf den Sie sich fallen lassen können. Zu diesem Zeitpunkt hat sein magnetischer Charme Sie schon vollkommen hypnotisiert. Vielleicht ertappen Sie sich sogar dabei, daß Sie bereits seine Anweisungen erwarten. Jetzt beherrscht er Ihre Gefühle. Von nun an kann keiner Sie mehr erreichen. Es ist zu spät. Sie werden Ihrem neuen, wundervollen, gütigen, sanften, begabten, glänzenden Chef blind ergeben sein, und jeder, der ihn für gefährlich hält, ist ein eifersüchtiger, nachtragender Verrückter. Er ist der netteste Chef, den man sich vorstellen kann. Wirklich? Wundervoll, ja. Begabt und glänzend, natürlich. Aufrichtig und treu, selbstverständlich. Beschützend und gütig, wiederum ja. Aber einfach nett? Ganz entschieden nein. Sie können mir glauben, denn nicht nur ist einer meiner besten Freunde ein Skorpion, der mich in seinen magischen Kreis aufgenommen hat, es gibt auch einen winzigen Skorpion, der in meinem Haus wohnt (beachten Sie, daß ich die Herrschaft noch innehabe – ich habe nicht gesagt, daß ich in *seinem* Hause wohne), und ich bin ihm ebenfalls recht nahe. Ich zähle also nicht zu den Feinden Ihres Skorpion-Chefs. Dank der Astrologie vermag ich ihn jedoch etwas besser zu verstehen. Zum Beispiel glauben Sie sicher, daß er in einer Krise ruhig dabeistehen und den gleichen gelassenen Ausdruck zur Schau tragen wird, den er hat, wenn er morgens aus seinem warmen Bett aufsteht. Dem ist jedoch nicht so. Er wird ein vollkommen anderer Mensch sein.

Er ist nicht dafür, daß man seine Gefühle zeigt, sondern er glaubt, daß man sein Gleichgewicht um jeden Preis bewahren muß. Wenn aber in einem Notfall plötzlich gehandelt werden muß, wird er ein so ungestümes Temperament entwickeln, daß Sie glauben, es sei nicht derselbe Mann. Wenn alles vorbei ist und die Dinge wieder unter

Kontrolle sind, wird er auch seine aufwallenden, leidenschaftlichen Gefühle wieder beherrschen. Er wird sie mit seiner starken Persönlichkeit unterdrücken, bis sie beim nächsten Mal wieder gebraucht werden.

Dieselbe Verwandlung wie in einer geschäftlichen Krise kann auch bei einer Liebesaffäre mit ihm vorgehen, aber das, natürlich, ist nicht Ihr Gebiet – jedenfalls nicht unter gewöhnlichen Umständen. Selten wird er die Maske ruhiger Beherrschung ablegen, höchstens in wirklich entscheidenden Situationen.

Schmeicheln Sie ihm nicht zu häufig. Skorpion-Chefs sind immer mißtrauisch. Es ist sogar eine seiner Schwächen, unschuldigen Bemerkungen unschuldiger Leute zu mißtrauen. Eine gelegentliche, ehrlich gemeinte Anerkennung seiner Überlegenheit wird er sehr zu schätzen wissen, aber übertreiben Sie nicht. Es könnte sein, daß er glaubt, Sie hätten es auf seinen Posten abgesehen. Er wird Ihnen die Treue halten, aber Sie müssen Gleiches mit Gleichem vergelten. In Geldangelegenheiten ist er mehr als genau, also richten Sie sich danach. Und versuchen Sie nie, nie, nie, ihn zu überflügeln oder ihn zu verletzen. Wenn Sie meinen Rat mißachten, dann üben Sie lieber vorher, auf Eiern zu gehen. Am besten auf Eiern, in denen eine giftige Spinne versteckt ist. Mit der Rache des Skorpions soll man nicht spaßen.

Es gibt kein Problem auf Erden, das der Skorpion-Chef, wenn er es einmal angepackt hat, nicht lösen kann. Alle von Pluto beherrschten Menschen haben die Fähigkeit, Unglücksfälle, Krankheiten und geschäftliche Fehlschläge mit Mut und übermenschlicher Willenskraft zu überwinden. Was die Persönlichkeit betrifft, so gibt es hier mehr Unterschiede als bei allen anderen Zeichen. Obwohl der Skorpion der Erforscher aller unergründlichen Geheimnisse ist, der Allzweck-Detektiv, so bleibt er selbst doch stets das große Geheimnis.

Der SKORPION-Angestellte

Wer, würden Sie auf Anhieb sagen, ist der selbstgenügsamste Mensch in Ihrem Büro? Welcher Angestellte hat das meiste Selbstvertrauen, ohne es auffällig zu zeigen, die unbewegtesten Augen, wer bringt die wenigsten Entschuldigungen vor, und wer zeigt die meiste Haltung? Und erweckt der Mitarbeiter, auf den all diese Eigenschaften passen, den Eindruck, als lege er keinen so großen Wert auf Lob? Behält er seine Privatangelegenheiten für sich? Hat er einen meisterhaften Plan für die Zukunft? Angenommen, all das träfe zu, noch eine Frage: Haben die anderen Angestellten etwas Angst vor ihm? Dann gibt es keinen Zweifel: Er ist ein Skorpion.

Mehr als alle anderen Angestellten in Ihrer Firma meistert der Skorpion-Angestellte sein Schicksal. Er hat seine eigenen Beweggründe und ist sehr zielstrebig. Niemand sonst kann so erfinderisch und sich seiner eigenen Fähigkeiten so bewußt sein. Der Skorpion hat die Kraft, aus seinem Leben etwas zu machen oder es zu zerstören, und er weiß es. Er belügt sich nie und gibt selten jemand anders als sich selbst die Schuld für seine Fehler. Das Ziel, das dieser Angestellte sich setzt, wird er erreichen, und er wird wenig Gunstbeweise auf dem Weg nach oben erwarten. Er ist der letzte, dem Sie einen Minderwertigkeitskomplex vorwerfen können.

Es wird nicht einfach sein, die Gründe für sein Verhalten zu erkennen. Sie haben von der Rücksichtslosigkeit dieses Sonnenzeichens gehört, seinem Wunsch nach Rache, der Entschlossenheit, sich zu revanchieren – und es mag Sie wundern, daß diese Eigenschaften in seiner Beziehung zu Ihnen zu fehlen scheinen. Sie fehlen nicht. Er hat sie für den Augenblick auf Eis gelegt, denn für seinen einseitigen, scharfen Verstand heiligt der Zweck die Mittel. Er weiß genau, was er tut, Sie vielleicht nicht.

Die Haltung Ihres Skorpion-Angestellten Ihnen gegenüber wird davon abhängen, was Sie ihm bieten können – und was er von Ihnen und vom Leben erwartet. Wenn der Durchschnittsmensch sich dem Skorpion widersetzt, ihn beleidigt, ihn unverschämt behandelt oder ein Versprechen bricht, dann gnade ihm Gott. Er wird den Tag bereuen, an dem er einen Pluto-Menschen herausgefordert hat. Wenn Sie jedoch die Macht und die Erfüllung seiner Wünsche repräsentieren, wird er auf die gleiche Behandlung gleichgültig reagieren. Wenn Sie etwas haben, das der Skorpion sich wünscht oder braucht, wird er fast alles von Ihnen mit bewußter Gelassenheit hinnehmen, und zwar – Sie mögen es glauben oder nicht – ohne Vergeltungsmaßnahmen zu erwägen. Daß er in der Lage ist, seinen tiefen Groll zu beherrschen und ihn aus seinen Gedanken zu verbannen, ist ein Beweis für seine bewundernswerte innere Kraft.

Bevor Sie diese Theorie prüfen, überlegen Sie sich, in welche Kategorie Sie fallen: In die des Durchschnittsmenschen, die gewöhnliche Chefs, Freunde, Nachbarn, Mitarbeiter, Dienstpersonal, sogar Verwandte und seine Lieben einschließen kann – oder in diejenige, die Macht, Sicherheit und die Realisierung der eigenen Träume bietet. Wenn Sie nicht ganz sicher sind, daß Sie zu der letzten Gruppe gehören, ist es gefährlich, den Versuch zu unternehmen.

Der Skorpion weiß ganz genau, wo sein Vorteil liegt. Er weiß auch genau, daß er eines Tages sein Ziel erreichen wird. Darum schämt er sich nicht, sich seinem Vorgesetzten unterzuordnen, wenn es nützlich ist. Darum hat Ihr Skorpion-Angestellter auch keine Furcht. Vertrauen erzeugt immer Mut. Für ihn kommt es auf das rechtzeitige Handeln an. Mit untrüglicher Sicherheit weiß er, wann seine Zeit kommt. Kein Wunder, daß er nicht zu den ängstlichen Menschen gehört.

Sie können damit rechnen, daß der Skorpion-Mann oder die Skorpion-Frau das Unvermeidliche mit Anstand tragen wird, wenn der Preis hoch genug ist. Er (oder sie) wird die Möglichkeiten überprüfen, sich die Folgen ausrechnen, das etwaige Entgelt vormerken und dann die endgültige Entscheidung treffen. Die meisten Chefs schätzen und bewundern die Philosophie des Skorpions. Er kennt den Preis für den Erfolg, und er ist bereit, ihn zu bezahlen, ohne besondere Zugeständnisse zu erwarten. Wenn der Erfolg da ist, dürfen Sie jedoch eines nicht vergessen: Es ist Halbzeit – Seitenwechsel.

Wenn Sie die Einstellung der durchschnittlichen Mitarbeiter in Betracht ziehen, werden Sie bei Ihrem Skorpion-Angestellten noch eine bewundernswerte Eigenschaft entdecken. Es ist ein altmodisches Wort, buchstabiert T-R-E-U-E, ein ziemlich seltener Handelsartikel dieser Tage. Ich spreche nicht davon, daß man Ihnen als Chef nach dem

Munde redet, oder von heuchlerischer Unterwürfigkeit. Skorpione haben ihre eigene Auffassung von Treue.

Als ich noch bei einem Rundfunksender in einer kleinen Stadt in Pennsylvania arbeitete, beeindruckte mich die Bemerkung eines Skorpion-Programmdirektors tief. Der Besitzer des Senders war der unsympathischste Mann in der Stadt. Das Beste, was man von ihm sagen konnte, war, daß er an manchen Tagen weniger ekelhaft war als an anderen. Da ihm, außer dem Sender, die halbe Stadt gehörte, begegnete man ihm mit Gehorsam und Respekt. Obwohl die Angestellten ihn «Sir» nannten, von einem Ohr bis zum anderen lächelten, wenn er ein Zimmer betrat, und sofort auf jeden seiner kleinsten Wünsche reagierten, zogen sie hinter seinem Rücken Grimassen und kicherten heimlich über seine komische Fliege und seine quiekende Stimme. Sie hätten sein Begräbnis als Anlaß für einen Feiertag betrachtet, und das Lieblingsspiel im Büro, wenn er nicht in der Stadt war, bestand darin, seinen Nachruf zu schreiben, wobei der lustigste einen Preis erhielt.

Der Skorpion-Angestellte machte niemals mit. Er hatte immer zuviel mit seiner Programmarbeit zu tun. Eines Tages fragte ihn eine Sekretärin, warum er nie etwas zu dem Büro-Hobby beitrage. Er bedachte sie mit einem seiner hypnotischen Skorpion-Blicke und sagte einfach: «Er zahlt mein Gehalt, ich arbeite für ihn.»

«Was hat das damit zu tun?» wollte sie wissen. «Er schreit Sie jeden Morgen an, und er hat Ihnen seit zwei Jahren keinen Urlaub gegeben. Er lobt Sie niemals. Haben Sie gar keinen Stolz?»

Der Skorpion verzog keine Miene. «Lob kann ich nicht auf der Bank einzahlen», sagte er ruhig. «Ich ziehe Bargeld vor.»

«Aber warum lassen Sie sich so von ihm behandeln?»

Seine Antwort war kurz. «Wenn ich das Geld eines Mannes annehme, nehme ich auch seine Anweisungen an. Wenn ich seine Anweisungen nicht mehr annehmen will, nehme ich auch sein Geld nicht mehr an und gehe. Haben Sie die Programmaufstellung für die nächste Woche? Ich muß sie prüfen, bevor ich die Zeit für die Werbesendungen einteile.»

Die Sekretärin reichte ihm schweigend die Liste, er nahm seine Stoppuhr heraus und ging an die Arbeit. Ein paar Tage später bat sie ihn, ihr einen Kaffee mitzubringen, wenn er vom Essen käme. Irgendwie vergaß er das. Er vergaß auch, ihr eine Einladung zu seiner Hochzeit im nächsten Frühjahr zu schicken. Er erinnerte sich an ihre Bemerkung, daß er keinen Stolz besitze. Skorpione haben ein sehr gutes Gedächtnis. Das ist ein ausgezeichnetes Beispiel, wie und wann ein typischer Skorpion-Angestellter sich rächt – an wem und warum. Es zeigt auch seine persönliche Auffassung von Treue gegenüber dem Mann, bei dem er angestellt ist.

Diese Menschen arbeiten intensiv und hartnäckig. Sie nehmen ihren Beruf ernst und verlieren das Ziel niemals aus den Augen. Skorpione können eigensinnig, aufsässig, leidenschaftlich und anmaßend sein. Aber Sie werden nicht oft feststellen, daß sie die Zeit verschwenden oder zum Spaß Nachrufe schreiben. Der Tod ist eine ernste Angelegenheit für sie. Das gleiche gilt für Sie. Sie sind die Brücke zur Macht, daher werden Sie respektiert, bis der Skorpion sicher ans andere Ufer des Stroms gelangt ist. Kluge Strategen zerstören keine Brücken, und der Skorpion ist klug. Einige sind sogar glänzende Köpfe. Alle sind schlau und denken logisch. Sie werden oft finden, daß Skorpione beiderlei Geschlechts zu Tätigkeiten neigen, die sich mit der Aufdeckung von Geheimnissen und der Lösung von Rätseln befassen. Viele von ihnen sind Detektive, Psychiater, Wissenschaftler, Chirurgen, Polizisten, Forscher, Reporter und sogar Beerdigungsunternehmer. Sie müssen ihr Wissen an jedem Tag, den sie leben, bereichern, und im gleichen Maß steigern sich ihre Fähigkeiten, Talente und ihr Einkommen.

Kümmern Sie sich niemals um die Privatangelegenheiten eines Skorpions. Er wird es nicht dulden. Wenn er Sie und seine Arbeit gern hat, wird er großzügig und anständig sein. Er gibt Ihnen acht Stunden Arbeit für acht Stunden Bezahlung, er wird nicht auf die Uhr schauen, wenn ein Projekt ihn interessiert. Aber denken Sie daran, daß er immer an seinem eigenen Prinzip, an seinen eigenen Ideen festhält. Er wird seine Verpflichtungen, die er Ihnen gegenüber hat, höher als alle anderen, einschließlich Liebe und Ehrgeiz, stellen. Niemand als er selbst kann ihn zwingen, seine Ansichten und Meinungen zu ändern. Wenn seine Entscheidung jedoch negativ ausfällt, kann kein Mensch auf der Erde eine Tür plötzlicher und endgültiger zuschlagen als ein Skorpion, sogar eine Tür, auf der in Goldbuchstaben «Generaldirektor» steht. Er bezahlt gerade soviel, wie er bezahlen will. Wenn er glaubt, daß die Kosten zu hoch sind, geht er. So spielt er das Spiel. Wenn man es recht bedenkt, so hält er *wirkliche* Treue nur gegenüber sich selbst. Das ist nicht immer so egoistisch, wie es sich anhört. Als er noch klein war, lernte er den Spruch: «Dies vor allem, sei dir selber treu.» Wenn er das einhielte, hat er sich immer gedacht, könnte er auch nicht falsch gegen andere sein.

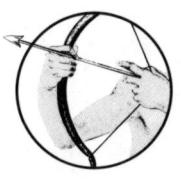

Der Schütze

23. November – 21. Dezember

Berühmte SCHÜTZE-Persönlichkeiten

Ludwig van Beethoven
Hector Berlioz
Willy Brandt
Horst Buchholz
Maria Callas
Winston Churchill
Noel Coward
Sammy Davies
Walt Disney
Francisco Franco
Betty Grable
Johannes Heesters
Heinrich Heine
Werner Heisenberg
Papst Johannes XXIII.
Curd Jürgens

Ludwig Klages
Robert Koch
Jean Marais
John Milton
Alfred de Musset
Nero
Nostradamus
John Osborne
Gérard Philippe
Edith Piaf
Erich Ponto
Rainer Maria Rilke
Frank Sinatra
Josef Stalin
James Thurber
Mark Twain

Wie man den SCHÜTZEN erkennt

Es ist kinderleicht, ein Exemplar dieses Sonnenzeichens zu finden. Gehen Sie auf irgendeine Gesellschaft und suchen Sie den Mittelpunkt der lebhaftesten Gruppe. Sehen Sie den Mann, der dort vergnügt sitzt und gerade den Mund etwas zu voll genommen hat? Er ist sich noch nicht klar darüber, daß er etwas zu weit gegangen ist. Wenn er es merkt, wird er etwas verwirrt aussehen – und die Gruppe um ihn herum wird ihn mit Blicken durchbohren.

Der Schütze wird auf Sie zukommen, Ihnen kräftig auf die Schulter klopfen und Sie freundlich anlachen. Dann wird er Sie ungefähr folgendermaßen begrüßen: «Wie bringen Sie es bei Ihrem Alter fertig, so jung auszusehen?» Oder: «Der Rollkragenpullover steht Ihnen wirklich glänzend. Sie sollten ihn immer tragen, dann sieht man Ihr Doppelkinn nicht so.» Nach einer solchen Eröffnung wird er immer noch lächeln, aber Ihr Lächeln mag etwas gefroren sein. Es wird eine Zeit dauern, bis er herausgefunden hat, was Sie denn jetzt so verärgert hat, und noch länger, bis er verstanden hat, warum. Dann wird er alles zu erklären versuchen. Bleiben Sie ruhig. Es kommt noch schlimmer.

Haben Sie denn wirklich nicht verstanden, was er gemeint hat? Er findet es großartig, daß Sie wie fünfundzwanzig aussehen, wo Sie doch in Wirklichkeit achtunddreißig sind (sechs Jahre älter, als Sie tatsächlich sind). Und was das Doppelkinn betrifft, viele Leute in Ihrem Alter haben einen etwas schlaffen Hals. Man kann es auch nur von der Seite sehen. Sie wissen schon, wenn Sie Ihren Kopf drehen. Sie sollten nur keine Profilaufnahmen von sich machen lassen.

Nachdem er alles erklärt und Sie wieder beruhigt hat, geht er vergnügt pfeifend weiter. Wenn Sie ihn beim nächsten Treffen schneiden, wird er todtraurig sein – und verwirrt. Es hat keinen Sinn, sich zu ärgern oder aus der Fassung zu geraten. Der Schütze ist nicht boshaft. Er platzt mit seinen erschreckend offenen Bemerkungen einfach so heraus. Er ist sich auch der Tatsache nicht bewußt, daß er die Sache meist noch verschlimmert, wenn er versucht, Erklärungen abzugeben.

Beurteilen Sie ihn nicht zu hart. Er meint es gut. Nicht, daß er Ihr Mitgefühl braucht – oder meins. Hinter seiner taktlosen Art verbergen sich ein kluger Kopf und hohe Wertmaßstäbe. Durch die einzigartige Verbindung von Witz, Intelligenz und Schwung ist er meistens obenauf. Nur kann es einen oft wirklich zur Verzweiflung bringen, daß sowohl weibliche als auch männliche Schützen keine Ahnung haben, was sie tun. Sie sind fest davon überzeugt, daß sie die größten Diplomaten der Welt sind. Ihre ständige Rede ist: «Ich würde niemals die Gefühle eines anderen verletzen. Da bin ich besonders vorsichtig.» Und sie glauben es ehrlich. Überhaupt tun sie alles aus ehrlichem Herzen. Über Verstellung und Täuschung sind sie entsetzt.

Ihre körperlichen Merkmale sind leicht zu erkennen. Suchen Sie nach einem ziemlich großen, gutgeformten Schädel und einer hohen, breiten Stirn. Die Gesichtszüge sind offen und freundlich. Die Bewegungen sind im allgemeinen rasch (obwohl es einige Schützen gibt, die sich langsam und bedächtig bewegen). Im Dezember geborene Menschen haben oft sehr weitausholende, schwungvolle Gesten, die vielleicht dramatisch und energisch, aber nicht sehr anmutig sind. Der Schütze kann die Arme bewegen, um eine Behauptung zu unterstreichen, und dabei die Soße umstoßen. Er kann mit hocherhobenem Kopf zielbewußt vorwärtsschreiten und dabei über die Bordschwelle stolpern. Bei dieser Gelegenheit öffnet sich möglicherweise auch seine Aktentasche, und seine Papiere werden über die ganze Straße verstreut.

Jupiter gibt glänzende und wachsame Augen, ähnlich denen eines Sperlings, die humorvoll strahlen und zwinkern. Die Schützen sind entweder sehr groß und sehen athletisch aus, oder sie sind kleiner als der Durchschnitt und haben kräftige, robuste Körper. Die Großen erinnern einen an Vollblutpferde oder feurige Fohlen. Besonders in der Jugend haben viele eine vereinzelte Haarsträhne, die immer wieder in die Stirn fällt und an die Mähne eines Pferdes erinnert. Sie werfen sie mit einer Kopfbewegung zurück oder streichen sie mit einer schnellen, unbewußten Handbewegung nach hinten – eine Angewohnheit, die sie oft noch beibehalten, wenn sie als Erwachsene eine andere Frisur tragen oder kahl geworden sind.

Die Schützen sind meist ruhelos. Stillsitzen oder -stehen ist ihnen verhaßt. Man kann sie leicht an ihrem offensichtlichen Selbstvertrauen und ihrer Mißachtung konventionellen Verhaltens erkennen. Sie gehen so, als hätten sie ein Ziel vor Augen. Es gibt kein Halt und kein Zögern (aber denken Sie daran, daß ein widersprechender Aszendent die Bewegungen verlangsamen kann).

Wenn Sie ihn zum erstenmal sehen, sitzt der Schütze vielleicht auf einem Pferd oder geht mit seinem Hund spazieren. Tiere liebt er leidenschaftlich. Wenn die Planeten im Geburtshoroskop stark verletzt sind, kann er allerdings eine krankhafte Furcht vor Tieren haben, doch das kommt nicht oft vor. Gewöhnlich fürchten sich die Menschen, die unter Jupitereinfluß geboren wurden, vor gar nichts. Den typischen Schützen reizt die Gefahr – im Sport, im Beruf und in seinem Hobby. Das Risiko erregt diese Menschen und fordert sie heraus. Sie lieben die Geschwindigkeit. Schnelle Wagen, Flugzeuge – und sogar Berg-und-Tal-Bahnen – ziehen sie magnetisch an. Draufgängerische Testpiloten sind oft Schützen. Der durchschnittliche Jupiter-Mensch genießt nichts mehr als ein Entkommen um Haaresbreite in jeder Form – sowohl körperlich als auch seelisch. Er wagt praktisch alles (wenn nicht ein gemäßigteres Zeichen am Aszendenten Jupiters Waghalsigkeit mindert.

Es besteht ein Unterschied zwischen der legendären Offenheit des Schützen und der brutalen Art des Skorpions. Wenn der Skorpion die Wahrheit sagt, so ist er sich der Folgen vollauf bewußt und lehnt es trotzdem ab, Zugeständnisse zu machen. Der Schütze hat keine Ahnung, was er anrichtet, wenn seine Ehrlichkeit ihn zum Reden zwingt. Der Skorpion fühlt wenig Reue über die Wunden, die er verursacht. Für ihn ist die Wahrheit die Wahrheit, und wenn Sie sie nicht hören können, dann fragen Sie nicht danach. Der Jupiter-Mensch andererseits ist niedergeschmettert und entsetzt über seine Taktlosigkeit, wenn er entdeckt, daß er Sie verletzt hat. Es wäre rührend, wenn es einen nicht so wütend machte.

Der Schütze trägt sein Herz auf der Zunge. Er ist so offen und ernsthaft wie ein Sechsjähriger. Das alte Sprichwort: «Kinder und Narren sagen die Wahrheit» könnte man umändern in: «Schützen und Narren sagen die Wahrheit.» Wenige Menschen können den Schützen lange widerstehen, weil sie so offensichtlich ohne böse Absichten sind.

Die meisten Schützen haben ernsthaft vor, einen aufzuheitern, aber manchmal bleibt es bei der guten Absicht. Hin und wieder können sie jedoch so wundervolle Bemerkungen machen, daß man ihnen alles andere verzeiht. Sie können tiefgründige, weise Ratschläge erteilen, wenn man Zeit gehabt hat, ihren Standpunkt zu erkennen. Schütze ist ein Feuerzeichen, daher sind viele Schützen extrovertiert, gesprächig und direkt. Es gibt einige wenige, die quälend scheu und schüchtern sind, aber auch sie haben viele originelle Ideen – und sie sind genauso offen. Die ruhigen, weltentrückten Schützen in ihrer zurückgezogenen, milden Art haben sogar die größten Träume und die weitest gesteckten Ziele. Ob nun introvertiert oder extrovertiert, der Schütze ist im Grunde seines Herzens ein Mensch, der für irgend etwas wirbt. Die wenigen, die nicht viel sagen, planen vielleicht eine Sensation, mit der sie die arglose Welt überraschen wollen. Auch wenn die Zunge des Schützen schweigt, ist sein Geist geschäftig. Denken Sie also daran, daß er sein Sonnenzeichen niemals verleugnen kann, dann wird sein nächster bestürzender Schritt Sie nicht unvorbereitet treffen.

Meist ist der typische Schütze heiter und gesellig, aber seine Wut kann ganz plötzlich aufflammen, wenn er von Leuten herumgestoßen wird, die seine natürliche Freundlichkeit mißbrauchen oder zu vertraulich sind. Er lehnt sich auch häufig gegen Autorität oder eine scheinheilige Gesellschaft auf. Der Schütze wird sich nie vor einem Kampf drücken oder um Hilfe rufen. Die Frauen verlieren dann ihre heitere Laune und lassen unverblümt ihre Meinung hören. Die Männer werden ihre Fäuste gebrauchen und Waffen verachten. Ein unverschämter, beleidigender Mensch, der den gutartigen Schützen herausgefordert hat, findet sich oft auf dem Boden wieder und wundert sich, woher der Lastwagen wohl gekommen sein mag.

Die stolzen Jupiter-Menschen ertragen es nicht, wenn man ihnen Unehrlichkeit vorwirft. Eine ungerechte Beschuldigung oder Zweifel an ihrer Ehrlichkeit wird gerechte Empörung aufflammen lassen, aber nach einem besonders heftigen Wutanfall werden sie Reue verspüren und versuchen, Abbitte zu leisten. Der Schütze spricht und handelt in vollem Ernst – die Folgen bedenkt er später.

Viele Schützen sind auf der Bühne tätig, und keiner ist glücklicher, als wenn er vor einem begeisterten Publikum Zugabe auf Zugabe geben kann.

Die Jupiter-Männer und -Frauen haben starke religiöse Neigungen, besonders in der Jugend. Sie interessieren sich sehr für Fragen der Kirche, können jedoch später skeptisch werden und nach neuen Werten suchen. Es kommt selten vor, daß ein Schütze keine Reiseausrüstung hat. Er liebt das Reisen und hat meistens einen alten Koffer zum sofortigen Gebrauch bereitstehen.

Man wird immer etwas Kindliches an den typischen, naiven, tapferen, optimistischen Schützen finden. Sie wollen den Ernst des Lebens nicht erkennen, obwohl manche von ihnen in späteren Jahren mit bewundernswerter Gewissenhaftigkeit verantwortliche Stellen einnehmen. Richtig glücklich sind sie jedoch nie, wenn sie damit belastet sind. Die Schütze-Natur lehnt sich gegen Einschränkungen auf, und zuviel davon kann ernsthafte Krankheiten auslösen. Wenn der Schütze das übersteht und seine Energie nicht verpulvert, kann er so alt werden wie Methusalem. Meistens erhalten sich die Schützen ihre Geisteskräfte, messerscharf und durch das Alter verfeinert, bis zum Ende. Senilität ist fast nie ein Problem.

Körperlich anfällig sind Hüften, Lunge, Leber, Arme, Hände, Schultern, Därme und Füße. Die Vorliebe des Schützen für Sport und Freiluftbetätigungen kann zu Unfällen aus Unvorsichtigkeit führen. In den Krankenhäusern kann man ihn selten mehr als ein paar Tage im Bett halten. Er gibt sich der Krankheit nur widerwillig hin und erholt sich oft mit erstaunlicher Geschwindigkeit. Das Leben besiegt diese Menschen selten endgültig. Sie glauben daran, daß das Morgen bestimmt besser sein wird als das Gestern, und das Heute ist auch recht interessant. Niedergeschlagenheit geht vorüber, bevor die Wolken noch Zeit hatten, die Sonne zu verdunkeln.

Jeder Schütze hat etwas von einem Spieler, wenn nicht ein anderer Einfluß im Geburtshoroskop vorhanden ist. Sind die Aspekte schlecht, kann der Schütze ein Vermögen verspielen oder das Geld für die Miete auf ein favorisiertes Pferd setzen. Auch die gesetzteren Spekulationsarten an der Börse und mit Grundstücken ziehen die Jupiter-Menschen an. Zum Glück bezwingen die meisten diesen Drang, aber auch sie riskieren hin und wieder ein wenig Geld im Toto oder in der Lotterie.

Sowohl die scheueren als auch die ungestümen Schützen werden sich die Gelegenheiten zu Liebesromanzen nie entgehen lassen. Sie stürzen sich mit unbekümmerter Leichtigkeit in Liebesaffären, werden jedoch oft kopfscheu, wenn die Ehe erwähnt wird. Sie überlegen sich die Sache und machen dann nach sorgfältiger Überlegung einen Fehler. Obwohl sie wunderbar warmherzig in Liebesbeziehungen sein können, sind sie schwer einzufangen. Symbolisch ist der Schütze halb Mann, halb Pferd, wodurch er offensichtlich bei Verfolgungen im Vorteil ist, falls er nicht über seine eigenen Füße stolpert.

Zu den unangenehmen Eigenschaften mancher Schützen gehört die Neigung zu heftigen Wutanfällen, eine Vorliebe für zuviel Essen und Trinken, die zu Korpulenz und Alkoholismus führen kann, scharfer Sarkasmus oder Verschrobenheit, die glänzende geistige Fähigkeiten herabsetzen können, und die Unfähigkeit, ein Geheimnis für sich zu behalten. Aber keine dieser Eigenschaften muß ein ständiger Fehler sein. Der entschlossene Schütze kann sie leicht überwinden. Der durchschnittliche Jupiter-Mensch wird Ihnen Geld leihen, ohne daß Sie überhaupt darum bitten müssen und manchmal sogar ohne daß Sie erpicht sind, es zurückzuzahlen (wenn nicht der Mond in einem weniger freigebigen Zeichen steht). Die Jupiter-Hausfrau wird die heimatlose Waise oder das verlaufene Tier aufnehmen, und sie wird immer noch Platz für einen Gast mehr an ihrem Tisch haben.

Der Schütze kann einer großen Sache oder einem Ideal mit Hingabe dienen. Dabei ist er davon überzeugt, daß die Vorteile die Nachteile überwiegen, eine Anschauung, die auf seiner glänzenden Einbildungskraft und seinem fortschrittlichen Denken beruht. Der Jupiter-Mensch wird seinen Standpunkt mit kühlen, vernünftigen Argumenten vertreten, die Gegner manchmal mit scharfem Spott verletzen und sich doch immer aus einem Streit heraushalten. Die Wut wird aber sofort aufflammen, wenn jemand sein augenblickliches Ideal ungerecht angreift. Er kann ein schrecklicher Feind sein, denn er zielt genau, wenn er sich die Zeit nimmt, sich auf sein Opfer zu konzentrieren. Seine Pfeile verfehlen selten ihr Ziel. Sie sind in klugen Witz getaucht und scharf genug, die stärkste Rüstung zu durchbohren.

Obwohl einige Dezember-Menschen wirklich komisch sind, ist es eine seltsame Tatsache, daß die meisten kaum einen Witz erzählen können, ohne die Pointe zu verpatzen. Die Zuhörer zu Hause oder im Theater werden über die offensichtliche Unbeholfenheit vor Lachen brüllen, und der joviale Schütze-Mensch wird denken, daß alles wegen seines großartigen komischen Talentes lacht. Es kann sehr komisch sein.

Die Schützen haben ein phantastisches Gedächtnis und können sich oft an die kleinsten Einzelheiten aus längst vergessenen Tagen erinnern. Trotzdem können sie vergessen, wo sie ihren Mantel gelassen haben. Die meisten verlieren ständig Handschuhe, Autoschlüssel, Brieftaschen – und manche Leute behaupten sogar, sie würden auch ihren Kopf verlieren, wenn er nicht angewachsen wäre.

Ein Schütze kann niemals erfolgreich lügen. Keiner glaubt ihm auch nur eine Minute lang. Täuschung liegt ihm nicht, und wenn er sich darin versucht, wird er meist schnell entlarvt. Es ist besser für ihn, wenn er bei der Wahrheit bleibt. Selbst ein außerordentlich wachsamer Verstand kann ihn nicht vor den Folgen der Täuschung bewahren (es sei denn, er hat einen Skorpion-Aszendenten). Ob er nun kühn oder zurückhaltend ist, die wahre Natur dieses großzügigen Idealisten ist heiter und freundlich. Wenn er mit seinen Pfeilen genau zielt, schießt er über die Sterne hinaus, dorthin, wo alle Träume geboren werden.

Der SCHÜTZE-Mann

Ich möchte Sie ja nicht entmutigen, aber die Schütze-Männer haben eine seltsame Angewohnheit. Sie springen auf einen großen Schimmel, stürmen durch die Straßen, schwingen ein Schwert und verteidigen irgendeine gute Sache. Und sie haben noch eine andere Eigenart. Sie stolpern herum wie die Clowns im Zirkus und tauchen unterschiedslos bei den Elefanten und der Dame mit dem Vollbart auf.

Mit bestimmten Tricks kann man den Schützen einfangen. Aber zuerst einmal müssen Sie ihn von dem Schimmel herunterbringen, fort von den Elefanten, und natürlich muß die Dame mit dem Vollbart verschwinden. Ideale und Zirkus lassen nicht viel Zeit für das Familienleben, ganz zu schweigen vom gefühlvollen Händchenhalten.

Einen Vorteil haben Sie von Anfang an. Es stürmen und stolpern so viele Schützen durchs Leben, daß Sie eine große Auswahl haben. Die idealistische Begeisterung und Neugier des Schütze-Mannes ist ansteckend. Manchmal kann seine unschuldige Überschwenglichkeit freilich etwas zu weit führen. Zum Beispiel wenn er Sie in einem Augenblick verrückter, leidenschaftlicher Heiterkeit in die Luft wirft und vergißt, Sie wieder aufzufangen.

Fast immer ist eine Menschenmenge um ihn versammelt. Das ist ein anderes Hindernis. Sie müssen sich erst einen Weg zu ihm bahnen. Aber werden Sie nicht pessimistisch, denn dieser Mann ist der größte Optimist. Wenn seine Feinde ihm einen großen Kasten mit Dung schickten, würde er in seinem Optimismus nur denken, sie hätten das Pferd vergessen. Er wäre nicht beleidigt. Soviel Optimismus kann gefährlich sein. Eigentlich ist es nur eine andere Bezeichnung für blinden Glauben. Der Schütze-Mann hat Berge davon. Und er kann so naiv vertrauen, daß er häufig in den Schmutz fällt. Man fällt leicht in den Schmutz, wenn man immer mit Pfeil und Bogen herumläuft und den Kopf auf der Suche nach irgendeinem Ideal – auf das anzulegen bisher noch niemand wagte – in den Wolken hat. Vertrauen ist eine großartige Sache, aber wenn man den falschen Leuten vertraut, so kann das selbst den stärksten Mann umwerfen. Doch der Schütze ist kein verworrener Träumer. Seine Träume sind ebenso praktisch, wie sie wild sind, wenn auch die Welt noch nicht ganz reif für sie ist.

Durch seine hochfliegenden Träume kann der Schütze stürzen oder zugrunde gehen. Wunderbarerweise rettet ihn Fortuna jedoch gerade meist zur rechten Zeit. Dieser Mann hat gewöhnlich soviel Glück, daß es schon unangenehm ist. Wenn Sie das glänzende Etwas am Eingang des U-Bahnhofs aufheben, entpuppt es sich wahrscheinlich als ein Fetzen Silberpapier von einer Zigarettenpackung. Wenn er es aufhebt, wird es ein Splitter des Hope-Diamanten sein, den Diamanten-Harry verloren hat, als er ein Taxi bestieg.

Natürlich ist er bei solchem Glück optimistisch. Es gibt zwar Tage, an denen Silberpapier nur Silberpapier ist, aber der typische Schütze erholt sich schnell von solchen vernichtenden Schlägen. Ihr Jupiter-Mann verhält sich in der Liebe ganz ähnlich. Er hat Glück. Wenn nicht, erholt er sich schnell davon. Er verabscheut Unehrlichkeit, das ist aber auch so ziemlich alles, was er verabscheut, und darum hat er auch so viele Freunde und Gönner. Er sieht durch die äußere Erscheinung des Menschen den wahren inneren Wert. Natürlich hat er auch Feinde, aber viel weniger, als sich die Menschen anderer Sonnenzeichen schaffen. Wer durch seine freimütigen Bemerkungen verletzt worden ist, mag ihn böse anstarren und ihn am liebsten erwürgen wollen, aber gewöhnlich erkennt man seine harmlose Absicht. Die Schwäche des Schütze-Mannes ist Takt- und Gedankenlosigkeit, niemals bewußte Grausamkeit.

Sie werden inzwischen bereits erfahren haben, daß seine Äußerungen genau so direkt sind wie sein symbolischer Pfeil. Er kann empörende Dinge sagen, und wenn Sie in ihn verliebt sind, mag es ihm durchgehen. Aber Sie haben alles Recht der Welt, wenn ein Schütze-Mann, den Sie eben erst kennengelernt haben, Sie mit seinen strahlenden, wachen Augen anblickt und erklärt, Sie wären genau die Frau, die ein Mann sich als Geliebte wünschen würde. Wenn Sie gerade dabei sind, ihm eine runterzuhauen, wird er Sie unschuldig und jungenhaft ansehen und mit entwaffnender Freimütigkeit erklären, daß er es ja ganz anders gemeint habe. Die Könige und die Aristokraten in früheren Jahrhunderten hätten nur Vernunftehen geschlossen. Ihre Frauen wären daher häßliche, farblose Wesen mit gutem Stammbaum gewesen. Ihre Geliebten aber waren schöne, glänzende Geschöpfe, Mädchen, in die sie sich verliebten und die sie geheiratet hätten, wenn die gesellschaftlichen Regeln anders gewesen wären. Er hätte gerade davon gelesen, denn diese Zeit hätte ihn schon immer interessiert. Sie beruhigen sich vielleicht und werden sogar ein wenig selbstgefällig. Sie sind beeindruckt. Wie viele Männer lesen schon historische Werke, wenn sie es nicht müssen? Vielleicht ist er sogar ein Genie. Bedenken Sie nur, Sie könnten die Frau eines Intellektuellen sein! Falsch! Sie könnten die Geliebte eines Intellektuellen sein. Wenn er Sie erst einmal soweit hat, daß Sie seinen Verstand bewundern, dann werden

Sie nicht mehr klar erkennen, daß er, wären Sie auf seinen ersten Vorschlag eingegangen – und machen Sie sich nichts vor, das war es –, schnell gehandelt hätte und Sie jetzt ein gefallenes Mädchen wären.

Natürlich würde nicht jede Frau so eine läppische Entschuldigung für einen offensichtlichen Annäherungsversuch hinnehmen, aber das macht nichts. Selbst wenn seine Opfer vor Entrüstung außer sich geraten, werden sie doch die besten Freunde des Schützen, wenn ihr Ärger verraucht ist. Das sollte Ihnen zeigen, in welche Gefahr Sie sich mit diesem anscheinend so harmlosen Burschen begeben. Mit seinem ehrlichen und naiven Lächeln sieht er ganz und gar nicht wie ein Verführer aus. Er sieht eher wie ein Pfadfinderführer aus. *Aber in Liebesangelegenheiten ist er kein Pfadfinder!* Es ist gut, sich das zu merken, falls er Sie bittet, mit ihm eine Wanderung zu machen.

Der Schütze führt ein etwas oberflächliches Liebesleben, aber er ist dabei ehrlich. (Wenn Sie einmal alle Sentimentalität beiseite lassen, so müssen Sie zugeben, daß er Geliebte gesagt hat. Er hat nicht Frau gesagt. Er ist kein König, und wir leben nicht in früheren Jahrhunderten.) Der Schütze sucht zwanglose Beziehungen, und manchmal können sie sehr zwanglos sein. Gelegentlich können die Abenteuer eines Schützen selbst einen Skorpion zum Erröten bringen, und es braucht allerhand dazu.

Zurück zur Ehrlichkeit. Sie ist ein ungefährlicheres Thema. Wenn Sie aus bitterer Erfahrung gelernt haben, wie unbeständig die Schwüre ewiger Treue anderer Männer sein können, werden Sie die Offenheit des Schützen begrüßen. Sie werden nicht einmal zusammenzucken, wenn er Ihnen erzählt, wie viele Affären er schon gehabt hat und was er sich von Ihnen erwartet, alles ganz klar und logisch. Bewußt wird er keine legale Bindung mit einer Lüge im Herzen oder auf den Lippen eingehen, aber er kann sich so in einen Flirt verstricken, daß es zu einem Heiratsantrag kommt (wahrscheinlich von seiten des Mädchens, nicht von ihm), und er wie verrückt laufen muß, um dem Standesamt zu entrinnen. Da er ein wenig ungeschickt ist, kann er stolpern, und sie wird ihn einholen, bevor er zu weit fort ist. In diesem Fall wird er es sich überlegen und eine unlogische Entscheidung treffen. Wenn sie ihn auf eine Art anzieht – entweder körperlich oder geistig – wird sie ihm schließlich auch auf die andere gefallen – denkt er. Er wird nachgeben, heiraten, und der Same für eine weitere Schütze-Scheidung ist gelegt. Seine normalerweise zuverlässige Urteilskraft läßt ihn im Stich, wenn er sich in einer romantischen Falle gefangen hat.

Frauen mißverstehen die Haltung des Schützen oft und halten entweder die Beziehung für ernsthafter, als sie in Wirklichkeit ist, oder sie vermuten, er habe finstere Absichten, während er doch nur eine kameradschaftliche Freundin sucht. Es scheint, als würde der Schütze in jedem Falle verlieren. Aber er hat Glück, und wenn er in der Patsche sitzt, geht es meistens doch gut aus. Er flirtet gern, das läßt sich nicht leugnen, aber er sucht nicht nur die sexuelle Liebe. Er liebt die Abwechslung und geistige Anregung. Wenn eine Frau sich zu sehr an ihn hängt, während er sich nur amüsiert hat, versucht er, das Ganze als Scherz abzutun. Es kann durchaus sein, daß sie die Pointe nicht mitbekommt. (Denken Sie daran, wie erfolglos der typische Schütze beim Witzeerzählen ist.) Vielen Schützen wird der Vorwurf gemacht, daß sie mit jeder gutaussehenden Empfangsdame oder mit jedem hübschen Mädchen anbändeln – manchmal sogar mit der alten Frau, die an der Ecke Zeitungen verkauft, oder mit einer Polizistin. Nun würde aber doch kein Mann, der seine fünf Sinne beisammen hat, im Ernst mit einer Polizistin flirten – jedenfalls nicht, wenn sie im Dienst ist. Sie sehen also, wie ärgerlich dieser ungerechte Vorwurf für den Schützen ist. In den meisten Fällen war er ganz einfach nur sehr freundlich.

Wenn Sie ein kluges Mädchen sind – und das wäre sehr zu empfehlen, denn diese Männer bestehen auf Intelligenz bei einer Frau –, dann haben Sie jetzt kapiert. Seien Sie nicht eifersüchtig. Seien Sie nicht argwöhnisch. Halten Sie ihn an der langen Leine, wenn Sie ihn einfangen wollen. Stellen Sie ihm keine Fragen, weinen oder nörgeln Sie nicht und drohen Sie nicht, ihn zu verlassen. Lassen Sie ihm lieber seine Freiheit. Wenn Sie das Leben aus derselben geistigen Perspektive betrachten wie er und die Menschen so nehmen, wie sie sind, so erfüllen Sie die Grundanforderungen, die er an seine Ehefrau stellt. Solange Sie ehrlich zueinander sind, können Sie manches gemeinsame

Abenteuer bestehen. Warum sich Sorgen darüber machen, was hinterher kommt? Nein, um diesen Mann zu erobern, müssen Sie ihm nicht alles geben, was er haben möchte. Sie müssen nur *sein*, was er will. Seien Sie hellwach – er soll Ihren Tatendrang lenken und beherrschen. Lieben Sie den Sport. Gehen Sie mit ihm auf eine Campingtour und nehmen Sie Ihren Bernhardiner als Anstandswauwau mit. Seien Sie großzügig, liebevoll, begeistert und machen Sie kein Theater, wenn er nicht immer zu Hause hocken will. Machen Sie ihm klar, daß auch er Sie nicht ganz für sich allein beanspruchen kann. Lassen Sie ihn wissen, daß Sie ein freier Mensch sind, genau wie er. Dämpfen Sie niemals seine Begeisterung. Beschäftigen Sie sich mit etwas anderem, während er draußen seine Pfeile auf unmögliche Ziele abschießt. Dann wird er Ihnen eines schönen Abends ehrlich sagen, daß Sie genau so sind, wie er sich seine Frau vorstellt. Ist er erst einmal so weit gegangen, sagen Sie ihm offen, daß er Ihnen auch gefiele, daß es aber an der Zeit wäre, zu einem Entschluß zu kommen. Erklären Sie ihm, daß Sie ihn so gern hätten, daß Sie sogar die Ehe in Betracht zögen, wenn er Ihnen die Freiheit ließe. Sonst hätten Sie wirklich keine Zeit mehr, mit ihm herumzustreunen. Es sei schade, sie paßten so gut zueinander, aber Sie hätten schon immer gern gewußt, wie es sei, Kinder zu haben. Vergessen Sie nicht, einen alten Freund zu bitten, Sie während dieser Unterredung anzurufen. Verabreden Sie sich vor Ihrem Schützen beiläufig mit ihm. Wenn Sie auflegen, lächeln Sie strahlend und erklären, es gäbe keinen Grund, warum Sie nicht weiterhin gute Freunde sein könnten. Dann laden Sie ihn ein, mit zu Ihrer Verabredung zu kommen, damit er nicht ganz allein herumsitzen müsse. Das sollte eigentlich reichen. (Nichts zu danken!)

Wenn Sie verheiratet sind, werden Sie wahrscheinlich keine Schwierigkeiten mit der angeheirateten Verwandtschaft haben. Viele Schützen sind entsetzlich uninteressiert an Familienbanden. Sie halten nichts von der Theorie der liebenden Blutsverwandten, wenn diese es nicht verdienen, geliebt zu werden. Selbst die, die ihre Eltern und Geschwister gern haben, bringen es fertig, einen gesunden Abstand zu wahren. Sie besuchen sie und sind liebevoll, aber sie lassen sich nicht von Verwandten in ihrem Privatleben stören. Sehen Sie besser zu, daß Ihre eigene Verwandtschaft sich auch nicht einmischt.

Halten Sie Ihren Koffer gepackt. Sie werden viel reisen. Sie werden Ihren Bernhardiner immer noch auf Campingtouren mitnehmen, aber nicht mehr als Anstandswauwau, sondern weil Ihr Ehemann Tiere mag. Beschäftigen Sie sich allein und lassen Sie ihm so viele freie Abende, wie er braucht. Zweifeln Sie niemals an seiner Ehrlichkeit. Wenn er wütend ist, kann der Schütze eine Tür eintreten oder ein Loch in die Wand schlagen. Er läßt nur seine überschüssige Energie ab, aber es ist sehr anstrengend, und wann bekommt man schon einen Maurer? Es ist für alle Beteiligten besser, wenn Sie ihm erst gar keinen Mangel an Ehrlichkeit vorwerfen. Wenn er etwas falsch gemacht hat, wird er es Ihnen wahrscheinlich erzählen. Das wird schon schwer genug zu ertragen sein, ohne daß Sie sich noch zusätzliche Sorgen machen. Üben Sie sich darin, seine Offenheit zu ertragen und hinzunehmen, und halten Sie an dem Glauben fest, daß er Sie immer noch liebt, anstatt falschen Gerüchten nachzulaufen. Betrachten Sie die menschlichen Gefühle so realistisch wie er, und Sie werden überrascht sein, wie gut die Liebe auf dem Boden der Aufrichtigkeit gedeiht. Die Wahrheit erzeugt dauerhafte Beziehungen.

Er ist ein Sportfreund und erwartet sicher von Ihnen, daß Sie sich die großen Spiele mit ihm im Fernsehen ansehen. Aber er wird Sie auch zu all seinen gesellschaftlichen Verpflichtungen mitnehmen, wenn Sie hübsch und lustig sind und Menschen gern haben. Der Schütze verabscheut passive Frauen, die sich wie eine Klette an ihn hängen und nicht gesellig sind. Er wird stolz darauf sein, wenn Sie irgendwelche Begabungen haben. Versuchen Sie doch, eine oder zwei zu haben. Lesen Sie Bücher und verteidigen Sie ein paar seiner Ideale, am besten die verlorenen.

Ihr Schütze-Mann ist vielleicht ein bißchen verschwenderisch und gelegentlich einem Spielchen nicht abgeneigt, aber er ist auch sehr großzügig hinsichtlich Ihrer Geldausgaben, wenn er ein typischer Vertreter seines Sonnenzeichens ist. Er wird wahrscheinlich nichts dagegen haben, wenn Sie arbeiten wollen, um die Haushaltskasse etwas aufzubessern.

Bereiten Sie sich auf freimütige Kritik vor, die oftmals nicht gerade taktvoll sein wird. Sie haben sich wahrscheinlich schon daran gewöhnt. Kümmern Sie sich nicht darum. Sie werden vermutlich genug damit zu tun haben, seine Freunde wieder zu versöhnen. Sie sind ja diejenige, die ihn versteht, erinnern Sie sich noch? Sie haben das an dem Abend betont, als Sie die Entscheidung erzwungen haben.

An den Kindern wird er mehr Freude haben, wenn sie älter sind, Säuglinge und Kleinkinder können ihn etwas verwirren. Der Schütze-Vater liebt es sehr, sich mit seinen Sprößlingen im Freien zu betätigen. Er wird sich den Jungen wahrscheinlich enger verbunden fühlen, aber er wird zärtlich mit den Mädchen sein. Die Kinder werden in ihm mehr den Kameraden als den Vater sehen. Je älter sie sind, desto näher werden sie ihm stehen. Hin und wieder wird seine Offenheit ihnen lästig sein. Kinder sind empfindlich, wenn man an ihre Geheimnisse rührt, und ihre Gefühle können unter neugierigen Fragen und freimütigen Bemerkungen leiden. Jugendliche Eskapaden werden den Schütze-Vater eher amüsieren als ärgern, aber gerade seine Duldsamkeit wird sie bei der Stange halten. Er wird wahrscheinlich nur dann streng sein, wenn sie lügen. Das wird eine der wenigen Gelegenheiten sein, bei der sie sein Mißfallen erregen. Vernachlässigen Sie ihn nicht wegen der Kinder. Wenn er mit Ihnen etwas unternehmen will, lassen Sie Windeln und Babypuder, rufen Sie einen Babysitter (nicht Ihre Mutter) und gehen Sie.

Der Schütze denkt mit Kopf und Herz. Er wird nicht immer weise handeln. Manchmal wird er unvernünftig draufgängerisch sein. Er wird stolpern und fallen, aufstehen und es noch einmal versuchen. Aber Sie werden ihm fast alles verzeihen, denn er gibt Ihrem Herzen ein seltenes Geschenk – aufrichtige Liebe.

Sie sagt nicht immer die Dinge, die Sie gern hören möchten. Oft werden sich Ihnen die Haare sträuben bei ihren entschiedenen Bemerkungen und peinlichen Fragen. Aber hin und wieder wird sie etwas so Wunderbares und Besonderes sagen, daß Sie sich wie im Himmel fühlen.

Vielleicht brauchen Sie ein Beispiel. Szene: Café. Sie haben gerade den Mut gefaßt, ihr zu sagen, daß Sie sie lieben, aber ehe Sie noch etwas äußern können, schaut sie Sie mit weit geöffneten, arglosen blauen Augen – oder mit ehrlichen braunen – an und fragt neugierig: «Wie finden Sie es, so klein zu sein? Macht es Sie neurotisch oder sonst etwas?» Während Sie schlucken, und mannhaft versuchen, die Fassung wiederzugewinnen, wird sie hinzufügen: «Sie sollten sich nichts daraus machen. Viele Männer waren klein. Napoleon zum Beispiel.» Das macht es auch nicht besser, aber bevor Sie Gelegenheit haben, aufzustehen, zu gehen und bei sich zu denken, daß keine Frau eine unhöfliche Behandlung mehr verdient habe als sie, wird sie träumerisch sagen: «Ich hasse Männer, die wie Bohnenstangen aussehen. Sie sind gerade richtig. Ich habe es bemerkt, als wir heute abend hierhergekommen sind – wir passen in der Größe genau zueinander.»

Setzen Sie sich wieder. Sie werden bleiben. Eine lange Zeit. Ein freundliches, offenes Schütze-Mädchen hat sich mit dem ihm eigenen Charme gerade in Ihr Herz geschmuggelt. Sie wird immer etwas geradezu sein, denn sie sieht die Welt genau so, wie sie ist, sogar wenn sie ihre lächerliche rosa Brille aufhat. Sie müssen zugeben, daß das eine seltene Gabe ist. Nicht jeder kann immer klar und vernünftig sein und sich den glücklichen Glauben erhalten, daß alles besser wird – oder die Dinge so nehmen, wie sie sind.

Die Schütze-Frau ist eine überzeugte Optimistin. Es wird weh tun, wenn sie Ihnen erklärt, sie wünschte, Sie würden mehr verdienen, aber sie wird hinzufügen: «Natürlich, zuviel Geld kann die Menschen egoistisch machen. Vielleicht ist es gut, daß du arm bist.»

Das mag ein etwas verdrehter Optimismus sein, aber Sie werden sich daran gewöhnen. Dieses Mädchen wird Sie niemals belügen. Manchmal werden Sie sich sogar wünschen, sie möge es tun. Wenn Sie sich dafür interessieren, wie sie die Abende verbracht hat, an denen Sie nicht zusammen waren, so werden Sie einen bis in die Einzelheiten gehenden, vollkommen ehrlichen Bericht über die Briefe erhalten, die sie an den gutaussehenden Internisten schreibt, den sie im letzten Urlaub kennengelernt hat, und wie viele Verabredungen sie am Telefon ausschlägt. Vielleicht erzählt sie Ihnen sogar von der Schlaflosigkeit, die sich nachts einstellt, wenn sie wachliegt und darüber nachgrübelt, ob das, was sie für Sie empfindet, nicht doch nur Freundschaft und nicht Liebe sei. Am liebsten würden Sie sie anschreien: «Um Himmels willen, lüge doch wenigstens *einmal*. Ein Mann hat schließlich auch seinen Stolz.» Schreien Sie nicht zu laut. Sie werden sie beleidigen, und sie ist auch nicht gerade langmütig. Schütze-Mädchen können ganz hübsche Wutanfälle bekommen.

Wahrscheinlich wohnt sie allein. Schütze-Mädchen sind sehr unabhängig, und Männer wie Frauen sind seltsam zurückhaltend, wenn es um Familienbeziehungen geht. Das kommt vielleicht daher, daß sie soviel reisen. Sie sind nicht oft genug zu Hause, um ihre Familie richtig kennenzulernen. Auch wenn sie nur ins Kino «reisen» oder zu einer Freundin, sie sind ständig unterwegs.

Eines müssen Sie gleich zu Anfang lernen, oder es wird sich nie eine echte Beziehung entwickeln. Wenn Sie etwas von ihr wollen, bitten Sie sie darum. Verlangen Sie es nicht einfach. Sie läßt sich gern beschützen, aber sie will nicht herumkommandiert werden. Sie läßt sich das nicht einmal von ihrer Mutter gefallen. Obwohl sie sich jedoch nicht leicht von anderen etwas sagen läßt, besonders nicht in der Öffentlichkeit, mag sie auch keine Schwächlinge. Wenn sie zu hochgemut wird und ihre gescheite Zunge zu ironisch, oder wenn sie mit einer Tat droht, die Sie wirklich erzürnt, zeigen Sie ihr einmal den Herrn. Nur gerade soviel, um sie in Schach zu halten. «Wenn du das tust, breche ich dir den Hals!» Sie wird vielleicht mit überraschender Sanftmut reagieren, wenn sie spürt, daß Sie es ernst meinen. Eine Schütze-Frau hat nicht die Absicht, ihre Individualität für irgendeinen Mann aufzugeben, aber sie hat es ganz gern, wenn sie wie ein Mädchen behandelt wird.

Das mag Sie vielleicht verwirren, aber es ist gar nichts im Vergleich zu dem, was sie sich selbst antut. Viele Schütze-Mädchen halten Freundschaft für Liebe und Liebe für Freundschaft. Wenn Sie zu den altmodischen Männern gehören, die ein ausweichendes Wesen und Schüchternheit bei ihren Frauen vorziehen, dann suchen Sie sich lieber eine andere Partnerin.

Diese junge Dame hat eine aufgeweckte, offene Art im Umgang mit Männern. Ihre freimütige Offenheit verursacht natürlich Mißverständnisse und zahlreiche heiße Kämpfe, ganz zu schweigen von verletzten Gefühlen, aber das wirft sie nicht um. Der Stolz Jupiters zeigt sich und hilft ihr, ihr Herzweh als den größten Witz des Jahrhunderts darzustellen. Innerlich weint sie wahrscheinlich, aber sie wird so witzig antworten, wenn ihre Freunde sie nach dem Grund des Bruchs fragen, daß diese annehmen, das Ganze sei nur ein harmloser Flirt gewesen. Sie werden wenig davon wissen, wie naß ihr Kopfkissen jede Nacht ist und wie sie darüber nachgrübelt, was sie nur gesagt haben mag, daß alles in Scherben gegangen ist. Vielleicht war es damals, als er gegen Mitternacht bei ihr anrief und sie ihm sagte, er könne nicht heraufkommen, weil sie gerade einige Probleme mit einem Mann erörtere. Der Mann war ihr Schwager, aber mit der typischen Schütze-Neigung, das Wichtigste bei einer Erzählung auszulassen, vergaß sie, das zu erwähnen. Warum sollte sie ihre Beweggründe erklären? (Alle Schützen zeigen einen wütenden, rechtschaffenen Ärger, wenn ihre Aufrichtigkeit angezweifelt wird.) Oder war es damals, als er fragte, ob er seine kleine Schwester mitbringen könne, als sie ins Kino gehen wollten, und sie herausplatzte: «Ich hoffe, das bedeutet nicht, daß sie ständig bei uns herumhocken wird, wenn wir verheiratet sind.» Sie mochte das junge Mädchen vielleicht sehr gern, und nur ihre typische Schütze-Furcht, von Verwandten belagert zu werden, löste diese gedankenlose Bemerkung aus. Jetzt vermißt sie die Schwester genauso wie den Mann, aber es ist zu spät, um zu erklären, was sie gemeint hat. Außerdem würde es keiner glauben.

Solche ausweglosen Situationen kann die Schütze-Frau trotz ihres logischen Denkens nicht begreifen. Sie hat keine Ahnung, wo sie Anstoß erregt und warum. Als Gegenreaktion wird sie dann alles zu leicht nehmen, auch sich selbst. Sie wird offen flirten, ohne die geringste Absicht zu haben, es zu einer dauerhaften Bindung kommen zu lassen, und wird in den Ruf einer kalten, herzlosen Frau geraten. Ein Feuerzeichen ist niemals kalt und herzlos, aber es gibt zu viele Männer, die nichts von Astrologie verstehen. Wenn solche Umstände die Dezember-Frau zur Junggesellin werden lassen, wird sie bestimmt keine verbitterte alte Jungfer sein. Sie wird trotzdem mit dem Leben herumspielen und viel Spaß haben. Sie hat zahlreiche Interessen, die ihr einen Mann ersetzen – und sie wird sie alle genießen.

Natürlich sind Sie nicht an einer Schütze-Junggesellin interessiert. Sie wollen eines Tages eine zu Ihrer Frau machen. Wie der männliche Schütze scheut sie ein wenig vor der Ehe zurück. Sie müssen sie etwas locken, damit sie Ihren Antrag annimmt. In ihren Beziehungen zu Männern ist sie forsch und unkonventionell. Da sie sich als gleichberechtigt betrachtet, wird sie die männlichen Eigenschaften nachahmen. Wenn sie Sport liebt, werden Sie vielleicht Schwierigkeiten haben, sie von den Jungen zu unterscheiden. Nicht, daß Jupiter-Frauen von Natur aus männlich sind. Sie können die weichsten, weiblichsten Frauen sein, die Sie je ans Herz gedrückt haben. Nur kennt Ihre Schütze-Dame so viele Männer, daß Sie sich daran gewöhnen werden, sie unter ihnen zu sehen. Da sie restlos ehrlich und redlich ist, wird sie wenig Wert auf ihren Ruf legen und die Heuchelei verachten, die von der Gesellschaft gefordert wird. Wenn Sie sie deshalb zur Rede stellen, wird sie freimütig sein. Sie wird Ihnen wahrscheinlich erklären, daß ein Walzer um Mitternacht ebensowenig Verderbtheit verrät, wie es auf Unschuld deutet, wenn man früh zu Hause ist. Sie weiß, daß ihre Moral über jeden Vorwurf erhaben ist, und nur darauf kommt es an. Versuchen Sie, ihre Haltung zu verstehen. Glauben Sie nicht, daß sie ausschweifend und liederlich ist, nur weil sie über ein paar Witze lacht, die sie gewöhnlich nicht einmal richtig versteht (die Feinheit des Doppelsinnes entgeht dem Schützen oft).

In Wahrheit ist sie ein vertrauensvolles Kind. Ihre Anschauungen sind so naiv, daß sie Verführern, Schwindlern und Betrügern ins Garn geht (seltsamerweise jedoch nur in der Liebe, nicht auf anderen Gebieten). Vergessen Sie einmal, wie klug sie argumentieren und wie überraschend logisch sie sein kann. Das hat alles nichts mit ihrem Herzen zu tun. Ihr Verstand steht nicht zur Debatte. Der ist aufgeweckt und gescheit und kann im Notfall für sich selbst sorgen. Ihr Herz jedoch ist hilflos. Es fällt nur zu oft hin und tut sich weh.

Das ist ein anderes Kapitel. Die Schütze-Frau ist etwas ungeschickt. Wenn sie die Straße wie ein Vollblutpferd entlangschreitet, halten Sie sie für das Anmutigste, das Sie je gesehen haben – bis sie über einen Stein stolpert, sich unbeholfen an der Auslage eines Obstgeschäftes festhält, um das Gleichgewicht zu halten, und dabei zwei Kisten Orangen umstößt. Der Besitzer des Ladens mag fluchen, aber er wird bald mit den Achseln zucken, ihr erklären, es mache nichts und ihr sogar noch ein paar Weintrauben schenken. Die sonnige Natur der Schützen kann das härteste Herz erweichen.

Jupiter-Mädchen lieben gutes Essen und Wein, schätzen schöne Kleider, und wenn sie reisen, wollen sie erster Klasse fahren. Schützen sind von Natur aus verschwenderisch (wenn der Mond nicht im Steinbock steht oder der Aszendent in der Jungfrau ist). Geld interessiert diese Frau nicht um des Geldes willen, man braucht sogar eine ganze Weile, um ihr die Bedeutung einer Banknote klarzumachen. Verschaffen Sie sich Gewißheit über ihren Aszendenten, bevor Sie sie über Ihr Konto verfügen lassen.

Vielleicht ist Ihr Schütze-Mädchen beim Theater. Wenn ja, lassen Sie ihr ihre Karriere, bis sie ihrer überdrüssig wird. Der Beifall wird in ihren Ohren süßer klingen als alle Liebesworte, die Sie sich ausdenken können. Zwingen Sie sie nie, zwischen Ihnen und ihrer Karriere zu wählen. Vielleicht wird sie eines Tages von allein nach Hause gelaufen kommen, um das Leben mit jemandem zu versuchen, der aus Fleisch und Blut ist. Mit Ihnen. Jemand, der Ehrlichkeit schätzt und Täuschung verabscheut. Wiederum Sie. Wenn sie ihre Karriere aufgibt, bedeutet das aber noch nicht, daß sie damit die Flügel an den Füßen verliert. Die sind dort festgewachsen seit ihrer Geburt. Das Reisefieber wird sie nicht verlassen. Wenn Sie können, reisen Sie mit ihr, wenn nicht, vertrauen Sie ihr. Sie liebt Sie und nicht all die anderen, mit denen sie ihre Zeit verbringt.

Sie denken vielleicht, sie habe kein Gefühl, weil sie in ihren Liebesaffären etwas nachlässig ist und die Ehe scheut – Sie haben unrecht. Sie wird Tränenströme bei traurigen Filmen vergießen und Gedichte mit nassen Augen lesen. Sie hat wahrscheinlich jede Zeile, die Sie ihr geschrieben haben, aufgehoben, Blumen getrocknet, die Sie ihr schenkten, und die Eintrittskarte zu dem Fußballspiel aufbewahrt, bei dem Sie sich kennengelernt haben.

Sie fragen nach ihren Hausfrauentalenten? Seien Sie tapfer. Und geduldig. Die Schütze-Frau langweilt sich schrecklich, wenn sie staubwischen und abwaschen soll. Hat sie erst ein eigenes Heim, wird sie jedoch ihren Widerwillen hinunterschlucken. Sie würde es allerdings vorziehen, wenn Sie ihr ein Mädchen hielten, falls Sie es sich leisten können. Wenn nicht, wird sie das Haus verbissen auf Hochglanz bringen. Ihre Mutter wird es nicht für möglich halten. Dieses schlampige Kind soll den Boden gewachst haben? Nicht zu fassen! Aber sie hat ihren Stolz und wird sich schließlich überwinden und die Böden mit einem Mindestmaß an Unmut fegen.

Ihre Kochkünste? Man kann nie wissen. Die meisten Schütze-Frauen sind nicht gerade gern in der Küche (wenn sie nicht einen Stier-, Krebs- oder Steinbock-Aszendenten haben). Aber die Jupiter-Frau kann eine wundervolle Nachspeise auf den Tisch zaubern, wenn Sie in trüber Stimmung sind. Ihre eigenen Launen können schrecklich sein, aber sie sind selten und dauern nur so kurze Zeit, daß Sie sie kaum bemerken. Wenn sie wirklich verletzt ist, kann sie sehr sarkastisch sein. Aber sie hat das, was sie sagt, meist schon vergessen, bevor sie den letzten Satz ausgesprochen hat, und sie kann nicht verstehen, warum Sie noch darauf herumreiten. Sie ist nicht die Frau für einen grüblerischen, melancholischen Mann. Trübsinn und Pessimismus können sie fast körperlich krank machen.

Ihre Kinder werden sie wahrscheinlich vergöttern. Sie wird ihr Kamerad sein und mit ihnen herumtollen. Wenn sie erst einmal ihre Angst vor Verantwortung überwunden hat, wird sie auch mit Windeln und täglichen Bädern wie eine tüchtige Säuglingsschwester fertig werden. Sie macht fast alles gut, wenn sie sich dazu entschlossen hat. Wie die Erwachsenen werden auch die Kleinen eine gute Dosis ihres heiteren Optimismus und ihrer freimütigen Bemerkungen abbekommen.

Wenn sie ihre etwas derbe Offenheit überstehen, werden die Kinder sie für die beste große Schwester halten, die man sich wünschen kann. Die Kinder werden wahrscheinlich gut, aber nicht übertrieben sorgfältig angezogen sein, und sie werden gute Manieren haben. Die Ehrlichkeit der Schütze-Frau wird auch auf die Charaktere ihrer Sprößlinge Einfluß haben. In der Disziplin kann sie etwas zu nachlässig sein, und diese Neigung sollte sie bekämpfen, wenn sie nicht gerade müde oder verärgert ist. Denn das ist nicht die richtige Zeit, um streng mit den Kindern zu sein.

Keiner bewirtet Gäste so anmutig wie eine Schütze-Frau, nicht einmal ihre Löwe-Schwestern, die bestimmt keine Versager auf diesem Gebiet sind. Ein Schütze bricht selbst bei der steifsten Gesellschaft sofort das Eis. Wenn auch manch einer die Stirn über ihn runzeln mag.

Solange Sie ihr ihre Unabhängigkeit lassen und ihr nicht das Gefühl geben, eingesperrt zu sein, wird Ihnen Ihre Schütze-Frau ein dreifaches Geschenk machen: Ihre Treue, ihr Vertrauen und ihre Liebe. Die drei sind untrennbar verbunden, denn wenn sie ihre Liebe gibt, geht die Freundschaft damit Hand in Hand.

Die Jupiter-Frau ist eine unheilbare Idealistin. Und hier ist noch ein Geheimnis, das sie Ihnen vielleicht noch nie verraten hat: Sie hat sich schon vor vielen Jahren in Sie verliebt, als sie noch ein kleines Mädchen war und sich jemand wünschte, der ihr aufrichtiges Herz verstehen möge. Schon oft hatte sie geglaubt, Sie gefunden zu haben, und war doch immer enttäuscht worden. Als Sie jedoch in ihr Leben traten, hat sie Sie sofort erkannt.

Das SCHÜTZE-Kind

In dem Haus, in dem ich wohne, gibt es ein dunkelhaariges kleines Mädchen, das im Dezember geboren wurde. Sie spielt Gitarre und schreibt manchmal Lieder. Einmal schrieb sie eine Zeile, die ich einfach fabelhaft fand. Sie hieß: «Da standest du und winktest mir mit deinem Herzen zu ...»

Dieser wunderliche Satz schließt alle Schützen von einer Woche bis zu hundert Jahren ein. Schauen Sie sich Ihr kleines Schütze-Mädchen einmal genauer an. Da steht sie und winkt Ihnen mit ihrem Herzen zu. Und ihr kleiner Schütze-Sohn winkt genauso begeistert. Wenn man nicht zurückwinkt, verlieren ihre enttäuschten Herzen den Mut. Die Schützen sind glückliche, verspielte Miniaturclowns, die mit Tränen in den Augen lachen, wenn sie zurückgestoßen werden. Selbst die Kleinkinder zeigen ihr sonniges Wesen und ihr Verlangen nach Kameradschaft. Das Jupiter-Baby schreit, wenn man es allein läßt, aber stellen Sie sein Körbchen ins Wohnzimmer, wo die Erwachsenen reden und lachen, und es wird bei dem beruhigenden Ton menschlicher Stimmen zufrieden schlafen. Später wird es dem Familienverband entwachsen, aber wenn es klein ist, braucht es den Schutz menschlicher Gesichter, Gerüche und Geräusche, so wie ein junger Hund Ihren alten Pullover in seinem Körbchen braucht, um sich gemütlich einkuscheln zu können.

Wird dieser enge menschliche Kontakt dem Schütze-Kind vorenthalten, so wird es sich in sich zurückziehen und vielleicht zynisch, sarkastisch werden. Dann wird es sich irgendeinen Ersatz suchen, vielleicht ein weiches Kissen oder einen schmiegsamen Teddybären, dem die Ohren fehlen und dessen Nase eingedrückt ist, der aber Schutz bietet. Das Kind zieht Sie jedoch bei weitem vor.

Der Schütze-Junge wandert in seiner unbekümmerten Art mit einer selbstgebastelten Angel und einer Büchse Würmer in den Wald, barfuß, vergnügt vor sich hinpfeifend. Er unterhält sich mit jedem, der ihm begegnet. Sein Hund trottet hinter ihm her. Schützen sind als Kinder ungezwungen, und diese Eigenschaft verlieren sie nie. Das kleine Jupiter-Mädchen wird vielleicht eine Lausbubenphase durchmachen, und Sie werden sie ständig ermahnen müssen, sich wie eine «Dame» zu benehmen, wenn sie älter geworden ist. Aber diese Kinder haben ihre eigene Meinung darüber, was eine «kleine Dame» und einen «kleinen Herrn» ausmacht. Es beginnt mit Ehrlichkeit. Schlichter, nackter, brutaler Ehrlichkeit. Schütze-Kinder haben sie zur Perfektion entwickelt und erwarten sie auch von Ihnen. Sie werden sich stets dagegen wehren, demütige kleine Sklaven zu sein, die sich jeder elterlichen Laune fügen.

Ihre Autorität erkennt das freimütige, wißbegierige Schütze-Kind an. Es wird sich gutwillig fügen, wenn es davon überzeugt ist, daß Ihre Anordnungen richtig sind. Wenn Sie gerecht sind und versuchen, genau so ehrlich zu sein, wie das Kind, wird es lernen, Ihre Vorschriften zu respektieren. Sie müssen fest bleiben, wenn Sie wissen, daß Sie im Recht sind, und ihm einen guten, stichhaltigen Grund geben. Wenn Sie unrecht haben, müssen Sie Ihren Irrtum eingestehen. Oft bestehen Eltern hauptsächlich auf der Einhaltung von Vorschriften, die sie zu ihrer eigenen Bequemlichkeit aufgestellt haben. Ein Schütze-Knirps wittert diese Art Unehrlichkeit schon meilenweit. Nehmen Sie sich lieber vor, ihm alle Ihre Anordnungen und Befehle ruhig zu erklären. Sonst müssen Sie damit rechnen, daß Sie eine ganze Menge Ruten verbrauchen, ehe der Schütze-Starrsinn bei einer ungerechten Bestrafung nachgibt.

Die Wißbegierde der Schütze-Kinder kennt keine Grenzen. Der Tag beginnt mit einer Frage, und sie schlafen mit einer Frage auf den Lippen ein. Meistens dreht es sich um Heuchelei, Selbstgefälligkeit und Täuschung der Erwachsenen. So kann es den ganzen Tag gehen: «Warum braucht der Weihnachtsmann einen Brief, wenn er alles weiß?» – «Warum fallen meine Zähne aus, wenn ich Schokolade esse?» – «Warum hat dir Vati zugeblinzelt, als du von zweiten Flitterwochen gesprochen hast, und warum heißen die Wochen Flitter?» – «Warum sagt ihr, daß Opa unter dem Pantoffel steht? Unter welchen Pantoffeln? Er hat doch nie welche an?» – «Warum hat dir mein Teddybär erzählt, daß ich den Kuchen gegessen habe? Warum spricht er nie so zu mir, wie er zu dir spricht?»

Es wird Ihnen auch nicht viel nützen, wenn Sie sich aufregen und schreien: «Sei ruhig! Wenn du noch einmal ‹warum› sagst, verhaue ich dich. Sag das Wort nie mehr!» Dann werden Sie die klare kleine Stimme Ihres Schützen hören: «Warum nicht?»

Später, wenn er oder sie älter ist, wird es heißen: «Warum muß ich zu einer bestimmten Zeit zu Hause sein? Du sagst doch, daß du mir vertraust.» (Und Sie werden diesem Kind vertrauen, oder Sie sollten es tun.) «Warum ist es wichtig, was die Leute denken? Machst du dir mehr aus den Leuten als aus mir?» Das ist eine harte Nuß. Denken Sie sich die Antwort darauf lieber schon aus, wenn das Kind noch in den Windeln liegt. Der Schütze-Teenager wird Ihre Vorschriften nie widerstandslos hinnehmen, wenn sie mehr den Anstandsregeln als der Sorge für sein Wohlergehen dienen. Es gibt natürlich einige gute, logische Gründe dafür, daß Sie auf der Einhaltung bestimmter gesellschaftlicher Regeln bestehen, aber legen Sie sich alles gut zurecht und achten Sie darauf, daß es überzeugend klingt.

Das Sprichwort: «Wenn die Kinder klein sind, treten sie dir auf die Füße, wenn sie groß sind, treten sie dir aufs Herz» könnte für einen Schützen geschrieben sein. Es läßt sich nicht leugnen, diese Kinder sind linkisch, wenn nicht sogar ungeschickt. Lassen Sie Ihren Vorrat an Hansaplast und Jod niemals ausgehen. Sie stolpern über Ihren Besen, Ihren Staubsauger und alle Ihre guten Absichten. Sie werden ständig schmerzende Füße und ein verletztes Selbstgefühl haben. Aber das ist gar nichts im Vergleich zu dem wehen Herzen, das Sie eines Tages haben werden, wenn Ihr Schütze-Junge oder -Mädchen fest seinen Fuß daraufsetzt. Ihr starkes Freiheitsbedürfnis bezieht sich auch auf Unabhängigkeit von der Familie. Diese Kinder werden sich außerordentlich früh selbständig machen und manchmal lange Zeit weder schreiben noch telefonieren. Das kann recht weh tun. Die beste Kur gegen dieses elterliche Herzweh besteht darin, Ihrem Schütze-Kind, solange es noch klein ist, Respekt vor Ihrer Großzügigkeit und Ihrem Ehrgefühl beizubringen. Wenn Sie kleinlich und voller Vorurteile sind, werden Sie ihn (oder sie) später nur noch in den Ferien zu sehen bekommen, wenn überhaupt. Beurteilen Sie jedoch seine Freunde nach ihrem wirklichen Wert und glauben Sie an seine Redlichkeit und seine Träume, dann wird Ihr Schütze-Sprößling immer zu Ihnen nach Hause zurückkommen. Sonst aber wird er draußen bleiben mit seinen Kissen oder Teddybären in der Form von neuen Freunden, die ihn so nehmen, wie er ist, und die an ihn glauben.

Sie können damit rechnen, daß es ziemlich früh Liebesromanzen geben wird. Die Mädchen werden die Sache wahrscheinlich nicht ernst nehmen, sondern nur ihre weiblichen Künste ausprobieren wollen, wenn die Haltung der Eltern es ausschließt, daß die Freunde als die bewußten Teddybären fungieren. Die Jungen sollten nicht nur über das Verhalten der Vögel und Bienen orientiert werden. Vorsicht ist besser als Nachsicht.

Bringen Sie diesen Kindern Sparsamkeit bei. Sie müssen lernen, daß ihr Taschengeld zu Ende ist, wenn sie es ausgegeben haben. Stopfen Sie nicht die Löcher für sie zu. Wenn sie ihr Pausengeld für «Micky-Maus»-Hefte ausgegeben haben, müssen sie eben für den Rest der Woche trockenes Brot mit in die Schule nehmen. Das hört sich hart an, aber eines Tages werden es Ihnen manche Leute danken.

Jungen und Mädchen werden vermutlich gern zur Schule gehen. Ihrer Intelligenz und ihrer großen Wißbegierde wird das Lernen zu einem aufregenden Spiel, wenn ihr lebhaftes Interesse nicht durch stumpfsinnige Routine getötet wird. Je fortschrittlicher sich die Erziehung gestaltet, desto bessere Schüler werden diese Kinder sein. Sie sind ruhelos, und wenn man sie zum ständigen Stillsitzen zwingt oder ihre Phantasie unterdrückt, wird ihr Eifer bald erlahmen, manchmal für immer. Schütze-Kinder, die strenge, unduldsame Lehrer haben oder Opfer einer trockenen Lehrmethode sind, haben die Neigung, die Schule vorzeitig zu verlassen und arbeiten zu gehen.

Schütze-Kinder können ein tiefes und ernstes religiöses Interesse entwickeln. Unter ihnen finden sich Jungen und Mädchen, die sich schon in früher Jugend entschließen, Priester, Nonne, Pfarrer, Rabbiner oder Missionar in einem fremden Land zu werden. Wenn sie älter werden, können sie das Dogma anzweifeln, vielleicht den Glauben wechseln und ewig nach der Wahrheit suchen. Ein Schütze ohne Ideale ist wie ein Hund ohne Knochen. Hat der junge Hund keinen Knochen, kann er die Couch oder den Sessel zerbeißen. Hat der junge Schütze kein Ideal, kann er sich mit solchem Eifer und Fanatismus in Ideen verbeißen, daß er seine Zukunft unwiederbringlich zerstört.

Wenn Sie eine Woche lang unter einem Schütze-Chef gearbeitet haben, werden Sie vielleicht etwas verwirrt sein. Sie wissen nicht, ob Sie lachen oder weinen sollen. Der Herr ist offensichtlich ein Trottel.

Oder ist er ein Genie? Nein, er ist keins von beiden – er ist einfach nur ein grober Flegel. Wenn man genauer hinschaut, so hat er jedoch etwas von einem Don Quichotte. Aber das kann nicht stimmen. Wo er Sie mit so sichtbarem Vergnügen beleidigt. Immerhin schmeichelt er Ihnen auch mit echter Herzlichkeit. Sehen Sie sich ihn an – so unbeholfen wie ein dreibeiniges Füllen. Nein, er ist doch anmutig wie ein Rennpferd. Benutzt er Trickspiegel?

Nach der zweiten Woche beschließen Sie zögernd, noch einige Zeit zu bleiben und abzuwarten. Inzwischen sind Sie fest davon überzeugt, daß seine Mutter ihn maßlos verwöhnt hat. (Falsch. Sie hatte gar keine Gelegenheit dazu. Sie tat, was er wollte.) Nun, ein anderer soll sich mit ihm herumärgern, nicht Sie. Sie werden bald wieder gehen. Sie wünschen ihr viel Vergnügen zu dem Burschen – seiner Frau nämlich. Sie tut Ihnen allmählich leid (sie vergießt manchmal ein paar Tränen des Selbstmitleids, aber sie führt ein aufregendes Leben). Sie sind überzeugt, daß er Sie insgeheim haßt. (Er ist begeistert von Ihnen. Nur brutal ehrlich, wenn Sie einen Fehler machen.) Sie glauben, er wird Ihnen einen besseren Posten geben. (Noch nicht. Er war etwas zu enthusiastisch gestern.) Er hat Sie für heute zum Mittagessen eingeladen. Jetzt werden Sie feststellen können, wie er wirklich ist. (Er hat abgesagt. Er hat vergessen, daß er bei dem ASPCA-Treffen reden muß.)

Zwei Monate später halten sowohl Sie als auch Ihr Psychiater die Zeit für gekommen, daß Sie einmal ernsthaft mit ihm sprechen. Sie fassen einen Entschluß. Wenn er sich Ihre Beschwerden über sein unberechenbares und rätselhaftes Verhalten anhört und Ihnen sagt, wie Sie bei ihm und in der Firma angeschrieben sind, bleiben Sie. Sonst kündigen Sie. Sie werden fest bleiben. (Schade, er ist gerade nach London geflogen.) Gut, Sie können warten. Sie werden Ihre Karten aufdecken, wenn er zurückkommt, und ihm genau sagen, was

Sie denken. Geben Sie ihm ein paar Tage, um Luft zu holen. Er sieht etwas müde aus. Aber davon werden Sie sich nicht beeindrucken lassen. Bis morgen sollte er wieder soweit sein, daß er sich vernünftige Vorhaltungen anhören kann. (Sie müßten schon den Flughafen anrufen. Er ist gerade auf dem Weg nach Tokio.) Wann wird er sich endlich lange genug niederlassen, damit Sie ihm sagen können, wie falsch er Sie behandelt?

Wollen Sie wirklich eine Antwort haben? Nun gut, niemals. Ihr Schütze-Chef ist immer unterwegs und wickelt ein großes Geschäft nach dem andern ab. Er hat ganz bestimmt keine Lust, seine Reisen zu unterbrechen, nur damit Sie ihm seine Fehler vorwerfen können. Er hält sich für einen ganz ordentlichen Kerl. Und er ist es auch, wenn Sie es recht überlegen. Manchmal ist er scheu und hilflos und braucht Ihr Verständnis.

Aber er stößt die Leute so oft vor den Kopf. Warum sollen Sie sich für ihn entschuldigen? Allmählich fallen einem keine Entschuldigungen mehr ein. Und es ist auch nicht anständig von ihm, immer so vergnügt zu lächeln und das, was Sie sagen, vollkommen zu ignorieren. Was sollen Sie tun? Irgend etwas müssen Sie tun.

Sie könnten versuchen, ihm einen Brief zu schreiben. Sie müssen logisch vorgehen, keine falschen Gefühle zeigen, und Sie dürfen nicht einseitig sein und ihn als Bösewicht und sich selbst als Gerechten darstellen. Er ist der Gerechte. Wenn Sie einen stichhaltigen Grund angeben, wird er sich die Sache überlegen, aber er will nicht sechs Stunden darüber reden. Außerdem wird er sich sowieso nicht ändern, wozu also seine wertvolle Zeit verschwenden? Hat er denn gar keine guten Seiten? Oh ja, die hat er. Halten Sie sich daran und vergessen Sie das andere. Seine Mutter hat es getan. Seine Frau tut es. Seien Sie klug und machen Sie es ihnen nach.

Sie können damit anfangen, eine Liste seiner guten Eigenschaften aufzustellen. Gleich zu Beginn müssen Sie zugeben, daß er selten mürrisch ist. Nur hin und wieder, wenn jemand seine stürmische Begeisterung zu dämpfen versucht oder wenn der pedantische Buchhalter wissen will, was die Zahlen auf seinem Spesenbericht für den letzten Monat bedeuten. Normalerweise ist Ihr Schütze-Chef ein unbekümmerter, optimistischer, heiterer Bursche. Das ist ein Plus. Was noch?

Er ist recht anständig, wenn es um Krankheit oder Urlaub geht. Und er ist auch großzügig. Viele Chefs hätten kein Verständnis gehabt, als Sie um ein Monatsgehalt Vorschuß baten, weil Sie Ihr Geld beim Pferderennen verloren hatten. Er hat nur gemeint, daß Sie lieber ihn hätten fragen sollen, welches Pferd gewinnen würde.

Als Sie impulsiv Ihre Verlobung lösten und es hinterher tief bereuten, gab er Ihnen frei, damit Sie die Dinge wieder ins reine bringen konnten. Bevor Sie gingen, bemerkte er, daß Sie einer seiner ideenreichsten Angestellten seien, und die offensichtlich ehrlich gemeinte Bemerkung gab Ihnen neuen Mut, so daß die Liebesgeschichte am Abend wieder eingerenkt war.

Außerdem bewundern Sie auch, daß er eine Art Kreuzritter ist. Er kämpft hart für seine Überzeugung, und Sie arbeiten gern für einen solchen Mann.

Man kann schwer entscheiden, ob ein Schütze-Chef ein Heiliger oder ein Sünder ist. Wahrscheinlich hat er von beiden ein wenig. Dieser Mann ist so demokratisch eingestellt, daß man ihn einfach gern haben muß. Doch seine freimütige Art und seine brutale Offenheit sind schwer zu ertragen, besonders für empfindliche Naturen. Der Schütze-Vorgesetzte ist aufrichtig und freundlich, und es ist klar, daß er nicht der Mann ist, der etwas nachträgt oder jemanden absichtlich verletzt. Er hat nur sehr wenige Hemmungen, besonders, wenn er Ihre Fehler kritisiert. Dann zeigt er nur ein Minimum an Takt. Selbst die sanften Schützen denken nicht an die Wunden, die sie schlagen, wenn sie mit tödlicher Genauigkeit vergnügt Ihre Fehler aufzeigen. Wenn sie auch häufiger Lob und Beifall spenden – solche quälenden Augenblicke können schrecklich sein. Der Schütze glaubt ehrlich, daß jeder die Wahrheit hören möchte. Also sagt er sie. Wenn er merkt, daß er jemanden verletzt hat, ist er voller Reue. Dann entschuldigt er sich umständlich und erklärt alles, wobei er es meistens noch schlimmer macht.

Sie werden selten wissen, wo sich Ihr Vorgesetzter gerade befindet. Er kann überall und nirgends sein. Sie werden feststellen, daß er eine große Begabung dafür hat, Schwindler zu ertappen. Betrügerische Vertreter, Kunden mit zweifelhaften Absichten und Angestellte mit geheimen Lastern durchschaut er sofort. In seinem Liebesleben ist er nicht so gescheit. Wenn er ledig ist, wird es im Büro viel über seine romantischen Abenteuer zu erzählen geben.

Er hat wahrscheinlich einen großen Freundeskreis, der sich aus Menschen aller Schattierungen und aller Gesellschaftsschichten zusammensetzt. Wenn Sie seinen Maßstäben gerecht werden, hält er treu zu Ihnen.

Er erteilt seine Anordnungen vielleicht in einer etwas herablassenden Art, aber er ist dabei so heiter, und seine Methoden sind meist so logisch, daß niemand beleidigt ist. Obwohl er taktlos und manchmal etwas töricht ist, hat er eine so starke Intuition und so glückliche Eingebungen, daß er sich aus jeder unangenehmen Situation herausmanövrieren kann. (Aus seinen Liebesabenteuern kann er sich nicht so leicht befreien.) Er ist ein viel tieferer Denker, als seine zwanglose Art vermuten läßt. Ein Schütze-Chef kann es mit jedem Anwalt aufnehmen und ist ihm oft überlegen. Wenn er ein typischer Jupiter-Vorgesetzter ist, hat er vermutlich eine gute Erziehung genossen, aber selbst wenn dem nicht so ist, werden Sie es nie bemerken, da er sich im Laufe seines Lebens viel Wissen angeeignet hat.

Er ist im Grunde gutherzig, aber er ist auch ehrgeizig genug, um hin und wieder jemandem auf die Füße zu treten. Sein Gedächtnis mag in gesellschaftlichen Dingen manchmal versagen, selten aber bei Tatsachen. Er geht mit weitausholenden Schritten, kann jedoch über den Papierkorb stolpern oder seine Zigarette auf den Büroklammern ausdrücken. Mögen jedoch seine Füße stolpern, sein Verstand wird es selten tun. Seine Ideen sind oft unpopulär, aber in neun von zehn Fällen zahlen sie sich aus.

Es gibt einige scheue Schütze-Chefs, aber auch ihre Persönlichkeit wird von Jupiter beherrscht. Die Extrovertierten reden viel und entwickeln dabei gern ihre Lieblingstheorien. Auch die Introvertierten können einen ganz guten Monolog hinlegen, wenn sie in der Stimmung sind, und was sie zu sagen haben, ist gewöhnlich interessant und lehrreich. Ihr Schütze-Chef liebt Tiere, strahlendes Licht, große Pläne, schöpferisches Denken, gutes Essen und Trinken, Reisen, Treue, Abwechslung und Freiheit. Er verabscheut Unehrlichkeit, Grausamkeit, Selbstsüchtigkeit, Geiz, Pessimismus, Habgier, Heuchelei und Geheimnisse, die man ihm vorenthält. Es macht Spaß, für ihn zu arbeiten, und mit der Zeit wird er Ihnen immer lieber werden. Irgendwie haben Sie das Gefühl, daß er trotz seines Egoismus und seiner Unabhängigkeit verloren wäre, wenn Sie ihn verließen. Das ist zwar nicht der Fall, aber bleiben Sie trotzdem bei ihm. Die Zukunft wird immer ein großes Fragezeichen sein, aber die Gegenwart ist niemals langweilig.

Der SCHÜTZE-Angestellte

Die meisten Angestellten zeigen sich sehr interessiert, wenn man ihnen sagt, was sie im Laufe eines Jahres bei einer Firma verdienen und welche finanziellen Vorteile sie nach einer fünfjährigen Dienstzeit haben werden. Nicht so Ihr Schütze-Angestellter. Ihn interessiert es viel mehr, was Sie ihm jetzt zahlen – heute. Morgen ist weit entfernt, nächstes Jahr ist undenkbar, und fünf Jahre sind eine Ewigkeit. Das ist Spielgeld. Er interessiert sich für Bargeld. Was später geschieht, steht bei den Göttern. Er kann nur das Beste hoffen. Im allgemeinen lächeln die Götter auf ihn herab.

Es ist höchst erfreulich, einen Schützen im Büro zu haben. Er stößt vielleicht den Aktenschrank um oder verschüttet hin und wieder Kaffee auf die ausgehende Post, aber was ist ein wenig Ungeschicklichkeit gegen seine freundliche, hilfsbereite Art? Er jammert und klagt nicht. Er ist ein selbstsicherer Mensch, so begeistert und optimistisch, wie Sie selbst waren, als Sie damals in die Firma eintraten. Der Unterschied besteht darin, daß er so bleiben wird, auch nachdem er pensioniert ist. Vielleicht färbt etwas davon auf Sie ab, und Sie werden ein paar Ihrer verlorenen Illusionen wiederfinden.

Ein Schütze tut nichts halb. Das einzige, wozu er sich nur zögernd entschließt, ist die Ehe. In allen anderen Dingen ist er ziemlich schnell. Natürlich gibt es Schützen mit Stier- oder Steinbock-Aszendenten, die sich vorsichtiger bewegen, aber geistig und seelisch sind auch sie bestimmt nicht träge.

Häufig ist der typische Schütze Ihnen weit voraus und denkt sich auch nichts dabei, Sie auf diesen Umstand fröhlich aufmerksam zu machen. Bescheidenheit gehört nicht zu seinen hervorstechenden

Eigenschaften. Manchmal scheint es so, aber wenn Sie genau hinsehen, werden Sie einen Menschen mit Selbstvertrauen finden, der ganz und gar mit sich zufrieden ist. In der Liebe mag er manchmal etwas weniger selbstbewußt sein, aber wer ist das nicht?

Hin und wieder ist er vielleicht etwas nachlässig und sorglos, aber unterschätzen Sie deshalb seine plötzliche Intuition und seinen glänzenden Verstand nicht. Manchmal werden Sie nicht wissen, wo er hingeht oder wo er gewesen ist. Gelegentlich werden Sie sich fragen, ob er wirklich so schüchtern ist oder nur abwartet, bis er einen großen Plan, der ihm vorschwebt, verwirklichen kann. Und dann wieder wird es überhaupt keinen Zweifel geben. Er wird so kühn sein, daß Sie über seine Freimütigkeit erstaunt sind. Kleinlich ist er weder in Gesten und Ideen noch in Handlungen. Er macht riesengroße Fehler und gewinnt bei enormen Einsätzen.

Die Wißbegierde des Schützen fällt Ihnen vielleicht auf die Nerven. Er wird sich nie mit einfachen Instruktionen zufriedengeben. Er fragt immer nach dem Warum und Weshalb. Wenn Ihre Logik ihm einleuchtet, wird er Ihnen ehrlichen Beifall spenden. Wenn nicht, werden Sie bei seiner ebenso offenen Kritik vielleicht zusammenzucken. Das heißt, bevor Sie Ihre fünf Sinne zusammennehmen und wütend werden. Es mag eine notwendige Vorsicht sein, die fünf Sinne zusammenzunehmen, wenn man es mit einem Schützen zu tun hat, aber wütend zu werden ist nur Zeitverschwendung. Sehr wenige Menschen können einem Schützen auf die Dauer böse sein. Er gehört zu der Sorte Menschen, die Sie gleichzeitig schlagen und küssen möchten. Da das unmöglich ist (das erstere geht nicht, wenn es sich um Ihre Sekretärin handelt, und das zweite nicht, wenn es Ihr Verkaufsleiter ist), geben Sie es am besten auf.

Die meisten Schütze-Angestellten werden nicht erröten, wenn Sie sie loben. Sie lieben den Beifall. Vielleicht erröten *Sie* jedoch an ihrer Stelle, wenn sie beginnen, mit ihren Talenten und Fähigkeiten zu prahlen. Einer ihrer geringsten Fehler ist die fröhliche Bereitschaft, so gut wie alles zu versprechen – der Himmel ist wahrhaftig die Grenze – und es dann nicht ganz ausführen zu können, weil das Ziel zu weit gesteckt war. Das nächstemal wird er sein Versprechen halten. Auch die ruhigeren, vorsichtigeren Schützen werden manchmal einen größeren Bissen nehmen, als sie verdauen können. Doch werden beide genug Erfolg haben, um Ihre Bewunderung zu erregen.

Es ist das Jupiter-Glück, das diesen Menschen hilft. Manchmal zeigt es sich für Ihren Schütze-Angestellten auch von der anderen Seite. Er verpatzt das größte Geschäft, das Ihrer Firma je geboten wurde. Am Tag, bevor Sie ihn hinauswerfen wollen, entdecken Sie, daß der Präsident der Firma, den er beleidigt und einen Schwindler genannt hat, gerade angeklagt wurde, weil er verwässerte Aktien verkauft hat. Der grobe Mißgriff dieses verdrehten Schützen hat Sie wahrscheinlich vor einer Katastrophe bewahrt. Oder Ihre Schütze-Sekretärin hat vergessen, die dringenden Briefe zur Post zu geben. Sie hat noch kaum Tränen über Ihre grausame Beschimpfung getrocknet, da stellen Sie fest, daß einer der Briefe einen Scheck über eine höhere Summe enthält, als Ihre Firma in dieser Woche überhaupt auf der Bank hat.

Unehrlichkeit gehört nicht zu den Schwächen des Schützen und Takt auch nicht. Es kann sein, daß Sie in manchen Bürostreitigkeiten vermitteln müssen, weil Ihr Schütze-Angestellter in seiner unverhüllten Freimütigkeit Dinge geäußert hat, die seinen Mitarbeitern nicht gefallen.

Der Schütze-Angestellte überrascht Sie vielleicht mit gelegentlichen Temperamentsausbrüchen, die sich gegen alle, vom Liftboy bis zu Ihnen selbst, richten können (er hat keine Vorurteile). Seine heftige, gerechte Empörung wird besonders dann erregt, wenn jemand es wagt, die Lauterkeit seiner Absichten zu bezweifeln. Er ist die Aufrichtigkeit in Person, auch wenn er manchmal merkwürdige Wege geht, um die Wahrheit zu finden. Sein Ärger hält jedoch nie lange genug, um wirklich zu verletzen, und seine Pfeile hinterlassen selten Wunden. Es gibt nur kleine Risse in Ihrem Selbstgefühl.

Wenn Ihr Schütze-Angestellter mit einer Aktentasche ins Büro kommt, die mit bunten Hotelschildern beklebt ist, so gibt er Ihnen auf feine Art zu verstehen, daß ihm der Boden unter den Füßen zu heiß wird. Schicken Sie ihn auf eine Reise. Er wird mit vielen Aufträgen und einem leichteren Herzen zurückkommen. Er ist ein guter Verkäufer, aber Sie müssen ihm beibringen, seine vorschnelle Begeisterung etwas zu zügeln. Der Schütze kann vor lauter Eifer die Vorsicht vergessen. Aber so impulsiv er auch ist, wenn er seine Gedanken beisammen hat, kann er alle mit seinen vernünftigen, wenn auch ein wenig bestürzenden Ideen aus dem Felde schlagen. Geld ist ihm wichtig, denn er möchte gern auf großem Fuß leben. Selten ist er geizig, und wenn Sie es sind, wird er sich bald nach einer passenderen Stellung umsehen.

Der Steinbock

22. Dezember – 20. Januar

Berühmte STEINBOCK-Persönlichkeiten:

Konrad Adenauer

Wilhelm Canaris

Pablo Casals

Marlene Dietrich

Benjamin Franklin

Annette v. Droste-Hülshoff

Friedrich Dürrenmatt

Hermann Göring

Cary Grant

Franz Grillparzer

Gustaf Gründgens

Françoise Hardy

Lilian Harvey

Jeanne d'Arc

Josef Kainz

Johannes Kepler

Martin Luther King

Rudyard Kipling

Hildegard Knef

Mao Tse-tung

Henry Miller

Gamal Abd el Nasser

Pola Negri

Isaak Newton

Martin Niemöller

Richard Nixon

Heinrich Nordhoff

Louis Pasteur

Edgar Allan Poe

Elvis Presley

Helena Rubinstein

Albert Schweitzer

Heinrich Zille

Carl Zuckmayer

Wie man den STEINBOCK erkennt

Es ist alles andere als einfach, den Charakter des Steinbocks zu begreifen. Sie werden lernen, dieses Sonnenzeichen zu erkennen, aber Sie brauchen etwas Übung. Beobachten Sie die ruhige Spinne in der Ecke. Sie hat keine Chance gegen die schnellfliegenden Insekten. Aber sie verfangen sich in dem geschickt gewebten Netz – und die Spinne gewinnt. Denken Sie an Äsops langsame Schildkröte, die humorvoll an dem Rennen mit dem Hasen teilnimmt. Sie hat keine Chancen gegen das schnelle, intelligente Tier. Aber der flüchtige Hase läuft überall herum, vergißt das Ziel – und die Schildkröte gewinnt. Beobachten Sie die Steinböcke, wenn sie die Berge erklimmen. Sie haben keine Chancen gegen die klügeren Menschen, die sie verfolgen. Aber die Jäger fallen zurück, während der kräftige Steinbock entschlossen auf seinen Hufen von Fels zu Fels klettert – und der Steinbock gewinnt.

Nun beobachten Sie einen Steinbock-Menschen. Wo Sie ihn finden? Überall dort, wo er vorwärtskommen, sich verbessern und seinen geheimen Ehrgeiz befriedigen kann. Versuchen Sie es auf einer Party. Der Steinbock ist kein leichtlebiger Gesellschaftsmensch, aber das Exemplar, das wir beobachten, ist ein gesellschaftlicher Streber. Nehmen Sie eine gemischte Gruppe, vorzugsweise aus der oberen Einkommensklasse. Sie können auch die mittlere Einkommensklasse wählen, aber je tiefer Sie hinuntersteigen, desto geringere Chancen haben Sie, einen Steinbock zu finden. Er wird wahrscheinlich nicht die Aufmerksamkeit auf sich ziehen, sondern mehr der bewundernde Zuschauer im Hintergrund sein. Sie werden ihn zuerst vielleicht gar nicht bemerken, wie er da all die strahlenden, rücksichtslosen, charmanten, unternehmungslustigen und gescheiten Persönlichkeiten um sich herum beoachtet. Jeder einzelne in der Gruppe scheint für das Rennen besser gerüstet zu sein – für jedes Rennen. Viele von ihnen bluffen, einige haben Angst, aber alle haben Schliff, und der Steinbock scheint ihnen gegenüber keine Chance zu haben. Und doch wird er gewinnen.

Vor einigen Jahren besuchte ich die Buchhandlung eines New-Yorker Astrologen. Während ich unbekümmert meine Weisheit verzapfte, ihm unverlangten Rat erteilte und mich mit ihm über astrologische Probleme unterhielt, erfuhr ich, daß er Steinbock ist, und er erfuhr, daß ich Widder bin. Selbstgefällig erriet ich seinen richtigen Aszendenten, sprach schneller, bewegte mich schneller und schien die Szene zu beherrschen. Bevor ich ging, lächelte er mich liebenswürdig an und sagte etwas sehr Komisches: «Der Steinbock wird immer über den Widder triumphieren.» Es hörte sich harmlos an, aber er meinte es ganz ernst. Draußen lachte ich vor mich hin. Wie kann man so eingebildet sein, dachte ich. Keiner kann einen doppelten Widder überwinden. Aber – wenn ich bestimmte Bücher brauche, die vergriffen sind, seit Noah die Arche baute, so fördert der Steinbock sie zutage. Allmählich sehe ich mich gezwungen, seiner Überlegenheit respektvoll Achtung zu zollen. Und jetzt gestehe ich seinem Sonnenzeichen Eigenschaften zu, um die ich ihn beneide, da ich sie nicht besitze. Sehen Sie? Der Steinbock hat gewonnen!

Da der Steinbock oft in der Menge untertaucht und sich im Hintergrund hält, ist es nicht immer leicht, die körperlichen Merkmale dieses Sonnenzeichens zu erkennen. Der Steinbock kann stämmig und muskulös, dünn und drahtig oder dick und verweichlicht sein. Ganz gleich jedoch, wie sein Körper gebaut ist, man hat immer den Eindruck, daß er dort, wo er steht, festgewurzelt ist, bis er sich endlich entschließt, seinen Standort zu ändern. Meist haben Saturn-Menschen glattes, dünnes, dunkles Haar, dunkle unbewegte Augen und eine dunkle, olivfarbene oder gebräunte Gesichtsfarbe. Sie werden natürlich auch Steinböcken mit lockigem blondem Haar und blauen Augen begegnen, aber schauen Sie genauer hin. Sehen sie nicht eigentlich so aus, als hätten sie mit dunklen Haaren, dunklen Augen und dunklerer Haut geboren werden müssen? Nehmen Sie zum Beispiel Marlene Dietrich. Eine Haut wie Porzellan, grüne Augen und Haar wie Maisfasern. Sehen Sie noch einmal hin. Beobachten Sie ihre ruhigen, überlegten Handlungen. Hören Sie sich ihre tiefe, heisere Stimme an. Denken Sie an ihren legendären Geschäftssinn und ihren erdhaften Ehrgeiz. Sind das nicht Eigenschaften, die man eher mit unerschütterlichen, verläßlichen Brünetten verbindet? Wenn Sie solche

Feinheit erst einmal beherrschen, werden Sie sich von der Erscheinung eines Steinbocks nicht mehr täuschen lassen.

Es liegt immer ein leichter Hauch von Melancholie und Ernst über der Saturn-Persönlichkeit. Kein Steinbock-Mensch kann die strenge Disziplin und Selbstverleugnung Saturns ganz verbergen. Viele Steinböcke haben kräftige Füße und tragen gesunde Schuhe. Ihre Hände sind leistungsfähig, ihre Stimmen gleichmäßig und beruhigend – und sie sind meist von einer Liebenswürdigkeit, die schmeichelt und überzeugt. Steinböcke können so harmlos wie ein Federbett aussehen und handeln, aber sie sind so hart wie ein Faß mit Nägeln. Sie hämmern beharrlich und schonungslos darauf los, sie können Beleidigungen, Druck, Enttäuschungen und Pflichten so gelassen verdauen, wie die Geiß rostige Nägel, Glassplitter und Pappe verdaut. Wie das Tier haben sie eiserne Mägen und gefährliche Hörner. Wenn ausgelassene, lachende Menschen ihre Energien leichtsinnig verschwenden, weichen die Steinböcke keinen Zentimeter nach rechts oder links vom Pfad ab. Beharrlich verfolgen sie den Weg nach oben. Sie glauben fest an die Sicherheit der vielbegangenen Straße. Gefahrenvolle Abkürzungen verachten sie.

Diejenigen, die vor ihnen die Gipfel der Berge erreicht haben, bewundern sie zutiefst. Sie huldigen dem Erfolg, achten die Autorität und ehren die Tradition. Von vielen energischen, impulsiven Menschen werden sie als snobistisch und spießig abgetan. Der Steinbock könnte umgekehrt seine Kritiker unbesonnen und töricht nennen, aber im allgemeinen ist er zu klug, um sich eine solche Selbstverteidigung zu erlauben und sich damit unnötige Feinde zu schaffen. Die von Saturn beherrschten Menschen fügen sich. Sie stimmen zu. Sie passen sich an. Oder scheint es nur so? Der Steinbock läßt die anderen ruhig vorgehen, aber oft kommt er, entgegen aller Logik, als erster ans Ziel. Er ist sorgsam darauf bedacht, die Hindernisse, die scharfen Felsen zu vermeiden. Kein Wunder, daß er selten stolpert. Seine Augen kleben nicht an den Sternen. Er sieht nach vorn und hat die Füße fest auf dem Boden. Eifersucht, Leidenschaft, Impuls, Ärger, Leichtfertigkeit, Verschwendung, Faulheit, Liederlichkeit – das alles sind Hindernisse. Sollen die anderen stolpern und darüber fallen. Nicht der Steinbock. Er schaut vielleicht kurz zurück, voll Mitleid für die Versager oder in

Dankbarkeit für Rat und Hilfe, aber er wird seinen stetigen Weg nach oben bald wieder aufnehmen und das Ziel erreichen.

Es gibt Steinböcke, die herrlich romantisch sein können, aber sie lassen sich von ihren Gefühlen nicht soweit beeinflussen, daß sie die Tatsachen nicht mehr sehen. Nicht, wenn sie typische Saturn-Menschen sind. Wenn der Steinbock ein Gedicht voller Phantasie und Illusionen schreibt, so wird das Thema vernünftig sein und die Interpunktion korrekt. Er wird bei der Sache bleiben, und das Gefühl wird nicht alles überwuchern dürfen. Verachten Sie die Konventionen nicht, wenn Sie Wert auf den Respekt des Steinbocks legen. Selbst die waghalsigeren unter ihnen, und das sind Ausnahmen, werden wenigstens die äußeren Formen gesellschaftlichen Anstands wahren.

Gelegentlich wird ein Steinbock seinen Ehrgeiz offen zeigen und nur dann arbeiten wollen, wenn man ihm die Leitung der Dinge anvertraut. Dann wird er eigensinnig und will auf der obersten Sprosse der Leiter beginnen, weil er das Gefühl hat, er gehöre dorthin. Natürlich wird er durch eine solche Einstellung zu einem düsteren, pessimistischen, kalten und selbstsüchtigen Menschen, den man unmöglich zufriedenstellen kann. Aber einige harte Schläge genügen oft, um ihn wieder auf den richtigen Weg zu bringen.

Junge Steinböcke sind zufriedener als die alten, und dafür gibt es einen Grund. Fast wie die Asiaten verehren die von Saturn beherrschten Menschen ihre Vorfahren. Achtung gegenüber der Weisheit und Erfahrung des Alters ist in ihrer Natur tief verwurzelt. Wenn sie erwachsen werden und die «ehrenhaften Ahnen» nicht mehr da sind, können die wilden Sitten der jungen Generation die konservativen Steinböcke verwirren. Sie schütteln die Köpfe und erzählen etwas von der guten, alten Zeit. Zum Glück passen sich jedoch viele von ihnen an. Es kann einem das Herz erwärmen, wenn man sieht, wie ein grauhaariger Steinbock die Kapriolen der Jugend mitmacht und zum erstenmal die Freuden der Kindheit erfährt, die ihm als ernsthaftem Knaben entgangen sind. Die älteren Steinböcke sind entweder verkrampfte, sauertöpfische Gesellen, oder sie sind zu jedem Unsinn bereit. Einige wenige schlagen den Mittelweg ein und amüsieren sich mit unterdrückter Erregung über die anderen, bringen aber nie ganz den Mut auf, selbst teilzunehmen.

Selten werden Sie erleben, daß der Steinbock seine gerade, gutgeformte Nase in die Angelegenheiten anderer Leute steckt und klatscht. Wenn das Sonnenzeichen mit verletzten Zwillinge- oder Fische-Einflüssen verbunden ist, sind sie vielleicht etwas gesprächiger, aber gewöhnlich kümmern sie sich in erster Linie um sich selbst. Sie erteilen keine unerwünschten Ratschläge, aber wenn man ihre praktische Weisheit zu Rate zieht, werden sie jederzeit zur Verfügung stehen. Dann erwarten sie auch, daß man ihren Rat akzeptiert. Der Steinbock hat gelernt, Pflicht und Verantwortung auf sich zu nehmen und Enttäuschungen zu tolerieren. Wenn Sie seinem Beispiel nicht folgen können, wird er seine Zeit nicht an Sie verschwenden und Sie nicht länger bemitleiden.

Sie haben vielleicht gelesen, daß der Steinbock Geld oder Prestige heiratet. Das ist natürlich eine Übertreibung: Es war jedoch sicher ein Steinbock, der sagte: «Es ist genauso leicht, sich in den Dirigenten zu verlieben, wie mit der zweiten Violine anzubändeln.» Der praktische Steinbock läßt sich selten zu Geschäften oder zur Ehe verleiten, wenn er für das erste nicht finanziell und das letzte nicht gefühlsmäßig vorbereitet ist. Diese Menschen tun die seltsamsten Dinge um der Sicherheit willen. Ständig haben sie das Alter vor Augen. Selbst die jungen Steinböcke werden ganz gern Tante Lottchen oder Onkel Bruno besuchen. Schließlich ist es ja möglich, daß die liebenden Verwandten ein paar Aktien oder irgendeinen Besitz haben, abgesehen von der Tatsache, daß sie einem vertraut sind und es gemütlich bei ihnen ist. Man hat ganz bestimmt keine Lust mitanzusehen, wie das Vermögen dem geliebten Kanarienvogel vermacht wird. Eine solche Einstellung kommt Ihnen vielleicht kalt und berechnend vor, aber für den Steinbock ist sie nur vernünftig. Bei einem Steinbock muß die Gelegenheit nicht zweimal anklopfen. Er hört schon beim erstenmal, nein, er stand bereits an der Tür, hat gehorcht und darauf gewartet.

In der Kindheit sind die Steinböcke oft schwächer und kränklicher als andere Kinder, aber Stärke und Widerstandskraft nehmen mit dem Alter zu. Das gesetzte, ausgeglichene Wesen des typischen Steinbocks gibt ihm eine erstaunliche Durchhaltekraft und so große Zähigkeit, daß man gar nicht so selten Steinböcke findet, die über hundert Jahre alt sind. Saturn-Menschen sollten eigentlich Krankenhäuser und Ärzte meiden können, aber sie tun es nicht, denn Furcht, Unsicherheit, Trübsinn und Kummer sind tödlicher als Bazillen. Selbst die sorgfältigste Diät, solides Leben und hartnäckiger Kampf gegen Krankheiten kommen nicht gegen die Gefahren des Pessimismus auf. Steinböcke, die Krankheiten aus dem Wege gehen wollen, sollten sich viel in frischer Luft aufhalten und sich um eine bejahende, nach außen gerichtete Haltung bemühen. Fast alle Steinböcke, Männer und Frauen, haben empfindliche Haut. Sie können nervöse Ausschläge, Allergien, rauhe oder rissige Haut, ungesunde Absonderungen, vergrößerte Poren oder Akne haben. Magenbeschwerden, verursacht durch unverträgliche Nahrung oder Kummer, sind häufig. Arm- und Beinbrüche kommen öfter vor. Die Kniescheiben, Gelenke und Knochen sind empfindlich, und psychosomatische Lähmungen, schwere Kopfschmerzen und Niereninfektionen sind weitere Früchte saturnischer Melancholie.

Steinböcke haben entweder wunderbar weiße, kräftige Zähne – oder sie leiden unter Zahnverfall und sitzen ständig beim Zahnarzt. Wenn sie die schleichenden Krankheiten vermeiden, die durch die ständigen Depressionen hervorgerufen werden, ist die Zähigkeit des Steinbocks bemerkenswert. Aber es macht wenig Spaß, das letzte Blatt am Stamm zu sein, wenn man unter Arthritis und Rheumatismus leidet. Der Steinbock muß die Sonne aufsuchen und über den Regen lachen, um gesund zu bleiben.

Der Saturn-Mensch ist eine scheue, liebe Seele, wenn auch vielleicht etwas eigensinnig. Er scheint so harmlos zu sein. Wie gefahrlos man ihm vertrauen und beichten kann! Wie angenehm sich seine Persönlichkeit äußert! Wer könnte ihn verletzen oder ihm Ehrgeiz vorwerfen? Und inzwischen macht sich der Steinbock Ihre eigenen Schwächen zunutze, um stärker zu werden. Er ist überall brauchbar und schließlich so unersetzlich, daß man ihn bittet, die Zügel zu übernehmen. Dann herrscht er unaufdringlich und zieht bescheiden die Fäden. Der Steinbock unterdrückt sein Selbstbewußtsein, um das zu erreichen, was sein Selbstbewußtsein wirklich ersehnt – die Stellung des wahren Führers. Mit freundlicher, aber ernster und vorsichtiger Klugheit schützt er die Vergangenheit vor der Mißachtung und die Gegenwart vor der Verwirrung, so daß Sie die Zukunft in Ruhe aufbauen können.

Der STEINBOCK-Mann

Er hat eine unsichtbare Mauer um sich errichtet. Er ist scheu, aber zäh und stark. Er ist angenehm, aber leidenschaftlich ehrgeizig. Wie der legendäre schweigsame rauhe Cowboy scheint der Steinbock-Mann es vorzuziehen, allein zu sein. Aber es scheint nur so.

Im geheimen sehnt er sich nach Schmeichelei. Liebend gern würde er auf dem fliegenden Trapez arbeiten und die Menge in Erregung stürzen. In seinen Träumen ist er ein unheilbarer Romantiker, aber Saturn legt ihn an die Kette. Der strenge Planet der Disziplin verlangt von ihm ruhiges Verhalten, praktische Tätigkeit und ernste Vorsätze. Das ist sein Kreuz, und es ist oft schwer zu tragen. Manchmal verbirgt er seine Hemmungen hinter einer schroffen Art – und manchmal überrascht er einen mit einem unerwarteten und ungereimten Humor, der freilich immer einen etwas ironischen Unterton hat. Aber das ist oft am komischsten, und Steinböcke können viel Heiterkeit erregen, wenn sie auf ihre verschrobene, trockene Art Witze machen.

Wenn Sie bei einem gesetzten, verläßlichen Steinbock-Mann das Innere nach außen kehren, so werden Sie einen lustigen, sanften Träumer entdecken, der sich danach sehnt, daß ihm der frische Wind durchs Haar fährt, der den Beifall berauschend findet, der nach Sensationen hungert und nach Abenteuern dürstet. Doch nur einige wenige Auserwählte können diese einsame Seele aus ihrem geheimen Gefängnis befreien.

Sie sehen also, daß man ein Buch nicht nach seinem Einband beurteilen soll. Hier können Ihnen die Sonnenzeichen helfen. Gerade haben Sie noch gedacht, daß dieser Steinbock-Mann zwar einen glänzenden Lehrer, aber einen elenden Liebhaber abgeben würde. Sie waren überzeugt davon, daß er lieber Bundespräsident werden würde als Ihr Ehemann. Er würde seinen Namen sicher lieber in den Gesellschaftsnachrichten als in Ihrem Tagebuch lesen wollen. Und jetzt stellen Sie fest, daß sein Herz so warm und freundlich ist wie ein Holzfeuer in der Winternacht. Ich weiß, daß das erfreulich ist, aber warten Sie noch einen Moment, bevor Sie losrennen, ihn umarmen und erwarten, daß er mit Ihnen zum Mond fliegt. Die Überraschungen, von denen ich eben gesprochen habe, sind ein Teil seines inneren Wesens.

Er wird entzückt und beeindruckt sein, wenn Sie erraten, daß es vorhanden ist, aber inneres Wesen bedeutet hier im wahrsten Sinne des Wortes *inneres* Wesen. Es ist anzunehmen, daß er all diese zarten Träume niemals verwirklichen wird. Sie sollten nur wissen, daß er sie hat. Das ist genug. Erwarten Sie nicht von Ihrem Steinbock, daß er barfuß durch die Butterblumen-Wiese läuft. Sein grundlegendes, saturnisches Wesen können Sie nicht ändern.

Sie können jedoch über seine verrückten Geschichten lachen, bis er genug Mut hat, auch Anspruchsvolleres zu erzählen. Sie können Andeutungen machen. Sie glaubten, daß er unter seiner konservativen Art doch recht feurig sei. Dann wird er vielleicht genug Vertrauen gewinnen, um ein paar Flammen hinauszüngeln zu lassen. Sie können ihm erklären, daß Ihnen seine Träume sehr gefielen, denn kein Traum sei so strahlend wie der, der wirklich geschieht. Das wird ihn ermutigen, noch ein paar mehr zu weben. Eines Tages wird er den Gipfel seines Berges erreichen, und Sie werden neben ihm stehen und sehr stolz auf Ihren entschlossenen Steinbock sein – und sehr froh, daß Sie an seine praktischen Träume geglaubt haben.

Steinböcke tun so, als ob sie ohne Lob leben könnten, und die Art, wie sie sich benehmen, wenn sie gelobt werden, ist ein ziemlich überzeugender Beweis dafür. Haben Sie jemals etwas Nettes zu Ihrem Steinbock-Mann gesagt und bemerkt, daß es überhaupt keinen Eindruck machte? Seien Sie nicht voreilig. Nur weil der Steinbock es glänzend versteht, sich selbst zu täuschen, müssen Sie sich nicht auch täuschen lassen. In Wirklichkeit sehnt er sich danach, daß man ihm sagt, wie gut, intelligent, gutaussehend, angenehm und interessant er ist, aber da er sein Bedürfnis selten zeigt, bekommt er auch wenig Blumen. Darum ist er vielleicht ein wenig eingerostet und weiß nicht recht, wie er sich verhalten soll, wenn jemand ihn offen bewundert. Dann überspielt er seine Verlegenheit, indem er einen verdrehten Witz macht oder so tut, als habe er nichts gehört. Natürlich werden es sich die Leute überlegen, ob sie diesem Pokergesicht noch einmal schmeicheln sollen. Man hat das Gefühl, daß er Komplimente haßt, also bekommt er noch weniger. Es ist ein schrecklicher Kreislauf. Vielleicht liegt der Fehler mehr bei Ihnen als bei ihm. Wenn Sie Ihren Steinbock das nächstemal loben, betrachten Sie seine Ohren. Sehen Sie, wie rot sie werden? Sehen Sie das schwache Zwinkern in seinen Augen und das ganz leichte Zucken seiner Nase? Er freut sich wie ein Schneekönig. Natürlich schlägt er nicht wie der Löwe vor Begeisterung einen Purzelbaum, aber das bedeutet noch nicht, daß er nicht sehr glücklich und um zwei Meter gewachsen ist. Er braucht es, daß man in ihm den wirklich großartigen Kerl sieht, der er ist. Er kann nicht für sich selbst Reklame machen. Sie werden sein Reklamechef sein müssen.

Dieser Mann ist, um mit den Gärtnern zu sprechen, ein Spätblüher. In seiner Jugend ist er so ernsthaft wie eine Eule, aber wenn er älter wird, lockert er sich zusehends, und wenn er ein typischer Steinbock ist, so ist er zuletzt der jüngste von allen. Das ist ein Punkt, den man in Erwägung ziehen sollte. Bei anderen Männern muß man jahrelang wegen leichtfertiger Dummheiten ein Auge zudrücken und hat dann noch ein fades Alter vor sich. Bei einem Steinbock wird Ihre Begeisterung vielleicht zuerst ein wenig gedämpft, aber bedenken Sie, was Ihnen später bevorsteht! Ihr Steinbock-Liebhaber wird nicht im Frühling Ihrer Liebe mit Ihnen nach Paris reisen, aber er bringt es fertig, Ihnen vierzig oder fünfzig Jahre später das Tadsch Mahal bei Mondschein zu zeigen, zu einer Zeit, da andere Männer über Schmerzen in den Gelenken klagen. Das ist kein schlechter Tausch. Wenn Sie zu den Leuten gehören, die sich erst mit Appetitanregern vollstopfen und dann pflichtbewußt ihr Gemüse essen, ist er nichts für Sie. Eine Liebesaffäre mit einem Steinbock, vorausgesetzt, sie endet mit der Ehe, ist ein Diner, bei dem man den Nachtisch zuletzt verzehrt, wie es sich gehört.

Natürlich werden Sie glauben, daß Sie, was die Treue betrifft, diesen umgekehrten Prozeß des Alterns mit dem Steinbock einen guten Fang gemacht haben. Das stimmt. Sie brauchen sich tatsächlich wenig Sorgen um Seitensprünge zu machen, solange die Liebe noch jung und frisch ist. Es stimmt jedoch auch, daß sich Ihr Steinbock später etwas mehr amüsieren wird. Trotzdem kann man auf seine Treue eher setzen als auf die der meisten anderen Sonnenzeichen, denn der Steinbock ist ein Familienmensch. Die kleinen Unbesonnenheiten, die er in seinem späten Frühling begehen mag, werden niemals den heimischen Herd, die Kinder und Sie ersetzen. Familienbande sind für ihn fast heilig.

Es wäre unklug, seine Mutter zu beleidigen oder seinen Bruder kühl zu behandeln. Bereiten Sie sich darauf vor, seine Verwandtschaft zu lieben, wenn sie auch so liebenswert ist wie ein Stachelkaktus. Er wird sie unbedingt verteidigen. Und wenn Sie es zu kritischen Auseinandersetzungen kommen lassen, wird ihn die Nervenanspannung, zwischen zwei Familien wählen zu müssen, verdrießlich und trübsinnig machen. (Und einen Steinbock verdrießlich und trübsinnig zu machen, gehört zu den Dingen auf der Welt, die man unter allen Umständen vermeiden sollte.)

Vielleicht treffen Sie auf einen Steinbock, der vollkommen mit seiner Familie gebrochen hat und tiefe Verachtung für sie zeigt. Aber kratzen Sie die Oberfläche etwas an. Sie werden eine tiefe Wunde aus seiner Vergangenheit finden, die dieses untypische Verhalten verursacht hat. Viele Steinbock-Männer leben noch in einem Alter zu Hause, in dem ihre Freunde bereits seit langem die Vorzüge des Junggesellenlebens genießen. Sie verlieben sich meist auch später als andere Männer – und sie heiraten selten, bevor sie nicht im Beruf fest im Sattel sitzen.

Mit einem Auge auf Stammbaum und Vollkommenheit sehen sie sich sorgfältig unter den Töchtern des Landes um. Der Steinbock wird ein Mädchen wählen, das eine gute Mutter zu werden verspricht. Auch eine gute Köchin und Hausfrau soll sie sein. Außerdem muß sie sich gut kleiden, denn sie soll seine Geschäftspartner und Freunde beeindrucken und in Herkunft, Manieren, Erziehung und Intelligenz möglichst etwas über ihnen stehen. Zuletzt wird der Steinbock noch prüfen, ob sie schön ist und ihn körperlich reizt. Sie können sofort erkennen, daß es kein großes Problem darstellt, wenn Ihr Haar schlaff und Ihre Parfumflasche leer ist und Ihre Beine nicht danach aussehen, daß die gegenwärtige Miß Universum Sie beneidet. Holen Sie nur den Stammbaum aus der Truhe oder zeigen Sie ihm das Familiensilber. Laden Sie seine Mutter einmal wöchentlich zum Essen ein und beweisen Sie ihm, wie gut Sie mit Ihrem Geld auskommen. Nehmen Sie Ihre vierjährige Schwester zu Ihrem nächsten Rendezvous mit. Wenn Sie ein Einzelkind sind, leihen Sie sich den kleinen Nachbarjungen. Wischen Sie dem Kind die kleine Nase sanft und häufig mit einem zweckmäßigen Leinentaschentuch, bewegen Sie sich gesetzt, lassen Sie ein paar französische oder englische Worte hören und geraten Sie in Entzücken, wenn Sie ein Baby im Kinderwagen sehen. Vergessen Sie nicht, seinen Vater als den klügsten Mann zu respektieren, den Sie je kennengelernt haben, und machen Sie beiläufige Bemerkungen über einen Urgroßonkel, der sich in einer Schlacht gegen Napoleon ausgezeichnet hat oder mit Goethe auf du und du stand. Wenn Sie hübsch sind, desto besser. Aber Ihr Zauber kann nie den Teppich ersetzen, den Sie für Kusine Frieda geknüpft haben. Ich kann Ihnen versprechen, daß er Sie nie heiraten wird, wenn seine Familie Sie nicht inspiziert und für gut befunden hat. Es gibt Ausnahmen, aber sie sind so selten, daß es ausgesprochen leichtsinnig von Ihnen wäre, darauf zu setzen, daß gerade Ihr Steinbock-Mann eine ist.

Nachdem seine Familie den Antrag gemacht hat – oder besser, nachdem er den Antrag gemacht hat –, trumpfen Sie auf. Lassen Sie ihn wissen, daß Sie seine Leute herzlich lieben, daß aber er derjenige ist, mit dem Sie Tisch und Bett teilen wollen. Sonst kann es Ihnen passieren, daß Sie die Samstage damit verbringen, für Onkel Klaus Essen zu kochen oder Ihrer kleinen Schwägerin durch die quälenden Pubertätsjahre zu helfen.

In der Gegenwart des anderen Geschlechts sind die Steinböcke immer leicht nervös. Daher kann es vorkommen, daß sie gelegentlich ungeschickte Andeutungen machen, sich in Anzüglichkeiten versuchen oder grob und gefühllos erscheinen. Der Steinbock möchte eben auch gern einmal ein schneidiger Kerl sein, und er verbirgt auf diese Art seine Verlegenheit und seine Neugier, denn es würde ihn durchaus interessieren, wie es die anderen Leute so treiben. Lassen Sie sich nicht zu der Annahme verleiten, er wolle Sie die Bonnie zu seinem Clyde spielen lassen. Sie sind kein Vamp oder irgendein Mädchen. Sie sind eine Dame, vergessen Sie das nicht. Vielleicht wirft er einen verstohlenen Blick auf eine andere «sogenannte» Dame, aber es ist ganz bestimmt nicht die, die er einmal heiraten wird. Wenn Sie's nicht glauben, gehen Sie hin, ziehen Sie Ihren winzigsten Bikini an, legen Sie grüne Lidschatten auf, gießen Sie Parfum über sich und küssen Sie ihn in aller Öffentlichkeit. Sie werden vielleicht irgendwann im weißen Schleier zum Altar gehen, aber bestimmt nicht mit einem Saturn-Bräutigam.

Ein nettes Geschenk für Ihren Steinbock-Ehemann wäre ein Band Gedichte, je romantischer, desto besser. Wenn Sie ihm nicht frühzeitig eine liebevolle Ausdrucksweise beibringen, so werden Sie vielleicht eine wohlversorgte Ehefrau, die bewundert und geschätzt wird – und einen lieben Ehemann hat –, die aber im Bereich der Gefühle auf Diät gesetzt ist. Es wird wenig Sinn haben, sich dann noch darüber zu beschweren, daß er Ihnen niemals sage, er liebe Sie. Er wird Sie nur in verletzter Unschuld oder mit mürrischem Blick ansehen (je nachdem, wie stark der Saturn in seinem Geburtshoroskop steht) und Ihnen geduldig erklären: «Du bist verrückt. Ich erinnere mich ganz genau, daß ich dir gesagt habe, ich liebe dich, als ich dir den Verlobungsring gab, und dann noch einmal, als der kleine Fritz geboren wurde.»

Er findet, Sie müßten wissen, was er für Sie fühlt. Er ernährt Sie schließlich und erweist Ihnen die Ehre, Mutter seiner Kinder zu sein, seine Böden fegen und seine Trophäen putzen zu dürfen. Für einen Steinbock sind sentimentale Erklärungen nur Tünche. Vielleicht fragt er: «Was willst du denn? Richard Burton?» Das ist Ihr Stichwort. Sagen Sie laut «ja». Es sollte ihn etwas aufrütteln. Er wird sich nicht in Richard Burton verwandeln, aber er erkennt vielleicht, daß ein leise gemurmeltes «Liebling» zur rechten Zeit seiner Männlichkeit keinen Abbruch tut.

Als Vater wird er sich verhalten, wie es im Buche steht. Er wird immer oben am Tisch sitzen. Er verlangt Respekt und Gehorsam, und er wird immer auf Disziplin bestehen. Aber er wird mit echter Liebe zurückzahlen, bereitwillig Opfer bringen und wahrscheinlich lustige Geburtstagsfeiern und ein fröhliches Weihnachtsfest schätzen. Steinbock-Väter werden den Stock kaum schonen und die Kinder nicht verwöhnen. Sie werden darauf achten, daß sie zum Zahnarzt gehen und die Hausaufgaben machen. Ihr Sinn für Organisation und ihre Zuverlässigkeit werden ihre Wirkung nicht verfehlen. Es wird den Kindern ganz bestimmt nichts schaden, wenn es ihnen vielleicht auch manchmal etwas den Mut nimmt. Machen Sie Ihren Steinbock-Mann darauf aufmerksam, daß Vaterschaft auch Spaß machen kann und nicht nur eine ernste Verantwortung ist. Bringen Sie den Kindern bei, ihm einen dicken Gutenachtkuß zu geben, und ermuntern Sie ihn, mit ihnen Ball zu spielen, zum Angeln und Schwimmen zu gehen. Wenn er seine Strenge nicht übertreibt, werden die Kinder nur Nutzen daraus ziehen. Springen erst einmal Enkel auf seinen Knien herum, wird er empörend nachgiebig sein. Steinbock-Großväter sind einzigartige Babysitter.

Ein Steinbock-Mann wird selten übereilt heiraten und dann ein Leben lang bereuen. Meistens sind seine Ehen stabil, aber wenn er einen Fehler macht, zieht er abrupt die Konsequenzen. Seine Frau wird keine zweite Gelegenheit haben, alles wiedergutzumachen. Er haßt die Scheidung, aber wenn sie sich als notwendig erweist, dann ist sie endgültig.

Ihr Steinbock-Ehemann teilt die Liebe vielleicht nach einem Plan ein, so wie er das Einkaufen, die Korrespondenz, seine Bankangelegenheiten und Museumsbesuche einteilt. Das mag sich kalt und pedantisch anhören, aber denken Sie daran, daß der praktische Steinbock noch an der körperlichen Liebe interessiert ist, wenn andere Ehemänner schon Romane lesen müssen, um sich ihrer Gefühle zu erinnern. Wenn er erst pensioniert ist, wird er mehr Zeit haben, seine Liebestechnik zu verfeinern. Das ist besser als eine Versicherung. Obwohl Sie die natürlich auch haben werden bei einem Steinbock-Ehemann – Versicherung gegen Notzeiten, Versicherung gegen Einsamkeit und Versicherung gegen die Schläge einer bösen, häßlichen Welt. Jede vernünftige Frau schätzt den Wert der Saturn-Ergebenheit. Der Steinbock wird kein feuriger Liebhaber sein, der Ihnen mit funkelnden Augen und leidenschaftlichen, blumigen Reden den Hof macht. Aber er wird Sie vor all Ihren weiblichen Ängsten schützen. Er ist ein zäher Bursche mit einem sanften Herzen. Ganz gleich, wie viele graue Haare, zusätzliche Pfunde und Falten Sie sich im Laufe der Jahre zulegen, für ihn werden Sie immer so aussehen wie das Mädchen, zu dem er «ich liebe dich» gesagt hat. Wenn Sie es recht bedenken – warum soll er es immer wieder sagen? Einmal genügt, wenn es solange vorhält.

Die STEINBOCK-Frau

Eine typische Steinbock-Frau gibt es nicht. Sie kann Museumskuratorin oder Tänzerin sein. Sie werden sie geschäftig eine Elternvereinigung in der Vorstadt leiten, in einer Marktbude Würstchen braten oder den größten Wohltätigkeitsball der Stadt organisieren sehen. Eine Steinbock-Frau kann Schlagzeilen machen, auf einem Foto zurückhaltend hinter ihrem Ehemann lächeln, der für einen politischen Posten kandidiert, oder geheimnisvolle Flüssigkeiten in Reagenzgläser gießen. Doch was sie auch immer tut und wie sie sich kleidet, Saturn wird ihre Handlungen und ihre geheimen Ziele beherrschen.

Sie kann äußerst weiblich und charmant sein und so flirten, daß der Mann sich wie ein unbeholfener Bär vorkommt, der sie vor der kalten, grausamen Welt beschützen darf. Oder sie ist ruhig und reserviert, sitzt sicher auf ihrem Marmorpodest und fordert Sie heraus, sie zu erobern. Aber wie sie sich auch zeigen mag, sie hat immer nur ein Ziel vor Augen und verfolgt es mit eiserner Entschlossenheit – den richtigen Mann zu erwischen, der eine bedeutende Stellung erringen, ihren Stolz befriedigen und ein guter Vater für ihre Kinder werden kann.

Es üben so viele Steinbock-Frauen einen Beruf aus, daß man meinen könnte, Liebe und Ehe kämen bei ihnen immer erst an zweiter Stelle. Was die Liebe betrifft, so haben Sie nicht unrecht. Mit der Ehe ist es etwas anderes. Man muß bedenken, daß die Ziele des Steinbocks Sicherheit, Autorität, Ansehen und Position sind. Es macht wenig Unterschied, ob diese Bedürfnisse als Lehrerin, als leitende Angestellte oder neben einem ehrgeizigen Ehemann befriedigt werden. Auf die eine oder andere Art wird die Steinbock-Frau ihre Anerkennung finden. Einige finden sie, indem sie Bücher schreiben, Vorlesungen halten, malen oder komponieren. Es ist erstaunlich, wie viele Steinböcke beiderlei Geschlechts künstlerisches Talent haben. Vielleicht verdanken sie es ihrem angeborenen Sinn für Gleichgewicht und Harmonie.

Selbst die Saturn-Frauen, die beim Tingeltangel oder beim ältesten Gewerbe der Welt anzutreffen sind (es werden nicht viele sein), werden im ersten Fall schließlich den jugendlichen Helden oder den

Theaterbesitzer und im zweiten den reichsten Kunden heiraten. Der Steinbock muß klettern. Ob nun der Ausgangspunkt weiter oben oder unten liegt, auf dem Gipfel des Berges befriedigt sie die Sicht am meisten. Es gibt nichts Auffälliges an der Steinbock-Frau. Aufdringlich oder unverschämt wird sie nie sein, Sie werden vielleicht sogar meinen, daß sie fügsam genug ist, sich ihren Konkurrentinnen unterzuordnen. Warten Sie ab. Sehen Sie zu, wer gewinnt.

Glauben Sie ja nicht, daß die Steinbock-Frau ihren Beruf niemals für eine Ehe aufgeben wird. Geben Sie dem Mädchen nur die geringste Gelegenheit, in der Gesellschaft eine Rolle zu spielen und die Herrin eines glänzenden Haushalts zu sein, und Sie werden sehen, wie schnell sie das Interesse an ihrem Beruf verliert (gewöhnlich ist sie nicht so schnell). Wenn Sie es aber von ihr verlangen, wird die Steinbock-Frau gern weiterarbeiten und Ihnen dabei helfen, die Leiter des Erfolges emporzuklimmen – Faulheit kennt sie nicht.

Zu den erfreulichsten Eigenschaften dieser Frau zählen ihre Herzensbildung und ihre guten Manieren. Sie können ein Steinbock-Mädchen treffen, das in einer armseligen Hütte am Bahngleis aufgewachsen ist und dessen Vater in der Spätschicht im Bergwerk arbeitet, aber wenn sie ihre Herkunft nicht verrät (was sie wahrscheinlich nicht tun wird), werden Sie überzeugt sein, daß sie aus einer alten Familie kommt und eins der besten Mädchenpensionate besucht hat. So stark ist der angeborene Sinn des Steinbocks für gesellschaftlichen Anstand und konservatives, konventionelles Verhalten.

Jeder Mann, der eine Beziehung zu einer Steinbock-Frau unterhält, sollte eine Grundtatsache über dieses Sonnenzeichen lernen: Sie erscheint ausgeglichener und gefühlsmäßig beherrschter, als sie in Wirklichkeit ist. Glauben Sie nicht, daß sie standhaft wie ein Felsen ist und nichts sie erschüttern kann. In Wahrheit ist sie vielen Stimmungen ausgesetzt. Alle Frauen haben Launen, sagen Sie? Aber die trüben Stimmungen des Steinbock-Mädchens sind keine Launen. Die saturnische Schwermut, Depressionen und Pessimismus gehen viel tiefer. Sie werden durch Angst vor der Zukunft, Sorgen um die Gegenwart oder Scham über die Vergangenheit ausgelöst. Die Steinbock-Frau kann auch den Verdacht haben, daß man sich über sie lustig macht und sie in irgendeiner Hinsicht für unzulänglich hält. Sie nimmt es nicht leicht, wenn man sich über sie lustig macht. Um ehrlich zu sein, sie versteht keinen Spaß, wenn sie selbst das Opfer ist. Sie müssen sie nun nicht gleich mit Komplimenten überschütten (sie merkt es sowieso, wenn es nicht ehrlich gemeint ist), aber ziehen Sie sie nicht unnötig auf und loben Sie sie oft genug, so daß sie spürt, daß Sie ihren wahren Wert kennen.

Der Steinbock-Frau fällt es schwer, sich in der Liebe gehenzulassen. Unter ihrer kühlen Oberfläche verbergen sich mehr Leidenschaften, als die Leute vermuten. Sie wird nicht herumsitzen und die Zeit mit atemberaubenden Umarmungen und ekstatischen Küssen verschwenden; wenn sie jedoch einmal zu dem Schluß gekommen ist, daß Sie der richtige Mann sind, die Finanzen stimmen und Ihr Ehrgeiz vielversprechend ist, wird sie warmherzig, liebevoll und sogar leidenschaftlich sein. Die Steinböcke glauben nicht an unsichere Träume. Sie wollen wissen, wohin es geht, und in sicheren Wassern segeln. Stellen Sie Ihr Haus auf ein festes Fundament, wenn Sie ein Steinbock-Mädchen heiraten wollen. Schließen Sie Versicherungen ab und sorgen Sie dafür, daß die Hypothek schleunigst abgezahlt wird.

Die Saturn-Dame wird Wert darauf legen, daß alles korrekt zugeht und die Tradition unter allen Umständen gewahrt bleibt. Sie hat vielleicht die inkonsequente Angewohnheit, in den teuersten Läden einzukaufen, aber auf Rabatt zu bestehen. Sie hat nichts dagegen, ein Kleid im Ausverkauf zu erstehen, solange es das richtige Etikett hat.

Steinbock-Frauen haben eine besondere, frische Schönheit. Man wird selten eine finden, die nicht außergewöhnlich anziehend ist. Und doch sind sie in ihrem Auftreten scheu und unsicher. Man muß sie immer wieder davon überzeugen, daß sie hübsch sind. Obwohl die Steinbock-Frauen Unehrlichkeit in jeder Form hassen, bekommen sie es fertig, ihr Alter zu vertuschen. Meist gelingt es ihnen auch, dank der eigenartigen saturnischen Umkehrung des Alterns. Als Kinder sehen sie wie kleine alte Damen aus und blühen dann plötzlich auf, wenn sie über die besten Jahre hinaus sind.

Es wäre ein grober Fehler, die Familien dieser Frauen von oben herab zu behandeln. Der Mann, der ein Steinbock-Mädchen heiratet, heiratet auch ihre Verwandtschaft. Glauben Sie nicht, daß Ihre Steinbock-Frau anders ist. Sie ist es nicht. Irgendwann einmal werden Sie aufhören, über Schwiegermutterwitze zu lachen (statt dessen weinen Sie vielleicht). Oft ist die Saturn-Frau die Stütze ihrer ganzen Familie, finanziell oder moralisch, oder beides. Sie kann für ihre kranken Eltern mit solcher Hingabe sorgen, daß sie darüber den Gedanken an eine Ehe völlig aufgibt. Sie wird gern Opfer bringen, weil sie ihre Familie ehrlich liebt, aber selbst wenn sie es ungern tut, wird ihr starkes Pflicht- und Verantwortungsgefühl es ihr nicht erlauben, sich dieser Aufgabe zu entziehen.

Häufig haben Steinböcke für arme oder kranke Verwandte zu sorgen, und Sie planen am besten schon ein oder zwei Gästezimmer für solche Zwecke in Ihrem Haus mit ein. Aber es gibt auch einen Vorteil dabei. Sie werden eine Frau haben, die freundlich und rücksichtsvoll zu Ihrer eigenen Familie ist. Das Steinbock-Mädchen wird Verständnis dafür haben, daß Sie Ihren Eltern jeden Monat eine bestimmte Summe zukommen lassen. Sie ist ein Mädchen, das Sie Ihrer Mutter vorstellen können, und sie wird bei Ihrer Mutter sofort Anklang finden. Da Männer so widerspruchsvoll sind, könnte Sie das veranlassen, sich zurückzuziehen. Aber Ihre Mutter hat recht; wenn das Steinbock-Mädchen eine typische Saturn-Frau ist, wird sie eine ausgezeichnete Ehefrau abgeben.

Das Heim einer Steinbock-Frau sieht meist so makellos aus, daß man meint, die Heinzelmännchen seien nach Mitternacht am Werk gewesen. Der letzte Ort auf Erden für solche Phantasiegeschöpfe wäre jedoch die Nähe eines Steinbocks. Das Steinbock-Mädchen ist keine Träumerin, aber sie kann von klassischer Musik sehr ergriffen sein und begeistert sich für fast jede Kunstgattung. Geschichte und heroische Taten der Vergangenheit haben es ihr angetan. Sie ist eine echte Romantikerin und hat mehr Einbildungskraft als die Wirrköpfe mit ihren unwirklichen Phantasien, aber sie hat nicht viel Mitgefühl für Dichter, die in Mansarden hungern. Sorge zuerst für Essen und Miete, dann kannst du deinen Träumen nachjagen, ist das Motto des Steinbocks. Außerdem sieh zu, daß der Traum es auch *wert* ist. Mißerfolg hat nichts Zauberhaftes.

Ihre Steinbock-Frau wird ihre Ideale haben, die Sie vielleicht mit ihr teilen müssen. Sie wird unermüdlich für die Armen und Wehrlosen tätig sein, sich aber vielleicht mehr mit der Wohltätigkeit für bestimmte Gruppen als mit Einzelfällen abgeben. Das saturnische Mitgefühl ist gewöhnlich organisiert. Weibliche Steinböcke sind die geborenen Vorsitzenden von Frauenvereinen.

Den Kindern wird die Steinbock-Mutter wohl Sparsamkeit und Achtung vor Qualität beibringen. Sie müssen höflich zu Verwandten und älteren Menschen sein und haben wahrscheinlich ausgezeichnete Manieren. Sie werden nicht verwöhnt, und Ungehorsam wird nicht geduldet. Klebrige Küsse sind vielleicht nicht so geschätzt, aber wenige Frauen sind ergebenere Mütter als die Steinbock-Frau. Immer wird sie ein Ohr für ihre Kinder haben. Wenn sie älter werden, wird sie vielleicht etwas zu streng sein und nicht genug Verständnis für ihre Kümmernisse haben, aber von ihren Leistungen wird sie begeistert sein. Sie wird ihnen stets Interesse und Aufmerksamkeit entgegenbringen. Später mag es Schwierigkeiten geben, wenn der konservative Steinbock mit dem jugendlichen Liberalismus aneinandergerät. Dann braucht die Steinbock-Mutter wahrscheinlich etwas Hilfe, um den Enthusiasmus ihrer Kinder besser verstehen zu können. Sie wird es vielleicht nur auf schmerzliche Art lernen, daß sie ihnen keine Freundschaften diktieren und sie nicht zwingen kann, nur mit «anständigen Leuten» zu verkehren. Aber sie ist klug genug, sich anzupassen und ihre Hörner einzuziehen, wenn sie merkt, daß sie eher verliert als gewinnt.

Viele Steinbock-Frauen haben eine empfindliche Haut und tragen daher kein Make-up. Die Natur hat sie jedoch mit Schönheit bedacht, die wenig Vergoldung braucht, und sie behalten sie noch lange, wenn man anderen Frauen schon ihr Alter ansieht. Manchmal haben sie mit achtzig noch wunderbare Haut, straffe Gesichtszüge und glänzende Augen.

Helfen Sie Ihrer Steinbock-Frau geduldig, ihren Mangel an Selbstvertrauen zu überwinden. Sie ist nicht phantasielos, nur weil sie nichts von Täuschung hält. Eigensinn mag einer ihrer Fehler sein, aber sie jammert nicht und ist keine nervöse Nörglerin. Sie wird Ihnen stets zur Seite stehen und doch zart und ergeben sein. Trotz ihrer bescheidenen, oft sanften Art wird sie wissen, wie sie Sie um ihren kleinen Finger wickeln kann. Ihre Liebe hat eine Tiefe, die dauerhafter ist als die vergängliche, brennende, fordernde Liebe anderer Frauen. Wer sagt, daß sie nicht an Märchen glaubt? Nur ein weises Steinbock-Mägdelein kann tief in die Augen eines unbeholfenen Frosches blicken und entdecken, daß er in Wirklichkeit ein verkleideter Prinz ist. Und nicht nur das – wenn Sie sie heiraten, werden Ihnen niemals die sauberen Socken ausgehen.

Das STEINBOCK-Kind

Wenn Sie zu den Leuten gehören, die von den Müttern gehaßt werden, weil sie glauben, alle neugeborenen Kinder sähen wie kleine Greise aus, sparen Sie sich Ihre Beschreibung für ein Steinbock-Baby auf. Hier werden Sie vielleicht auf weniger Widerstand stoßen. Winzige Steinböcke ähneln Miniatur-Achtzigern. Sie wirken in der Jugend alt und im Alter jung. Das kleine, verhutzelte Gesicht im Körbchen wird eines Tages glatt und faltenlos sein, wenn andere Gesichter schlaff werden.

Wenn Sie ein Steinbock-Kind haben, werden Sie den inneren Widerspruch dieses Sonnenzeichens sehr bald feststellen. Von der frühesten Kindheit an wird Ihr selbstgenügsamer kleiner Steinbock Ihnen wegen seiner seltsamen Reife ein Gefühl der Unsicherheit geben. Wenn Sie etwas Nettes zu ihm sagen wie etwa: «Was will denn das teine Tindchen, Happa-Happa mit ßönem, dünnem Pinat?», so wird es Sie ernsthaft und gedankenvoll ansehen, als grübele es darüber nach, wie albern Sie noch werden können. Ein paar dieser Blicke reichen meistens, um die Eltern von der Baby-Sprache zu heilen.

Steinbock-Kinder haben einen starken Willen und wissen ganz genau, was sie wollen, aber sie machen kein großes Theater darum. Ihr kleiner Steinbock wird keinen Wutanfall bekommen oder mit der Faust dramatisch in den Kartoffelbrei schlagen, aber er versteht es durchaus, seine ablehnende Haltung zum Ausdruck zu bringen. Die Mutter fühlt sich durch ein Steinbock-Baby vielleicht eingeschüchtert, ohne zu wissen warum. Irgendwie kommt sie sich – ja, sie kommt sich närrisch und leichtsinnig vor. Sie hat fast das Gefühl, als sei sie das Kind und nicht die Mutter.

345

Dieses Kind gibt nicht leicht nach. Es krabbelt zielbewußt los. Sie haben fast den Eindruck, als hätte es alles genau geplant, während Sie seine Windeln wechselten. Man erkennt genau, was es will. Steinböcke machen keinen Hehl aus ihren Wünschen. Sie warten geduldig auf Ihre Antwort. Angenommen, Sie sagen «nein». Wenn es nichts Wichtiges ist, wird das Kind die Enttäuschung wahrscheinlich ohne tränenreiche Szenen hinunterschlucken. Handelt es sich aber um etwas, das es wirklich haben will, wird der kleine Steinbock es bekommen, so oder so. Ihr Nein wird ihm wenig bedeuten. Es wird sich nicht dagegen auflehnen, sondern seine Zeit abwarten – bis Sie schließlich mürbe werden und nachgeben.

Wenn er älter wird, wird Ihr Steinbock-Sprößling sein Leben wahrscheinlich nach einem Plan einteilen. Er wird sein Spielzeug an einem bestimmten Platz aufbewahren und sehr gereizt sein, wenn Sie es wegnehmen oder sein System ändern. Wenn er ein typisches Saturn-Kind ist, wird er sich leicht an die Essens- und Töpfchenzeit gewöhnen. Er wird auch weniger Interesse an kindischen Streichen oder Listen haben als andere Kinder. Selbst wenn sie noch ganz klein sind, werden diese Jungen und Mädchen gern zu Hause sein. Der kleine Steinbock geht lieber mit Vati und Mutti spazieren oder sitzt daheim und hört zu, wie sich die Großen unterhalten, anstatt draußen mit Kindern seines Alters herumzulaufen. Selten wird er viel Freunde haben, oft gibt es nur einen, mit dem er seine Geheimnisse teilt.

Die Schule ist für Steinbock-Kinder kaum ein Problem. Wenn nicht Aszendent oder Mond in widersprechenden Zeichen stehen, wird dieses Kind außerordentlich verantwortungsbewußt mit seinen Aufgaben sein. Es wird nach Hause kommen, seinen Mantel aufhängen und sich sofort an die Arbeit machen. Wenn es ein echter Steinbock ist, kann es das Spiel erst genießen, nachdem die Pflicht erfüllt ist.

Die kleinen Steinböcke spielen in ihrer Freizeit gern «Großsein». Die kleinen Mädchen ziehen liebend gern Mutters Kleider an. Manchmal schlagen sie vor: «Du bist das Baby und ich bin die Mutti.» Dabei können Sie sich etwas unbehaglich fühlen, da die Kleine so überzeugend in ihrer Rolle ist. Sie werden sich wie ein Clown im Laufgitter vorkommen, während sie über Ihre Brille guckt, in Ihren hochhackigen Schuhen und mit Ihren Perlen daherstolziert und bestimmt sagt: «Sei ruhig oder du kommst ohne Essen ins Bett.» Sie werden dann vielleicht lieber mit dem Spiel aufhören wollen, denn Sie befürchten allmählich, daß sie Sie wirklich ins Bett steckt. Manchmal werden die kleinen Steinböcke Ersatz-Vater oder -Mutter für ein Haustier und nehmen die Verantwortung sehr ernst. Die kleinen Steinbock-Jungen spielen Lehrer, Doktor, Zugführer oder Vati. Steinbock-Kinder malen oder zeichnen auch gern oder hören sich Musik an, doch mit sinnlosen Spielen werden sie nicht viel Zeit vergeuden. Häufig beschäftigen sie sich damit, irgendeinen praktischen Gegenstand herzustellen. Man sollte sie dazu anhalten, draußen zu spielen. Sehr begeistert werden sie nicht darüber sein, aber es tut ihnen gut.

Für die Lehrer sind die Steinbock-Kinder meist angenehme Schüler, aber es kann vorkommen, daß sie manchmal die Geduld verlieren, weil diese Kinder nur langsam begreifen und lernen. Über Träumerei oder Vernachlässigung der Aufgaben werden sich die Lehrer allerdings nie beklagen müssen. Wenn sie die Sache erst einmal verstanden haben, sind diese Kinder meist sehr gute Schüler. Sie lernen nicht schnell und haben vielleicht keine originellen Geistesblitze, aber sie sind gründlich und genau. Die Konzentrationsfähigkeit, die Saturn ihnen gibt, sollte man nicht verachten.

Vielleicht bringt Ihr kleiner Steinbock ein Zeugnis mit heim, in dem die allgemeine Beurteilung etwa folgendermaßen lautet: «Das Kind ist gehorsam, fleißig und verläßlich, beteiligt sich jedoch nur zögernd an Klassendiskussionen, weigert sich, etwas vorzutragen, ist schüchtern, hat zu wenig Selbstvertrauen und befaßt sich zu wenig mit den anderen Schülern.» Sie machen sich bereits Sorgen, daß sich Ihr Kind zu einem hoffnungslosen Einzelgänger, einem völlig ungeselligen Geschöpf entwickeln wird. Und dann erzählt Ihr kleiner Steinbock eines Tages beiläufig, daß er auf die Klasse aufpassen mußte, als der Lehrer nicht im Zimmer war. «Warum du?» fragen Sie ungläubig. «Weil ich Klassensprecher bin», kommt die gleichmütige Antwort. Sie können es nicht fassen, aber es ist so. Anscheinend langsamer als die anderen, ungesellig und zuweilen das häßliche Entlein, wird der junge Steinbock eines Tages doch eine Vertrauensstellung erhalten, denn die Menschen erkennen, daß man ihm die Verantwortung überlassen kann. Man läßt den Steinbock vielleicht die Schätze hüten, während die anderen spielen und träumen, aber für ihn bedeutet das keine Belastung. Er sucht Ansehen und Autorität.

Gelegentlich wird ein junger Steinbock den Schwächeren seinen hartnäckigen Willen aufzwingen, was zu kindlicher Grausamkeit ausarten kann, aber viel häufiger wird sich der Steinbock dem dominierenderen Sonnenzeichen unterordnen. Vielleicht haben Sie mit dem Problem zu kämpfen, daß Brüder oder Schwestern den kleinen Steinbock herumkommandieren. Machen Sie sich keine Sorgen. Er kann für sich selbst sorgen.

Gegenüber den Vertretern des anderen Geschlechts werden die Steinböcke schüchtern sein, aber sie sind absolut nicht uninteressiert. Die Übergangsjahre können schwierig sein. An Ermutigung und liebevollem Verhalten sollte es nicht fehlen, wenn diese Zeit beginnt.

Für die Eltern ist das Steinbock-Kind wie ein Geschenk des Himmels. Es kann wohl einmal hart oder verletzend sein, aber meist ist es liebevoll und freundlich. Wenn Sie gerade knapp bei Kasse sind, wird es Ihnen immer etwas aus seinem fetten Sparschwein leihen. Abgesehen von seltenen Eigensinns-Anfällen wird es höflich zu Erwachsenen und auffallend gehorsam sein. Es wird seine Pflichten planmäßig erfüllen und ernsthaft für die Zukunft arbeiten, aber Sie müssen es vielleicht zwingen, sich die Ohren zu waschen. Es wird treu an Heim und Familie hängen, und Sie werden sich selten Gedanken darüber machen müssen, wo es sich gerade befindet. Am liebsten wird es bei Ihnen sein. Dieses Kind hat seine ganz besonderen, gescheiten, gründlichen und praktischen Träume. Behandeln Sie es nicht verächtlich, wenn es nichts von Schneewittchen oder Frau Holle hält. Wenn Sie alt und grau sind und eine gedankenlose jüngere Generation Sie vergessen zu haben scheint, wird Ihr Steinbock-Sohn oder Ihre Steinbock-Tochter bei Ihnen sein und Ihre Weisheit respektieren. Sie werden Sie gern einladen oder in ihr Heim aufnehmen.

Es ist, als wollte Ihr Steinbock-Kind (diesmal im Ernst) zu Ihnen sagen: «Geh, jetzt bist *du* das Kind, und ich bin der Vater (oder die Mutter). Du hast liebevoll für mich gesorgt. Jetzt werde ich für dich sorgen.» Und es wird keine Falschheit dabei sein.

Der STEINBOCK-Chef

Ich kenne einen Steinbock-Chef, der so typisch für dieses Sonnenzeichen ist, wie man es sich nur wünschen kann. Er ist der Manager eines berühmten Sängers. Wenige Leute wissen davon. Keine Neonlichter verkünden seinen Namen, und die Klatschspalten erzählen keine saftigen Einzelheiten von seinen Abenteuern. Niemals werden Sie sein Gesicht auf der Titelseite einer Zeitschrift sehen, aber Sie müssen sich seine Inspektion gefallen lassen, wenn Sie dem Idol näherkommen wollen.

Dieser Steinbock sitzt hinter seinem Schreibtisch und hält alle Fäden im verwickelten Leben der berühmten Persönlichkeit in seiner Hand. Das reicht vom Empfang der Familie des Sängers auf dem Flughafen über den Kauf einer Yacht bis zur Miete der Scheinwerfer für eine Premiere. Er beschäftigt sich gelassen mit Prozessen und Steuerfragen. Sein Telefon läutet ständig und bringt ihm SOS-Rufe, und er weiß genau, wer wo ist, und wann sie zurückkommen. Er hat vier Millionen Statistiken im Kopf, einschließlich der geheimsten Geheiminformationen, für die Reporter ihr Herzblut geben würden, die Anfangsszene eines zwanzig Jahre alten Films, das Einspielergebnis eines laufenden Films und das beste Restaurant für Spaghetti mit italienischer Soße.

Sein Tag hört niemals auf. Er beginnt in der Morgendämmerung, und um Mitternacht sieht er die Aufträge für den nächsten Morgen durch. Er duscht oft im Büro, rasiert sich dort und kleidet sich auch dort an. Jeder, der die Verhältnisse richtig kennt, weiß, daß es wie im Tollhaus zugehen würde, wenn er von der hektischen Bildfläche verschwände. In Nachtklubs, wo er sich manchmal aus beruflichen Gründen aufhalten muß, wirkt er etwas fehl am Platz. Die seltsame Operationsbasis dieses bestimmten Steinbockes nimmt ein ganzes Stockwerk in einem Haus in Manhattan ein. Zusätzlich zu den vorderen Räumen und der Empfangshalle gibt es ein großes Privatgemach. In einer Ecke steht der riesige Schreibtisch, der die Berge von Papier aufnehmen kann, mit denen er sich täglich beschäftigen muß. Außerdem findet man zwei große Couches, verschiedene tiefe Sessel, kleine Tischchen, schwere Vorhänge, Bücherregale und grüne Teppiche. Er hat auch ein Eßzimmer und darin einen Tisch, der so groß ist, daß er die ganze Met zum Essen einladen könnte. Die Wände sind tapeziert, und es gibt verschiedene Aquarien mit teuren tropischen Fischen. Man könnte denken, man sei bei jemandem zu Hause und nicht im Büro eines bedeutenden Geschäftsmannes.

Und dort ist man auch. Da er so viele Stunden außer Haus verbringen muß, hat der Steinbock-Chef sich sein Heim einfach mitgebracht. Andere Chefs fühlen sich vielleicht in der Geschäftswelt wohl und sind froh, daß sie von zu Hause fort können, nicht so der Steinbock. Das Heim ist heilig. Fast zu jeder Tageszeit trifft man Familienmitglieder dieses bestimmten Steinbocks an. Das Familienleben wird wegen des Berufes nicht vernachlässigt. Da er ein so typischer Steinbock-Chef ist, sagen seine Angewohnheiten einiges über alle Steinböcke in leitenden Positionen aus. Für seine Untergebenen ist er wie ein gütiger Vater – streng, aber gerecht. Er besteht auf Pflichterfüllung, und wehe dem Angestellten, der vergißt, seine samtschwänzigen Guppies zu füttern. Selten hebt er die Stimme, um Anweisungen zu erteilen. Sein Ton ist barsch, aber im allgemeinen ruhig. Nur Dummheit oder leichtfertige Fehler veranlassen ihn zu brüllen. Besucher werden manchmal durch seine ernste, formelle Art eingeschüchtert, aber die Angestellten haben sein weiches Herz entdeckt und ertragen es nicht, daß Außenstehende ihn kritisieren – obwohl sie untereinander ein wenig über ihn fluchen werden, wenn er die Peitsche knallen läßt. Er kann sehr böse werden, wenn sie herumtrödeln, aber er rückt auch einen Extra-Hunderter heraus, wenn einmal jemand in Not ist. Lob und Schmeichelei wird man kaum von ihm hören. Ein gemurmeltes «Ja, das ist gut» ist ungefähr das höchste Lob, das man von ihm erwarten kann. Aber er ist ein verständnisvoller Zuhörer, wenn seine Angestellten private Probleme haben, und er achtet darauf, daß sie Überschuhe anziehen, wenn es regnet.

Er verschenkt keine Gratifikationen wie der Weihnachtsmann, aber wenn seine Mitarbeiter etwas brauchen, ist er nicht geizig. Seine Hilfe wird allerdings wohlüberlegt und richtig dosiert sein. Verschwendung gehört nicht zu seinen Steckenpferden.

Obwohl er barsch ist, kann er auch sanft und schüchtern sein. Macht man ihm ein Kompliment, werden seine Ohren rot, wenn er auch selten zugeben wird, daß er die Bemerkung überhaupt gehört hat. Für

Wohlfahrtsorganisationen hält er immer einen Scheck bereit, und wenn es um Kinder oder alte Leute geht, hängt er eine Extra-Null an. Man muß ihn an die Mittagspause erinnern, denn über der Verantwortung vergißt er seine persönlichen Bedürfnisse. Hin und wieder hat er düstere saturnische Depressionen, schließt seine Tür, starrt aus dem Fenster, und keiner wagt es, ihn zu stören. Telefonanrufe werden nicht weitergeleitet und Büroprobleme auf Eis gelegt, bis die melancholische Stimmung vorüber ist. Er kleidet sich sehr konservativ und hat eine altmodische Taschenuhr, die er häufig hervorzieht. Er wirkt tatsächlich eher so, als hätte er mit einer seriösen Bank zu tun statt mit einem der berühmtesten Sänger. Auf seinem Schreibtisch stehen antike Gegenstände und viele verblaßte Fotos von Familienangehörigen. Das ist das Bild eines typischen Steinbock-Chefs, und Sie wissen jetzt ziemlich genau, was Sie von jedem Steinbock-Chef zu erwarten haben, einschließlich Ihres eigenen. Wenn er Zeit übrig hat, wird er sie nicht verschwenden. Er erwartet von Ihnen, daß Sie es ebenso halten. Ist in der Telefonzentrale wenig zu tun? Gut, dann können Sie diese Briefe ablegen. Ist heute ein ruhiger Tag? Fein, dann sollten Sie die Kartons ins Lager bringen. Polieren Sie sich nicht während der Bürozeit die Fingernägel, wenn Sie seine Sekretärin sind. Und telefonieren Sie nicht im hinteren Büro mit Ihrer Freundin, wenn Sie ein männlicher Angestellter sind. Ihr Saturn-Chef wird wie ein aus dem Boden gestampfter, stirnrunzelnder Racheengel vor Ihnen stehen. Weibliche Angestellte, die meilenweit nach Parfum duften, und männliche Angestellte, die im Konferenzzimmer Golfschläge üben, finden bei dem Steinbock-Vorgesetzten keine glückliche Bleibe. Seiner Meinung nach gehören Parfum in die Flasche und Golfschläge auf den Golfplatz. Diejenigen, die es auf der Stufenleiter des Erfolges schon etwas weiter gebracht haben als er, beeindrucken ihn immer. Daher kann es nicht schaden, wenn Sie gesellschaftlich auf der Höhe sind. Wenn Sie selbst schon kein Universitätsexamen vorweisen können und keine bekannte Schule besucht haben, so verfügen Sie um Gottes willen über einen Onkel oder eine Tante, die das getan haben.

Lassen Sie ihn wissen, daß Sie jeden Mittwoch mit Ihrer Mutter essen gehen und die Nachhilfestunden für Ihren kleinen Bruder bezahlen, und Sie werden sicher befördert werden. Saubere Fingernägel, höfliches Benehmen und fehlerfreie Rechtschreibung setzt er voraus, und er fordert gute Arbeit ohne Jammern und Klagen. Der Steinbock-Chef schätzt Ehrlichkeit. Schmeichelei wird Ihnen nichts einbringen, aber Verständnis für sein einsames Herz wird Ihnen sein Vertrauen gewinnen. Andere werden in ihm vielleicht einen strengen, harten Vorgesetzten mit einem Herzen aus Stein sehen. Sagen Sie ihnen, daß Sie ihn so sehen, wie er wirklich ist: Ein scheuer, empfindsamer Mensch, der sich heimlich danach sehnt, frei und zwanglos sein zu können, der aber weiß, daß Saturn ihn dazu zwingt, sich der Ordnung, Disziplin und Autorität zu fügen. Er wird Sie wie einen Sohn oder eine Tochter behandeln. Sie werden bestraft, wenn Sie ungezogen sind, und belohnt, wenn Sie brav waren. Aber er wird Sie nicht im Stich lassen, wenn Sie in Schwierigkeiten sind. Sie dürfen nur nicht vergessen, die samtschwänzigen Guppies zu füttern.

Der STEINBOCK-Angestellte

Sehen Sie sich im Büro um und versuchen Sie, ihn zu entdecken. Es ist nicht fair, in den Personallisten nach dem Geburtsdatum zu suchen. Der originelle, schöpferische Mensch kommt nicht in Frage. Den Angeber, der mit seinen Eroberungen prahlt, brauchen Sie auch nicht zu beachten. Das sind keine Saturn-Typen.

Aber wie ist es mit dem fleißigen, zurückhaltenden Angestellten, der Hosenträger und einen Mittelscheitel hat? Der mit den dunklen Socken und dem Familienbild auf dem Schreibtisch? Er kommt meist ein paar Minuten zu früh und geht ein paar Minuten nach Büroschluß. Er hat den Kopf fest auf den Schultern, und seine Bleistifte sind immer angespitzt. Alle Mitarbeiter sagen «Sie» zu ihm und rufen ihn, wenn es Schwierigkeiten gibt. Natürlich ist er ein Steinbock.

Wem sonst könnten Sie soviel Arbeit aufbürden? Er ist Ihr zuverlässiges Sicherheitsventil, wenn die Dinge durcheinandergeraten, und er steht Ihnen zur Seite, ohne viele Worte darüber zu verlieren. Ich bezweifle, ob er jemals in Ihr Büro gestürzt ist. Er geht hinein, und er wird sich wahrscheinlich zuerst überzeugen, ob Sie nicht anderweitig beschäftigt sind. Seine Kleidung und sein Verhalten sind konventionell, und er ist der einzige, der niemals vom Regen überrascht wird, da er seinen Schirm bei sich hat. Er wird seine Aktentasche nicht verlieren und auch nicht vergessen, wo er seine belegten Brote hingelegt hat. Seine Brote? Natürlich. Was sonst trägt er in der braunen Tüte mit sich herum? Restaurants sind teuer. Außerdem haßt er es, Trinkgelder zu geben und sich um einen Tisch raufen zu müssen.

Sie sahen ihn zum letztenmal lächeln, als Ihre Sekretärin bemerkte, sie wisse nicht, wie das Büro ohne ihn existieren sollte. Er gehört nicht zu den ewig lächelnden Menschen. Auch nicht zu den albernen und frivolen. Auf seine merkwürdige, komische Art erzählt er vielleicht eine ganze Menge Witze, oder er wirft einmal einen diskreten Blick auf ein hübsches Mädchen, aber Saturn wird ihm niemals gestatten, alle Hemmungen fallenzulassen. Meistens kümmert er sich um seine eigenen Angelegenheiten. Er neigt eher dazu, über die zwanglosen Späße der anderen die Stirn zu runzeln, als selbst daran teilzunehmen, obwohl sein zynischer Humor mitreißend sein kann. Wenn er in Form ist, kann er unübertrefflich sein.

Sie müssen zugeben, daß er unschätzbare Eigenschaften besitzt. Zu Ihrem Steinbock-Angestellten schicken Sie den argwöhnischen, unnachgiebigen Mann von der Steuerfahndung. Wenn der Steinbock mit ihm fertig ist, ist er längst nicht mehr so argwöhnisch und fast nachgiebig. Vielleicht ist er sogar höflich und respektvoll. Nicht jedem gelingt es, einen Mann von der Steuer erfolgreich einzuschüchtern. Erinnern Sie sich an den aufgeregten Kerl, der Ihnen parfümierte Farbbänder für die Schreibmaschinen in Schachteln, die mit Bergkristall verziert waren, andrehen wollte, um die Moral Ihrer Sekretärinnen zu heben? Nachdem er zwei Minuten mit Ihrem Steinbock-Angestellten gesprochen hatte, drückte der arme Mann den Abwärtsknopf im Lift und sah aus wie ein zusammengefallenes Soufflé.

Irgendwie haben Sie den Eindruck, daß Ihr Steinbock-Mitarbeiter es noch einmal weit bringen wird, aber Sie wissen nicht recht, wie er es anstellt. Er ist kein auffälliger, rücksichtsloser Streber. Denken Sie noch einmal nach. Er ist kein *auffälliger* Streber. Auf seine ruhige, zurückhaltende Art ist der Steinbock fest entschlossen, das zu erreichen, was er sich vorgenommen hat. Wer sich ihm in den Weg stellt oder sich aufdrängt, entdeckt bald, daß dieser Mann nicht mit sich spaßen läßt. Er übernimmt seine Pflichten, ohne zu klagen oder Unmut zu zeigen, aber er läßt sich nicht herumstoßen. Steinböcke mit vielen Planetenverletzungen im Geburtshoroskop können erstaunlich grausam und rücksichtslos sein. Der durchschnittliche Steinbock knurrt jedoch die Leute nur mit finsterem Blick an, wenn sie an seinen Hörnern zerren.

Der typische Steinbock-Angestellte ist fast zu gewissenhaft. Wenn er einen Fehler macht oder sich einmal irrt, ist er tief bedrückt. Er wird Überstunden machen, wenn Sie ihn brauchen, aber er wird das Abendessen zu Hause mit seiner Familie nicht gern versäumen. Der Steinbock zieht es vor, sich erst mit seinen häuslichen Pflichten zu befassen und dann später wieder zur Arbeit zurückzukehren. Er wird seine Stellungen nicht oft wechseln. Er entscheidet sich frühzeitig für ein Ziel und verfolgt es mit unerschütterlicher Ausdauer. Wenn es um seine Zukunft geht, ist er nicht leichtsinnig und unentschlossen. Von phantasievollen Träumen und sentimentalen Wünschen läßt er sich nicht einnebeln. Titel beeindrucken ihn nicht besonders. Er will keinen Ruhm. Er suchte die wirkliche Macht: Er will derjenige sein, der die Festung hält, während die Individualisten und Idealisten draußen ihren Träumen nachjagen. Er braucht seinen Namen nicht in Goldbuchstaben an der Tür zu sehen, um sich wichtig vorzukommen. Aber versäumen Sie nicht, seinen Verantwortungsbereich in bestimmten Zeitabständen zu erweitern, und zahlen Sie ihm genug, damit er sich vor Meiers nebenan nicht schämen muß. Er will in der richtigen Gegend wohnen, seine Kinder in die entsprechenden Schulen schicken, und seine Frau soll sich geschmackvoller anziehen als ihre Freundinnen. Dazu braucht er Geld.

Ihre Steinbock-Angestellte geht den gleichen Weg bergauf. Nichts bringt sie von ihrem Entschluß ab, entweder eine einflußreiche Stellung in der Firma zu erlangen oder den Chef zu heiraten. Dieses Mädchen wird nicht mit angeklebten Wimpern und klirrenden Armreifen zur Arbeit kommen, und Sie werden sie nicht in süße Träume versunken an ihrem Schreibtisch überraschen. Die Steinbock-Frau ist eine Dame. Selten wird sie ihre Stimme heben oder sich am Klatsch beteiligen. Sie hat Wichtigeres zu bedenken als die Frage, wer etwas mit wem hat und was Inge sagte, als Gerda zu spät kam. Nach Büroschluß wird sie vielleicht etwas mehr Neugierde zeigen. Die Saturn-Frau lebt manchmal stellvertretend durch die Liebesgeschichten anderer Leute, aber sie wird sie nicht in der Bürozeit bereden. Das ist ganz logisch. Der Chef wird vielleicht eines Tages ihr Mann sein. Und dann gibt es noch einen anderen Grund. Alle Steinböcke haben ein ausgeprägtes Pflichtgefühl, Achtung vor ihren Vorgesetzten und eine innere Disziplin, die sie davon abhält, während der Arbeit Unsinn zu treiben.

Alle Steinbock-Angestellten sind ungeduldig mit unvernünftigen Methoden und Menschen, denen der gesunde Menschenverstand abgeht. Sie werden den Arbeitsablauf im Büro neu organisieren, bis alles wie am Schnürchen läuft. Nicht alle Steinböcke sind Bankbeamte, Lehrer oder Buchhalter. Sie sind auch ausgezeichnete Forscher, sehr tüchtige Zahnärzte, glänzende Ingenieure und Architekten, und sie leisten viel im Verkauf, in der Fabrikation und in der Politik. Viele Steinböcke sind Juweliere, Minister, Hoteldirektoren, Leiter von Beerdigungsunternehmen, Kunsthändler oder Astrologen. Aber was immer sie tun, sie nehmen es ernst.

Vergessen Sie nicht, daß Saturn-Menschen auch eine schöpferische Seite haben. Ihr Steinbock-Angestellter hat vielleicht ein Hobby, das Sie überraschen würde. Er könnte ein Sonntagsmaler sein, und noch dazu ein sehr guter. Er kann am Wochenende Hausmusik treiben, bildhauern, mit Immobilien handeln, Gemüse züchten, in einem Chor singen oder im Laienspiel auftreten. Kultur liegt ihm am Herzen, ebenso wie seine Familie, sein Heim, seine Arbeit, Geld, Ansehen, Bücher, Kunst und Musik – in ungefähr dieser Reihenfolge. Lassen Sie einen Widder-, Zwillinge-, Löwe- oder Schütze-Mitarbeiter für Ihre Firma reisen. Die meisten Steinböcke bekommen einen nervösen Ausschlag, wenn sie an einen Koffer denken. Und selbst wenn es nicht ganz so schlimm ist, werden sie lieber in einen Vorortzug steigen als in ein Düsenflugzeug. Und überhaupt, wer würde ein Auge auf alles haben, wenn er fort ist? Denken Sie daran, was geschah, als er letzten Sommer auf Urlaub war. Irgend jemand im Büro bestellte doch tatsächlich vier Dutzend von den parfümierten Farbbändern in den Bergkristall-Schachteln.

Der Wassermann

21. Januar – 19. Februar

Berühmte WASSERMANN-Persönlichkeiten:

Hedwig Courths-Mahler
Charles Darwin
James Dean
Charles Dickens
Christian Dior
Friedrich Ebert
Thomas Edison
Ludwig Erhard
Friedrich II., d. Große
Willy Fritsch
Wilhelm Furtwängler
Clark Gable
Wladislaw Gomulka
Juliette Greco
Theodor Heuss
E. T. A. Hoffmann
Hugo v. Hofmannsthal
Kalanag

Mario Lanza
Jack Lemmon
Abraham Lincoln
Charles Lindbergh
Norman Mailer
Somerset Maugham
Jeanne Moreau
Wolfgang Amadeus Mozart
Paul Newman
Hazy Osterwald
Auguste Piccard
Leontyne Price
Franklin Roosevelt
Hjalmar Schacht
Franz Schubert
Carl Spitzweg
Hugo Stinnes

Wie man den WASSERMANN erkennt

Bei den von Uranus beherrschten Menschen muß man ständig auf das Unerwartete gefaßt sein. Der Wassermann ist im allgemeinen freundlich und ruhig, trotzdem genießt er es, die öffentliche Meinung herauszufordern. Im geheimen hat er Freude daran, die braven Bürger durch gelegentlich exzentrisches Verhalten vor den Kopf zu stoßen. Diese meist liebenswürdigen und höflichen Wesen können Ihnen mit den erstaunlichsten Behauptungen und Taten zu den unwahrscheinlichsten Zeiten einen plötzlichen Schlag versetzen. Der typische Uranus-Mensch ist halb Albert Schweitzer und halb Micky Maus. Er kann Sandalen, Stiefel, Halbschuhe oder Hausschuhe an den Füßen haben und wird sich selten darum scheren, ob sie zu der augenblicklichen Gelegenheit passen. Er wird barfuß erscheinen, wenn ihm danach zumute ist, und er wird Sie auslachen, wenn Sie über ihn lachen.

Die Wassermänner verhalten sich oft bewußt provozierend, um zu zeigen, daß sie sich nicht anpassen wollen.

Sie können die Menschen, die unter diesem Sonnenzeichen geboren wurden, oft an ihrem häufigen Gebrauch des Wortes «Freund» erkennen. Der Wassermann Franklin Roosevelt begann seine Kamingespräche unweigerlich mit «Meine Freunde ...», und die typische Uranus-Frage nach einer gescheiterten Liebe ist: «Können wir nicht Freunde bleiben?» Der Wassermann ist weder abgestumpft noch naiv, weder enthusiastisch noch blasiert. Ständige Experimente machen ihn nur neugierig auf das nächste Geheimnis, und das nächste Geheimnis könnten Sie sein. Der Mensch, der entweder geistig völlig abwesend ist oder Sie mit mikroskopischer Genauigkeit unter die Lupe nimmt, ist wahrscheinlich ein Wassermann. Es wird Sie vielleicht aus der Fassung bringen, wenn Sie nach all seinem schmeichelhaften Interesse entdecken, daß ihn das Leben des Polizisten an der Ecke, des Barmixers, des Hotelpagen oder der Nachtklubsängerin genauso interessiert wie Ihr eigenes. Politik und Sport faszinieren, Kinder fesseln ihn. Aber auch für Pferde, Autos, ältere Leute, medizinische Forschung, Autoren, Astronauten, Alkoholiker, Klaviere, Windmühlen und Gebete interessiert er sich – ganz zu schweigen vom Fußball und Louis Armstrong. Mischen Sie sich unters Volk, und werfen Sie Ihr Selbstgefühl in den Papierkorb, sonst wird seine kühle, unpersönliche Einstellung Sie ganz bestimmt verletzen.

Achten Sie auf den seltsamen, verträumten Ausdruck in seinen Augen. Es ist, als verfügten die Wassermänner über ein magisches, geheimnisvolles Wissen, das Sie nicht durchschauen können. Wassermann-Augen sind oft (aber nicht immer) blau, grün oder grau. Das Haar ist häufig glatt und seidig, meistens blond, aschblond oder hellbraun, die Gesichtsfarbe ist blaß, und sie sind gewöhnlich größer als der Durchschnitt. (Obwohl der Aszendent jedes Sonnenzeichen beeinflussen kann.) Sie werden ein auffallend edles Profil feststellen können. Uranus-Gesichter sind wie gemeißelt, sie erinnern an die Köpfe der römischen Kaiser auf alten Goldmünzen. Die echten Wassermänner halten oft den Kopf gesenkt, wenn sie über ein Problem nachdenken oder gerade eine Frage gestellt haben. Dank der Zweigeschlechtlichkeit von Uranus zeigen die männlichen Körper oft weibliche Züge, wie zum Beispiel breite Hüften, und die weiblichen männliche, wie breite Schultern.

Die freiheitsliebenden Uranier können ausgesprochen witzig, boshaft, originell, eingebildet und selbstbewußt, aber sie können auch diplomatisch, sanft, mitfühlend und schüchtern sein. Der Wassermann wird fast verzweifelt den Schutz der Menge suchen und viele Freunde haben. Und dann wieder wird er schwermütig und verdrießlich nach Einsamkeit verlangen, und keiner darf ihn stören. Stets aber behält er seine scharfe Beobachtungsgabe, mit der er blitzschnell das Wesentliche erfassen kann.

Uranus macht ihn zu einem geborenen Rebellen, der instinktiv spürt, daß die alten Überlieferungen sinnentlehnt sind und daß die Welt und die Menschen Neuerungen und revolutionäre Veränderungen brauchen (obwohl er als Politiker klug genug ist, seine Ansichten nicht vorzeitig laut werden zu lassen und damit seine Chancen zu zerstören).

Der Wassermann analysiert ständig Situationen, Freunde und Fremde. Es kann beunruhigend sein, wenn er beginnt, mit einem

Minimum an Takt unverhohlen Fragen zu stellen und in Ihre intimsten Geheimnisse einzudringen. Entdeckt er, daß das Rätsel gar nicht so kompliziert ist, wird es ihn langweilen, manchmal ärgert er sich sogar. Nichts ist so beleidigend wie ein Wassermann, der seines minuziösen Spiels peinlicher Untersuchung überdrüssig wird und sich der nächsten interessanten Person zuwendet – gerade nachdem er Sie davon überzeugt hat, daß Sie das bedeutendste menschliche Wesen auf Erden sind.

Trotz ihrer vielen Freundschaften haben die Wassermänner wenig intime Freunde. Sie sehen mehr auf Quantität als auf Qualität, und ihre festen Beziehungen erstrecken sich meist nur auf einen begrenzten Zeitraum. Wenn man um die nächste Ecke biegt, gibt es ja wieder so viel Neues zu entdecken, da kann man sich nicht ausschließlich an ein oder zwei Menschen binden. Es hat wenig Sinn, bei einer so unpersönlichen Art an Gefühle zu appellieren. Wenn Sie jedoch das Herz eines Wassermanns rühren können (was nicht dasselbe ist wie das Gefühl), wird er wahrscheinlich zurückkommen und sich ansehen, was er versäumt hat.

Eine merkwürdige Isolation ist um die Wassermann-Menschen. Sie werden oft mißverstanden. Das kommt daher, daß die Menschheit das «Utopia» des Wassermannes noch nicht erreicht hat. Da der Uranus-Mensch in der Zukunft lebt und nur für kurze Zeit in die Gegenwart zurückkehrt, kann er weltlicheren Seelen zuweilen leicht verrückt vorkommen. Es spürt es, und das vertieft sein Gefühl der Isolation. Er sieht jedoch nicht ein, weshalb er rückwärts gehen sollte, nur weil andere nicht mit ihm Schritt halten können. Also wandert er allein seine einsame Straße, während wir gewöhnlichen Sterblichen uns wundern, was er da draußen tut. Die Astrologie lehrt uns: «Wie der Wassermann heute denkt, so wird die Welt in fünfzig Jahren denken.» Das mag stimmen, aber dadurch wird die Kluft zwischen den von Uranus Beherrschten und uns anderen nicht geringer. Dieses Sonnenzeichen ist als Zeichen der Genies bekannt, denn über siebzig Prozent der genialen Menschen haben entweder die Sonne oder den Aszendenten im Wassermann. Andererseits ist aber auch ein beträchtlicher Prozentsatz der Insassen von Nervenheilanstalten und der Patienten von Psychiatern unter dem Zeichen Wassermann geboren. Nur ein kleiner

Schritt, sagt man, führe vom Genie zum Wahnsinn, und Sie werden sich bei Ihren Uranus-Freunden manchmal überlegen, auf welcher Seite sie sich befinden. Ein großer Teil der Verwirrung entsteht durch die Neigung der Menschheit, ihre Propheten wenig zu achten. Edison wurde für geistig zurückgeblieben gehalten, und Louis Pasteur wollte man einsperren – Beispiele für die Haltung einer materialistischen Welt gegenüber denen, deren Sinne auf höhere Sphären gestimmt sind.

Uranier sind eine eigenartige Mischung aus kühler, praktischer Überlegung und exzentrischer Unbeständigkeit. Sie scheinen ein instinktives Einfühlungsvermögen in die Welt der geistig Kranken zu haben. Es ist eine merkwürdige Tatsache, daß fast jeder Wassermann die Angstgefühle der Nervenkranken vermindern kann, einfach dadurch, daß er ruhig mit ihnen spricht. Er hat eine wunderbare Begabung dafür, hysterische Menschen zu beruhigen und ängstliche Kinder zu besänftigen. Hat er dieses Verständnis, weil er selbst ein so empfindsames, äußerst feines Nervensystem hat?

Der Wassermann hat so großzügige Ansichten, daß Sie bei ihm selten Vorurteile finden werden, wenn das Geburtstagshoroskop nicht schwere Planetenverletzungen aufweist. Und selbst dann wird er zutiefst empört sein, wenn man ihm Voreingenommenheit vorwirft. Er geht zu den Reichen und in die Slums, sammelt seine Eindrücke und gibt sie weiter, und nur gelegentlich zieht er sich in die Abgeschiedenheit zurück. Aber diese Perioden dauern nicht lange. Versuchen Sie nicht, seine Einsamkeit zu stören. Wenn er allein sein will, dann will er wirklich allein sein. Er hat sich nicht für immer vom Hauptstrom zurückgezogen. Er kann nie lange auf Menschen verzichten. Kümmern Sie sich nicht um ihn, und er wird bald wieder durch die Straßen wandern, so munter und wißbegierig wie zuvor.

Gewöhnlich ist es schwierig, eine genaue Verabredung mit einem Wassermann zu treffen. Er läßt lieber alles offen, denn er möchte sich nicht auf bestimmte Pflichten und bestimmte Termine festlegen. Er zieht ein beiläufiges: «Ich sehe dich dann, vielleicht irgendwann am Dienstag» einer festgesetzten Stunde für eine Verabredung vor. (Und manchmal meint er erst den Dienstag nächster Woche.) Wenn Sie ihn aber einmal festgenagelt haben und er Ihnen sein Wort gibt, daß er

Sie zu einer bestimmten Zeit treffen wird, so wird er mit dem Glockenschlag dort sein – wenn er nicht entführt ist (was passieren kann, da er ein Wassermann ist).

Sie können erwarten, daß er seine Meinung freimütig äußert, aber er wird Ihnen nicht vorschreiben, wie Sie denken oder Ihr Leben führen sollen. Andererseits läßt er sich auch von Ihnen keine weisen Ratschläge geben. Anders als Widder, Löwe oder Zwillinge hat er kein Verlangen danach, seine Ideen anderen aufzudrängen. Die Philosophie des Wassermanns lautet: Jeder hat seine eigene Sehnsucht. Jeder tanzt nach seiner eigenen Melodie, und die Individualität sollte respektiert werden. Es ist interessant zu beobachten, daß jetzt, da die Welt ins Wassermann-Zeitalter tritt, die Herolde der neuen Ära die Hippies und die Gurus sind. In übertriebener Weise spiegeln sie einfach die Wassermann-Ideale wider: Gleichheit – Brüderlichkeit – Liebe für alle – leben und leben lassen – Suche nach der Wahrheit – Experimente – und Abgeschiedenheit, um zu meditieren.

Selten wird ein Wassermann leidenschaftlich für eine Idee kämpfen. Er lebt nach seinem Prinzip und findet, daß das genug ist. Sollen doch Widder, Löwe, Skorpion und Schütze nach dem Schwert greifen und für die Sache der Unterdrückten kämpfen. Die von Uranus beherrschten Menschen sind zu sehr damit beschäftigt, die Gründe für die Revolution zu entdecken, sich die Sorgen der Leute anzuhören und mitfühlendes Verständnis zu zeigen.

Der Wassermann glaubt an gewaltsame Änderungen, aber die Gewaltsamkeit überläßt er anderen.

Er ist kein Feigling. Er ist nur einfach nicht für den Kampf ausgerüstet. Wenn er nichtsahnend in einen Streit verwickelt wird, schlägt er vielleicht in der Verwirrung blind um sich oder stimmt einfach zu, um der Sache ein Ende zu machen. Seine Reaktion ist nicht vorauszusehen, aber eines ist sicher: Am nächsten Tag wird er seine Meinung genauso unbeirrt vertreten wie zuvor. Jeder, der gut mit Worten kämpfen kann, ist ihm gewöhnlich überlegen, da er sich in einer Diskussion nur allzuleicht dem Abstrakten zuwendet. Der Wassermann kämpft am besten mit seinem Hut. Er setzt ihn auf und geht. Seine Wahrheitsliebe wird es jedoch nicht zulassen, daß er von seiner Überzeugung auch nur einen Zentimeter abweicht.

Oft sind die Wassermänner feindseliger Kritik ausgesetzt, weil sie so voller Überraschungen sind. Sie haben die eigensinnige Angewohnheit, einen nicht wissen zu lassen, was sie vorhaben.

Es liegt dem Uranier nicht, den Menschen zu vertrauen, bevor er nicht ihre Motive, wenn möglich sogar ihre Seele genau untersucht hat. Man wird leicht nervös, wenn er jedes Wort und jede Geste analysiert. Es hat den Anschein, als lege er alles für einen etwaigen späteren Gebrauch «auf Lager», und so ist es auch. Manchmal hat man den Eindruck, als bewege er sich in einem traumhaften Nebel, aber lassen Sie sich nicht irreführen. Wahrscheinlich kann er Ihnen sagen, wie viele Wimpern Sie haben. Erwarten Sie nie von einem Wassermann, daß er Sie für bare Münze nimmt. Seine angeborene Höflichkeit wird ihn nicht davon abhalten, Sie von Kopf bis Fuß zu durchleuchten. Er will wissen, was hinter Ihrer Stirn vor sich geht, und er kann recht unangenehme Fragen stellen, um es herauszufinden. Es ist jedoch tröstlich zu wissen, daß er treu ist, wenn er Sie einmal akzeptiert hat. Seine Freundschaft läßt sich nicht von boshaftem Klatsch beeinflussen.

Die Krankheiten des Wassermannes stehen häufig mit dem Kreislaufsystem in Zusammenhang. Uranus-Menschen zittern und bibbern im Winter und leiden unter der schwülen Hitze des Sommers. Sie sind im Alter anfällig für Krampfadern und Arterienverkalkung, und sie neigen zu Unfällen an den Beinen, besonders am Schienbein und an den Knöcheln. Oft kommt es zu Halsentzündungen. Wassermänner brauchen viel frische Luft, viel Schlaf und körperliche Bewegung, aber selten leben sie nach diesen Regeln. Sie haben nicht genug frische Luft, weil sie das Fenster schließen, eine Decke auf die andere legen und doch immer noch frieren. Die nervöse Hochspannung, in der sie sich ständig befinden, hindert sie daran, genügend Schlaf zu finden, und oft wird ihre kurze Ruhe noch von seltsamen Träumen gestört. Wenn man sie nicht schon als Kinder daran gewöhnt, Spiel und Sport zu treiben, ist es schwierig, sie später dazu zu bringen, sich auch nur etwas schneller zu bewegen.

Der Geist des Wassermanns ist ständig überanstrengt, aber sein Körper braucht einen kräftigen Schubs, damit er sich in Bewegung setzt. In der Kindheit ist die Gesundheit der Wassermänner meist ausgezeichnet, abgesehen von seltsamen Uranus-Beschwerden, die man nicht diagnostizieren kann. Die wirklichen Schwierigkeiten beginnen erst, wenn mit zunehmendem Alter auch der Eigensinn wächst. Diese Menschen sprechen sehr auf Hypnose an. Viele spüren das instinktiv und wehren sich mit allen Mitteln dagegen, was Unsinn ist, denn ein guter medizinischer Hypnotiseur könnte sie von ihren vielen Angstzuständen befreien.

Wassermänner haben nicht das beste Gedächtnis der Welt, aber sie brauchen sich auch nicht viel zu merken, da sie anscheinend das Wissen mit einer Art unsichtbarer Antenne aus der Luft greifen. Der typische Wassermann ist die Verkörperung des legendären zerstreuten Professors. Ich kenne einen, der sich mit seiner Frau mittags vor dem Rathaus treffen wollte. Aber er kam zu früh und stieß auf einen alten Freund. (Wassermänner treffen immer auf alte Freunde. Selbst in Afrika oder der Arktis werden sie jemanden finden, den sie kennen.) Der Wassermann war ganz in das Gespräch mit seinem Freund vertieft, als seine Frau mit strahlendem Lächeln erschien. Er starrte sie ausdruckslos an, zog höflich den Hut, drehte sich um, nahm den Arm des Freundes und ging, mit ihm ins Gespräch vertieft, die Straße hinunter. Die fassungslose Frau blieb allein und vergessen an der Ecke zurück.

Die Wassermänner haben eine bewundernswerte Konzentrationskraft, aber sie nehmen auch die Dinge, die um sie herum vorgehen, wie mit einem Radargerät wahr, wenn sie wollen. Sie können in eine komplizierte Unterhaltung vertieft sein, und doch entgeht ihnen kein Satz, der am anderen Ende des Zimmers gesprochen wird. Manchmal könnte man schwören, daß der Wassermann nichts von dem, was man sagte, gehört hat, aber am nächsten Tag gibt er es wie ein Tonbandgerät Wort für Wort wieder.

Was der Wassermann denkt, ist immer ein Schlüssel für die Zukunft. Er hat eine seltsame Art der Intuition, die zu Vorausahnungen neigt. Ich kenne einen, der tatsächlich ans Telefon geht, bevor es überhaupt geläutet hat, und er weiß sogar, wer am Apparat ist, ehe ein Wort gesprochen wurde. Abraham Lincoln hat seinen eigenen Tod mit erschreckenden Einzelheiten verschiedentlich vorausgeahnt. Fast jeder Wassermann kann mit einzigartigem Feingefühl Ihre innersten

Wünsche erraten. Ohne daß darüber geredet wird, erkennt er ein Verlangen, das so tief verborgen liegt, daß Sie selbst es kaum ahnen. Durch diese magische Gabe kann der Wassermann auch seine eigenen Gedanken wie mit unsichtbarem elektrischem Strom übertragen. Sogar wenn er einem den Rücken zudreht, kann er durch diesen seltsamen Prozeß intensive Gefühle ausstrahlen. Manche Uranier brauchen keine Telegramme mit der Post zu senden.

Und doch ist nichts Abergläubisches in ihrem Denken. Der Wassermann ist der wahre Forscher und wird, selbst wenn er Mechaniker oder Musiker ist, keine Entscheidung treffen, bevor sein scharfer Verstand nicht vorher alles genau überprüft hat. Hat er jedoch einmal eine Meinung gefaßt, hält er bedingungslos an ihr fest. So sehr er für Veränderungen in der Gesellschafts- und Regierungsform ist, seine eigenen Ideen wandelt er nicht. Er ist absolut vorurteilslos, wenn es um den allgemeinen Fortschritt geht, sein eigenes Verhalten kann jedoch unerwartet konservativ sein. Wie Sie sehen, hat auch sein Liberalismus Grenzen.

Wassermänner verachten Lüge und Betrug und vermeiden es, Geld zu leihen oder zu verleihen. Sie schenken Ihnen Geld, aber borgen Sie sich nie etwas von ihnen. Nicht zurückgezahlte Schulden können einen Riß in der Freundschaft verursachen. Wassermänner halten ihr Wort, zahlen ihre Rechnungen und erwarten von anderen das gleiche. Die Liebe der Uranier zur Ehrlichkeit kann allerdings auch seltsame Formen annehmen. So sehr er Heuchelei und Doppelzüngigkeit haßt, versteht es der Wassermann ausgezeichnet, Fragen so geschickt zu beantworten, daß man einen falschen Eindruck erhält. Und doch wird er höchst entrüstet sein, wenn er jemand anders bei einer solchen kaum wahrnehmbaren Art der Täuschung ertappt. Sein unnachgiebiges Suchen nach der Wahrheit und sein Verlangen, die eigenen Beweggründe zu verbergen, sind unvereinbare Eigenschaften. Der Wassermann muß diesen Widerspruch schließlich sehen, um die Wahrheit über sich selbst zu erkennen.

Man hält die Wassermänner für Idealisten, vielleicht zu sehr, denn der wahre Idealismus besteht aus blindem Glauben und Optimismus, und der Uranier ist zu gewitzt, um sich lange mit einer verlorenen Sache abzugeben. Er weiß, daß die meisten Träume Illusionen sind.

Tradition und Autorität lassen ihn kalt. Er wird sie höflich respektieren, aber sie werden ihn nicht davon abhalten, mit zwingender Energie Irrtümer, Falschheit und Unlogik zu entlarven.

Der WASSERMANN-Mann

Um gleich tapfer zum Kern der Sache zu kommen, erwarten Sie von einem Wassermann-Mann nicht, daß er sich so benimmt, wie verliebte Leute sich sonst benehmen. Wenn es um Freundschaft geht, ist er wunderbar. Aber Liebe? Nun ja, wie ein Wassermann, den ich einmal kannte, sagte: «Jeder kann ein Mädchen haben. Liebe ist etwas ganz anderes.» Das war eine scharfsinnige Bemerkung. Es ist wirklich «ganz etwas anderes» bei Wassermännern.

Wenn dieser Mann so tut, als könne er Sie nicht leiden, ist er nicht weit davon entfernt, anzubeißen. Warum? Das ist ganz einfach. Der Wassermann hat jeden gern. Jeder ist sein Freund. Er wird sogar seinen schlimmsten Feind als «mein Freund» bezeichnen. Also hat es etwas zu bedeuten, wenn er sagt, er möge jemanden nicht leiden. Um sich über den Sinn klarzuwerden, wird man einige Zeit brauchen. Die verschiedenen Schattierungen können kompliziert sein.

Ein Wassermann-Mann möchte seine wahren Gefühle nicht zeigen, obwohl es seine Lieblingsbeschäftigung ist, die Gefühle anderer zu erforschen. Seine eigenen Reaktionen und Beweggründe sind verwickelt, und er hat auch nicht die Absicht, das zu ändern, denn es macht ihm Spaß, Sie zu täuschen. Dieser Mann wird in Liebe und Freundschaft viele seltsame Erfahrungen machen, und er wird jede einzelne eifrig untersuchen. Ehe Sie ihn nicht vor dem Altar haben, sind Sie einfach eine weitere Erfahrung, ein neues Experiment, so schwer das auch zu ertragen sein mag. Schnüffeln Sie nicht. Trotz all seiner Vorsicht kann man ihn überlisten. Aber bevor Sie damit anfangen, versuchen Sie lieber, mit seiner einzigartigen Ansicht über die Menschen fertig zu werden.

Er ist ein Gemeinschaftsmensch, und Gemeinschaftsarbeit entspricht seinem Wesen. Er versteht die sportlichen Regeln des «fair play» und überträgt sie auch auf seine persönlichen Beziehungen. Er interessiert sich für alles. Daher ist seine Menschenliebe so unpersönlich. Er mißt jedem, dem er begegnet, eine gewisse Bedeutung bei, während wir anderen uns das nur für die ganz besonderen Menschen in unserem Leben aufheben. Für einen Wassermann ist jeder besonders. Auch der, den er noch nicht kennt. Selten ist ein Uranus-Mann selbstsüchtig oder kleinlich. Sollte er diese Eigenschaften aber doch einmal zeigen, brauchen Sie ihn nur sanft darauf hinzuweisen, daß er engstirnig ist, und er wird sich sofort bessern. Wassermänner vertragen es nicht, engstirnig genannt zu werden.

Er hat ungewöhnlich hohe Ideale, denn sein Moralkodex ist streng (aber Sie müssen begreifen, daß es sein eigener Kodex ist, der nicht unbedingt mit der allgemeinen Moral übereinstimmen muß). Es ist fast sicher, daß er ein veränderliches Leben führt, in dem es viele Diskussionen und unerwartete Ereignisse gibt. Und doch werden Sie Augenblicke der vollkommenen Ruhe erleben, wie man sie bei Menschen anderer Sonnenzeichen kaum findet. Wenn er erst einmal den Schock überwunden hat, sich unter allen Frauen der Welt nur für eine einzige zu interessieren, kann er ein außerordentlich aufmerksamer Liebhaber sein. Da er so daran gewöhnt ist, seine eigenen Probleme im Interesse der Allgemeinheit zu vernachlässigen, wird etwas davon auf sein Liebesleben abfärben. Aber rechnen Sie nicht damit. Ebensogut kann er plötzlich auch entdecken, daß er Ihnen seine ganze Ergebenheit widmet, während draußen die namenlose Menge auf ihn wartet. Dann kann er unter Umständen genau die entgegengesetzte Haltung einnehmen und sich selbst beweisen, daß er die Liebe zu seinen Freunden und der Menschheit noch nicht über der Bindung an einen einzigen Menschen vergessen hat.

Der Wassermann-Mann analysiert immer und alles und wird sich häufig fragen: «Was kann sie wohl damit gemeint haben?» Und er wird keine Ruhe geben, bis er es herausgefunden hat. Ein Rätsel regt ihn einfach auf, und lassen Sie sich nicht durch seine scheinbare Gleichgültigkeit täuschen. Es besteht immer die Möglichkeit, daß er von seinen Entdeckungen ernüchtert ist, darum sehen Sie lieber zu, daß das, was er findet, auch des Findens wert ist. Sonst hat er keinerlei Hemmungen, seine Enttäuschungen auf peinliche Weise laut werden zu lassen – und sich auf die Suche nach einem neuen Geheimnis zu begeben.

Das Mädchen, das ihn für immer fesseln will, muß ihn faszinieren. Ein offenes Buch wird seine Neugier niemals reizen. Geschlossene Deckel ziehen ihn an, je fester geschlossen, desto besser für seinen Spürsinn. Wenn eine Frau ihn nicht beachtet oder verschwiegen ist, werden sich, zumindest am Anfang, seine Augen etwas weiter öffnen und einen wachsamen Ausdruck annehmen, erstaunlich ähnlich dem eines Spürhundes, der sich auf der Fährte eines verlorenen Gegenstandes befindet. Warum ist sie so leicht erregbar? Ist sie wirklich so wankelmütig oder tut sie nur so? Warum nimmt sie soviel Parfum und Make-up und trägt so ausgeschnittene Kleider und ist dann beleidigt, wenn die Löwen, Skorpione und Schützen ihr nachpfeifen? Will sie die männlichen Annäherungsversuche oder will sie sie nicht? Ist sie puritanisch oder verdorben? Was treibt sie an? Während er untersucht und fragt und prüft, fühlt sich das Mädchen natürlich geschmeichelt – aber wenn sie sieht, daß die Kellnerin, die sie bedient, seine Neugier ebenso reizt (ganz zu schweigen von dem Schaffner), kühlt sie etwas ab. Es erregt das Herz einer Frau nicht gerade, sich wie ein Insekt unter dem Mikroskop vorzukommen. Also zieht es sie schließlich zu einem feurigeren oder erdhafteren Mann, und der Wassermann seufzt ein oder zwei Augenblicke traurig, bevor er mit der nächsten Untersuchung beginnt. (Falls nicht irgendeine neue Erfindung oder einzigartige Idee sein Interesse gefangengenommen hat. In diesem Fall müßte das nächste weibliche Forschungsobjekt etwas warten.)

Der Wassermann kann rührend sanft und fügsam sein, aber die äußere Gemütsruhe ist eine Täuschung. Dasselbe gilt für seine offensichtliche Nachgiebigkeit. Opportunismus wird er bei einer Frau nicht dulden. Wenn er spürt, daß er ausgenützt wird, wird sein Charme schnellstens schwinden. Ein stark aus dem Gleichgewicht gebrachter Wassermann ist zu haarsträubenden Dingen fähig. Was noch schlimmer ist: Sie werden ihm verzeihen. Tun Sie's nicht. Jedenfalls nicht mehr als einmal. Er bewundert eine Frau, die ihre Stellung behauptet, wenn sie sich nicht zu männlich dabei aufführt, ihm seine Freiheit läßt und ihn nicht mit der Bitte um sentimentale Versprechungen und tränenreichen Beschuldigungen bedrängt.

Es ist gut möglich, daß der Wassermann im Laufe seines Lebens irgendeine Auszeichnung erhält. Und wenn es auch nur eine Messingplakette für den größten Mann des Ortes ist. Es könnte aber auch der Nobelpreis sein.

Einige von Uranus beherrschte Männer sind Sauberkeitsfanatiker. Sie können einigen begegnen, die schreien, wenn jemand ihr Handtuch benutzt oder über ihrem Teller atmet. Dahinter steckt eine fast neurotische Furcht vor Bazillen und Bakterien. Und der Wassermann ist nicht darüber erhaben, diese Phobie auch auf sein Liebesleben auszudehnen. Seien Sie nicht überrascht, wenn er erklärt, er sei allergisch gegen Ihre Lidschatten und müsse davon niesen. Uranus-Menschen haben eine Art, Allergien gegen Dinge zu entwickeln, die sie nicht mögen, daß sie sogar Ärzte täuschen können, ganz zu schweigen von unschuldigen, nichtsahnenden Mädchen.

Der Wassermann ist nicht der Typ, der mit verschwenderischen Gesten um Sie wirbt. Er kann ebensogut eine Butterblume ausreißen und sie Ihnen zuwerfen, wie eine Orchidee mitbringen. Er wird Ihnen keine Nerzmäntel und Diamanten schenken. Aber das Leben mit ihm wird auch ohne Nerz zauberhaft sein.

Und jetzt sehen wir dem Schlimmsten mutig ins Auge. Anders als Krebs, Steinbock, Löwe und Waage stürzt sich der Wassermann nicht auf die Ehe wie ein Kind auf die Zuckerstange. Oft vermeidet er sie, solange es menschenmöglich ist. Die ausweglose Situation beginnt meist damit, daß er eine wunderschöne Freundschaft zur Grundlage der Liebe macht. (Man kommt später leichter wieder los.) Er wählt ein Mädchen, das auch Kameradin ist und seine Interessen, die Fußballergebnisse, Kreuzworträtsel, Araberpferde, Marionettentheater und Ausgrabungen am Toten Meer umfassen können, teilt. Warum? Das ist einfach. Wenn man über so viele Themen sprechen kann, bleibt weniger Zeit für die Liebe, und es entsteht keine zu tiefe Bindung. Sein Ideal ist die Frau, die ihm Freundin ist und keine gefühlsmäßigen Forderungen an ihn stellt. Wohin das führt? Nirgendwohin, im allgemeinen.

Es fällt den Wassermann-Männern nicht leicht, ihrer Liebe sichtbaren Ausdruck zu verleihen. Es kann sehr lange dauern, bis es zum ersten Gutenachtkuß kommt. Zugegeben, es lohnt sich manchmal, zu warten, und die Spannung steigert noch alles. Aber der Wassermann hält noch lange an der Illusion fest, eine nette, platonische Freundschaft zu pflegen, auch wenn eine solche Beziehung für Sie längst unmöglich geworden ist.

Wenn er genug Mut aufgebracht hat, «ich liebe dich» zu sagen, wird er die Ehe mit jeder nur möglichen Entschuldigung zu verhindern suchen. Er wird geduldig erklären, daß er Ihnen nicht das Leben bieten könne, das Sie verdienten, daß seine Eltern ihn zu Hause brauchten, daß er nicht gut genug für Sie sei, daß die von Atomkriegen bedrohte Zukunft zu unsicher sei oder daß ihn sein Chef in Kürze nach Alaska schicken könne.

Aber noch ist nicht alles verloren. Obwohl es stimmt, daß die meisten Wassermänner spät heiraten, heiraten sie letzten Endes doch – gewöhnlich. Meist geschieht es, nachdem der letzte Junggesellenfreund sich auf die Hochzeitsreise begeben hat. Dann erkennt der Wassermann, daß es noch ein Geheimnis gibt, das andere Leute bereits gelöst haben, während er es nicht einmal untersuchte. Das kann er natürlich nicht ertragen, also kommt der Antrag. Plötzlich natürlich. Uranus, wissen Sie.

Vielleicht wollen Sie ihm eine Lehre erteilen und den Eindruck erwecken, als hätte er Sie an einen unternehmungslustigeren Freier verloren. Lassen Sie sich gesagt sein, daß Sie wahrscheinlich verloren bleiben. Ihr Wassermann mit dem gebrochenen Herzen wird, anstatt voller Besitzgier hinter Ihnen herzulaufen, viel wahrscheinlicher ein paar stille Tränen vergießen und sich sagen: «Der Bessere hat gewonnen.» er wird sich mit beleidigender Leichtigkeit in ein Leben ohne Sie schicken. Er ist auch durchaus in der Lage, die unerträgliche Frage: «Können wir nicht Freunde bleiben?» zu stellen. Wenn Sie nein sagen, wird er nur entmutigt mit den Achseln zucken und langsam seiner Wege ziehen. Wenn Sie ja sagen, sind Sie das, was Sie schon immer waren: Freunde.

Eifersucht gehört nicht zu den Lastern des Wassermanns. Er wird Ihnen vertrauen, bis Sie ihm beweisen, daß er Ihnen nicht vertrauen kann. Er ist kein naiver Mensch, aber er hat Ihren Charakter durch seine analysierende Zergliederung genau unter die Lupe genommen. Wenn er nicht starke Planetenverletzungen im Geburtshoroskop hat, kennt er keinen Argwohn und keine Besitzgier. Wenn er wirklich einmal eifersüchtig ist, wird er es Ihnen kaum zeigen. Er selbst wird Ihnen selten untreu sein, hauptsächlich deshalb, weil die ganze Sexangelegenheit ihn nicht sonderlich berührt – wenn sie auch interessant ist. Ein Wassermann mit Skorpion-Einfluß kann sich schon eher einmal zu einem Abenteuer hinreißen lassen, aber selbst bei ihm wird es nicht zu tief gehen.

Wenn der Wassermann endlich seinen Partner gefunden hat, ist er der Meinung, daß er sich nun mit wichtigeren Dingen beschäftigen könne. Er hat ja Zeit und kann die Beziehungen zwischen Mann und Frau zu Hause in seinem Privatlabor studieren, wann immer er Lust dazu hat. Wenn Sie es sich recht überlegen, ist das keine schlechte Einstellung.

Das Liebesleben des Wassermannes paßt zu seiner sonstigen Weltanschauung. Sollte er in Versuchung geraten, sich in eine verbotene Liebesaffäre einzulassen (verboten in seinen Augen), so wird er lieber schnell Schluß machen, obwohl es ihm weh tun mag, als eine unehrliche Beziehung fortsetzen. Schuldgefühle können in ihm durch alle möglichen Faktoren ausgelöst werden, von der Mißbilligung Ihrer Eltern oder unterschiedlichen Konfessionen über einen Ihrer früheren Verehrer bis zu dem Gelübde, das er mit acht Jahren abgelegt hat. Aber was es auch ist, es muß aus dem Weg geräumt werden, bevor eine engere Beziehung in Frage kommt, und sollte die Liebe noch schicksalhaft sein. Wenn ihm das Herz bricht, so geschieht es stillschweigend, damit seine Freunde nichts hören und keine Fragen stellen können.

Der Wassermann kann auf Sie warten, bis Sie neunzig sind, wenn Ihnen das auch ein wenig lange erscheinen mag. Das Schlimmste ist, daß er niemals einen Grund für den Bruch angeben wird. Er jedenfalls kennt ihn, und Sie können ihn ja schließlich herausfinden. Er läßt Sie sogar boshafterweise glauben, daß alles von Anfang an nur ein Hirngespinst war. Irgendwann in nebelhafter Zukunft, an einem Tag der Versöhnung und Vergebung, wird er Ihnen beichten, daß es in Wahrheit doch immer die echte Liebe gewesen ist. Das kann recht grausam sein.

Ihr einziger Trost dabei ist, daß er auf seine Weise auch leidet. Wie

Sie das feststellen sollen? Lesen Sie noch einmal «Wie man den Wassermann erkennt». Er äußert seine Gefühle auf eine fast unmerkliche Art, was besonders kompliziert sein kann, wenn er innerlich schon auf Grün geschaltet hat, für die Öffentlichkeit aber noch das rote Stopplicht zeigt. Dadurch können gefährliche Verkehrsstörungen entstehen. Es ist schwierig für den Fußgänger, aber *er* sitzt am Steuer, also können Sie nicht viel tun – höchstens ein neues Geheimnis erfinden, mit dem Sie ihn locken können, oder soviel Erfolg haben, daß er neugierig wird und wieder mit Ihnen reden möchte. Sie könnten zum Beispiel als erste Frau die Venus umkreisen.

Nicht, daß sich seine Gefühle dadurch ändern würden. Falls er Sie wirklich liebt, wird er Sie auch lieben, wenn Sie nicht weiter kreisen als bis zum Delikatessenladen an der Ecke, aber vielleicht gelingt es Ihnen, seine Pläne durcheinanderzubringen. Aus all dem dürfen Sie schließen, daß ein Uranus-Mann ziemlich eigensinnig sein kann, wenn es um die Liebe geht. Vor Verzweiflung könnten Sie wahnsinnig werden oder einem anderen in die Arme laufen. Aber das wäre nur Zeitverschwendung. Er ist ja nicht eifersüchtig oder zeigt es wenigstens nicht. Außerdem wird er mit seiner verdammten Intuition spüren, daß alles nur Theater ist. Sie können nur hoffen, daß Sie mit neunzig noch anziehend sind, oder sich auf die Venus-Umkreisung vorbereiten.

Betrachten wir es einmal von der anderen Seite. Ein Wassermann kann ausgesprochene Besitzgier in Ihnen erwecken. Lassen Sie sich nicht aus dem Gleichgewicht bringen. Es ist nun einmal seine Natur, wo er geht und steht Freundschaft zu schließen. Das bringt mit sich, daß Sie oft nicht wissen werden, wo er sich gerade befindet, auch wenn Sie schon verheiratet sind. Sagen Sie sich immer, daß nur seine übliche Neugier, sein nie endendes Interesse an Menschen ihn treibt und daß er irgendwo mit einem Freund zusammensitzt, so spät es auch sein mag. Wenn der Freund weiblichen Geschlechts ist, tun Sie so, als bemerkten Sie es nicht. Für ihn wird es bestimmt keinen Unterschied machen. Wenn Sie ihm eine offene Frage stellen, wird er die Wahrheit sagen, wenn Sie jedoch Zweifel hegen und noch einmal fragen, wird er glauben, daß Sie die Wahrheit nicht hören wollen, und die unmöglichsten Geschichten erfinden, um Sie zu strafen.

Seien Sie nicht verletzt, wenn er die Abgeschiedenheit sucht und mit seinen Träumen allein sein will. Er wird später kommen und sie mit Ihnen teilen, wärmer und zärtlicher nach seiner geistigen Einsamkeit und alles, was ihn erwärmt, sollte man ganz bestimmt ermutigen.

Er ist vielleicht kein Millionär, aber er ist imstande, etwas Segensreiches für die Menschheit zu erfinden oder als erster Mensch auf dem Mars zu landen. Er wird sich auch dort zu Hause fühlen. Mit einem Wassermann-Ehemann gibt es immer Überraschungen, auch wenn das Geld einmal knapp ist. Natürlich findet man auch ein paar reiche Uranier, aber ein hohes Einkommen ist selten ihr brennender Ehrgeiz. Der Wassermann wird in Geldangelegenheiten vernünftig sein, aber sparen Sie lieber, wenn es möglich ist. Verschwendung von Ihrer Seite wird er nicht überleben. Manchmal mag er Sie mit einer Anwandlung von Großzügigkeit überraschen, aber er wird es nicht übertreiben, wenn er nicht einen Widder-, Löwe-, Schütze- oder Fische-Aszendenten hat.

Die Kinder werden in ihm den besten Zuhörer finden. Er ist genau wie sie daran interessiert, wie die böse Hexe den Apfel vergiftet hat, durch den Schneewittchen ohnmächtig wurde. Er nimmt aufrichtigen Anteil an dem Kummer eines kleinen Jungen über einen falschen Schlag beim Ballspiel und den Tränen eines kleinen Mädchens über seine zerbrochene Puppe. Komplizierte Mathematikaufgaben löst er mit großer Geschwindigkeit.

Lassen Sie sich durch Ihren Beruf nicht so weit in Anspruch nehmen, daß Sie vergessen, ihm Essen zu kochen oder seine Knöpfe anzunähen. Lassen Sie Ihre Freundinnen nicht auf seiner Couch übernachten oder das Telefon stundenlang blockieren, und versenken Sie sich nicht in einen Roman oder einen Fernsehfilm, wenn Sie seinen alten Tennisschläger suchen oder ihm einen Splitter aus dem Finger ziehen sollen. Er hat Sie aus verschiedenen Gründen geheiratet. Obwohl die Liebe auch eine Rolle spielte, war der wichtigste Grund, Sie immer greifbar zu haben – jemand, der seinen Kartoffelbrei macht, seine Knopflöcher säumt, seine verlorenen Gegenstände sucht und einen gelegentlichen Splitter herauszieht. Seine Vorstellung von einer guten Frau und Mutter ist ziemlich einfach. – Sogar der liberalere Wassermann-Ehemann wird über eine bezaubernde Nichtstuerin die Stirn runzeln. Aber Sie werden nicht allzuviel dagegen haben. Er selbst wird so voller Überraschungen sein, daß Sie gar keine anderen Zerstreuungen brauchen. Sie können sich immer noch zu einem gemütlichen Klatsch mit Ihren Freundinnen treffen, wenn er von einem neuen Problem besessen ist und nicht darauf achtet, was Sie treiben. Aber seien Sie auf jeden Fall zur Stelle, wenn er einen schlimmen Finger hat, denn er kann recht ungemütlich werden, wenn er sich vernachlässigt fühlt.

Seltsamerweise wird der Wassermann, obwohl er in anderen Dingen sehr realistisch ist, niemals seine erste wirkliche Liebe vergessen. Uranier heiraten oft viele Jahre später ihre Jugendliebe, oder sie klammern sich an eine verblaßte Illusion. Der Wassermann versteht es meisterhaft, seine erste Liebe in allen Einzelheiten zu beschreiben, was für seine Frau höchst ärgerlich sein kann. Die Lösung besteht darin, seine erste Liebe zu sein. Sie werden vielleicht lange auf den Ehering warten müssen, aber Sie werden wenigstens nicht von einem Gespenst bedroht sein. Trotz seiner Ungeschicklichkeit in Liebesdingen kann Ihr Wassermann plötzlich Dinge sagen, die Sie entzücken. – Er mag Ihren Hochzeitstag vergessen, aber er bringt Ihnen Veilchen im Januar. Wochen- oder monatelang sagt er kein einziges liebes Wort. Und dann eines Morgens, während Sie sein Brot schneiden, sieht er Ihnen tief in die Augen und fragt sanft: «Weißt du auch, wie schön du bist?» Und er wird es auf eine Art sagen, daß Ihnen die Knie weich werden.

Die WASSERMANN-Frau

Wenn Sie eine Liebesaffäre mit einem Wassermann-Mädchen beginnen, machen Sie sich am besten von vornherein klar, daß sie in der Liebe genauso paradox ist, wie in allen anderen Dingen. Dann werden Sie wenigstens keine falschen Vorstellungen hegen.

Sie kann treu sein, wenn sie liebt, aber manchmal auch gleichgültig und gefühlsarm. Es ist durchaus möglich, eine glückliche Beziehung zu einer von Uranus beherrschten Frau zu haben, wenn man ihr die Freiheit läßt, ihren unzähligen Interessen nachzugehen und sich unter ihren

Freunden zu bewegen. Versuchen Sie niemals, sie ans Haus zu binden. Fragen Sie den Mann, der es versucht hat. Sie kann plötzlich den Entschluß fassen, Ballett zu tanzen, in den Bergen zu meditieren oder dem Friedenskorps beizutreten.

Sie gehört jedem und doch keinem. Ihre Liebe kann zärtlich und begeistert sein, doch wird es darin immer etwas geben, das sich einem wie ein halbvergessenes Lied entzieht. Man kann die Melodie summen, aber der Text fällt einem nicht mehr ein. Das Wassermann-Mädchen verlangt beharrlich nach Freiheit, doch jemandem, der eine Liebe unter diesen Bedingungen akzeptiert, ist sie grenzenlos ergeben. Es wird Ihnen gefallen, daß Ihr Bankkonto sie nicht besonders interessiert (wenn sie keinen Krebs-, Steinbock- oder Stier-Aszendenten hat). Geld gehört nicht zu den wichtigsten Dingen im Leben einer Wassermann-Frau, aber sie erwartet, daß man ihre intellektuellen Leistungen respektiert.

Wenn Sie diesen Schmetterling in Ihrem Netz fangen wollen, so denken Sie daran, daß die von Uranus beherrschte Frau ihr unberechenbares Leben nicht mit jemandem teilen wird, der sich nicht selbst treu ist. Ihre eigene Moral kann höchst sonderbar und eigenwillig sein, aber sie wird nicht davon abweichen. Allerdings hat sie Verständnis dafür, daß Ihre Ansichten etwas anders sind. Nur müssen Sie dabei bleiben. Wenn Sie Leidenschaft suchen, haben Sie die falsche Frau gewählt. Sie hält die körperliche Liebe für recht angenehm, solange sie nicht übertrieben wird. Uranus-Frauen können auf Liebesbezeugungen mit tiefer Einfühlung reagieren, wenn Sie es jedoch vorziehen, Ihre Freundschaft lange Zeit platonisch bleiben zu lassen, so ist ihr das auch recht. Wie alle Wassermänner mag sie die unbewußte Furcht hegen, daß die zu enge Bindung an einen anderen Menschen den Geist gefangenhalten und sie von ihrer wahren großen Liebe – der Freiheit – abhalten könnte.

Sie ist die ideale Frau, wenn Sie einen politischen, wissenschaftlichen oder erzieherischen Beruf ausüben. Sie könnten es nicht besser treffen, wenn Sie nicht gerade auf ein Wassermann-Mädchen mit sehr viel verletzten Planeten im Geburtshoroskop gestoßen sind, das barfuß durch die Straßen läuft und dicke schwarze Zigarren im Bus raucht. Es gibt hin und wieder einige recht wilde Uranus-Frauen. Aber im allgemeinen sind Mädchen, die unter diesem Sonnenzeichen geboren wurden, anmutig, witzig, gescheit und außerordentlich anpassungsfähig.

Eine besondere Zugabe der Wassermann-Frau ist – unter normalen Umständen – ihr Mangel an Argwohn. Für einen Reisevertreter müßte sie die Traumfrau sein. Wenn sie Sie wirklich bei der Untreue ertappt, wird ihre empfindsame Natur tief verletzt sein. Sie werden es sofort merken, wenn Sie in diese seltsamen, verträumten Augen sehen. Aber ohne Grund wird sie Sie nicht verdächtigen, und sie wird selten Ihr Wort anzweifeln. Sie muß schon mit der Nase auf eine Täuschung stoßen, sie geht nicht hin und sucht danach. Bevor Sie ihr jedoch zuviel Anerkennung zollen, bedenken Sie, daß ihr Mangel an leidenschaftlicher Eifersucht nicht nur auf Charakterstärke beruht. Zuerst einmal wird sie Sie genau unter die Lupe genommen haben, bevor sie Ihnen auch nur einen zweiten Blick gegönnt hat. Außerdem hat sie so viele andere Interessen und kennt so viele Menschen, mit denen sie sich unterhalten kann, daß ihr nicht viel Zeit übrigbleibt, sich darum zu sorgen, was Sie wohl tun, wenn Sie nicht mit ihr zusammen sind. Für Wassermänner beiderlei Geschlechts kann aus den Augen auch aus dem Sinn bedeuten. Abwesenheit stimmt das Wassermann-Herz selten zärtlicher. Gelegentlich wird eine Wassermann-Frau einen leichtfertigen, flirtenden Partner dulden, weil er etwas hat, das sie braucht und nur bei ihm findet. Dann drückt sie beide Augen zu. Wenn sie Sie jedoch nicht wirklich braucht, wird ihre moralische Stärke sie veranlassen, beim ersten tatsächlichen Beweis Ihrer Untreue einfach auf und davon zu gehen. Versuchen Sie nicht, die Asche wieder anzufachen, sie ist schon eiskalt. Natürlich können Sie noch Freunde sein, warum nicht? Sie ist bereit. Es macht ein Wassermann-Mädchen nie verlegen, mit Ex-Liebhabern oder -Ehemännern dick befreundet zu sein. Sie hat die Vergangenheit vergessen und alle Erinnerungen ausgelöscht.

Es gibt eine seltsame und bemerkenswerte Ausnahme zu der Regel. Wie der Uranus-Mann wird auch die Uranus-Frau sich an ihre erste wirkliche Liebe ihr Leben lang erinnern. Nur die erste jedoch. Überlegen Sie jetzt, ob das Wassermann-Mädchen, das Sie früher einmal gekannt haben, immer noch an Sie denkt? Das kommt ganz darauf an, was sie unter Liebe versteht. Es kann auch etwas mit dem Jungen zu tun haben, der ihr einen Strauß Wicken schenkte, als sie neun Jahre alt war.

Uranus-Frauen, die außereheliche Liebesaffären haben, sind selten. In Ausnahmefällen können sie der Versuchung erliegen, aber eine unehrliche Beziehung ist gegen ihre Natur. Es wird nicht lange dauern, bis mit einer geheimgehaltenen Affäre Schluß gemacht wird. Und doch gibt es viele geschiedene Wassermann-Frauen. Dafür gibt es einen Grund. Wenn eine Situation untragbar geworden ist, wird der Uranus-Mensch plötzlich kalt. Er kann über Nacht verschwinden und niemals wiederkommen. Die Frauen sehnen sich nicht nach der Scheidung, aber sie ist kein so großer Schock für sie wie für ihre gefühlvolleren Schwestern. Uranus bedeutet Veränderung, Wechsel. Da die Wassermann-Frau eine Individualistin ist und eine kilometerlange Liste von Freunden hat, wird sie niemals zögern, ihren Weg allein zu gehen, wenn es notwendig ist.

Sie können damit rechnen, daß sie Ihr Herz durchleuchtet, bis Sie kein Geheimnis mehr haben. Aber versuchen Sie nicht, ihre geheimsten Gedanken zu erforschen. So wird das Spiel mit Wassermännern nicht gespielt. Sie wird ihre Motive verbergen und manchmal eine ausgesprochene Freude daran haben, Sie irrezuführen. Gewöhnlich ist sie wahrheitsliebend bis zum äußersten, aber bedenken Sie, daß es zweierlei für einen Wassermann ist, eine Lüge zu äußern oder nur die Hälfte der Geschichte zu erzählen.

Es ist ein tröstlicher Gedanke, daß die Wassermann-Frau ziemlich vorsichtig mit ihrem Geld umgeht. Das heißt, es ist tröstlich, wenn man sie nicht gerade anpumpen will. Sie sagt vielleicht ein- oder zweimal ja, wenn sie Ihnen aber nicht mehr vertraut, kann sie kälter als Eis sein. Bei den seltenen Gelegenheiten, bei denen sie sich selbst einmal eine kleine Summe ausleiht, werden Sie jeden Pfennig ohne Verzug, Entschuldigung oder weibliche Listen zurückerhalten, wenn sie eine typische Uranus-Frau ist. Und sie wird auch ganz bestimmt nicht beim Kaufmann anschreiben lassen.

Ihre Erscheinung ist rätselhaft. Die meisten Wassermann-Frauen sind auf eine seltsam betörende Art schön. Aber sie können sich schnell verändern. Nach den Waage-Frauen sind die Wassermann-

Frauen die schönsten im Tierkreis, mindestens sehen sie interessant aus. In der Kleidung können sie allerdings schockieren. Es gibt nur wenige, die der Titelseite eines Modemagazins Ehre machen würden. Die meisten sind unkonventionell. Sie werden unter den ersten sein, die eine neue Mode mitmachen, gleichzeitig halten sie aber an Großmutters oder sogar Urgroßmutters Stil fest. Mit der typischen Wassermann-Unbekümmertheit tragen sie das Spitzenhäubchen von gestern zu dem Metalljumper von heute, und das Resultat kann etwas erschreckend sein. Die Uranus-Frau trägt ein Spitzennachthemd zu einem formellen Essen, Straußenfedern zum Einkaufen, weite Hosen zur Oper, Turnschuhe ins Theater und Diamanten, wenn sie in den Zoo geht.

Auch ihr Haar wird sie auf ungewöhnliche Weise frisieren. Ob sie einen Zopf, einen Knoten oder einen glatten Bubikopf trägt, eins ist sicher: Ihr Haar wird anders aussehen als das Haar sämtlicher übrigen Frauen auf diesem Planeten.

Eine Unterhaltung mit ihr kann bemerkenswert sein, um es harmlos auszudrücken. Ihr Geist arbeitet nicht logisch wie bei anderen Leuten, sondern im Zickzack. Hin und wieder kann sie eine äußerst scharfe Bemerkung machen, und gleich darauf ist sie wieder in romantischer Stimmung. Sie kann träumerisch und dann praktisch, schüchtern und dann wieder rüpelhaft sein. Sprechen Sie nie von oben herab mit einer Wassermann-Frau, sie wird es übelnehmen, und eine teilnahmslose Haltung wird sie veranlassen, sich zurückzuziehen und unnahbar zu werden.

Da Uranus die Zukunft beherrscht, sollte man annehmen, daß diese Mädchen geborene Mütter sind. Kinder gehören schließlich der Zukunft an. Die durchschnittliche Wassermann-Frau wird jedoch anfangs von der Mutterschaft etwas aus der Fassung gebracht. Sie muß sich erst daran gewöhnen, ihre Aufmerksamkeit und ihre Energie für eine gewisse Zeit ausschließlich *einem* menschlichen Wesen zu widmen, wo sie sich sonst doch für alles und jedes interessiert. Ihre angeborene Zurückhaltung mag es ihr erschweren, äußerlich warme Zuneigung zu zeigen. Die typische Wassermann-Mutter ist ihren Sprößlingen ergeben, aber auf gewisse Weise auch gleichgültig gegen sie. Niemals zeigt sie eine leidenschaftlich beschützende Haltung ihren Kindern gegenüber. Die erschreckendsten Beichten hört sie sich duldsam an. Selten wird sie ihr Kind strafen, wenn es die Wahrheit sagt, ganz gleich, was es getan hat. Durch ihre vorurteilslose Haltung erringt sie das Vertrauen der Kleinen. Die Kinder sehen in ihr eine großartige Kameradin, die ein bißchen hastig ist und die Hausarbeit nicht allzu genau nimmt, ihnen gern bei den Aufgaben hilft und sanft ist, wenn sie einmal krank sind. Sie wird sie nicht mit Zärtlichkeiten erdrücken und selten nörgeln. Mag sein, daß Peter sich auch nach der dritten Aufforderung noch nicht die Hände gewaschen hat, sie hat eben mehr Interesse daran, was er heute in Naturwissenschaft gelernt hat.

Aber wir sind der Zeit vorausgeeilt. Wenn auch Uranus die bestehende Ordnung gern umkehrt, so muß Ihr Wassermann-Mädchen doch erst Ihre Frau werden, bevor sie Mutter wird. Und ehe sie Ihre Frau wird, müssen Sie sie davon überzeugen, daß die Ehe nicht gar so schlimm ist. Sie hat keine Eile damit, bevor sie Sie nicht genau geprüft hat. Die Meinung ihrer Freunde und Familie bedeutet ihr nichts, wenn sie sie vielleicht auch aus Neugier fragen wird. Sie hat ihren eigenen Maßstab. Angenommen, daß Sie die Prüfung bestehen, so kann die Ehe mit einem Wassermann-Mädchen etwas turbulent sein. Sie wird freundlich zuhören, wenn Sie ihr Ratschläge erteilen, aber irgend etwas hält sie davon ab, alles genau nach Schema F auszuführen. Sie hat das Gefühl, daß eine kleine Änderung nicht schaden würde. Sie wird ihren Kognak mit Milch mischen, ihr Haar mit Rasiercreme waschen und einen Steingarten auf Ihrem Schreibtisch anlegen. Aber fragen Sie nicht nach dem Grund. Sie weiß es selbst nicht. Das Einzigartige und Ungewöhnliche ist ihre Wellenlänge, das ist alles.

Da sie so unpersönlich ist, wird es ihr nicht leichtfallen, ihre Gefühle zu zeigen. Abgesehen von den plötzlichen Bemerkungen hat sie nur wenige Worte, um ihre Liebe auszudrücken. Obwohl sie durch den Einfluß des Uranus merkwürdige Beziehungen haben kann, ist ihre Ehe meist sehr glücklich, wenn sie einmal den richtigen Partner gefunden hat.

Die Grenze zwischen Freundschaft und Liebe ist oft unsichtbar für die Wassermann-Frau. Liebeslieder über Menschen, die nur Augen füreinander haben, kommen ihr albern vor. Es gibt für die Augen so viele Wunder in der Welt zu schauen, daß es doch wirklich eine Verschwendung wäre, wenn zwei Paar weiter nichts täten, als einander tief anzusehen. Sie hat nichts dagegen, daß Sie ihre Hand halten, wenn Sie gemeinsam durch die bunte Welt wandern. Aber bedrängen Sie sie nicht mit zuviel Zweisamkeit. Lassen Sie sie allein durch ihr Wunderland ziehen, wenn sie Lust dazu hat. Sie wird Sie auch ohne Fragen mit Ihren Freunden losziehen lassen.

Sie werden sie am schnellsten verlieren, wenn Sie Eifersucht, Besitzgier oder Vorurteile zeigen, wenn Sie kritisch, spießig oder ultrakonservativ sind. Sie werden sich auch mit ihren Freunden abfinden müssen, die oft recht seltsam sein können.

Manchmal hat sie plötzliche Eingebungen, und ihre Intuition ist bemerkenswert. Ihr Urteil mag auf den ersten Blick nicht vernünftig und praktisch sein, weil sie Monate und Jahre voraussieht. Das Wassermann-Mädchen lebt in der Zukunft, und Sie können die Zukunft nur durch sie erleben. Was sie sagt, wird wahr werden, vielleicht nach vielen Verzögerungen und Schwierigkeiten, aber es wird wahr werden. Ich glaube, daß das schließlich das Wichtigste an Ihrer Februar-Frau ist. Sie hat ein klein wenig von einer Zauberin.

Das WASSERMANN-Kind

Ihr Wassermann-Kind ist ein zitterndes, eigensinniges, unabhängiges Bündel, das aus Erfindungsgabe und elektrischen Impulsen besteht. Selbst wenn es einen langsamen und vorsichtigen Stier-Aszendenten hat, wird sein Geist so schnell wie der uranische Blitz sein. Seine Gedanken werden wie Hochfrequenzwellen vibrieren.

Alle Eltern halten ihr Kind für etwas Besonderes – einzigartig im Vergleich zu anderen Kindern. Aber dieses Kind hier ist einfach lächerlich. Viele Eltern eines jungen Wassermannes rätseln, ob sie ihn auf einen Bauernhof schicken sollen, wo er die Nachbarn nicht erschrecken kann, oder ob sie besser das Gerücht verbreiten, es sei sehr wohl möglich, daß er eines Tages den Pulitzer-Preis gewinne. Welchen Weg sollen Sie einschlagen? Das ist ein Problem. Der Pulitzer-Preis ist möglich, aber mein Rat ist, es ein paar Sommer mit dem Bauernhof zu versuchen. Beobachten Sie. Warten Sie ab. Es kann sein, daß er einen neuen Pflug erfindet oder die Leute nur um Haus und Hof.ißt. Man kann es nicht voraussagen. Feste Regeln gibt es beim Wassermann nicht.

Es existieren natürlich eine ganze Menge Wassermann-Wunderkinder, aber wir haben schon genug damit zu tun, Ihren durchschnittlichen Wassermann-Sprößling zu begutachten (ich benutze das Wort «durchschnittlich» im weitesten Sinne). Es kann sein, daß er später einmal für den Geheimdienst oder als Privatdetektiv arbeitet (er liebt es, Geheimnisse zu enträtseln) und ein normaler, vernünftiger Bürger wird. (Halten Sie nicht die Luft an, es könnte immerhin sein.) Befassen wir uns aber lieber mit seinen jüngeren Jahren. Auf diese Art haben Sie wenigstens die Möglichkeit, diese Uranus-Rakete in irgendeine Richtung zu lenken.

Bis die uranischen Einflüsse durch eine gewisse Reife gemildert und durch die Gesellschaft «geformt» werden, können die jungen Wassermänner sehr ablehnend sein. Die sofortige Reaktion auf einen Befehl (oder sogar einen freundlichen Vorschlag) ist oft ein entschiedenes Nein. Aber lassen Sie den kleinen Wassermann darüber nachdenken, und es ist überraschend, wie oft seine endgültige Reaktion vernünftig – die Antwort, die er selbst findet, richtig und annehmbar ist.

Diese Jungen und Mädchen scheinen ruhig und ungewöhnlich fügsam zu sein, aber dann können sie plötzlich ganz aus dem Häuschen geraten. Sie sind unberechenbar, aber liebenswert und oft amüsant. Es ist nicht einfach, sie zu leiten. Sie sind so voller Gegensätze, daß viele von ihnen, obwohl Uranus doch Luftfahrt, Flugzeuge und ähnliche Dinge beherrscht und die Begeisterung dafür ihnen angeboren sein sollte, eine seltsame, unvernünftige Angst vor Flugzeugen und Fahrstühlen haben – oder sogar vor der Elektrizität (auch von Uranus beherrscht). Sie haben keine Ahnung, wohin sie gehen, aber sie haben eine ganz bestimmte Vorstellung davon, wie sie dorthin kommen.

Diese «Wunder» aufzuziehen und zu unterrichten kann eine ziemliche Verantwortung sein. Die Kinder haben einen Sinn fürs Praktische, daneben eine fast unheimliche Wahrnehmungsgabe und scharfe, forschende Logik. All das zusammen kann oft peinliche Ergebnisse bringen, so zum Beispiel, wenn Ihr kleiner Wassermann Ihre Freundin fragt, warum sie ihr Gesicht «liften» ließ (es stimmte), oder wenn er Onkel Theodor auf den Kopf zusagt, daß er bei seiner Steuererklärung vor dem Steuerbeamten geschummelt habe (es stimmte).

Uranus-Kinder tun alles für ihre Freunde. Kaufen Sie Ihrem kleinen Wassermann ein Paar neue Schuhe, und er wird sie schon am ersten Tag auftragen, weil er damit die Rodelbahn für seine Freunde glatttreten mußte.

Ihr Februar-Kind wird einen Traum haben und daran festhalten – bis der nächste kommt. Ein Mädchen wird sich wahrscheinlich als Primaballerina sehen und dabei eine so reine Hingabe an die Kunst fühlen, daß die Pawlowa vor Neid erblassen könnte, oder sie möchte die erste Staatspräsidentin sein oder in Madame Curies Fußstapfen treten. Die Jungen wollen Ozeanographen, Ichthyologen, Archäologen, Anthropologen, Kammerjäger oder Baumchirurg werden. Normale Berufe wie Krankenschwester, Sekretärin, Angestellte, Vertreter, Lehrer, Bankbeamter und Makler sind zu banal für die Phantasie des durchschnittlichen Wassermann-Kindes. Es wird sich vielleicht schließlich doch für einen davon entscheiden müssen, aber der ursprüngliche Traum wird nicht vergessen sein. Es ist etwas unheimlich, aber Wassermänner bringen es oft fertig, daß etwas geschieht, indem sie sich einfach darauf konzentrieren und warten.

Ich habe das Kleinkinderstadium übersprungen, weil diese Kinder niemals Kleinkinder sind. Sie werden in den mittleren Jahren geboren. Viele machen jedoch das Krabbelalter durch, und es wäre zu erwägen, ob Sie für diesen bedenklichen Zeitraum nicht einen Blindenhund anschaffen sollten. Behalten Sie den Hund, bis Ihr kleiner Wassermann mindestens zehn Jahre alt ist. Die Geistesabwesenheit der Uranus-Kinder bringt verstauchte Knöchel, gebrochene Knochen und den Zorn der Lehrer mit sich. Sie werden hin- und hergerissen sein zwischen Stolz – wenn es auf dem Zeugnis heißt, daß er oder sie ein angehendes Genie sei – und Scham, wenn Sie einen Brief erhalten, in dem steht: «Michael paßt beim Unterricht einfach nicht auf. Er starrt den ganzen Tag aus dem Fenster und spielt mit seiner automatischen Armbanduhr» oder «Monika konzentriert sich nicht. Statt mitzuarbeiten, sitzt sie verträumt da und spreizt ihre Füße in den albernen Ballettschuhen.» Stellt man Michael oder Monika zur Rede, so wird ein gelangweiltes, ungeduldiges Achselzucken die einzige Antwort sein. Wozu all das Theater? Er hat sich gerade überlegt, wie sich die Sommersonnenwende auf die mittlere Greenwichzeit auswirken würde, und sie hat sich gewundert, wieso aus einer Raupe ein Schmetterling wird. Nach ihrer Ansicht ist das vollkommen logisch. Was für eine spießige Schule! Zugegeben, sie sind auf der richtigen Spur. Aber unser Jahrhundert ist vielleicht noch nicht weit genug, um das zu erkennen.

Die Lehrer beschweren sich oft, daß das Wassermann-Kind sich weigert, Schritt für Schritt zu erklären, wie es zu der Lösung eines komplizierten mathematischen Problems gekommen ist, bevor es die Aufgabe überhaupt fertig an die Tafel geschrieben hat. Es gibt einen guten, vernünftigen Grund. Seine Uranus-Intuition, die wie mit unsichtbaren Radiowellen arbeitet, hat seinen Verstand so schnell durch die einzelnen Stufen getrieben, daß es sich einfach nicht daran erinnern kann. Gedächtnis ist nicht die starke Seite des Wassermann-Kindes. Ihr hochintelligenter Wassermann-Sprößling – und das ist er wahrscheinlich – muß lernen, sein Ziel höher zu stecken, als nur ein menschlicher Computer zu sein. Er muß einsehen, wie wichtig es ist, seine Gedanken in eine logische Ordnung zu bringen. Sonst kann ein eventuelles späteres Genie, ein Philosoph, Ingenieur, Wissenschaftler, Arzt, Rechtsanwalt, Gärtner oder Taxichauffeur (die beiden letzteren, wenn Sie Glück haben), zu einem Exzentriker werden, der gleichzeitig in verschiedene Richtungen gehen will und schließlich im Kreis herumläuft.

Ermuntern Sie das Kind zu körperlicher Bewegung, sonst wird es träge die Stunden verträumen. Oft sind Wassermann-Kinder nur unter Druck zu körperlicher Tätigkeit anzutreiben, obwohl sie große Liebe zum Sport haben können. Geistig sind sie schnell wie der Blitz, der Körper ist jedoch etwas langsamer, besonders im Haus. Sie können sich für Vögel, Bäume, die Natur und die Meeresküste begeistern. Immer ziehen sie es vor, ihre Entdeckungen selbst zu machen. Auf die Angewohnheit, «ich kann nicht» zu sagen, müssen Sie achten, denn dahinter steckt der Drang, der Verantwortung auszuweichen. Das Wassermann-Kind wird vielleicht den Weg des geringsten Widerstandes gehen, wenn man es zuläßt. Erklären Sie ihm, daß es sich damit nur selbst schadet. Lassen Sie es seine eigenen Entscheidungen treffen, aber ermutigen Sie es, auch danach zu handeln.

Unausgesprochene Spannungen können das Kind tief beunruhigen. Wassermann-Kinder sehen fast in die Seele anderer Menschen hinein und hören Gedanken, die noch nicht ausgesprochen sind. Dadurch können sie sich ständig bedrückt fühlen. Sehen Sie zu, daß Ruhe und Harmonie herrschen, fördern Sie Konzentration und Gedächtnis, wenn Sie nicht in dreißig Jahren einen exzentrischen, nervösen, geistesabwesenden Junggesellen (oder eine Junggesellin) mit unerfüllten Träumen um sich haben wollen.

Achten Sie darauf, was Sie dem Kind sagen und wie Sie mit ihm reden. Anregungen, die man in der Kindheit gibt, können sich in diesem schöpferischen, scharfsinnigen Geist festsetzen und dort für immer Wurzeln schlagen.

Wassermann-Jungen und -Mädchen haben eine Unzahl Freunde und finden tägliche neue, vom Straßenkehrer und dem Schutzmann an der Ecke bis zum Sohn des reichsten Mannes in der Stadt. Das Uranus-Kind läßt sich nicht beeindrucken, für ihn sind sie alle gute Kameraden.

Liebesnöte der heranwachsenden Jugend werden Ihnen wahrscheinlich unbekannt bleiben. Vielleicht muß man den jungen Wassermann sogar darauf hinweisen, daß es zweierlei Geschlechter gibt. Um diese Zeit entdecken sie vielleicht ihre verborgene Liebe zu Gedichten, die man ermutigen sollte. Ihr kleiner Uranier hat Frösche in den Taschen und Sterne in den Augen – und er ist etwas Besonderes. Er ist ein Menschenfreund. Er liebt die Menschen. Wissen Sie, wie selten das ist? Seine vorurteilslose Weisheit zeigt uns den Weg ins Wassermann-Zeitalter.

Der WASSERMANN-Chef

Prüfen Sie die Sache lieber noch einmal nach. Sind Sie sicher, daß er Ende Januar oder im Februar Geburtstag hat? Sind Sie vollkommen sicher, daß Ihr Chef ein Wassermann ist? Von Uranus beherrschte

Vorgesetzte sind so selten wie Albino-Pandas. Sie können ihn nicht gut an einen zoologischen Garten verkaufen, aber er hat immerhin Sammlerwert.

Im Ernst, der typische Wassermann würde lieber verhungern, als die übliche Büroroutine mitzumachen. Die meisten Wassermänner treffen nicht gern Entscheidungen, es ist ihnen unbequem, Anordnungen zu geben, sie haben kein besonderes Verlangen danach, andere zu leiten, und sie passen überhaupt nicht in langweilige Aufsichtsratssitzungen. Daß heißt nicht, daß Wassermänner keine tüchtigen Chefs abgeben. Uranus ist voller Überraschungen. Der vollkommen ungeeignete Wassermann-Chef, der sich als unersetzlich entpuppt, gehört dazu.

Wenn gelegentlich ein Wassermann in einer leitenden Stellung anzutreffen ist, belastet mit all den erwähnten negativen Voraussetzungen, so zieht er einfach ein paar neue Tricks aus seinem Hut. Er mag geistesabwesend und vergeßlich, exzentrisch und unberechenbar, abwechselnd scheu und kühn sein, doch hinter diesen seltsamen, ausdruckslosen Augen und der gleichgültigen, zurückhaltenden Miene arbeitet ein umfassender Geist. Dazu kommt eine höchst differenzierte Intuition, die unheimliche Fähigkeit, alles zu analysieren und zu zergliedern und die Tatsachen mit großer Einsicht gegeneinander abzuwägen, und schließlich ein sicherer Instinkt, mit jedem Menschen gut Freund sein zu können, vom Lehrling bis zum wichtigsten Kunden der Firma. Bekräftigt wird das Ganze noch durch die Gabe des Wassermannes, die große Linie zu sehen, wo andere in Einzelheiten steckenbleiben. So wenig der durchschnittliche Wassermann für die Rolle des Vorgesetzten geeignet sein mag, wenn es nicht anders geht, schüttelt er sie aus dem Ärmel, als sei er dafür geboren, was ganz bestimmt nicht der Fall ist.

Es gibt natürlich auch die Kehrseite der Medaille. Dieser Chef spricht vielleicht von Ihnen als «meine Sekretärin, Fräulein – äh – äh – Fräulein – wie war doch der Name?» Er wird Sie verrückt machen mit seiner Art, komplizierte Pläne hinter Ihrem Rücken auszuhecken und sie Ihnen erst in letzter Minute zu geben. Und sicher haben Sie unter seiner gräßlichen Angewohnheit gestöhnt, Sie ganz plötzlich an einen anderen Arbeitsplatz zu setzen, ohne Ihnen den Grund für die Änderung zu nennen. Trotzdem ist er recht liebenswert, nicht wahr? Die meisten Wassermänner sind es, wenn man sich erst einmal an ihre seltsame Art, ihre plötzlichen Ideen und unerwarteten Überraschungen gewöhnt hat.

Wenn ich Sie wäre, würde ich nicht versuchen, von einem Wassermann-Chef Geld zu leihen. Wenn er ein typischer Wassermann ist, sieht er es nicht gern, daß die Leute über ihre Verhältnisse leben. Auf Äußerlichkeiten sieht er nicht viel. Er wird keine spontanen Gehaltserhöhungen geben, aber er ist auch nicht geizig. Sie bekommen das, was Sie wert sind, nicht mehr und nicht weniger. Ihr Wassermann-Chef kann sehr großzügig sein, wenn er denkt, jemand habe mehr als seine Pflicht getan. Geben Sie sich keinen Täuschungen hin. Er erwartet, daß Sie Ihr Bestes geben, Ihr Allerbestes. Wenn es weniger ist, besteht die Gefahr, daß Sie höflich und freundlich, aber entschieden fallengelassen werden. Ein Wassermann hat keine Verwendung für Menschen, die herumtrödeln und für ihre Bezahlung nur die halbe Arbeit leisten. Für ihn ist das unehrlich, und Unehrlichkeit haßt er genauso wie die Katze das Wasser.

Was Ihr persönliches Leben betrifft, so hat Ihr Wassermann-Chef nicht die geringste Neigung, Sie zu verurteilen oder Ihnen Ratschläge zu geben. Allerdings möchte er informiert werden, und es ist schwierig, seiner forschenden Neugier zu entkommen. Sie können ihm jedoch alles erzählen, ohne Furcht haben zu müssen, daß er schockiert sein wird. Er ist der beste Kenner der menschlichen Natur im Tierkreis, und er wird niemals auf Sie herabsehen (genausowenig, wie er zu Ihnen aufsehen wird). Mit anderen Worten, Sie laufen zwar Gefahr hinausgeworfen zu werden, wenn Sie Briefmarken stehlen oder einen unerledigten Bericht in Ihrem Schreibtisch verstecken – wenn er jedoch entdeckt, daß Sie Bigamist sind, daß Ihr Vater im Gefängnis gesessen hat oder Ihr Sohn Rauschgift nimmt, so wird er nur mit den Achseln zucken, sich sagen, daß es ja Ihr Leben sei, und Sie wahrscheinlich gegenüber Ihren Kritikern noch verteidigen.

Wenn er auch in persönlichen Dingen seine eigenen Maßstäbe hat, so sind geschäftliche Erörterungen etwas anderes. Er wird wahrscheinlich jeden um seine Meinung fragen, wenn ein neues Verfahren zur Debatte steht, und manchmal sogar einen Untergebenen die Entscheidung treffen lassen. In seiner Verrücktheit ist jedoch Methode, und es ist nicht die gleiche wie bei den unentschlossenen Waage-Menschen. Der Wassermann drückt sich nicht vor der Verantwortung. Er genießt es, mit einem «Ich habe es Ihnen ja gesagt»-Ausdruck dabei zu sitzen, wenn die Entscheidung, die Sie gegen sein außerordentlich richtiges Gefühl getroffen haben, sich als falsch entpuppt. Er will Ihnen eine Lehre erteilen. Darauf müssen Sie achten. Wassermann-Chefs lassen einem gewöhnlich alle Freiheit, sich selbst eine Grube zu graben. Sie haben Glück, wenn er auch nur einmal erklärt, warum Sie seiner Meinung nach auf der falschen Spur sind. Und wenn er es getan hat, wird er es kein zweites Mal tun. Von nun an übernehmen Sie das Kommando. Sehen Sie zu, daß Sie es schon beim erstenmal richtig verstehen, sonst werden Sie mit Schwierigkeiten zu rechnen haben.

Ein Wassermann-Chef erwartet von Ihnen, daß Sie alles aus der Luft greifen, was Sie nicht mitbekommen haben. Er übersieht dabei, daß andere Menschen nicht die uranische Gabe besitzen, Informationen aufzunehmen, während drei Leute gleichzeitig reden, er eine Orange schält, eine Telefonnummer wählt und einen Berg Rundschreiben durchsieht.

Seien Sie nicht zu gesetzt, wenn Sie mit diesem Vorgesetzten arbeiten. Sonst kommen Sie eines Morgens und entdecken, daß Ihr Büro auf einem anderen Stockwerk liegt und er vergessen hat, es Ihnen zu sagen. Es gibt immer Veränderungen, wo er sich befindet. Vielleicht müssen Sie die beunruhigende Erfahrung machen, daß er eines Tages Ihr ganzes System über den Haufen wirft, ein System, nach dem seit 1870 gearbeitet wird. Statt dessen wird er eine neue Methode einführen, die schneller und übersichtlicher ist. Sie sagen, Sie könnten sich nicht so schnell anpassen? Sie brauchen mindestens sechs Monate, um die Änderung durchzuführen, und das neue System sei Ihnen böhmisch? Das weiß er, keine Sorge. Sie werden es schon schaffen. Er wird warten. Er hat Geduld.

Er hat wirklich Geduld. Unter der Oberfläche mag er von nervöser Neugierde erfüllt sein, aber im allgemeinen nimmt der Wassermann die Dinge ziemlich leicht und erweckt den Eindruck nachdenklicher, ruhiger Überlegung. Im allgemeinen. Natürlich gibt es Zwischenfälle.

Hin und wieder ist er etwas exzentrisch, wie damals, als er die Telefonzentrale übernehmen wollte und alles durcheinandergebracht hat, dabei zufällig irgendein großes Tier an die Strippe bekam, einen tollen
Kontrakt abschloß – und dann den Namen des Mannes vergessen
hatte, als dieser kam, um den Vertrag zu unterschreiben. Aber normalerweise ist er friedlich und beherrscht. Er kann heute wie ein
Wasserfall reden und in der nächsten Woche zurückgezogen in seinem
Büro sitzen, Mitarbeiter, Kunden und Lieferanten ignorieren und tief
in Gedanken versunken sein. Solche Abschnitte der Ruhe sind notwendig für ihn. Wenn Sie auch erst kurz in der Firma sind, er wird
Sie als seinen Freund betrachten. Er ist sogar gut Freund mit der Konkurrenz. Womit Ihre Firma sich auch beschäftigen mag, das wahre
Geschäft Ihres Wassermann-Chefs ist Freundschaft.

Sie werden es kaum erleben, daß seine Frau unerwartet ins Büro
kommt. Sie hat Glück, wenn sie weiß, wo er arbeitet. Wassermänner
vertrauen ihren Frauen nicht alles an. Seltsam, wie Sie an alle exzentrischen Eigenarten Ihres Wassermann-Chefs denken mußten, als
Sie miterlebten, wie er vorige Woche den großen Preis bekam. Sie
waren gerade zu dem Schluß gekommen, daß er trotz seiner un-
berechenbaren Art und seiner verrückten Angewohnheiten einer
der bemerkenswertesten Chefs sei, die ein Mensch haben könne.
Und dann sahen Sie zufällig unter den Tisch, wo seine Füße, in
ordentlichen schwarzen Halbschuhen, ungeduldig auf dem Teppich
herumtappten – an einem trug er einen blauen, am anderen einen
gelben Socken.

Der WASSERMANN-Angestellte

Es sollte Ihnen keine Schwierigkeiten bereiten, Ihren Wassermann-
Angestellten zu entdecken. Das ist der mit den vielen Freunden. Sie
wissen schon, der, der heute seine Aktentasche vergessen hat – derselbe, der letzten Monat beiläufig in Ihr Büro geschlendert kam, um
sich Ihren Füllfederhalter zu borgen, und dabei eine Produktionsidee
zurückließ, die Ihrer Firma bisher eine Summe von 100.000 Mark an

Überstunden eingespart hat; nach dem letzten Bericht des Buchprüfers.

Sie werden sich auch bestimmt an den Tag erinnern, an dem Sie ihn eingestellt haben. Sie glaubten erst, er wolle Ihnen ein Abonnement für eine technische Zeitschrift verkaufen, dann dachten Sie, daß er Sie als Förderer für ein Laientheater gewinnen wolle, und kamen schließlich zu dem Schluß, daß er eine von den politischen Meinungsumfragen durchführe. Erst als er schon fort war, wurden Sie sich darüber klar, daß er tatsächlich vorbeigekommen war, um sich um eine Stellung zu bewerben. Wenn Sie sich nicht an ihn erinnern, Ihre Sekretärin wird es ganz bestimmt tun. Wassermann-Männer scheinen eine einzigartige Wirkung auf Frauen auszuüben, selbst solche, die wie vernachlässigte, schlecht ernährte junge Hunde aussehen. Manche Leute mögen den voreiligen Schluß ziehen, daß der Mutter-Instinkt schuld daran sei, aber sie hätten unrecht. Die Anziehungskraft auf Frauen besteht darin, daß den Wassermann ihre Existenz vollkommen gleichgültig läßt. Das bringt die Frauen zum Wahnsinn. Dieser Herausforderung können sie nicht widerstehen, daher rächen sie sich entweder damit, daß sie versuchen, ihn zu verführen, oder sie zeigen ihm die kalte Schulter – und keins von beidem wird den geringsten Eindruck auf Ihren Wassermann-Angestellten machen. Er kann einer weiblichen Mitarbeiterin gegenüber wochenlang völlig blind sein – und sie dann eines schönen Morgens mit der Erklärung bestürzen, daß ihre Augen genau die Farbe eines Rotkehlcheneies hätten, das er einmal in einem Baum gefunden habe. Sie wird einfach hin sein. Vielleicht kann sie für den Rest des Tages kein einziges Wort mehr tippen.

Das Leben mit einem Wassermann-Angestellten kann erheiternd sein und einen ein wenig außer Atem bringen. Nicht, daß diese Leute lebhaft, besonders auffällig oder Witzbolde wären. Im Gegenteil. Viele Wassermänner sind nüchtern, kühl, zurückhaltend und ziehen sich vor der verrückten Welt zurück. Die einzige Schwierigkeit besteht darin, daß sie sich fünfzig Jahre voraus in die Zukunft zurückziehen, und wenn sie alle paar Tage in die Gegenwart zurückkehren, so haben sie einige ungewöhnliche Ideen aus der Stratosphäre mitgebracht. Wenn Sie ein gewitzter Chef sind, holen Sie sich Ihren Wassermann-Angestellten einmal in der Woche ins Büro. Es könnte sich lohnen. Andererseits könnte es auch sein, daß er nach diesem vertraulichen Gespräch mit Ihrem Scheck für irgendeine wohltätige Institution oder ein Forschungszentrum abzieht. Die Interessen des Wassermannes sind vielseitig.

Es ist sehr wahrscheinlich, daß dieser anscheinend ruhige, hervorragende und freundliche junge Mann nicht lange genug bei Ihnen bleiben wird, um Ihnen Gelegenheit zu geben, sich an sein Gesicht erinnern zu können.

Der Wassermann-Mann wird entweder gleich oben beginnen, sich ein paar Wochen hinaufarbeiten, sich für eine selbständige Tätigkeit als Komponist, Fotograf, Ornithologe, Tänzer, Sänger, Clown, Schriftsteller, Artist, Geologe oder Radio- und Fernsehansager entscheiden – oder er wird kündigen und von einer Stellung zur anderen treiben.

«Er sucht sich selbst.» Eines Tages wird er sich auch finden. Bis zu diesem Augenblick der Wahrheit wird unser von Uranus beherrschter Freund lange Zeit umherziehen, experimentieren, lernen, suchen, schauen und neue Freunde finden.

Er ist kein Gefühlsmensch. Seine Einstellung ist sachlich-wissenschaftlich, aber er hat ein starkes Interesse an Menschen und möchte wissen, weshalb sie weinen und lachen. Leider werden seine Ideen und Ansichten oft für irrational und undurchführbar gehalten, aber das liegt nur daran, daß seine Kritiker nicht auf seine Frequenz eingestellt sind – ein halbes Jahrhundert voraus. Stellen Sie sich vor, was Ihre Großmutter fühlte, als irgendein Wassermann ihr in den neunziger Jahren das Farbfernsehen und die Landung der Astronauten auf dem Mond zu beschreiben versuchte. Das gibt Ihnen einen ungefähren Begriff davon, was die von Uranus beherrschten Menschen heute erwartet, wenn sie von einer Zeitmaschine sprechen, die man mit einem Sicherheitsventil ausrüsten könne, so daß man nicht plötzlich im Jahre 1770 lande.

Ihr Wassermann-Angestellter hat vielleicht jede Woche einen neuen Freund. Es ist schwierig für ihn, sich mit nur einem Menschen zufriedenzugeben, da seine Sympathien so vielgestaltig sind. Daher gibt er meist mehr Freundschaft, als er empfängt.

Sie können sicher sein, daß er für sein Gehalt volle Arbeit leistet. Er ist ein gewissenhafter Arbeiter, hochintelligent, hat eine ausgeprägte Wahrnehmungsgabe und ein feines Empfinden für alle, die um ihn herum sind. Er nimmt Informationen in sich auf, wenn es scheint, als sei er mit einer abstrakten Theorie beschäftigt. Sein Gedächtnis ist schwach, aber seine Intuition macht das wieder wett. Er hat seltsame Angewohnheiten, ist freundlich und mitfühlend, meist auch sehr höflich und in der Kleidung höchst unkonventionell. Er ist zuverlässig, ehrlich und hat einen strengen Moralkodex, den er nie verletzt. Er ist Junggeselle und hat ungefähr fünftausend Freunde aller Schattierungen. Wahrscheinlich ist er der wahre Grund für den Hautausschlag Ihrer Sekretärin, dessen Ursachen kein Arzt richtig feststellen kann. Es ist durchaus möglich, daß Ihr Wassermann-Angestellter eines Tages auf der Titelseite einer Illustrierten abgebildet wird, weil er einen Orden oder eine sonstige Auszeichnung erhalten hat. Dann können Sie sagen: «Ich kannte ihn noch, als er ...» Er kann auch einige sehr vernünftige Ideen für Ihre Firma entwickeln, durch die sie wahrscheinlich den Anschluß an das nächste Jahrhundert erreicht. Geschäftsgeheimnisse kann man ihm ohne weiteres anvertrauen, und er wird es am besten wissen, wie man Geschäftsfreunde behandelt. Er wird sich mit Ihrem unfreundlichsten Kunden anfreunden und sich wundern, warum jeder sagt, daß so schwer mit ihm auszukommen sei. Für den Wassermann ist er nur ein menschliches Wesen, dessen Persönlichkeit eine faszinierende Seite hat, die man mit ein paar höflichen, direkten Fragen und ein wenig Beobachtung enthüllen kann.

Dieser Angestellte wird Sie nicht ständig wegen einer Gehaltserhöhung bedrängen. Geld steht, neben Frauen, meistens am Ende seines Wunschzettels. Aber er ist gewitzt genug, um seinen eigenen Wert zu kennen, und es wäre unklug, ihn zu übervorteilen. Man wird vielleicht einmal die Augenbrauen seinetwegen in die Höhe ziehen, aber für Skandale oder kleinlichen Büroklatsch wird er selten Stoff liefern. Heftigen Ehrgeiz werden Sie nicht bei ihm finden, aber sein Verstand ist nahezu der beste im ganzen Tierkreis.

Wenn Sie zu dem Schluß kommen sollten, daß dieser Mann genug weiß, um Ihr Partner zu werden, so wird er Ihnen das Geschäft nie stehlen – aber er könnte der Firma eines Tages weltweite Anerkennung verschaffen.

Wenn er sich schließlich doch einmal zur Ehe entschließt, werden Sie vielleicht eine gute Sekretärin verlieren, aber Sie wollen doch, daß das arme Mädchen seinen Hautausschlag los wird, nicht wahr?

Die Fische

20. Februar – 20. März

Berühmte FISCHE-Persönlichkeiten:

Edward Albee	Henrik Ibsen
Ursula Andress	Karl Jaspers
Elizabeth Browning	Erich Kästner
Enrico Caruso	Oskar Kokoschka
Frédéric Chopin	Karl May
Gottlieb Daimler	Michelangelo
Joseph v. Eichendorff	Vaslav Nijinsky
Albert Einstein	Rudolf Nureyev
Otto Hahn	Auguste Renoir
Georg Fr. Händel	Heinz Rühmann
Rex Harrison	Arthur Schopenhauer
Hermann Hollerith	Rudolf Steiner
Victor Hugo	Elizabeth Taylor

Wie man die FISCHE erkennt

Wenn Sie einen Fische-Menschen hinter einem Bankschalter oder auf dem Stuhl eines Bankdirektors gesehen haben, so haben Sie einen seltenen Fisch betrachtet. Sehr wenige dieser Menschen halten es lange an einem Ort aus. Sie werden mehr Glück bei Ihrer Suche haben, wenn Sie eine spiritistische Sitzung oder eine Kunstgalerie besuchen, durch ein Kloster gehen oder sich eine Kabarettvorstellung in einem Nachtklub ansehen. Sie könnten es auch bei einer Schriftstellervereinigung versuchen, sich nach der Vorstellung im Theater hinter die Bühne begeben oder ein Sonnenbad auf einer Yacht nehmen.

Sicher werden Sie in allen diesen Bereichen einen ganz guten Fang machen. Je schöpferischer und künstlerischer, je ruhiger und esoterischer die Umgebung, desto mehr Fische werden Sie finden. Sie werden das Netz voller bunter, schillernder Exemplare haben, wenn Sie es auf Cocktailparties oder Galabällen auswerfen.

Es gibt wenig weltlichen Ehrgeiz bei Neptun-Menschen. Die meisten geben nicht das geringste auf Rang oder Macht, und Reichtum zieht sie selten an. Sie haben nichts gegen Geld, sie nehmen gern die kleinen Münzen, die Sie übrig haben sollten. Aber sie sind sich der Vergänglichkeit ihres Wertes bewußt.

Wer einmal gesagt hat: «Ich will kein Millionär sein, ich will nur wie einer leben», hat die Philosophie der Fische erfaßt. Das typische Neptun-Herz kennt keine Habgier. Man findet einen Mangel an Eifer, fast eine Sorglosigkeit in bezug auf die Zukunft. Gleichzeitig sind eine intuitive Kenntnis der Vergangenheit und eine milde Duldsamkeit der Gegenwart vorhanden. Es ist weder für die wirklichen noch für die menschlichen Fische leicht, sich den Weg stromaufwärts zu erkämpfen. Es ist viel müheloser, sich mit dem Strom treiben zu lassen, wo immer er einen hintreiben mag. Aber es ist die Aufgabe der Fische, gegen den Strom zu schwimmen – und das ist auch der einzige Weg, auf dem sie jemals zu wahrem Frieden und Glück kommen können. Ein schillernder Köder verlockt die unter diesem Sonnenzeichen geborenen Menschen, den einfachen Weg zu gehen, doch dahinter verbirgt sich ein gefährlicher Haken – ein verschwendetes Leben.

Der Charme und die träge Gutmütigkeit der Fische wird Sie beeindrucken. Vorschriften sind ihnen gleichgültig, solange sie ihnen nicht die Freiheit nehmen, ihren Träumen nachzuhängen. Beleidigungen, Anklagen und die Empörung anderer Leute lassen sie noch kälter. Erzählen Sie einem Fisch, daß die Gesellschaft dekadent und die Regierung am Zusammenbrechen sei, die Verunreinigung der Luft uns alle ins Grab bringen werde und die Welt an einem toten Punkt angelangt sei, so wird er gähnen oder hinreißend lächeln, mitfühlend wirken. Nur sehr wenige Dinge regen ihn so auf, daß er heftig reagiert. Natürlich ist der Fisch nicht nur mild und sanft. Er hat auch Temperament. Wenn er erst einmal wachgerüttelt ist, kann er auf kluge, ätzende Art ironisch sein. Die von Neptun Beherrschten können ärgerlich um sich schlagen und eine nervöse Gereiztheit zeigen, aber normalerweise wird der Fisch den Weg des geringsten Widerstandes gehen, und sein Ärger legt sich schnell wieder. Der Temperamentsausbruch eines Fisches ähnelt einem Steinwurf in einen klaren glatten See. Das Wasser kräuselt sich etwas, aber die Oberfläche ist bald wieder glatt.

Wenn Sie Fische-Menschen treffen, sehen Sie sich zuerst ihre Füße an. Sie werden bemerkenswert klein und zierlich (auch bei Männern) oder riesig wie die einer müden Waschfrau sein. Die Hände der Fische sind ebenfalls entweder winzig, zerbrechlich und fein geformt – oder es sind Riesenfäuste, die aussehen, als gehörten sie hinter einen Pflug. Die Haut ist seidenweich, das Haar fein, oft wellig und gewöhnlich hell (obwohl man auch eine Anzahl brünetter Fische findet). Die Fische-Augen sind wässerig, schwerlidrig und voller seltsamer Lichter. Die Augen mancher Fische sind einfach schön. Es gibt kein anderes Wort dafür. Die Gesichtszüge sind beweglich, und man findet gewöhnlich mehr Grübchen als Falten. Wenige Fische sind groß; Neptun-Körper sind manchmal etwas plump gebaut, aber bei ihrer außerordentlichen Anmut merkt man es selten. Diese Menschen scheinen eher dahinzugleiten und -zufließen als zu gehen, sie scheinen durch das Zimmer oder über die Straße zu schwimmen. Manchmal stimmt es. Wo ist das feuchte Element? Es befindet sich vielleicht in der Nähe, und der Fisch wird davon angezogen.

Es kann eine Vorliebe für Eiswasser sein oder die Angewohnheit, ein Dutzend Tassen Tee oder Kaffee am Tag zu trinken, aber auch ein Verlangen nach etwas Stärkerem. Wie für Skorpione und Krebse ist es auch für Fische gut, dem Alkohol aus dem Wege zu gehen. Sehr wenige Neptun-Menschen werden auf einer Gesellschaft nur einen Cocktail trinken und dann die Finger davon lassen. Natürlich gibt es einige. Aber zu viele Fische ertränken ihre Sorgen im Alkohol. Er gibt ihnen das angenehm einschläfernde, aber falsche Gefühl der Sicherheit, und das ist ein gefährliches Schlummerlied. Selbstverständlich wird nicht jeder Fisch, der einmal ein Gläschen trinkt, ein Alkoholiker, aber der Prozentsatz ist höher, als er sein sollte.

Der Fisch wurde mit dem Wunsch geboren, die Welt durch eine rosarote Brille zu sehen. Er weiß sehr wohl um die unerfreuliche Seite der Dinge, aber er zieht es vor, in seiner eigenen, sanften Welt zu leben, in der alles wunderbar ist. Wenn die Wirklichkeit zu schrecklich wird, entflieht er in seine rosigen Tagträume, die jeder Realität entbehren. Wenn das Leben ihm einen Schlag versetzt – einen richtigen Tiefschlag – und ihm Mißerfolge und Hoffnungslosigkeit beschert, neigt er dazu, sich hinter seine blaßgrünen Illusionen zu verschanzen, die ihn davon abhalten, praktische Entscheidungen zu treffen, um sich aus dieser ausweglosen Situation zu befreien. Der enttäuschte Fisch gibt sich zu sehr seinen falschen Hoffnungen hin, statt einen entschlossenen Kurswechsel vorzunehmen, der ihm den wirklichen statt des eingebildeten Erfolges bringen würde.

Nicht jeder im März geborene Mensch tappt in diese typische Neptun-Falle, aber es sind doch genug, um eine Warnung notwendig zu machen. Der Fische-Schriftsteller lungert vielleicht jahrelang in Bars herum, weil er sich vorredet, daß er dort Material sammle, während es in Wirklichkeit nur überholte Anschauungen und unbezahlte Rechnungen sind. Der Fische-Maler, der nicht die Unterstützung findet, die er sucht, bummelt Tag für Tag durch den Park und redet sich ein, daß er die Natur für sein großes Meisterwerk studieren müsse, während seine Pinsel Staub ansetzen. Wo ist der Engel, der ihn unterstützt, während er die Leinwand mit Ruhm bekleckert? Die Fische-Frau, die verlassen wurde und gerade soviel Einkommen hat, daß sie ihr Dach über dem Kopf behalten kann, wird dazu neigen, die Stunden zu verträumen, mit Innigkeit an das Gestern denken, unbestimmt auf die Zukunft hoffen und den hellen Sonnenschein der Gegenwart verschwenden.

Vielleicht haben Sie gelesen, daß das Symbol dieses Sonnenzeichens, die beiden in entgegengesetzter Richtung schwimmenden Fische, die zwiespältige Sehnsucht der von Neptun beherrschten Menschen bezeichnet. Das stimmt nicht. Das zweifache Begehren gehört zu dem Zeichen Zwillinge. Die beiden Fische, die in entgegengesetzter Richtung schwimmen, symbolisieren die Wahl, die den Fischen gegeben ist: nach oben zu schwimmen – oder nach unten zu schwimmen und sein Ziel nie ganz zu erreichen. Der Fisch muß lernen, daß er der Menschheit auf irgendeine Art dienen und materielle Werte fliehen muß. Der Fisch Einstein, der stromaufwärts schwamm, fand eine ganz neue Welt relativer Zeit. Fische, die stromabwärts schwimmen, dienen, indem sie Geschirr waschen oder Schnee schaufeln. Die Wahl haben sie immer, denn es besteht niemals Mangel an ungewöhnlichem Talent, aber die Fische, deren Augen deutlich nach beiden Seiten blicken, haben manchmal Schwierigkeiten, geradeaus zu sehen. Der Fisch zieht sich oft zurück – entweder gibt er sich ganz einem geistigen oder künstlerischen Beruf hin, oder er putscht sich mit Stimulansmitteln zu unechten Gefühlen und falschen Erregungen auf.

Obwohl der Fisch vor dem Konkurrenzkampf zurückschreckt, zieht es viele von ihnen, sogar die scheuen, ins helle Rampenlicht, wo sie ihre unglaubliche Darstellungskunst zeigen und Tausende von Gefühlen widerspiegeln können. Trotz ihrer angeborenen Schüchternheit sind sie oft die besten Schauspieler. Aber nur, wenn sie ihre Abneigung gegen die harte Arbeit der anstrengenden Proben und die Eintönigkeit der trübseligen, doch notwendigen Jahre der Erfahrung überwinden. Manchmal hinterlassen die scharfen Angriffe der Kritiker solche Wunden in der empfindlichen Fisch-Seele, daß ein zukünftiger Kainz oder eine zukünftige Duse in der Dunkelheit entschwinden, wenn der Ruhm gerade vor der Tür steht. Auswendiglernen ist selten ein Problem. Das Gedächtnis der Fische ist legendär, wenn sie auch bei verletztem Mond oder Merkur im Grundhoroskop ihre eigene Telefonnummer vergessen können.

Für jeden Fisch, vom Fischer am Kai bis zur Krankenschwester im

Kinderheim, ist das Leben selbst eine große Bühne. In ihren reflektierenden Augen verschwimmt die ganze Szene und wird undefinierbar. Daher begegnen die Fische auch den meisten Stürmen mit ruhiger Gelassenheit. Mutlosigkeit ist jedoch ein immer drohendes Gespenst und bringt seltsame Träume und Alpträume, die Zukünftiges vorausnehmen können. Wenn ein Fisch das Gefühl hat, es werde etwas geschehen, dann geschieht es meist auch. Wenn er Ihnen rät, dieses Flugzeug oder jenes Auto nicht zu besteigen, so ist es besser, wenn Sie schwimmen oder zu Fuß gehen.

Astrologen, die von einer alten Seele sprechen, meinen eine Seele, die schon durch viele Leben gegangen ist und aus jedem einzelnen etwas Weisheit zurückbehalten hat. Oft weisen sie auf die Fische hin, denn ein Leben unter dem Zeichen Fische ist entweder die schwerwiegendste Verpflichtung, die eine Seele sich wählen kann, oder die Möglichkeit, Vollkommenheit zu erreichen. Während der Widder die Geburt im Tierkreis repräsentiert, stellen die Fische Tod und Ewigkeit dar. Die Fische sind das zwölfte Zeichen, eine Zusammenfassung all dessen, was vorausgegangen ist, und ihr Wesen ist eine Mischung aus allen anderen Zeichen. Ihre überraschende Fähigkeit, zu organisieren und sich auf Einzelheiten zu konzentrieren, spiegelt das Wesen der Jungfrau wider. Ihr Urteil ist so gerecht und unvoreingenommen wie das der Waage, und auch ihre Freude an Vergnügungen ähnelt der der Waage-Menschen. Die Fische haben den verrückten Sinn für Humor, das Mitgefühl und die Reizbarkeit der Krebse. Manchmal zeigen sie die offene Freimütigkeit und Großzügigkeit des Schützen, sind jedoch ebenso pflichtgetreu wie der Steinbock und oft nicht weniger um gesellschaftliches Ansehen bestrebt. Sie können auch Anteil an der saturnischen Melancholie haben, manchmal sogar mehr als genug. Der Fisch kann launisch wie ein Krebs und glücklich wie ein Löwe sein. Er neckt und analysiert wie der Wassermann, fließt oft vor Idealismus und Begeisterung des Widders über, hat jedoch meist nicht den Schwung, den Mars gibt. Ein Fische-Mensch kann mit der Geschwindigkeit der Zwillinge herumsausen, schnell sprechen und scharf denken. Er kann aber auch so faul und friedlich wie ein Stier sein. Er hat den klugen Verstand Merkurs und die geschmeidige Anmut der Venus und verbindet beides mit der geheimnisvollen Durchdringungskraft des Skorpions, ohne die Rücksichtslosigkeit dieses Zeichens zu zeigen.

Die Fische haben die Debattierlust aller Luftzeichen, die Naturliebe der Erdzeichen und die flammende Sehnsucht der Feuerzeichen. Aber das Zeichen Fische gehört weder zu den festen noch zu den kardinalen Zeichen. Der Fisch ist immer veränderlich, in dieser Hinsicht ist er unverfälscht. Die einzige Eigenschaft, die nur seinem eigenen Zeichen entspricht, ist seine Fähigkeit, außerhalb seines Ichs zu stehen und Vergangenheit, Gegenwart und Zukunft als eine Einheit zu sehen. Seine Liebe zur Kunst, seine hochentwickelten Sinne und seine Wandlungsfähigkeit verdankt er anderen Zeichen, aber seine tiefe Weisheit und sein Mitleiden, die aus dem Wissen um jede menschliche Existenz herrühren, gehören ihm allein. Nachdem Sie nun all das wissen, wundert es Sie noch, daß Ihr Fische-Freund Ihnen manchmal etwas rätselhaft und seltsam erscheint?

Die Fische neigen zu der Annahme, daß sie ewig leben können, und manchmal handeln sie auch danach. Um sich selbst machen sie sich nicht sehr viel Sorgen. Es kommt oft vor, daß sie alle überschüssige Energie (und sie haben sowieso nicht sehr viel) darauf verwenden, Verwandten bei ihren Schwierigkeiten zu helfen oder die Bürden ihrer Freunde mitzutragen. Es können finanzielle oder seelische Probleme sein, in beiden Fällen kann jedoch die Gesundheit des Fisches, die sowieso nicht sehr robust ist, sehr darunter leiden. Die Fische sollten sich vor Aufputsch- oder Beruhigungsmitteln und vor Erschöpfung hüten und sich für andere Menschen nicht zu sehr verausgaben. Als Kinder und Kleinkinder sind sie meist sehr anfällig (wenn nicht ein starker Marseinfluß vorhanden ist). Die Fische haben einen trägen Stoffwechsel, deshalb erwachen sie auch oft verschlafen und lustlos. Ungesunde Ernährung kann Komplikationen mit der Leber und Verdauungsstörungen verursachen. Unfälle oder Abnormitäten an Händen, Füßen oder Hüften kommen oft vor, ebenso Erkältungen, Grippe und Lungenentzündungen. Die Lungen sind nicht kräftig, ebensowenig die Zehen und Knöchel. Die Fische scheinen häufig entweder Senkfüße und verletzte Mittelfußknochen oder überaus kräftige und elastische Füße zu haben. Sie haben jedoch eine verborgene innere Widerstandskraft, und es gehört zu ihrem Leben, daß sie ihre latente Kraft entdecken und

benutzen. Die Fische können sich buchstäblich selbst in etwas hinein-
oder aus etwas hinaushypnotisieren – einschließlich der Angst vor
Katzen, Mäusen, Abgründen, Untergrundbahnen, Fahrstühlen und
Menschen.

Der Humor ist eine ihrer Geheimwaffen. Neptun-Menschen lächeln,
um ungeweinte Tränen zu verbergen. Sie sind Meister der Satire, und
ihre beiläufigen Bemerkungen können wie Peitschenhiebe sein. Der
Fisch spielt für sein Leben gern anderen einen Streich und ist unübertrefflich darin, Ausgelassenheit um sich zu verbreiten, während sein
eigenes Gesicht düster und unbewegt bleibt. Manchmal ist sein Humor
warm und harmlos, manchmal kalt und gnadenlos, immer verbirgt
sich dahinter ein anderes Gefühl, das weniger spontan ist. Das Lachen
der Fische ist eine Maske, hinter der sie sich gut verstecken können.

Mitleid und der Wunsch, den Kranken und Schwachen helfen zu
können, ist eine typische Fische-Eigenschaft. Die Fische teilen ihr Mitgefühl für die Kranken vielleicht mit den Jungfrau-Menschen, aber sie
gehen noch einen Schritt weiter und versuchen, die Beladenen und Einsamen, die Versager und Ausgestoßenen zu verstehen. Dabei ist es
ihnen ganz gleich, wie sonderbar diese Menschen sein mögen und wie
sehr die Gesellschaft sie verachtet. Der Fisch wird denjenigen, den die
Jungfrau für schwach (aus eigenem Verschulden) und daher für unwürdig hält, gütig trösten. Wenn Sie ein paar Pfennige oder eine
größere Summe, ein großes Darlehen oder nur eine kleine Ermutigung
brauchen, gehen Sie zu einem Fisch. Sie werden keine Vorhaltungen
zu hören bekommen und keine überheblichen Blicke spüren. Er verurteilt niemanden – sei er nun Dieb, Mörder, Süchtiger, Abtrünniger,
Sünder, Heiliger, Heuchler oder Lügner. Habgier, Sinnlichkeit, Faulheit oder Neid werden bei ihm keinen Zorn hervorrufen, wenn er ein
typischer Neptun-Mensch ist. Sein Verständnis ist überaus groß, und
er wird soviel praktische Hilfe leisten, wie er kann. Er ahnt jedes
Laster und jede Tugend, und er kennt jede Fallgrube. Viele Fische
ziehen daher das Gewand des Priesters oder die Mönchskutte an und
verbringen ihr Leben in Gebet und Meditation.

Es gibt zwar Fische-Menschen, die rauh und brüsk sind, aber das ist
nur eine dünne Schale, die sie zum Schutz tragen. Der vom Neptun
beherrschte Mensch lernt nur zu bald, wie verletzlich er ist. Die Welt

ist noch nicht auf seine Empfindsamkeit eingestellt. Um daher zu vermeiden, daß er lächerlich gemacht oder ausgenutzt wird, täuscht er manchmal Gleichgültigkeit vor. Die Zumutungen und der Egoismus der anderen zwingen den Fisch, sein wahres Wesen zu verbergen. Da er jeden Schmerz und jede Freude mitfühlt, als sei er selbst betroffen, wundert es einen wenig, daß der Fisch oft Interesselosigkeit vorschützt. Aber denken Sie daran, daß er alles nur vortäuscht. Wenn Sie einmal eine Abfuhr erlitten haben, versuchen Sie es noch ein zweites Mal, und der wahre Fisch wird zum Vorschein kommen.

Die Phantasie der Fische, ihr schalkhafter Humor und ihr Sinn für Schönheit können die zarteste und doch ewig gültige Poesie und Prosa hervorbringen. Die Welt könnte wohl ohne ihr künstlerisches Einfühlungsvermögen und ihr gütiges Mitleid nicht bestehen. Sie werden häufig Fischen begegnen, die ihre persönlichen Träume begraben haben, um das Leben von Verwandten oder Freunden aufzuhellen. Oder sie schenken der Menschheit Lachen und Weinen von der Bühne aus und opfern dabei den Wunsch nach der Zurückgezogenheit, die der Fisch eigentlich braucht. Neptun ist jedoch ein täuschender Planet, der die von ihm beherrschten Menschen gleichzeitig in verschiedene Richtungen führen und die Wahrheit verzerren kann, ein Einfluß, der die Fische oft bewegt, eine Maske zu tragen.

Die schauspielerische Begabung wird augenfällig, wenn Sie einmal versuchen, den ausweichenden, hin und her flitzenden Fisch festzunageln. Er haßt es, auf eine direkte Frage mit ja oder nein zu antworten. Es ist immer vielleicht. Wenn man aus reiner Neugier fragt, welches Stück er gerade gesehen oder welches Buch er gelesen habe, so kann man ohne ersichtlichen Grund eine ausweichende Antwort erhalten. Er kann Lachen und Weinen wie mit einem unsichtbaren Schalter an- und abdrehen. Nichts ist ganz wirklich. Alles ist Illusion für die Fische, und sie können manchmal selbst die Grenzen nicht mehr feststellen. Der selbstlose Fisch fühlt eine unerschöpfliche, zärtliche Liebe für jedes Lebewesen, was fast an einen Heiligen erinnert, wenn es nicht in Selbstmitleid und Selbstliebe ausartet. Die typischen Fische sind die geselligen Hausfrauen, deren Herz für allen Kummer ihrer Nachbarn groß genug ist, und die geduldigen Barmixer, die sich mitfühlend hundertmal in der Woche anderer Leute Leid klagen lassen.

Der Fisch hat ein so tiefes Empfinden für die Wahrheit, daß es nicht in Worten ausgedrückt werden kann. Wer ihn zum Freund will oder ihn liebt, muß versuchen, sein Wesen durch die Phantasie zu erfassen. Die anderen beiden Wasserzeichen – Skorpion und Krebs – werden durch Geschöpfe symbolisiert, die halb auf dem Lande und halb im Wasser leben – amphibisch und anpassungsfähig –, aber der Fisch kann keine Luft atmen. Er muß im kühlen, grünen Wasser, das manchmal schmutzig ist, leben und sich stets fortbewegen. Er ist stärker, als er glaubt, und klüger, als er weiß, aber Neptun bewahrt sein Geheimnis, bis er es selbst entdeckt.

Der FISCHE-Mann

Nehmen Sie einmal Ihre rosarote Brille ab und überzeugen Sie sich, daß der Fische-Mann, mit dem Sie jetzt im Mondschein herumschwimmen wollen, auch weiß, wann die Flut kommt. Wenn ja, dann haben Sie das große Glück gefunden. Wenn er jedoch die Flut vor lauter Sternenstaub in den Augen übersieht, dann können Sie das trostloseste Elend erleben, das Ihnen je begegnet ist.

Ein Fische-Mann kann alles sein, was Sie sich wünschen – oder alles, was Sie sich nicht wünschen. Die Flut ist für ihn gleichbedeutend mit Gelegenheit. Sie erfordert feste Entschiedenheit, entschlossenes Handeln und die Fähigkeit, dumme, alte Träume zu vergessen, die dem Erfolg im Weg stehen. Die Schwierigkeit ist, daß manche Fische-Männer die Flut auch dann noch nicht erkennen, wenn ihnen das Wasser bis über die Füße reicht.

Der Fische-Mann ist nicht schwach, er verliert sich nur zu leicht an seine Träume. Nicht alle Fische-Männer sind sanfte Träumer, aber doch mehr als genug. Man soll aber die Hoffnung nicht aufgeben. Wo Leben ist, ist auch Hoffnung. Obwohl die Welt seine herrliche Phantasie nur zu sehr braucht, kommt doch die Zeit, wo der Fische-Mann hinausgehen und sich seine Brötchen verdienen muß. Das kann eine Kleinigkeit für ihn sein, denn seine Intuition in Verbindung mit seinem Verstand können ihm Ruhm und Anerkennung einbringen – sogar Reichtum und Unsterblichkeit. Und wenn schon nicht gerade das (man kann nicht immer ins Schwarze treffen), dann wenigstens Ansehen und ein gutes Auskommen. Hoffen wir, daß Ihr Fische-Mann zu diesem Typ gehört. Unter solchen Umständen kann ihn eigentlich kein Mensch eines anderen Sonnenzeichens aufhalten.

Wenn er jedoch mit etwa fünfundzwanzig Jahren die Flut (günstige Gelegenheit) noch nicht erkannt hat, so sieht seine Zukunft nicht sehr hoffnungsvoll aus. Sie halten das für unfair? Nun gut, sagen wir mit fünfunddreißig, aber das ist ein gewagtes Spiel. Wenn ich sage, daß seine Zukunft nicht sehr hoffnungsvoll aussieht, so meine ich die Zukunft mit Ihnen. Sein persönliches Leben kann mehr oder weniger zufriedenstellend sein. Das kommt daher, weil alles, was er braucht, sein Traum ist, mag er auch an den Ecken schon etwas Rost angesetzt haben. Wenn dann noch ein Krug Wein und ein Laib Roggenbrot da sind, so fühlt er sich so glücklich, wie man es überhaupt sein kann. Sie haben gemerkt, daß ich etwas ausgelassen habe. Brot und Wein, und SIE? Das ist es eben. Der verträumte, empfindsame, künstlerische Fisch kann herrlich von Brot und Wein leben – sogar davon gedeihen. Aber mit solch einer Diät kann er keine Frau und keine Kinderchen ernähren, ganz zu schweigen von ein paar Goldfischen und Guppies (wenn man sein Sonnenzeichen bedenkt). Sie brauchen Dinge wie Strümpfe, Kosmetika, Schuhe, Spinat, Geld für die Miete, Sellerie, Milch, Glühbirnen und, nun Sie wissen schon, was ich meine.

Bei einem solchen Fische-Mann gibt es nur einen Ausweg: Seien Sie eine Erbin. Nein, es gibt noch einen anderen Ausweg: Suchen Sie zwei Stellungen – eine für Sie und eine für ihn, und arbeiten Sie in beiden wie verrückt.

Ich will nicht sagen, daß Sie in romantischen Stunden nicht glücklich sein werden. An Romantik leidet kein Fisch, der je geboren wurde, Mangel. Nur ist sie kein Ersatz für Spinat und Babyschuhe oder Ihre geistige Gesundheit. Die Planeten in ihrer Weisheit nehmen sich dieser Lebensprobleme an und gehen dem verträumten, weltfremden Fische-Typ genügend Gelegenheit, ein Protégé zu werden. Wenn er einen Gönner oder eine Gönnerin findet, kann er ein großer Maler, ein großer Schriftsteller, ein großer Komponist werden – oder wenigstens ein großartiger Kerl. Wie aber soll er einen Gönner oder eine Gönnerin finden, wenn er Sie und die Kinderchen und die Goldfische und Guppies hat, die die Einfachheit seiner künstlerischen Existenz beeinträchtigen?

Sie müssen zugeben, daß es so nicht geht. Sagen Sie ihm lieber gleich jetzt Lebewohl. Sie werden ein wenig weinen, und es kann wehtun – sehr sogar. Aber nicht so sehr, als wenn Sie mit einem sprechenden, gehenden Traum verheiratet wären und dem Hausherrn mit nichts als leeren Wünschen in Ihrer Handtasche entgegentreten müßten. Das tut wirklich weh.

Da wir den Brot-und-Wein-Typ nun so tapfer abgefertigt haben, können wir über die anderen Fische sprechen, diejenigen, die die Gelegenheit (die Flut) ausgenützt haben. Offensichtlich ist dieser Fisch ein guter Fang für ein Mädchen. Es besteht immer die Chance, daß er ein Einstein wird. Mehr kann man eigentlich nicht verlangen, obwohl anzunehmen ist, daß Einstein auch am Wochenende sehr in seine Gleichungen vertieft gewesen sein dürfte. Aber Sie müssen ja nicht gleich alles haben wollen. Selbst ein übertrieben praktischer Steinbock-Mann oder ein unternehmungslustiger, schwungvoller Widder-Mann kann kleine Fehler haben. Das Wesentliche ist, daß ein Fisch, der sich seinen Weg stromaufwärts erkämpft, viele Gelegenheiten haben wird, Ihnen Ruhm und Reichtum zu Füßen zu legen. Und er hat auch andere Vorzüge.

Ein Fische-Mann kennt keine Vorurteile. Er wird Verständnis zeigen und nicht übertrieben kritisch sein. Er wird sogar versuchen, seine Schwiegermutter zu verstehen, und wie viele Männer tun das schon? Der von Neptun beherrschte Mann besitzt die seltene Gabe, Seelenverwandtschaft zu fühlen. Seine Freunde vertrauen sich ihm an und befürchten nie, daß er empört sein könnte. Es braucht schon viel, um den Fisch zu schockieren. Wenn Sie und ich und Ihr Fische-Mann beisammensäßen und ein Mann käme herein und erklärte, daß er sich ein wenig Sorgen mache, denn er hätte vier verschiedene Frauen in vier verschiedenen Staaten – so würden Sie ihn vielleicht anstarren und denken, daß er ins Gefängnis gehöre, ich würde ihn verächtlich betrachten und ihn einen Schuft nennen, Ihr Fische-Mann aber würde wahrscheinlich fragen: «In welchen vier Staaten? Lieben Sie sie alle?» Der Fisch ist neugierig, aber unerschütterlich. Soweit es ihn betrifft, braucht der Bursche viel Mitgefühl und einen guten Rechtsanwalt.

Ahnungslos erzählt Ihr Neptun-Mann vielleicht ein oder zwei Geheimnisse, niemals jedoch mit böser Absicht. Die Fische sprechen manchmal, bevor sie den möglichen Schaden, den sie damit anrichten können, bedenken. Sie begreifen einfach nicht, daß das, was sie sagen, vielleicht von strengeren Gemütern mit weniger nachgiebiger Haltung falsch ausgelegt werden könnte. Wenn man ihn allerdings ausdrücklich bittet, etwas für sich zu behalten, so ist er verschlossen und zuverlässig, und Sie können ihm Ihre dunkelsten Geheimnisse anvertrauen.

Gelegentlich sprechen Fische, die einen verletzten Merkur im Grundhoroskop haben, sehr viel und schnell. Der typische Neptun-Mensch aber spricht langsam, denkt freundlich und versucht, sich nur um seine eigenen Dinge zu kümmern, obwohl er ständig mit den Problemen seiner Freunde, Verwandten und Nachbarn belastet wird. Sie scharen sich um ihn, weil er so wundervoll zuhört. Sie werden sich selbst versucht fühlen, ihm Ihre eigenen kleinen Probleme anzuvertrauen, aber legen Sie sich ein wenig Zwang an. Wenn es etwas gibt, das ein Fische-Freund oder -Ehemann nicht braucht, so sind es noch mehr Widerwärtigkeiten, die man auf ihn abwälzt. Das tun schon andere den ganzen Tag lang. Wenn er bei Ihnen ist, braucht er Entspannung. Die Menschen haben gar nicht die Absicht, sich den Fischen aufzudrängen. Es wird ihnen selten klar, daß die von Neptun beherrschten Menschen so empfänglich sind, daß sie alle Schwingungen aufsaugen, seien sie nun gut oder schlecht, freundlich oder leidvoll, düster oder hell. Durch seine Empfindsamkeit spürt der Fisch alle Gefühle lebhaft mit. Diese Menschen brauchen oft lange Ruhepausen. Sie müssen zeitweise allein sein, damit die Wunden, die durch all die miterlebten Nöte entstanden sind, heilen und sie ihre ruhige Individualität zurückgewinnen. Mißgönnen Sie darum Ihrem Fische-Mann niemals seine Stunden der Zurückgezogenheit. Wenn er allein sein oder einen einsamen Spaziergang unternehmen möchte, lassen Sie ihn gehen. Zuviel Zusammensein kann den Schmelz der Fische-Liebe zerstören.

Denken Sie daran, daß der Fisch empfindlich und leicht verletzlich ist. Seine Scheu wird durch das quälende Bewußtsein seiner eigenen Grenzen verursacht, wo immer sie auch sein mögen, und er spürt sie stark. Er muß wissen, daß seine guten Eigenschaften von jemandem geschätzt werden, den er bewundert. Von Ihnen. Lassen Sie es nie an Ermutigung fehlen.

Sie können es mit Yoga und Zen oder mit okkulten Lehren versuchen. Er wird wahrscheinlich Interesse an Astrologie und Zahlenmystik und sogar an der Reinkarnation haben. Wie dem Skorpion ist ihm ein Verständnis für esoterische Prinzipien angeboren, und diese Dinge sind meistens gut für ihn. Sie tragen dazu bei, seine Gefühle im Gleichgewicht zu halten, und bilden eine Zuflucht für seine lebhafte Phantasie. Fische-Männer regen sich hin und wieder auf, aber ihr Ärger ist selten heftig oder lang andauernd. Wenn es vorbei ist, ist das Wasser wieder ruhig, und das Leben ist so friedlich wie zuvor. Manche Fische-Männer poltern ein wenig im Haus, aber das ist harmlos. Es ist für den Fisch fast unmöglich, richtig zu brüllen, wie zum Beispiel der Stier es tut. Sehen Sie, was für ein Glück Sie haben?

Obwohl der Fisch oft Schwierigkeiten hat, sich selbst zu ergründen, ist es für ihn kein Problem, die Durchtriebenheit anderer zu erkennen. Man kann ihn schwer täuschen, er durchschaut einen ganz. Er selbst bringt es jedoch durchaus fertig, einem etwas vorzumachen, denn er hat den seltsamen Zug, seine persönlichen Motive vor allzu forschenden Augen zu verbergen.

Es kann vorkommen, daß Ihr Fische-Mann erzählt, er sei bei der Reinigung gewesen, wenn er in Wirklichkeit Zigarren gekauft hat. Warum? Ich weiß es wirklich nicht, und er auch nicht. Die Fische (und auch die Zwillinge) scheinen ihre Freude daran zu haben, einen leicht irrezuführen. Solange er grüne Hosenträger trägt und die Leute glauben, er trage gelbe – oder gar keine – fühlt sich der Neptun-Mann irgendwie sicher. Da es ihn glücklich macht, lassen Sie ihm seine kleinen Geheimnisse. Warum sollten Sie eine große Sache daraus machen? Selbst wenn Sie wissen, daß er nicht in der Reinigung war, weil Sie ihn im Zigarrengeschäft gesehen haben, fragen Sie ihn, ob seine Hosen fertig waren. Wenn er Ihnen erzählt, daß der Mann gesagt hätte, sie wären nicht vor Montag fertig, bemerken Sie nur, daß die Reinigung ein alter Trödelladen sei, und lassen Sie es auf sich beruhen. Er könnte viel schlimmere Angewohnheiten haben, als hin und wieder ein wenig Verstellung zu üben, um seine Einbildungskraft in Form zu halten.

Große Eifersuchtsszenen wird es kaum geben. Wenn der Fische-Mann Eifersucht spürt, ist er ein viel zu guter Schauspieler (wenn Sie ihn üben lassen), um sie zu zeigen. Er ist jedoch ein Mann, trotz seiner romantischen, zartfühlenden Art, und er wird letzten Endes von Ihnen Treue erwarten. Sie werden vielleicht Ihre eigene Eifersucht im Zaum halten müssen, denn er wird gute Freunde haben und immer für sie da sein, manchmal zu den merkwürdigsten Tages- und Nachtzeiten. Er ist ein geselliger Mensch, dagegen kann er nichts tun. Hier besteht eine Gefahr, wenn Sie sehr besitzgierig sind. Ein Widder- oder Löwe-Mädchen sollte lieber einem anderen Wild nachjagen. Der Fische-Mann bewundert Schönheit und betrachtet gern hübsche Beine. Mit ein wenig Anstrengung Ihrerseits bleibt es jedoch unschuldig und in Grenzen, und zur Belohnung werden Sie einen liebevollen Ehemann haben, der ein romantischer Liebhaber und ein Gefährte ist, mit dem Sie sich wirklich über alles unterhalten können.

Wenn er in seine Depressionen versinkt, werfen Sie Ihre Schürze in die Ecke hinter das Aquarium, ziehen Sie ein gelbes Kleid an, setzen Sie ein goldenes Lächeln auf und versuchen Sie, ihn aus seinem Trübsinn herauszulocken. Die Fische sind besonders empfänglich für Anregungen. Es wird vielleicht nicht ganz einfach sein, diesen Mann zu Sparsamkeit und Vorsicht bei Geldangelegenheiten zu bewegen. Von Neptun beherrschte Menschen sind nicht gerade für ihre Kreditfähigkeit bekannt (wenn sie nicht zufällig einen Steinbock-Aszendenten oder viele Planeten im Stier, Wassermann oder Krebs haben). Er wird es lernen, aber komplizieren Sie die Situation nicht, indem Sie selbst leichtsinnig sind. Ein Verschwender in der Familie ist schon genug. Er braucht ein gutes Beispiel. Es ist überraschend, wie sehr sich die Fische-Menschen einer Führung unterordnen. Das heißt, wenn der Betreffende ihnen nahesteht und ihre Achtung verdient.

Die Kinder werden ihren Fische-Vater großartig finden. Er wird mit ihnen Wassersport treiben und sich lebhaft an ihren Spielen beteiligen. Vielleicht lernen sie ein wenig ausgefallene Philosophie von ihm oder werden in Yoga-Manier auf dem Kopf stehen. Wahrscheinlich werden sie ihn vergöttern. Dank seiner Fähigkeit, einen kleinen Vogel in der Hand zu halten, ohne ihn zu zerdrücken oder zu ängstigen, können sie zu ausgeglichenen, anpassungsfähigen Menschen heranwachsen. Sie werden die Strenge übernehmen, und er wird ihren jungen Problemen lauschen – Sie werden ihre Nasen und Kleidung reinhalten, und er hält ihren Geist lebendig. Es sollte großartig klappen.

Vergiften Sie nie seine Träume, er wird es nicht vergessen und auch nicht verzeihen. Geben Sie ihm die Gelegenheit, seine Träume wahr werden zu lassen und helfen Sie ihm dabei mit gesundem Menschenverstand. Der Fisch braucht eine seelische Stütze, und das bedeutet grenzenlosen Glauben und grenzenloses Vertrauen, es bedeutet aber auch, daß Sie ihn nicht mit eingebildeten Klagen belasten. Seine enthusiastischen Hoffnungen müssen mit liebevollem Verständnis behandelt werden. Bieten Sie ihm ein glückliches Familienleben. Wenn Sie nicht nörgeln und kritisieren, werden sich vielleicht eines Tages seine wilden, verrückten Hoffnungen doch realisieren und so viele Blüten treiben, daß sich auch ein paar Ihrer eigenen Träume erfüllen. Das Fische-Herz gibt die Hoffnung niemals auf. Entmutigen Sie es nicht. Es überschüttet Sie vielleicht mit dem großen Glück, wenn Sie es zärtlich hegen.

Sie haben vielleicht gehört oder gelesen, daß die Fische das Zeichen der Selbstzerstörung sind, aber lassen Sie sich dadurch nicht ängstigen. Es ist zwar richtig, daß immer etwas Selbstzerstörerisches in einem Neptun-Mann ist. Aber Sie sind dazu da, ihn in solchen Fällen wieder aufzurichten, so wie man ein Paket wieder verschnürt, das aufgegangen ist. Wenn Sie die Knoten fest genug machen, wird es nicht zu oft geschehen. Servieren Sie ihm einen Traum zum Frühstück, einen gescheiten Witz zum Mittagessen, Chopin zum Abendessen und Rilke als Nachtisch. Von da an müssen Sie selbst weitermachen. Haben Sie keine Angst, hineinzuspringen. Das Wasser ist herrlich.

Die FISCHE-Frau

Bitte rechts anstellen. Nicht vordrängeln. Es gibt vielleicht nicht genug Fische-Frauen für jeden Mann, aber das ist noch kein Grund, aufsässig zu werden. Warten Sie, bis Sie an der Reihe sind, und hoffen Sie das Beste.

Selbst ohne Astrologie haben sich die Gerüchte über den Charme der Fische-Frau verbreitet. Sie hat natürlich auch ihre negativen Seiten, aber auf den ersten Blick ist sie für jeden Mann die Erfüllung seiner Träume. Wir können ebensogut gleich zugeben, daß der Wert der Fische-Frau in der Zeit der modernen, emanzipierten Frau und ihrer kühlen Art sogar noch gestiegen ist. Da das weibliche Geheimnis so gut wie verschwunden ist, muß die zurückhaltende, hübsche, hilflose Fische-Frau die Männer mit großen Stöcken abwehren.

Es ist kein Wunder, daß sie ein solcher Haupttreffer ist. Die von Neptun beherrschte Frau versucht selten, den Mann in den Schatten zu stellen, sei sie nun verheiratet oder ledig. Sie hat nicht das geringste verborgene neurotische Verlangen, ihn auf irgendeine Weise zu beherrschen. Er kann den Stuhl für sie zurechtrücken, ihr in den Mantel helfen, ein Taxi für sie heranwinken, ihre Zigarette anzünden und nach Herzenslust davon reden, was für ein großartiger Kerl er sei. Sie will weiter nichts, als daß er sie beschützt und für sie sorgt. Sie ist glücklich und zufrieden, wenn sie sich an seine breiten Schultern lehnen und mit großen Augen staunen kann, wie stark er ist. Wie sehr braucht sie ihn in dieser schrecklichen Welt! Man denke nur an all die Wölfe da draußen, die das arme Rotkäppchen fressen wollen. Und doch wird sie eine bezaubernde Zuhörerin sein, wenn er ihr von all seinem Kummer erzählt, und jede Krise mit ihm meistern.

Eine Fische-Frau glaubt, daß ihr Mann, Liebhaber, Freund, Bruder, Vater – das heißt, jeder Mann – die ganze Welt auch dann besiegen könne, wenn ihm eine Hand auf den Rücken gebunden würde. Es genügt schon eine Spur ihres rührenden Glaubens, um die Männer, so wie sie nun mal gebaut sind, ebenfalls davon zu überzeugen. Und da wundern Sie sich, daß sie so beliebt ist? Das Fische-Mädchen ist ein anheimelnder Hafen der Ruhe für ihren stolzen Mann, weitab vom Verkehrslärm und den Börsetelegrafen. Das Licht in ihrem Fischteich ist sanft und verschwommen. Es ist herrlich beruhigend für müde Augen, die vom Neonlicht und den vielen kleinen Zahlen des Börsenberichtes, die sie einfach nicht verstehen kann, verdorben worden sind.

Ob nun im Frühling, Sommer, Herbst oder Winter, sie wird zu allen Jahreszeiten anbetungswürdig weiblich aussehen. Auf die Gefahr der Untertreibung hin, die Männer werden von ihr angezogen wie die Bienen vom Honig.

Eine kurze Unterhaltung mit ihr, und ein Mann fühlt sich entspannt. In Gedanken sieht er ein knisterndes, anheimelndes Feuer an einem kalten Winterabend vor sich oder räkelt sich an einem Frühlingsabend in einer Hängematte, und niemand nörgelt an ihm herum. Sie läßt keinen Zweifel daran, daß sie ihm seine beruflichen Mißerfolge oder unabsichtlichen Fehler niemals vorwerfen wird. Es wird immer jemand anders schuld sein, niemals ihr Mann. Nie wird sie ihn drängen, schneller vorwärtszukommen. Sein Tempo ist ihr gerade recht. Muß ich noch erklären, warum die Fische-Frau die gefährlichste «andere» aller Tierkreiszeichen ist? *Doch Vorsicht!* Nach der Hochzeit kann sie leise Andeutungen machen. Um ehrlich zu sein, sie kann eine ganze Menge Andeutungen machen. Eigentlich geschieht es Ihnen ja recht. Warum haben Sie sich von ihrem Charme blenden lassen. Häufig kann sie sogar bitter sarkastisch sein, aber jede Frau hat ihre Fehler, und das Fische-Mädchen werden Sie viel öfter sanft als streitsüchtig erleben. Sie muß schon durch äußerste Grausamkeit oder Faulheit des Partners gereizt werden, um sich zu einem Zankteufel zu entwickeln – und wer kann sagen, daß ein grausamer oder fauler Ehemann das nicht verdient?

Meistens ist das Fische-Mädchen so sanft, verträumt und weiblich, daß alle kleineren Unzulänglichkeiten dahinter verschwinden. Da ihre symbolischen Fische gleichzeitig in verschiedene Richtungen schwimmen, paßt sie sich den schwierigsten Situationen, in denen andere Frauen verrückt werden würden, wunderbar ruhig an. Natürlich werden hin und wieder auch ein paar verärgerte oder gereizte Worte ihren sonst friedlichen Gedankengang unterbrechen. Gelegentlich mag eine empfindsame Neptun-Frau, die in der Kindheit hart behandelt worden ist, bitter werden – und das kann sehr traurig sein. Sie wird ein

einsamer, elender Fisch, der stets wild umherschwimmt und doch in
seinen Fluchtversuchen immer nur auf sich selbst trifft – der niemals
erkennt, daß der eigentliche Fehler darin besteht, die eigene grenzen-
lose Liebe nur nach innen und damit auf sich selbst zu richten. Drogen,
Alkohol und falsche Illusionen verbergen einer solchen Frau die Wahrheit und machen sie blind gegen die Gefahren, die sie bedrohen und
zerstören können. Das durchschnittliche Neptun-Mädchen jedoch wird
ruhig und gleichmäßig handeln und erst ein wenig zurück, dann wieder vorwärtsgleiten, so daß Sie nie genau wissen, wohin sie geht. Die
Fische sollen wie ein tiefes, geheimnisvolles Meer sein, in das alle
Flüsse münden. Sie haben eine größere Chance, sie zu fangen, wenn
Sie einige ihrer schwer erkennbaren Geheimnisse entdecken. Wie aber
ist sie wirklich?

Zunächst einmal ist sie durchtrieben. Fragen Sie Nick Hilton, Michael Wilding, Eddie Fisher und Richard Burton, die alle eine Fische-
Frau geheiratet haben. Sogar dieselbe Fische-Frau. Sie ist nicht nur
durchtrieben, sie kann auch ein wenig täuschen, wenn sie versucht, Sie
um ihren kleinen Finger zu wickeln.

Sie sagen, daß Sie eine Fische-Frau kennen, die mit Schürze und
scheuem Lächeln herumläuft, das Musterbeispiel einer aufopfernden
Frau und Mutter ist, und Sie glauben, sie sei weder durchtrieben, noch
täusche sie irgend etwas vor? Verzeihen Sie meine Offenheit, aber Sie
haben Unrecht. Ich kenne diese Fische-Frau auch, oder wenigstens eine
ähnliche. Sie wickelt jeden um ihre Schürzenbänder. Sie hält den härtesten Schicksalsschlägen stand, und doch halten ihre beiden Söhne
sie heute noch für ein bezauberndes, mädchenhaftes, hilfloses, auf-
geregtes und sanftes kleines Wesen, das man beschützen muß und
das nicht ganz versteht, wie das Schloß an der Eingangstür funktioniert.

Sie ist entzückend und unbestimmt verträumt. Sie hat keine Ahnung
vom Wirtschaften, aber sie zieht sich phantastisch an, kocht häufig
große Menus für die zahlreiche Verwandschaft, bezahlt die Miete
pünktlich und wird von allen geliebt, einschließlich einem halben
Dutzend streunender Katzen, dem Zeitungsjungen, dem Fleischer und
sogar dem Hausherren. Vielleicht hat sie einen Feind. Es ist der Mann,
den sie abgewiesen hatte, bevor sie ihren Mann heiratete. Vor Ent-

täuschung ist er wahrscheinlich der Fremdenlegion beigetreten, und ich bezweifle, ob sie sich überhaupt noch an seinen Namen erinnert. Herzlose Wesen, diese Fische-Frauen. Durchtrieben und täuschend. Aber versuchen Sie nicht, das ihren Nachbarn zu erzählen.

Ihr Fische-Mädchen wird viele Launen haben. Sie ist sehr empfindsam, und wenn ihre Gefühle verletzt sind, kann sie Ströme von Tränen vergießen. Sie wird Sie so vorwurfsvoll ansehen, daß Sie das Gefühl haben, Sie hätten auf ein kleines Kaninchen geschossen. Die Fische-Frauen sind manchmal der Meinung, sie seien hoffnungslos ungeeignet für die heftigen Kämpfe und den leidenschaftlichen Ehrgeiz, die zum Überleben erforderlich sind. Dann setzen tiefe Depressionen ein. In solchen Fällen müssen Sie Ihrer Neptun-Dame sagen, daß sie von jedem einzelnen menschlichen Wesen, das sie je mit ihrer Freundschaft bedacht hat, wegen ihrer tiefen, geheimnisvollen Weisheit und ihres segensreichen Verständnisses bewundert wird. Gewöhnlich ist es die reine Wahrheit. Am schwierigsten wird es für sie sein, ihre Schüchternheit und ihre Zweifel zu überwinden. Wenn die Ängste tiefgehen, schließt sie sich von anderen ab und wundert sich dann, warum sie einsam ist. Sie befürchtet oft, sich auf- oder vorzudrängen oder jemanden zu übervorteilen, obwohl kein anderer auf solche Gedanken kommt.

Hin und wieder verbirgt eine Fische-Frau ihre Scheu und Verletzlichkeit hinter Witzeleien, intellektuellem Gehabe und einem förmlichen, unabhängigen Wesen. Das ist jedoch nur ein Schutzmantel, den sie trägt, um sich vor den neugierigen Augen grober Menschen zu verstecken.

Die Fische-Frau wird den Kindern ihr ganzes Herz schenken, bis auf den großen Anteil, der Ihnen gehört. Sie wird sie alle lieben, aber die häßlicheren, schwächeren, kleineren oder kränklicheren vielleicht etwas mehr. Nur ein Fische-Filmstar würde an all den Lieblingen mit den bezaubernden Grübchen vorbeigehen und ein winziges, verkrüppeltes Ding mit verschreckten Augen adoptieren. Die weiblichen Fische sind die großartigsten Frauen der Welt, wenn es darum geht, die Scheu kleiner Buben oder die wachsenden Schmerzen unbeholfener halbwüchsiger Mädchen zu verstehen. Eine Fische-Mutter träumt tausend Träume über jedem Babykörbchen. Sie wird alles opfern, damit ihre Kinder das haben können, was ihr als Kind vorenthalten wurde. Vielleicht ist sie zu nachgiebig. Disziplin zu fordern fällt ihr schwer, und sie muß lernen, daß mangelnde Festigkeit ebenso nachteilig sein kann wie ernste Vernachlässigung. Die kleinen Charaktere, die in ihrer Obhut sind, brauchen eine feste Hand, um später allein schwimmen zu können. Wenn sie zu weich ist, erklären Sie es ihr liebevoll. Sie wird Verständnis zeigen, ohne bitter zu sein, und beginnen, die Haarbürste als Stöckchen zu benutzen. Doch gelingt es vielen Neptun-Müttern, einen glücklichen Mittelweg zwischen Disziplin und Güte zu finden, und ihre Sprößlinge legen ihnen Ehre ein.

Die Fische-Frau wird es gern Ihnen überlassen, für den Unterhalt zu sorgen. Wenn Sie es nicht unbedingt von ihr verlangen, wird sie es wahrscheinlich vorziehen, sich nicht in den rauhen Wettkampf des Geschäftslebens einzulassen. Davon hatte sie bereits genug, als sie in der großen, verwirrenden Firma arbeitete und darauf wartete, von Ihnen befreit zu werden. Einige (nicht alle) Fische-Frauen sind ein ganz klein wenig verschwenderisch. Vielleicht braucht Ihre Neptun-Frau etwas Hilfe, um zu verstehen, warum die Bankauszüge nicht mit ihren Scheckabschnitten übereinstimmen. Das alles kommt ihr wie Sanskrit vor. Immerhin, wenn ein Notfall es erforderlich macht, daß sie sich von Champagner auf entrahmte Milch umstellt, so wird sie es fertigbringen.

Vergessen Sie ihren Geburtstag nicht oder den Hochzeitstag oder den Tag, an dem Sie ihr den Antrag gemacht haben. Sie jedenfalls wird nichts vergessen.

Ich werde immer an eine Fische-Freundin denken, mit der ich zur Schule ging. Sie war winzig, hatte langes, schwarzes Haar und die seltsamen Neptunlichter in ihren grünlichbraunen Augen. Sie heiratete (neben verschiedenen anderen Männern) einen großen Fußballstar. Später fragte sie ihn neugierig, warum er ihr einen Antrag gemacht hätte. «Das war eine komische Sache», sagte er. «Wir waren im Park, am Teich. Die Mädchen, die dort herumlagen, hatten nasses, strähniges Haar vom Schwimmen, und sie sahen alle heiß und verschwitzt aus. Du saßest in deinem weißen Spitzenkleid unter dem Baum und sahst so kühl und anders aus als die anderen. Du sahst aus, wie – nun, du sahst einfach aus wie ein Mädchen.» Das ist das schwer deutbare

Geheimnis der Fische-Frau. Ob sie nun eine hingebungsvolle Nonne im Kloster oder eine erregende Sängerin in einem lärmenden Nachtklub ist – sie ist ein Mädchen. Ganz und gar ein Mädchen.

Das FISCHE-Kind

Die meisten Babys bringt der Storch. Nicht Ihr kleines Fische-Bündel. Es kommt direkt aus dem Märchenland, einen Mondstrahl in der kleinen Faust. Wenn Sie genau hinsehen, können Sie noch den Widerschein von Elfen und Zauberern in seinen verträumten kleinen Augen sehen.

Sicher haben Sie die Glückwunschkarten für junge Mütter gesehen, auf denen rosa und weiße Babys mit Grübchen in den Wangen abgebildet sind. Der Zeichner hat Ihr Fische-Baby als Modell benutzt. Dadurch könnten Sie vielleicht auf den Gedanken kommen, Ihr Neptun-Kind nach Ihrem Willen zu formen. Warum nicht, wenn es doch so ein sanftes, zartes Klümpchen Ton ist? Überlegen Sie noch einmal. Es wird bestimmt eigenen Willen entwickeln, genauso wie das schreiende, rotgesichtige Widder-Baby, das fordernde, königliche Löwe-Baby oder das eigensinnige, zähe kleine Stier-Baby. Der einzige Unterschied besteht darin, daß das Fische-Kind seinen Willen mit bezauberndem Lächeln und einnehmendem Wesen erreicht.

Eltern, die sich wünschen, daß «Baby niemals erwachsen wird», werden ihren Wunsch erfüllt sehen, wenn Baby unter dem Zeichen Fische geboren wurde. Die Jahre werden keinen bleibenden Eindruck hinterlassen, die Fische haben immer etwas Kindliches, Verträumtes und Verzaubertes. Geheimnis und Unwirklichkeit werden sie stets umgeben.

Von der Zeit an, da es alt genug ist, herumzukrabbeln und sich zu verstecken, wird dieses seltsame Kind in einer Phantasiewelt leben. Es liebt Zerstreuungen, die ganz anders sind als die üblichen. Wenn Sie es in seinem hohen Stuhl füttern, wird es brav essen, wenn Sie so tun, als seien Sie eine Königin oder ein Clown. Ist das Kind ein wenig älter, wird es vergnügt spielen, während Sie die Wäsche erledigen,

417

falls Sie ein paar Ballons aufhängen, ihm seine Stofftiere geben, eine lustige Platte auflegen und ihm erklären, es sei im Zirkus.

Wenn es alt genug ist, in die Schule zu gehen und anfängt, nachts die merkwürdigsten Träume zu haben, können Sie einen Schock bekommen. «Rate mal, wen ich heute nacht gesehen habe?» wird das Kind eines schönen Morgens vertraulich fragen, während Sie ihm die Schuhe zubinden. Sie fragen höflich: «Wen denn?» Es wird beiläufig antworten: «Großmama Fischer. Wir haben lange geredet, dann mußte sie gehen. Ich soll dir sagen, daß du nicht vergessen sollst, ihre Geranien zu gießen. Und du sollst Onkel Fritz das Geld geben.»

Da Großmama Fischer schon tot war, bevor der kleine Fisch geboren wurde, kann Sie das etwas zermürben, auf nüchternen Magen vor dem Kaffee. Aber das ist noch nichts im Vergleich zu der prickelnden Sensation, die Sie nach dem Frühstück haben, wenn das Kind in der Schule ist und der Briefträger einen Brief von Onkel Fritz bringt, der seit fünf Jahren nichts von sich hören ließ und nun um ein Darlehen für sein neues Geschäft bittet.

Den klügsten Eltern bereitet es Schwierigkeiten, einen Plan aufzustellen, nach dem sie sich auf die Dauer mit ihrem Fische-Sprößling richten können. Pläne und Routine sind die natürlichen Feinde dieses Kindes, und es wird alles, was einer lebhaften Phantasie nur einfällt, unternehmen, um ihnen zu entgehen. Babys, die alles anders als andere machen, den ganzen Tag schlafen und nachts lebendig werden, sind oft Neptun-Kinder. Dieses Kind will essen, wenn es Hunger hat, schlafen, wenn es müde ist, und spielen, wenn etwas seine Phantasie anregt, wann immer das auch sein mag. Es kostet ziemlich viel Anstrengung, es dazu zu bringen, zu irgendwelchen anderen Zeiten zu essen, zu schlafen oder zu spielen. Eigentlich ist seine Einstellung ja ganz vernünftig, aber der Zeitpunkt, zu dem es hungrig, müde oder verspielt ist, kann sich von Tag zu Tag oder von Nacht zu Nacht ändern. Am besten ist es, Sie richten sich gleich nach ihm. Selten wird das Kind Wutanfälle bekommen oder schreien und bocken, wenn es seinen Willen nicht durchsetzt, aber es wird Sie allmählich durch seine ausweichende Art herumkriegen, so daß Sie kapitulieren. Vielleicht so sehr, daß Sie Ihren eigenen Lebensstil ändern. Möglicherweise überzeugt Sie das Kind sogar davon, daß es gar keinen Grund gibt, sich von der albernen, grausamen Uhr tyrannisieren zu lassen. Schließlich ist sie doch nur ein tickender Metallklumpen.

Das Fische-Kind braucht viel Beachtung und Anerkennung. Es muß bemerkt und ermutigt werden, denn es ist sich seiner Fähigkeiten nicht sicher. Es braucht aber auch hin und wieder seine Einsamkeit. Wenn es sich in einer solchen Stimmung befindet und sich zurückzieht, dann lassen Sie es in Ruhe. In Gedanken ist es auf einem anderen Stern, und Sie können nicht folgen. Es kommt schon pünktlich zu seinem heißen Kakao zurück. Nur hat es seine Essenszeit inzwischen auf zehn Uhr abends verlegt. Wenn es Ihnen erzählt, daß es mit einem Mann vom Mars auf einer fliegenden Untertasse unterwegs war, glauben Sie ihm. Vielleicht stimmt's.

Die Lehrer sind immer etwas verwirrt, wenn sie diese Kinder in ein System einstufen sollen. Es wird wahrscheinlich viele Kämpfe zwischen ihrer einzigartigen Art zu lernen und der abgedroschenen Schulroutine geben. Das Fische-Kind wird es einfach ablehnen, sich einer Methode anzupassen, die seiner eigenen nicht entspricht. Machen Sie ihm keine zu großen Vorwürfe. Das Erziehungssystem ist noch nicht bei Neptuns Weisheit angelangt. Viele Fische-Jungen und -Mädchen sind künstlerisch begabt, und viele lieben Musik und Tanz. Typische Fische-Kinder sind leichtfüßig, ganz gleich, wie schwer sie sind. Das kleine Mädchen möchte oft eine Ballerina werden, der kleine Junge wählt lieber Helden wie Beethoven, Michelangelo, die Astronauten oder den heiligen Antonius zu seinen Vorbildern statt Wissenschaftler, Generäle und Staatsmänner. Alle lieben sie Bücher, und Deutsch gehört wahrscheinlich zu ihren Lieblingsfächern, denn die Fische sind gute Geschichtenerzähler. Sie lieben Worte und sind oft von Poesie entzückt. Mathematik wird ihnen anfangs vielleicht etwas schwerfallen, aber später zeigen sie ein großartiges Verständnis für die abstrakten Theorien der Algebra und Geometrie.

Es kann ein Mangel an Verantwortungsgefühl vorhanden sein, der sich nachteilig auswirken kann. Fische-Kinder folgen ihren eigenen Maßstäben. Sie sind empfindlich und leicht verletzt, wenn man sie schroff behandelt. Es kann häufig Tränen geben. Gewöhnlich ziehen diese Kinder es vor, in der Gesellschaft Erwachsener zu sein, anstatt mit anderen Kindern zu spielen. Selbst im zarten Alter lassen sie Weisheit und Verständnis in Situationen erkennen, die weit über ihr Begriffsvermögen hinausgehen. Oft wird einem Neptun-Kind vorgeworfen, es lüge, doch in seiner Vorstellung sind es keine Lügen. Seine Phantasie ist so stark und von so vielen herrlichen Geheimnissen erfüllt, daß es nicht widerstehen kann, sie auch in der kalten, harten Welt zum Leben zu erwecken. Es ist herzzerbrechend, daß diese wunderschönen Träume auf dem unfruchtbaren, dürren Boden der materialistischen Gesellschaft bald sterben. Das Kind braucht Ihr tiefstes Mitleid, oder es wird in mürrische, schweigsame Verzweiflung fallen.

Die häßliche, nackte Wahrheit ist zu brutal für das Fische-Kind. Es kann sie nicht ertragen. Gelegentlich muß es sie verkleiden und sie mit ein wenig Romantik bunter und wärmer machen. Es ist nicht anständig, wenn man das lügen nennt. Ermuntern Sie das Kind statt dessen, seine Träume in Gedichten, Theaterstücken oder Bildern auszudrücken. Es wird sich bald genügend an die normale Welt mit ihrer Brutalität, Selbstsucht, Grausamkeit und Habgier anpassen. Warum sollen Sie es rücksichtslos hineinstoßen? Vielleicht wird es Schwierigkeiten haben, den gesellschaftlichen und schulischen Anforderungen, die seine Individualität unterdrücken, gerecht zu werden. Aber seine Eltern und Lehrer können von ihm den Wert des Mitleidens, des Verständnisses, der Schönheit, Duldsamkeit, Phantasie und Sanftmut lernen. Es kommt ganz darauf an, was man vom Leben erwartet.

Eines Tages werden entweder die Fische mit ihrer Philosophie von persönlicher Freiheit oder die Idee des Konformismus gewinnen. Ich setze auf die Fische. Natürlich müssen Sie Ihrem freundlichen, warmherzigen kleinen Neptun-Kind klarmachen, daß es sich schließlich doch nach der verdrehten Welt richten muß, um zu überleben. Aber wenn es zu sehr von strengen, uneinsichtigen Erwachsenen bedrängt wird, verliert es seinen Weg zurück in das Traumland. Stehlen Sie ihm den Schlüssel nicht. Es muß die Möglichkeit haben, hin und wieder dorthin zu fliehen, um sich zu erholen. Dann kann der kleine Fisch es leichter mit der wirklichen Welt und ihren Kriegen, ihrer Armut, Krankheit, heuchlerischen Moral und Undankbarkeit aufnehmen. Ihr Kind braucht einen Schutzmantel gegen die kalten Winde, die noch kommen werden. Versuchen Sie, seine Art zu begreifen. Leiten Sie es klug und zärtlich, vielleicht verwirklicht es dann eines Tages seine Träume. Und Sie werden froh sein, daß Sie nicht darüber gelacht haben.

Der FISCHE-Chef

Eine Unterhaltung über einen typischen Fische-Vorgesetzten in einem Büro: «Wie heißt der neue Direktor, den die Firma letzte Woche angestellt hat?»

«Meinst du den, mit dem wir gestern in der Frühstückspause zusammengesessen haben?»

«Nein, den, der heute wieder gegangen ist.»

Leicht übertrieben ist dies ungefähr die Zeitspanne, die ein durchschnittlicher Fisch in einer leitenden Position ausharren kann. Es gibt eine begrenzte Anzahl von Strömen, in denen Fische-Chefs schwimmen können, und wir werden uns darauf konzentrieren. In den meisten Geschäftszweigen und Industrien ist ein Fische-Chef so selten wie ein Badeanzug am Nordpol. Die große Mehrzahl der Neptun-Menschen zieht es vor, allein zu schwimmen – ungebunden –, als Schriftsteller, Vertreter, Schauspieler, Maler, Musiker, Artist oder Glücksritter.

Es gibt jedoch ein paar Gebiete, auf denen er seine Talente anwenden und ein unersetzlicher Chef werden kann. Er eignet sich bestens für Radio und Fernsehen und alle Werbeorganisationen. Hier kann er überall seine schöpferische Phantasie einsetzen. Die Fische sehen keinen Grund dafür, die einfache und oft brutale Wahrheit hinauszuposaunen. Anders als Zwillinge, Schütze und Skorpion sagt der Fisch den Leuten lieber das, was seiner Meinung nach letzten Endes die größere Wirkung auf sie haben wird, oder was sie hören wollen. Nicht, daß er unehrlich ist. Er hat aus langer, bitterer Erfahrung gelernt, daß die Leute gar nicht unbedingt die Wahrheit hören wollen, sondern daß es ihnen lieber ist, wenn die nackten Tatsachen etwas verbrämt werden.

Der Fische-Mann ist ein ausgezeichneter Theater- und Filmregis-

seur, auch ein tüchtiger Produzent (wenn er einen guten Geschäftsführer hat). Als Leiter eines Tanzstudios ist er am Platze, und wenn
er einem Detektiv- oder Auskunftsbüro vorsteht, so wird ihm seine
unheimliche Fähigkeit, Geheimnisse zu durchdringen, sehr nützlich
sein. Viele Reisebüros haben Fische-Vorgesetzte, und sie sind meist
sehr erfolgreich. Oft findet man diese Menschen auch als Direktoren
karitativer Unternehmungen. Viele Fische leiten Orchester oder Ka-
pellen und achten auf pünktliche Einhaltung der Proben. Sie sind
unübertroffen als Hoteldirektoren (wenn ein guter Buchhalter vorhanden ist). Sie können einen fortschrittlichen Verlag, eine Zeitschrift oder
eine Zeitung fachkundig und sogar glänzend führen. Sie werden den
Fisch oft als Leiter irgendeines Kundendienstunternehmens finden,
und ganz gewiß ist er als Direktor eines Camping- oder anderen La-
gers am Platze. Auch eine offizielle Stellung in der Kirche kann er einnehmen. Aber das ist auch so ungefähr alles, abgesehen von Lehr-
berufen und einigen Verwaltungsämtern an Universitäten. Die Fische
sind nun einmal nicht die geborenen Chefs.

Der Fisch soll der Menschheit dienen, nicht Macht anhäufen oder
riesige Reiche aufbauen. Er kann ein tüchtiger und verläßlicher Makler
und gewandter Kaufmann sein, aber er wird so gut wie nie ein Makler-
büro übernehmen. Zuviel Verantwortung. Der Fisch kann jedoch, dank
seines ausgezeichneten Verstandes und seines manchmal unheimlichen
Sinns für Zahlen, Freude daran haben, mit steigenden und fallenden
Aktien zu jonglieren. Aber das ist mehr Spiel für ihn als tatsächliche
Arbeit.

Ist Ihr Chef im März geboren, so benimmt er sich vielleicht wie ein
Brummbär, wenn ihn etwas geärgert hat. Er kann reden, und seine
Schroffheit mag manchmal weh tun, aber er wird selten herrschsüchtig,
boshaft und kleinlich sein. Jetzt schockiert er Sie vielleicht mit seinen
revolutionären Ideen, und gleich darauf ändert er seinen Standpunkt
auf zweifelhafte Art und ist so konventionell, wie man es sich nur
vorstellen kann. Sie werden schließlich merken, daß er weder ein
großer Liberaler noch ein vorsichtiger Konservativer ist. Er kann bei
verschiedenen Gelegenheiten jeden nur möglichen Standpunkt einnehmen, um Ihre Ansicht zu ergründen. Er kann, mit anderen Worten,
etwas raffiniert sein. Wenn er Ihre Ideen und Ihre Unterhaltung inter-

essant findet, wird Ihnen Ihr Fische-Chef schweigend und ernsthaft mit schmeichelhafter Konzentration zuhören und Ihnen vielleicht sogar ein Glas Wein anbieten, um die richtige Atmosphäre zu schaffen. Wenn er jedoch das, was Sie sagen, langweilig findet, werden seine Gedanken wandern. Dann wird er alles mögliche denken, während Sie sprechen, und dabei ein starres Lächeln aufsetzen. Da jeder Fisch ein geborener Schauspieler ist, werden Sie überzeugt sein, daß er aufmerksam zuhört. Nach einer gewissen Zeit wird er jedoch seiner Träumerei müde, stellt fest, daß Sie immer noch plappern, und unterbricht Sie plötzlich. Dann wird er sprechen, und Sie müssen zuhören – manchmal stundenlang.

Er ist wahrscheinlich weit gereist, und sollte er es nicht sein, wird er es bald nachholen. Wie der Schütze- und Zwillinge-Chef wird der Fische-Chef einen gepackten Koffer hinter der Couch in seinem Büro stehen haben. Nein? Warum schlagen Sie es ihm dann nicht vor? Er wird die Idee großartig finden. Außerdem kann ihm der Gedanke an den gepackten Koffer an regnerischen Tagen oder mitten im grauen Winter, wenn er vor Langeweile am liebsten aus dem Fenster springen möchte, einen seltsamen Trost geben. Er wird seine Depressionen haben, und dann ist es nicht einfach mit ihm. Halten Sie sich in solchen Zeiten lieber abseits, summen Sie eine fröhliche Melodie, während Sie arbeiten, und vergessen Sie nicht, ihm seinen Glühwein zu servieren.

Seien Sie nett zu seinen Frauen – ich meine zu seiner Frau. (Es ist ein ganz natürliches Versehen. So wie Ihr Schütze- und Zwillinge-Chef ist auch Ihr Fische-Chef geneigt, den Ringwechsel öfter als andere Chefs zu vollziehen.) Seine Frau ist wahrscheinlich nett, vernünftig und praktisch. Wenn sie so phantasievoll und originell wie ihr Mann wäre, müßten sie beide in nebligen Träumen versinken.

Der Fische-Vorgesetzte hat eine Vorliebe für die schöpferischen Denker in der Firma. Wenn Sie mehr zu Vorsicht als zu Einfallsreichtum neigen, gibt es schlimmstenfalls weniger Gläser Wein und seltener ein kameradschaftliches Lächeln, aber Sie werden sicher nicht hinausgeworfen. An den anderen hat er wahrscheinlich mehr Freude, aber er braucht Sie. Er stützt sich auf Ihre praktische Erfahrung und Ihr Organisationstalent. Der bevorzugte, originelle Angestellte kann samt all seiner glänzenden Ideen elend Schiffbruch erleiden, wenn die Firma Sparmaßnahmen einführt und der Fische-Chef ihn sanft fallenläßt, während er den beharrlichen, verläßlichen, etwas uninteressanten Angestellten auf der Lohnliste behält. Der Fisch wird betrübt Lebewohl sagen, aber er ist ein gewiegter Kenner der menschlichen Natur, einschließlich seiner eigenen. Obwohl er an der Gesellschaft und an den Ideen des phantasievollen Angestellten Gefallen findet, funktioniert seine eigene schöpferische Tätigkeit doch reibungsloser, wenn er die sorgfältige Planung und die Disziplin der alten, grauhaarigen, klugen Männer im Rücken hat, selbst wenn sie jung, blond oder brünett sind. Besonnenheit und Konservatismus gehören nicht zu seinen größten Vorzügen, und er ist sich dieses Mangels voll bewußt. Einen anderen wagemutigen, enthusiastischen Träumer kann er immer finden, wenn die Geschäfte florieren, sinkt der Umsatz aber, kann er ohne die Leute, die immer das Richtige tun, nicht auskommen. Natürlich gibt es immer Ausnahmen, aber es kann nichts schaden, wenn Sie Ihren Fische-Chef wissen lassen, daß Sie sowohl ernsthaft als auch originell sein können.

Sie haben wahrscheinlich schon entdeckt, daß er einen Steinbock oder Stier als Mittelsmann eingesetzt hat, der sich mit den Angestellten befaßt, die eine Lohnerhöhung fordern. Aus gutem Grund läßt er Sie nicht an sich persönlich heran. Den von Neptun beherrschten Menschen ist es geradezu unmöglich, nein zu einem Mitmenschen zu sagen, der in ernsthafter Bedrängnis ist oder sogar nur einen ernsthaften Wunsch hat. Er lernt frühzeitig, sich so gut wie möglich abzuschirmen.

Denken Sie daran, er lebt in zwei verschiedenen Welten. Das kann zur Verwirrung, aber auch zu Genialität führen. Seine Gedanken sind vielleicht so abstrakt und tief wie die des Fisches Einstein, der einmal sagte: «Gott würfelt nicht.» Einstein meinte, daß das Gesetz der mathematischen Wahrscheinlichkeit nicht unbedingt heilig sein müsse. Ihr Neptun-Chef fühlt genauso, wenn es um allgemein anerkannte Geschäftsverfahren geht, und die Zeit bringt den Beweis, daß sein erster Instinkt richtig war, wie verstiegen er sich auch angehört hat. Im Herzen ist dieser Mann ein Mystiker, und er glaubt im geheimen an das Unsichtbare und das Übernatürliche, wenn er sich dessen auch etwas schämt. Er fürchtet die Lächerlichkeit, deshalb behält er seine Gedanken lieber für sich. Aber die Menschen entdecken sie doch, wenn er auch noch so klug die Rolle des robusten Realisten spielt.

Denken Sie noch an die Zeit, als Sie von Ihrem Verlobten verlassen wurden, der Ihren Ring und all Ihre Träume mitnahm und Sie mit gebrochenem Herzen zurückließ? Ihr Fische-Chef lud Sie damals zum Essen ein, machte Ihnen die nettesten Komplimente und ging dann mit Ihnen ins Theater. Nachher stellte er Sie hinter der Bühne der Hauptdarstellerin vor und gab für die ganze Gesellschaft später ein Essen. Darüber vergaßen Sie Ihren treulosen Verlobten vollkommen. Obwohl Ihr Fische-Chef manchmal absichtlich rauh war, um nicht durchschaut zu werden, fand er noch wochenlang später Möglichkeiten, Sie aufzuheitern, bis der Schmerz allmählich verschwand. Sie hatten niemandem im Büro von dem Bruch erzählt. Woher wußte er, daß Sie in dieser trüben Zeit Hilfe brauchten? Die Zigeunerin, die ihm einmal aus der Hand gelesen hat, könnte es Ihnen sagen. Sie sah sofort, daß er eine seltene Linie in der Handfläche hat. Sie besagt, daß er tiefes Mitleid empfinden kann. Es gibt nicht viele solche Menschen. Deshalb ist er ein seltener Chef.

Der FISCHE-Angestellte

Die Fähigkeiten eines Fische-Angestellten hängen ganz davon ab, in welchem Teich er schwimmt. In einem Beruf oder einer Beschäftigung, die nicht zu ihm paßt, kann er ein unglücklicher Einzelgänger sein. Dann treibt es ihn von einer Stelle zur anderen, bis er schließlich zu der Überzeugung gelangt, daß es besser für ihn sei, selbständig zu arbeiten und nur seine Träume als Gesellschaft zu haben.

Der Fisch kann nur erfolgreich mit anderen Menschen zusammenarbeiten, wenn dabei seine Empfindsamkeit nicht verletzt wird. Er muß eine Stellung haben, die ihm die Möglichkeit bietet, sein tiefes Verständnis für menschliches Leid anzuwenden oder seine einmalige Phantasie fördernd einzusetzen. Wenn ihm das verwehrt wird, zeigt er sich faul, uninteressiert und resigniert. Sind diese Voraussetzungen jedoch erfüllt, so ist er oft einzigartig auf seinem Gebiet und schwer zu ersetzen. Der Fisch überrascht durch seine gewissenhafte Beobachtung scheinbar unbedeutender Einzelheiten. Der von Neptun beherrschte Mensch vereint die Eigenschaften aller anderen Sonnenzeichen in sich. Er kann der «Mülleimer des Tierkreises» sein, wie es in der Astrologie oft heißt, oder zu höchsten Höhen emporsteigen. Diese Höhen müssen nicht unbedingt in den Sternen liegen. Sie können sich mitten in Ihrem Büro befinden, wenn der Fisch glücklich und zufrieden bei seiner Arbeit ist.

Häufig hört man im Büro den Fische-Angestellten: «Ich verstehe ihn nicht. Was hat er vor?» Man wird es vielleicht nie wissen. Die Fische sind, möglicherweise auf Grund innerer Zweifel, gezwungen, ihre Motive zu verschleiern und ihre wirklichen Ziele zu verbergen. Würde der Fisch seine wahre Natur zeigen, wären die meisten Leute erschreckt oder schockiert, also schweigt er lieber. Sein gelegentliches Geschwätz ist irreführend. Er wird nicht sagen, was er wirklich denkt, selbst wenn er die ganze Nacht reden sollte, was manche fertigbringen. Niemand kann wissen, was in diesen verträumten Neptun-Köpfen vor sich geht.

Der Fische-Angestellte wird außerordentlich pflichtbewußt sein, wenn seine Arbeit ihm Freude macht. Ist das nicht der Fall, zieht er sich zurück. Nur sein Körper ist da. Schließlich wird auch der verschwinden, und nur die Erinnerung an sein Lächeln und seine weisen Augen wird bleiben. Es ist nicht einfach, diesen schwierigen Mitarbeiter zufriedenzustellen. Wenn das Wasser abgestanden ist, schwimmt er davon, bevor Sie Gelegenheit hatten, es zu filtern. Wenn er seine wahren Wünsche offener darlegen würde, könnte ein Kompromiß möglich sein, aber zu oft zieht der Fisch plötzliche Veränderungen einer langen, ehrlichen Diskussion vor.

Zweifellos findet man die Fische häufig in der Welt der Kunst, wobei dieser Begriff allerdings weiter gefaßt ist als allgemein üblich. Der Fisch ist glücklich als Beleuchter im Theater, Faktotum im Museum, bei der Herstellung von Puppenkleidern, dem Polieren der Blasinstrumente oder dem Entwurf für den Schutzumschlag eines Buches. Er oder sie kann Stunden damit verbringen, kleinen Kindern das Tanzen beizubringen, Ballons für eine Gesellschaft aufzublasen, Blumen zu arrangieren, einen Plakat-Werbefeldzug zu organisieren oder ungewöhnliche Frisuren auszuprobieren. Hin und wieder werden Sie einen Fisch in einem technischen oder mechanischen Beruf finden, wo er mit Mathematik, Maschinen- oder Computerbau zu tun hat, aber er wird sich mit diesen Dingen immer von der abstrakten Seite her beschäftigen.

Fische-Menschen sind ausgezeichnete Lehrer. Sie haben eine ungewöhnliche Einsicht in die Charaktere ihrer Schüler und ein tiefes Verständnis für das Fach, das sie unterrichten. Sie scheinen auch eine besondere Begabung zur Herstellung und zum Verkauf von Nahrungsmitteln zu haben, sie servieren oft in Luxusrestaurants oder beaufsichtigen das Personal.

Wenn Sie sich mit Medizin, Krankenhäusern oder Pharmazeutika befassen, ist der Fische-Angestellte wahrscheinlich Ihre rechte Hand. Diese Menschen stellen die besten Krankenschwestern und Pfleger. Auch mit Drogen und Arzneimitteln kennen sich die Fische aus. Unglücklicherweise neigen sie jedoch dazu, sich von ihrer Umgebung zu sehr beeinflussen zu lassen, und das kann gelegentlich unangenehme Wirkungen auf ihre geistige, körperliche und seelische Gesundheit haben. Wenn die Fische ihr spontanes Einfühlungsvermögen zu beherrschen wissen, können sie im Gesundheitswesen unendlich viel leisten. Es versteht sich von selbst, daß Sozialarbeit ebenfalls zu den Fische-Berufen gehört.

Der Fisch nimmt die Farbe seiner Umgebung an. Wenn Sie Ihren Fische-Angestellten in ein kleines Loch mit eintönigen Möbeln, kahlem Boden und vorhanglosen Fenstern einsperren, so wird er bald ebenso trostlos aussehen. Seine Unterhaltung wird langweilig sein und seine Ideen dürftig und fad. Wenn Sie sich dieses lustlose, unscheinbare, farblose Wesen betrachten, werden Sie sich fragen, was mit dem Menschen, den Sie damals angestellt haben, geschehen ist. Er war gescheit und heiter und hatte originelle Einfälle. Glauben Sie mir, die neptunische Verwandlung ist leichter zu erreichen als die Lösung anderer Personalprobleme. Hängen Sie einen grünen Vorhang in das Büro, bedecken Sie den Fußboden mit einem weichen, smaragdgrünen Teppich und stellen Sie eine Vase mit Blumen auf den Tisch. Dann lächeln Sie Ihren Fische-Angestellten pünktlich einmal in der Stunde an, und seine ursprünglichen Farben werden wieder zum Vorschein kommen. Die Persönlichkeit der Fische ist schwer zu fassen, aber sie läßt sich erstaunlich leicht einfangen, wenn man den richtigen Köder benutzt.

Ihre Fische-Sekretärin mag zu Hause etwas liederlich sein, aber im Büro ist sie wahrscheinlich ordentlich. Ihren Träumen wird sie zu Hause nachhängen und versuchen, während der Arbeitszeit methodisch vorzugehen. Ich hatte eine Fische-Kollegin, die das eigenartigste Ablagesystem hatte, das man sich vorstellen kann. Eines Tages fragte der Chef sie, warum die Schublade mit dem Buchstaben B so vollgestopft sei und immer gegen sein Schienbein stoße. «Wegen all der Briefe», informierte sie ihn geflissentlich. Um den Fischen gerecht zu werden, muß ich allerdings sagen, daß sie einen Schütze-Aszendenten und einen Wassermann-Mond hatte, die, wenn sie zusammenkommen, zu leichter Verrücktheit führen können.

Die durchschnittliche Fische-Frau wird jedoch etwas konventioneller sein. Sie ist freundlich und rücksichtsvoll und versteht sich großartig mit ihren Mitarbeitern. Es kann sogar sein, daß die übrigen Angestellten mit ihren Nöten, den größeren und kleineren, zu ihr kommen und bei ihr das Herz ausschütten. Dieses Mädchen legt vielleicht zum Spaß auch Karten (wer weiß, ob sie es nicht doch ernst nimmt), und todsicher kann sie Ihre Gedanken lesen – also passen Sie auf, was Sie denken, wenn Sie an ihrem Schreibtisch vorbeigehen.

Gelegentlich können Fische-Angestellte auch sehr genau und kritisch sein, gewöhnlich sind sie jedoch nicht energisch genug, um wirklichen Ärger zu machen. Diese Menschen brauchen beinahe soviel Lob wie Widder und Löwe, um sich sicher zu fühlen, aber es muß ernst gemeint sein. Mit Heuchelei kommt man bei ihnen nicht weit. Wenn Sie Grund haben, einen Fisch zu tadeln, so fragen Sie sich hinterher vielleicht, wohin er seit ein oder zwei Tagen verschwunden ist. Er ist nicht gegangen. Noch nicht. Da sitzt er an seinem Schreibtisch, versteckt sich hinter dem Korb mit der ausgehenden Post und versucht sich unsichtbar zu machen, indem er nicht spricht, keine Bewegung macht und kaum atmet. Er ist verletzt, und Sie müssen sehr nett zu ihm sein, damit er wieder strahlt. Der Fisch ist überempfindlich, wie Sie wissen. Wenn Ihre Stimmung sich ändert, so ändert sich auch seine. Wenn es grau oder schwarz wird, taucht er unter, um zu entfliehen. Ein gedankenloses Wort kann zur Folge haben, daß er innerlich weint, obwohl er gerade einen Witz reißt. Die Fische verlieren selten den Humor.

Geld wird Ihrem Fische-Angestellten nicht allzuviel bedeuten. Er wird ein gutes Gehalt gern annehmen, aber er wird es kaum bemerken, wenn er vorübergehend einmal weniger bekommt, weil die Geschäfte schlecht gehen (falls er nicht eine große Familie ernähren muß). Viele Fische sind mit einem angemessenen Gehalt zufrieden, wenn Sie mit Vorschüssen großzügig sind. Der Fisch wird oft mit leeren Taschen und einem breiten Lächeln kurz vor dem Zahltag zu Ihnen kommen und Sie freundlichst um eine kleine Summe bitten. Möglich, daß er vergißt, sie zurückzuzahlen, wenn Sie ihn nicht erinnern. Seine Absichten sind ehrlich, aber es gibt eben so viele Dinge, die er braucht. Ebensogut kann er auch einem anderen geholfen haben. Das Geld läuft dem Fisch durch die Hände wie Wasser durch ein Sieb. Er borgt sich einen Hunderter von Ihnen und gibt ihn einem Mann, dessen Frau operiert werden muß. So nachlässig ein Fisch mit der Rückzahlung geliehenen Geldes sein kann, so freudig wird er Ihnen seinen letzten Heller geben, wenn Sie in Not sind. Und er wird es nicht eilig haben, ihn zurückzubekommen. Manchmal kann die Situation so verwirrend sein, daß Sie nicht mehr wissen, wer wem was schuldet. Der Fisch hat das unbestimmte Gefühl, daß das Geld geschaffen wurde, um unter die Leute gebracht zu werden. Wenn ein Mensch etwas braucht, sollte es da sein. Wenn man es nicht braucht, gibt man es weiter. Diese Theorie funktioniert überraschend gut bei den Fischen, aber andere Sonnenzeichen können dadurch etwas irritiert werden.

Die Fische-Angestellten gehen meist von selbst und werden nicht gekündigt. Sie sind zu gewandt und zu gewitzt, um auf den schmerzlichen Schlag zu warten. Dieser Mann spürt Ihr Mißbehagen schon im voraus und schlängelt sich fort, bevor Sie Gelegenheit haben, ihn zu beschämen. Sie werden feststellen, daß der ledige Fische-Mann die Stellung weniger leicht wechselt als der verheiratete, dessen Frau wahrscheinlich arbeitet. Das Fische-Mädchen wird wahrscheinlich einfach darauf warten, daß irgendein Mann sie von dem widerwärtigen Konkurrenzkampf befreit, es sei denn, sie gibt sich mit einer schöpferischen Arbeit ab, die sie als Karriere betrachtet.

Es besteht wenig Gefahr, daß der Fische-Angestellte hinter Ihrer Stellung her ist. Wahrscheinlich bemitleidet er Sie im stillen wegen der Verantwortung, die Sie tragen müssen. Es ist schließlich schwierig, sich mit einer Last auf dem Rücken fortzubewegen, und die Fische lieben Abwechslung. Wie lange Ihr Fisch in Ihrem Büro bleibt, hängt davon ab, wieviel Abwechslung Sie ihm bieten können. Wenn die Schnecken ihn zu langweilen beginnen oder die Wale und Haie drohen, ihn zu verschlingen, schwimmt er davon. Ein Fische-Angestellter wird niemals im Seetang steckenbleiben.